A MAP OF

북극해

그린란드

알래스카

캐나다

영국

미국

프
이베리아반도 스
포르투갈

멕시코 멕시코만
유카탄반도 카리브해

대서양

태평양

브라질

아르헨티나

마젤란 해협

남극해

인생
처음으로
세계사가
재밌다

일러두기

본문 속 괄호 ( )는 저자의 도움말입니다.
인명에 첨부된 숫자는 (생몰연도)이며, (재위/재임)은 재위/재임 기간입니다.
중국의 지명과 근대 이전의 인명은 한자음으로 표기하였고, 한자를 병기하였습니다.
본문 하단의 주석은 편집자 주입니다.

1SATSU DE YOMU SEKAI NO REKISHI
ⒸKoukichi Nishimura 1992, 2022
First published in Japan in 2022 by KADOKAWA CORPORATION, Tokyo
Korean Translation Copyright © 2024 by Gilbut Publishing Co., Ltd
Korean translation rights arranged with KADOKAWA CORPORATION, Tokyo
through The English Agency (Japan) Ltd. and Duran Kim Agency.

이 책의 한국어판 저작권은 듀란킴 에이전시를 통한
KADOKAWA CORPORATION 과의 독점계약으로 (주)도서출판 길벗에 있습니다.
저작권법에 의하여 한국 내에서 보호를 받는 저작물이므로
무단전재와 무단복제를 금합니다.

인생 처음으로 세계사가 재밌다

역사학의 대가가 한 권으로 농축한 최고의 지적 안내서

니시무라 데이지 지음 | 박현지 옮김

더퀘스트

◇

들어가며

　세계사에 일어난 사건들, 그 사건에 깊이 얽힌 사람들은 셀 수 없이 많습니다. '현실은 소설보다 더 재밌다'고들 하는데 세계사야말로 깜짝 놀랄 이야기, 감명 깊은 이야기, 낭만적인 이야기, 손에 땀을 쥐게 하는 드라마로 가득 차 있습니다.
　하지만 비화나 에피소드를 되는대로 모은 것이 세계사는 아닙니다. 영웅이나 위인전의 모음도 아니지요. 만약 세계사가 그런 모음집일 뿐이라면 사건과 사건의 연결, 사건과 사람의 관계를 이해할 수 없습니다.
　세계사와 사람은 샛길로 빠지기도 하고 길을 잘못 들기도 하다가도, 중요한 단계를 하나씩 밟고 오늘에 도착했습니다. 그렇기에 전체 흐름을 알 필요가 있지요.
　하지만 전체적인 흐름을 설명하는 것은 요리로 치면 아무 맛도

냄새도 나지 않는 음식과 같아서, 독자는 역사적 사실이 나열되는 데에 지루함을 느낄 수밖에 없을 겁니다. 그렇다고 그저 재밌기만 하면 그만인 흥밋거리로 그치는 것도 아쉽지요. 거대한 흐름과 세부적인 이야기를 어떻게 잘 엮을 수 있을까. 자칫하면 두 마리 토끼를 잡으려다 한 마리도 잡지 못하는 결과가 되어버리지는 않을까. 저는 그 점을 가장 걱정했습니다.

그래서 이 책은 각 장의 마무리에 시대의 전체상을 파악할 수 있는 글을 넣었습니다. 또한 이야기가 한층 선명하게 느껴질 수 있도록 그림자료를 넣었습니다. 이로써 '역사의 큰 흐름과 구체적인 이야기 사이의 거리'가 어느 정도 메워졌으리라 믿습니다.

이 책에서 다룬 주제는 백 가지입니다. 각각 독립된 주제지만 주제들을 서로 연결하는 데에 주의를 기울였습니다. 중학생이나 고등학생은 물론 일반 사회인들도 널리 읽을 수 있도록 서술과 난이도에 신경 썼습니다. 이 책을 통해 여러분이 세계사에 한층 관심을 기울여 주신다면 정말 기쁘겠습니다. 지금이야말로, 세계사의 시야로 세상을 바라보아야 하는 시대니까요.

차례

들어가며   4

I. 고대 문명 이야기

◇ 001 ◇ 세상에서 가장 오래된 사람   15
◇ 002 ◇ 네 소년의 놀라운 발견   21
◇ 003 ◇ 이집트 문명   27
◇ 004 ◇ 경이로운 피라미드   34
◇ 005 ◇ 메소포타미아 문명   41
◇ 006 ◇ 페니키아인과 히브리인   50
◇ 007 ◇ 모세와 신의 십계명   57
◇ 008 ◇ 에게 문명   62
◇ 009 ◇ 페르시아 전쟁과 아테네   71
◇ 010 ◇ 펠로폰네소스 전쟁과 스파르타   76
◇ 011 ◇ 알렉산드로스 대왕의 꿈   83
◇ 012 ◇ 로마의 지중해 세계 지배   89

◇ 013 ◇	브루투스, 너마저	95
◇ 014 ◇	로마 제국과 기독교	100
◇ 015 ◇	아우구스티누스와 레오 1세	106
◇ 016 ◇	불교와 힌두교	112
◇ 017 ◇	황하 문명	119
◇ 018 ◇	공자와 석가	127
◇ 019 ◇	최초의 통일 국가, 진나라	135
◇ 020 ◇	한나라의 융성	141
부록	한눈에 보는 고대 문명	147

II. 동아시아 이야기

◇ 021 ◇	세계 제국, 수나라와 당나라	153
◇ 022 ◇	동양에는 양귀비, 서양에는 클레오파트라	160
◇ 023 ◇	실크 로드를 가다	168
◇ 024 ◇	북송과 남송	176
◇ 025 ◇	왕안석과 주희	182
◇ 026 ◇	몽골 대제국	189
◇ 027 ◇	홍무제와 영락제	195
◇ 028 ◇	중국의 농민 반란	201
◇ 029 ◇	중화제국, 청나라	206
◇ 030 ◇	강희제	211

◇ 031 ◇ 아시아의 다른 나라들   217
〈부록〉 한눈에 보는 동아시아 세계   223

III. 서남아시아 이야기

◇ 032 ◇ 마호메트와 코란   229
◇ 033 ◇ 이슬람 세계의 팽창   236
◇ 033 ◇ 수준 높은 이슬람 문화   243
◇ 035 ◇ 중앙아시아와 인도   249
◇ 036 ◇ 오스만 제국의 기세   256
〈부록〉 한눈에 보는 서남아시아 세계   263

IV. 유럽이 만들어진 이야기

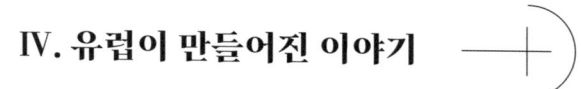

◇ 037 ◇ 게르만 민족의 대이동   269
◇ 038 ◇ 카를 대제의 대관   277
◇ 039 ◇ 로마 교회의 전성기   283
◇ 040 ◇ 봉건 사회의 구조   288
◇ 041 ◇ 도시의 공기는 자유롭다   294
◇ 042 ◇ 비잔틴 제국의 광영   300

◇ 043 ◇ 십자군 306
◇ 044 ◇ 중세의 지각 변동 312
◇ 045 ◇ 페스트 대유행 317
◇ 046 ◇ 인간 찬가 324
◇ 047 ◇ 모나리자의 미소 333
◇ 048 ◇ 대항해 시대의 주인공 340
◇ 049 ◇ 인디아스 사업 347
◇ 050 ◇ 종교 개혁의 서막 352
◇ 051 ◇ 나는 여기에 서 있다 357
◇ 052 ◇ 두 예수회 수도사 362
◇ 053 ◇ 유랑 황제 367
◇ 054 ◇ 영국 왕조의 변천 372
◇ 055 ◇ 무적 함대의 격멸 379
◇ 056 ◇ 잔 다르크와 카트린 드 메디시스 385
◇ 057 ◇ 베르사유의 태양왕 393
◇ 058 ◇ 네덜란드 수호신 399
◇ 059 ◇ 효웅 발렌슈타인 404
◇ 060 ◇ 국제 회의의 유래 410
◇ 061 ◇ 계몽 전제 군주 417
◇ 062 ◇ 북방의 패자 422
◇ 063 ◇ 두 여제 428
◇ 064 ◇ 영국 혁명 434
◇ 065 ◇ 청교도주의의 화신 441
◇ 066 ◇ 영국 산업 혁명 446

◇ 067 ◇	철학자의 세 가지 모습	451
《부록》	한눈에 보는 유럽의 성립	459

V. 19세기 세계 이야기

◇ 068 ◇	미국 독립 전쟁	465
◇ 069 ◇	프랑스 혁명	471
◇ 070 ◇	바스티유 점령	477
◇ 071 ◇	풍운아 나폴레옹	481
◇ 072 ◇	모스크바의 화염	488
◇ 073 ◇	회의는 춤춘다	492
◇ 074 ◇	1848년의 파리, 빈, 베를린	501
◇ 075 ◇	카보우르와 비스마르크	508
◇ 076 ◇	미국의 발흥	517
◇ 077 ◇	대통령의 수염	523
◇ 078 ◇	제국주의 시대	529
◇ 079 ◇	열강의 아시아 침략	534
◇ 080 ◇	아편 전쟁과 태평천국의 난	539
◇ 081 ◇	청나라의 마지막 황제	546
◇ 082 ◇	아직 못다 한 혁명	554
◇ 083 ◇	늦었어, 스콧	560
《부록》	한눈에 보는 19세기 세계	564

VI. 20세기 세계 이야기

◇ 084 ◇	삼국동맹과 3B 정책	569
◇ 085 ◇	운명의 한 발	574
◇ 086 ◇	제1차 세계대전의 결과	582
◇ 087 ◇	러시아 혁명 전후	587
◇ 088 ◇	두 혁명가	592
◇ 089 ◇	베르사유 체제의 모순	600
◇ 090 ◇	파시즘의 대두	605
◇ 091 ◇	히틀러의 뮌헨 봉기	612
◇ 092 ◇	제2차 세계대전의 발발	617
◇ 093 ◇	아시아와 아프리카의 독립	626
◇ 094 ◇	차가운 전쟁	632
◇ 095 ◇	얼음이 녹는 계절	637
◇ 096 ◇	시오니즘의 다툼	642
◇ 097 ◇	프라하의 봄	647
◇ 098 ◇	중남미의 뜨거운 바람	652
◇ 099 ◇	격동하는 현대	659
〈부록〉	한눈에 보는 20세기 세계	665
◇ 100 ◇	두 번의 세기말	668

I
고대 문명 이야기

◇ 001 ◇
세상에서 가장 오래된 사람

→ 인간의 지구 데뷔 ←

지구상에 가장 처음 살았던 인간은 누구일까요? 고고학에서 추정하는 가장 오래된 인류를 '고생 인류(화석 인류)'라 부릅니다. 약 400만 년 전에 출현한 이 고생 인류는 우리의 직계 조상인 '현생 인류'와 직접 연결되는 점은 없습니다. 생김새가 원숭이(猿)와 사람(人)의 중간 모습이라 '오스트랄로피테쿠스(남쪽의 원숭사람)'라는 이름이 붙었습니다.

고생 인류는 아직 원숭이에 더 가까웠지만, 서서 걸어다닐 수 있었습니다. 동굴에 살며 간단한 석기를 써 사냥과 열매 채집을 했고 말하거나 불을 사용하는 법도 알았던 것 같아요. 이들의 화석은 아프리카 각지에서 발견됩니다.

인도네시아 자바섬에서 발견된 자바 원인, 중국 북경(베이징)北京 부근에서 발견된 베이징 원인, 독일 하이델베르크에서 발견된 하이델베르크인은 오스트랄로피테쿠스보다 진화한 원인原人 '호모 에렉투스(똑바로 선 사람)'입니다.

빙하 시대✦ 후기에 들어서자, 원인보다 현생 인류에 가까운 구인舊人이 출현했습니다. '호모 네안데르탈렌시스(네안델 계곡의 사람)' 또는 '네안데르탈인'이라고 불립니다. 네안데르탈인의 뼈 화석은 구대륙✦✦에 광범위하게 분포되어 있습니다. 이라크 북부의 샤니다르 지역에서는 사체를 꽃으로 감쌌기 때문에 발굴한 흙 속에서 국화와 백합의 꽃가루가 나왔습니다. 죽은 사람에게 꽃을 바쳤던 것이지요. 이로써 네안데르탈인 사이에서 종교라는 개념이 시작되었다는 점을 알 수 있습니다.

구인에 이어 빙하 시대 말기에는 신인新人 '호모 사피엔스(지혜로운 사람)'가 출현했습니다. 구인과는 다르게 체격이 현대 인간과 같습니다. 남유럽에 나타난 크로마뇽인, 이탈리아의 그리말디인, 중국의 산정동인이 신인입니다. 돌을 깨서 만든 뗀석기와 골각기(동물의 뼈로 만든 창과 작살)를 사용했고 활과 화살, 함정을 이용해 짐승을 사냥하거나 나무 열매를 채집해 먹었습니다.

✦ 빙하가 발달하여 전 세계의 육지를 뒤덮었던 시대. 여기서는 인류가 출현한 신생대 제4기를 가리킨다.
✦✦ 대항해 시대가 시작된 15세기 전까지 세계 전체로 인식되었던 유럽·아시아·아프리카 지역. 아메리카·오세아니아 지역을 일컫는 '신대륙'과 대비되어 쓰인다.

● 인류의 진화 계통도

원숭사람	오스트랄로피테쿠스(고생 인류)	
원인	호모 에렉투스	··· 자바인 / 베이징인 / 하이델베르크인
구인	호모 네안데르탈렌시스	··· 네안데르탈인
신인	호모 사피엔스(현생 인류)	··· 크로마뇽인

원숭사람부터 신인까지
왼쪽부터 원숭사람(오스트랄로피테쿠스), 원인(호모 에렉투스), 구인(네안데르탈인), 신인(크로마뇽인). ⓒ ErnestoLazaros/Wikimedia.org, Ryan Somma/Flickr, Fahrtenleser/Wikimedia.org, Lorande Loss Woodruff/Flickr

신석기의 두 가지 힘

현생 인류가 허술한 뗀석기와 골각기를 써서 사냥과 채집으로 먹고산 구석기 시대는 정신이 아득할 만큼 길게 이어졌습니다. 하지만 빙하 시대가 드디어 끝나고 기후가 한층 따뜻해지면서 지구는 인류가 살기 좋은 환경이 되었습니다. 이제 인류는 구석기 시대에서 신석기 시대로 걸어 나갑니다. 신석기 시대는 특히 두 가지 사실에 주목해야 합니다.

첫 번째는 '농경과 목축이 시작되었다'는 점입니다. 구석기 시대의 인류는, 말하자면 그날 벌어 그날 먹고사는 삶을 보냈습니다. 먹을거리가 떨어지면 또 새로운 터전을 찾아 헤매야 했지요. 하지만 농경(밀류나 콩류를 재배)과 목축(양, 염소, 돼지, 소를 사육)을 시작하면서, 떠돌지 않아도 식량을 안정적으로 얻을 수 있었습니다. 한곳에 오래 머무를 수 있게 되자 인구를 늘릴 힘도 커졌습니다. 인류가 지금과 같은 정주定住 생활에 돌입하게 된 것입니다.

두 번째는 '기술이 진보했다'는 점입니다. 돌을 깨서 쓰느라 성능이 변변치 않았던 뗀석기 대신 돌을 갈아서 돌도끼, 몽둥이, 칼 같은 정교한 간석기를 만들었습니다. 토기를 만들어 채색까지 했고 문양을 그려 넣었습니다. 그뿐일까요. 아마亞麻와 양모를 짜서 직물을 만들고 식물로 세공품을 만들었습니다.

➳ 금속을 사용한다는 것 ⤝

인류가 처음으로 사용한 금속은 동이었습니다. 동에 주석을 입혀 청동을 만들 수 있게 되면서 청동기는 기원전 2000년경까지 오리엔트✦, 그리스, 인도 등으로 퍼져나갔습니다. 기원전 2000년 후반부터는 가장 먼저 오리엔트에서, 유럽에서는 기원전 1000년경에, 중국에서는 전국시대(기원전 403년~기원전 221년)에 철기를 사용했습니다. 철기는 청동기보다 더 단단한 금속이라 특히 농경에 쓰이면서부터 비약적으로 생산을 늘릴 수 있었습니다.

이렇게 금속 기구를 사용해 생산량이 늘어나자 경제에 변화가 일어났다는 사실은 말하면 입 아플 정도입니다. 그런데 이 생산량 증가는 사회 생활이 바뀌는 데에도 큰 영향을 끼쳤습니다.

우선, 농경을 하는 집단과 하지 않는 집단이 나뉘었습니다. 모든 땅이 농경 생활에 적합했던 것은 아닙니다. 농경지 외곽의 땅은 수분이 부족해 작물이 도저히 자랄 수 없는 척박한 건조지대였습니다. 건조지대에 사는 이들에게 남은 선택지는 목축이었고, 가축을 먹일 신선한 풀을 찾아 짧으면 몇 주, 길면 몇 달 간격으로 고된 방랑을 해야 했습니다. 생존의 급박성이나 문화가 다를 수밖에 없던 농경 세계와 유목 세계 사이에서는 잦은 충돌과 침략이 일어났습

✦ 라틴어로 '해 뜨는 동쪽'을 의미하는 말. 이집트와 메소포타미아 지역 등 유럽인의 시각으로 지중해 동쪽에 위치한 동방 지역을 가리킨다.

니다.

한편 농경을 하는 집단 안에서는 씨족 사회가 성립했습니다. 씨족 사회란 같은 선조를 둔 사람들이 모인 사회입니다. 사회라기보다는 혈족 집단이라 부르는 게 좋을지도 모르겠네요. 씨족은 회의를 열어 수장을 뽑는 등 중요한 사안을 정했습니다. 씨족 사회는 통합되어 더욱 커다란 형태의 부족 사회가 되었습니다. 다 같이 힘을 합해야 겨우 먹을거리가 마련되었으므로 생산도 제사도 함께했고 아직 계급 차이는 생겨나지 않았습니다. 하지만 경제 변화로 인해 생산량이 충분히 먹고도 남을 정도에 달하자, 남는 몫을 재산으로 축적하거나 뺏을 수도 있게 되었지요. 자연스레 부유한 자와 가난한 자, 힘이 있는 자와 없는 자, 지배자와 피지배자가 나뉘기 시작했습니다. 이렇게 씨족 사회는 계급 사회로 이동했습니다. 집단을 이끄는 유력자가 나타나고, 정치·군사 조직을 만들고, 상업과 공업이 일어났습니다.

하지만 원시 농경민의 사회에서는 계급이라고 해도 그렇게 확실한 것은 아니었습니다. 정치·군사 조직도 매우 유치했기에 그것들을 너무 근대적으로 해석해서는 안 됩니다.

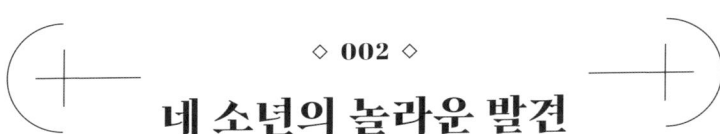

네 소년의 놀라운 발견

⇥ 토끼몰이 ⇤

1940년 9월의 어느 날. 프랑스 남서부 도르도뉴 지방의 몽티냐크 마을 근처에서 일어난 일입니다. 네 명의 소년이 토끼를 쫓고 있었습니다. 토끼는 소년들을 피해 한 동굴로 도망쳤습니다. 소년들도 얼른 토끼를 따라 동굴에 들어갔습니다. 그랬더니 동굴 저 안쪽에서 들소, 말, 사슴 같은 동물들이 움직이고 있는 게 아니겠어요?

깜짝 놀란 네 소년은 바로 학교 선생님께 말씀드렸고, 전문 고고학자가 초빙되어 동굴을 상세하게 조사했습니다. 그 결과 밝혀진 사실은 이렇습니다.

동굴은 주 동굴(길이 15.5미터·지름 9미터), 안쪽 동굴(길이 30미터·지름 0.5~3미터) 그리고 주 동굴에서 떨어져 나온 가지 동굴, 이렇게 세 부분으로 이루어져 있었습니다. 그리고 소년들이 동물이라 생각한 것은 사실 동굴 벽에 그려진 그림이었습니다. 검은색, 갈색, 노란색으로 보기 좋게 색칠된 그림은 너무도 생생해서, 소년들이 살아 있는 동물이라 착각한 것도 무리가 아니었습니다. 동굴에는 100개가 넘는 그림이 그려져 있었습니다.

⇢ 솜씨 있는 크로마뇽인 ⇠

이 라스코 동굴의 벽화는 빙하 시대 말기에 크로마뇽인이 그렸다고 추정됩니다.

크로마뇽인은 현대 인간과 신체 차이가 거의 나지 않는 신인, 즉 가장 오래된 현생 인류입니다. 지금도 크로마뇽인의 유적에서 화석 뼈가 발견되고 있습니다.

라스코 동굴의 벽화는 선사 시대* 그림 중 걸작으로 꼽힙니다. 하지만 라스코가 선사 시대 최초의 동굴 벽화는 아닙니다. 이미 1879년 스페인 북부에 위치한 알타미라라는 마을에서는 여우를 쫓던 사냥꾼이 동굴에 들어갔다가 천장에 채색된 들소, 말, 사슴의 그림을 발견했습니다. 게다가 1895년에도 도르도뉴 지방에서 비

✦ 문자 기록이 존재하지 않는 시대. 구석기, 신석기 그리고 일부 지역의 청동기 시대를 포함한다.

라스코 동굴

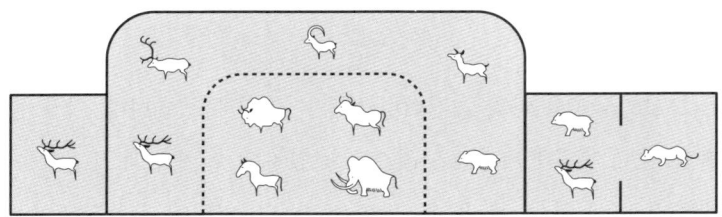

동굴 벽화의 구성

프랑스 고고학자 르루아 구랑에 따르면 대부분의 동굴 벽화는 공통적인 패턴을 보입니다. 주 동굴의 중앙부에는 들소·말·매머드가, 주변부에는 사슴·산양·곰이 다수 그려져 있습니다. 입구에는 사슴, 통로쪽에는 사슴과 곰, 안쪽 공간에는 사자와 그 밖의 것들이 그려져 있습니다.

숱한 동굴 벽화가 발견되었습니다. 조사 결과 남프랑스와 스페인 북부에 이런 동굴 벽화가 스무 군데 넘게 존재한다는 사실이 밝혀졌습니다.

이렇게 많은 동굴 벽화 중에서도 라스코와 알타미라의 벽화는 가장 대표작으로 꼽힙니다. 워낙에 생동감이 뛰어나, 처음 전시회가 열렸을 때는 수만 년 전 구석기인이 그린 것이라는 소개에 코웃음 치고 믿지 않는 관람객도 많았다고 해요.

⇾ 수렵채집민의 주술 ⇽

그렇다면 크로마뇽인은 대체 무엇 때문에 이런 동굴 벽화를 그렸을까요?

크로마뇽인은 아직 농경이나 목축을 알지 못했습니다. 야생 동물을 잡고 식물을 채집해 날것으로 먹었지요. 이 수렵과 채집을 더 잘하기 위해 화살, 골각기를 발명했습니다. 마찬가지로 크로마뇽인이 그림을 그린 목적은 동식물을 더 많이 더 쉽게 잡아들일 수 있게 주문을 거는 것이었습니다. 이러한 주술이야말로 종교의 시초입니다.

여러분은 '종교'라 하면 불교나 기독교, 이슬람교를 떠올릴 것입니다. 하지만 이런 고등 종교만이 종교는 아닙니다. 선사 시대의 주술도 종교의 역할을 착실히 수행했습니다. 종교 또는 종교 의식은 인류의 탄생과 함께해왔다고 해도 과언이 아닙니다.

주술이 있었으니 주술을 펼치는 주술사도 존재했겠지요? 주술사는 동굴 안쪽에서 의식을 거행했습니다. 라스코 동굴 벽화에는 주술사로 보이는 존재가 있습니다. 다만 사람처럼 그려지지는 않았고 가면을 쓰거나 반인반수의 모습을 하고 있습니다. 그 밖에 죽은 자를 애도하는 의식도 치른 것으로 보입니다. 그만큼 동굴 안은 신성한 장소였습니다.

➳ 종교와 예술의 기원 ➳

밝혀지지 않은 사실이 참 많은 선사 시대 인류이지만, 라스코와 알타미라 동굴 벽화를 통해 알 수 있듯 그들은 그저 종교 의식을 치르는 수준에 그치지 않았습니다. 미술사에서 '원시 미술'이라는 용어로 부르는 미술 활동도 시작했지요. 즉, 원시 시대에는 종교와 미술이 한몸이었습니다.

실제로 라스코 동굴 벽화는 검은색, 갈색, 노란색으로 이루어진 원색화일 뿐만 아니라 그림에 색의 농담, 밝기, 따뜻함까지 표현되어 있습니다. 바위의 울퉁불퉁함을 이용해 동물의 신체를 도드라지게 표현하기도 했습니다.

그림 속 동물은 날거나 뛰기도 하고 덫에 걸려 괴로워하며 발버둥치거나 창에 맞기도 합니다. 동물이 취한 다양한 포즈에서는 생명력과 약동감이 생생하게 느껴져 보는 사람까지 바짝 긴장하게 됩니다. 현대 예술가가 그린 작품이라 해도 믿을 정도입니다. 원시인에게서 이런 미적인 이미지가 어떻게 샘솟았는지는 알 수 없습니다. 다만 그들이 인류 문화의 발달을 똑똑히 나타내는 증거물을 남겨주었다는 점만은 분명합니다.

◇ 003 ◇
이집트 문명

⇢ 이집트의 여러 왕조 ⇠

이집트에서는 대략 30개의 왕조가 잇달아 세워졌는데, 시대에 따라 고왕국·중왕국·신왕국으로 나뉩니다.

고왕국(1~10왕조)은 기원전 3000년경 나일강 하류 유역에 있던 여러 지방별 도시국가('노모스')들을 메네스 왕이 차례대로 통일하며 세워낸 국가입니다. 도읍은 멤피스였습니다. 제3, 4왕조가 가장 번영하며 피라미드를 많이 건설했기 때문에 '피라미드 시대'라고도 부릅니다.

중왕국(11~17왕조) 때는 도읍을 테베로 옮겼고 제12왕조가 가장 번성했습니다. 하지만 중왕국 말기에 위기를 맞습니다. 말과 전차를 무기로 앞세운 적이 시리아 방면에서 침입해 들어왔습니다.

이들은 셈어(아랍어, 히브리어 등)를 사용하는 셈족 계열의 힉소스인이었습니다. 힉소스인은 이집트를 약 100년간 지배하게 됩니다.

힉소스를 몰아내고 신왕국(18~26왕조)이 건설되었습니다. 메소포타미아까지 지배한 제18왕조의 투트모세 3세, 전설의 미인 네페르티티 왕비와 부군 아멘호테프 4세, 우리나라에도 전시가 열린 최고의 보물 '황금 가면'의 주인공 투탕카멘 왕이 유명합니다.

아멘호테프 4세는 종교 의식을 주도하는 신관들의 세력이 왕의 권력보다 커지는 것을 경계했습니다. 그리하여 파격적인 정치 혁신을 추진했지요. 도읍을 테베에서 아마르나(지금의 텔 엘 아마르나)로 옮기고, 기존의 다신교에서 모시던 '아몬'이 아니라 유일신 '아톤'을 모시게 했습니다. 스스로 이름도 '아케나톤(아톤에게 사랑받는 자)'으로 바꾸었습니다. 하지만 이 움직임은 이집트 전체를 설득하지는 못했습니다. 왕위를 이어받은 아들 투탕카톤(아톤의 현신)이 '투탕카멘(아몬의 현신)'으로 개명하고 도읍을 테베로 되돌린 점이 상징적입니다.

아멘호테프 4세가 일으킨 혁신이 실패한 후, 이집트의 세력은 쇠해갔습니다. 이집트는 페르시아에 굴복했고(기원전 525년) 결국 알렉산드로스 대왕에 의해 멸망합니다(기원전 332년).

이집트 문명의 연속성

1887년, 이집트 신왕국의 도읍지였던 텔 엘 아마르나에서 쐐기 문자를 새긴 점토판이 발견되었습니다. 이집트에서는 쐐기 문자나 기록용 점토를 사용하지 않았으니 그 특징으로 보아 오리엔트 중에서도 메소포타미아 지역으로부터 건너온 것이었지요.

조사 결과 이 '아마르나 문서'에는 이집트 왕조가 이집트에 복속한 여러 오리엔트 국가의 군주와 외교적으로 교섭했던 내용이 적혀 있었습니다. 그래서 아마르나 문서는 굉장히 중요한 사료입니다. 이집트 왕국이 외부로 세력을 뻗는 일은 있어도, 외부에서 침략받는 일은 적었다는 사실도 확인할 수 있었죠. 그럴 수 있던 이유는 이집트의 지형 때문입니다.

본래 '갇힌 곳'을 뜻하는 이집트는 사막과 나일강이 사방을 감싸고 있어 외적이 침입하기 어려운 지형을 지녔습니다. 그 덕에 30개나 되는 왕조가 계속될 수 있었습니다. 왕조가 이어지니 문화도 쭉 이어져 내려가 이집트 문명에 급격한 변화란 일어나지 않았습니다. 그렇기 때문에 아멘호테프 4세의 아마르나 시대는 이색적입니다. 혁신을 추구한 왕이 이집트에서 태양신 라와 동일시되던 아몬신을 부정하고 아톤신을 유일신으로 숭배하는 일신교를 시작했으니까요. 하지만 이는 예외적인 경우로서, 이집트 문명은 단조로울 정도로 탄탄대로를 걸었습니다.

아마르나 예술

아멘호테프 4세의 혁신은 예술 방면에서도 그때까지의 전통을 부정하는 새로운 경향을 만들어냈습니다. 아마르나 왕궁의 벽면과 묘지 조각, 왕비 네페르티티의 채색 흉상(위 그림) 등이 대표적인 작품입니다. 기존의 직선적이고 정신적인 이집트 예술과 달리 부드럽고 사실적입니다.

이집트 문명의 종교성

이집트 문명의 특징을 한마디로 표현하면 '짙은 종교성'이라 할 수 있습니다.

우선 왕('파라오')부터가 태양신 라의 자손이자, 라의 허락을 받아 이집트 국토와 국민을 통치하는 존재로 여겨졌습니다. 종교로는 태양신(라, 아몬, 아톤)이 최고신인 다신교를 신봉했지만 자연이나 동물도 숭배했습니다. 영혼 불멸과 사후 부활을 믿어 미라를 만들었고 《사자의 서》˟를 남겼습니다.

《사자의 서》는 저승 세계로 향하는 안내서입니다. 죽은 자의 영혼이 오시리스(사자死者와 부활의 신)의 재판에서 해야 할 행동이나 저승에서 생활할 때 주의해야 할 사항이 적혀 있습니다. 이집트인의 내세관이 궁금할 때 읽기 안성맞춤이지요. 신왕국 시대 사람들은 파피루스(파피루스 풀의 줄기로 만든 종이)에 《사자의 서》 내용을 그림으로 그려 미라와 함께 묻었습니다. 이 문화는 고왕국 시대부터 시작되었습니다.

그 밖에 신전은 물론 피라미드, 스핑크스, 오벨리스크도 강대한 왕권과 함께 신의 영광을 나타냅니다. 이렇듯 이집트 문명은 매우 종교적이었습니다.

다만, 종교만이 전부는 아니고 기하학(측량술)과 수학 같은 학문

✦ 국내 번역본 《이집트 사자의 서》, 서규석 편역, 문학동네, 1999년.

그리고 태양력도 발달했습니다. 나일강이 범람한 후 매번 농지를 정리해야 했기 때문입니다. 전제 정치*와 종교 때문에 자유롭게 사색할 수 없다 보니 실용 지식에 머무르긴 했지만요.

⇝ 로제타석의 해독 ⇜

이집트 문명이 후세에 남긴 문화유산 중 '문자'는 특별히 따로 살펴볼 가치가 있습니다. 이집트 문자는 상형 문자, 즉 그림 문자입니다. '히에로글리프Hieroglyph(신성 문자)'와 그 약자인 '히에라틱Hieratic(신관 문자)', 형태가 더 단순해진 '데모틱Demotic(민중 문자)' 세 종류가 존재했고 이집트인은 파피루스에 문자를 적었습니다.

1799년 프랑스의 나폴레옹은 이집트로 원정을 떠났을 때 나일강 하구의 로제타에서 비석의 파편을 발견했습니다. 그 비석은 기원전 196년에 만들어진 프톨레마이오스 5세 송덕비의 일부였습니다. 표면에는 히에로글리프, 데모틱, 그리스 문자 이렇게 세 가지 문자가 새겨져 있었습니다. 그리스 문자를 통해 성직자들이 프톨레마이오스 왕을 칭송한 내용이란 것은 알 수 있었지만 나머지 이집트 문자의 해독에는 모두가 실패했습니다. 프랑스의 언어학자 장 프랑수아 샹폴리옹(1790~1832년)이 나타나기 전까지는요.

✦ 지배자가 국가의 모든 권력을 장악하여 마음대로 그 권력을 행사하는 정치.

샹폴리옹은 로제타석과 이집트 필레섬에서 발견된 오벨리스크의 비문을 비교해 이집트 상형 문자를 읽어내는 데 성공합니다. 기존의 연구자들은 '이 그림은 어떤 뜻을 나타내는가'를 고심했지만, 샹폴리옹은 '혹시 이 그림이 어떤 소리를 가리키는 게 아닐까?' 하는 물음을 품고 접근했습니다. 이것이 해독의 열쇠가 되었지요.

그는 비석에 새겨진 '프톨레마이오스'와 '클레오파트라'에 공통적으로 나오는 그림을 찾아, 두 단어의 발음에 공통적으로 들어가는 P, O, L 소리에 대응시킬 수 있었습니다. 그렇게 1822년 9월 샹폴리옹은 파라오 27인의 이름을 해독하고 이집트 상형 문자가 표음 문자로도 쓰였다는 사실을 밝혀냈습니다. 고정관념을 뒤집은 31세 청년의 발상과 집념이 이집트학의 새로운 문을 열어젖힌 순간이었습니다.

◇ 004 ◇
경이로운 피라미드

⇁ 기자의 3대 피라미드 ⇀

이집트 왕국은 2000년 하고도 수백 년 넘게 존속했기 때문에 갖가지 문화유산을 남겼습니다. 빛나는 유적들이 오늘날에도 전 세계 관광객의 마음을 끌어당기고 있지요. 그중에서도 최대의 문화유산은 뭐니 뭐니 해도 피라미드입니다. 피라미드야말로 이집트 국왕이 가진 권력의 상징이자 이집트 문명의 집약체입니다. 하지만 의외로 많은 분들이 피라미드에 대해 정확히 알고 있지 못합니다. 이 이야기를 조금 더 해보겠습니다.

카이로에서 서쪽으로 15킬로미터 이동하면 리비아 사막의 동쪽 가장자리에 다다릅니다. 정확히 나일강의 비옥한 녹지대와 만나는 경계에, 광활한 사막 위 우뚝 솟은 피라미드들이 보입니다.

기자의 3대 피라미드
나일강 운하 지류에서 바라본 모습. 왼쪽부터 멘카우라 왕, 카프라 왕, 쿠푸 왕의 피라미드. 기자 평원은 제4왕조 제2대 왕인 쿠푸에 의해 묫자리로 선정됐습니다.

바로 기자의 3대 피라미드입니다. 거기서 남쪽으로는 크고 작은 피라미드 25개가 더 있습니다.

이 피라미드군에서 가장 큰 피라미드는 쿠푸 왕의 피라미드입니다. 그도 그럴 것이 이집트는 고왕국 시대(기원전 27세기~기원전 23세기)의 제3~5왕조까지 약 400년간 가장 번영했는데, 그 시기에 만들어진 피라미드이기 때문입니다. 왕국의 힘과 부를 바탕으로 만들어진 피라미드이니 규모가 웅장한 것은 당연하지요.

피라미드의 규모

피라미드의 원형은 제1왕조 시대의 제단형 고분이었습니다. 벤치 같은 모양을 하고 있어서 '마스타바'(아랍어로 벤치를 의미)라고 부릅니다. 제3왕조 때에 마스타바를 여섯 단으로 쌓은 계단식 피라미드가 생겨났고 제4왕조 쿠푸 왕 시대에 기자에 거대한 피라미드를 건설했습니다(기원전 2550년경).

쿠푸 왕의 피라미드가 얼마나 큰지에 대해서는 숫자로 설명하면 이해가 빠를 것 같군요. 밑변의 길이가 233미터, 높이가 147미터, 돌 한 덩어리의 무게는 평균 2.5톤, 그 돌의 개수는 230만 개입니다. 정말 거대하지요? 그리스 역사가 헤로도토스(기원전 485년경~기원전 425년경)는 "채석장에서 돌을 옮기기 위해 10만 명이 석 달간 교대로 일했고, 돌을 옮기는 도로를 만드는 데만 10년이 걸렸다. 피라미드의 토대와 왕의 관을 넣을 지하실을 만들기 위해 10년, 대피라미드 그 자체를 세우는 데에는 20년이 걸렸다"고 적었습니다.

원래부터 이집트에는 석재가 풍부했습니다. 이것을 다뤄서 피라미드를 만들어낸 고대 이집트인의 토목 기술은 정말 경이롭습니다. 피라미드의 밑면은 정사각형 사각뿔이며 각 측면은 정확하게 동서남북에 접하고 있습니다. 지하에는 왕과 왕비의 관을 놔둘 방을 설치한 뒤 화강암으로 덮었습니다. 그리고 자른 돌들을 바늘 하나 들어갈 틈 없이 쌓아 올렸습니다. 4000년이 지난 오늘날에도 흠잡을 데 없는 석공 기술은 할 말을 잃게 만듭니다.

이집트인은 돌을 올리기 위해 다음과 같은 방법을 사용했습니다. 먼저 벽돌로 길을 만들어 통나무를 깝니다. 그 위에 잘라낸 석재를 올리고 밧줄을 건 후 돌을 굴려 강변까지 끌어당깁니다. 그리고 뗏목에 쌓습니다. 뗏목에는 부낭이 달려 있어 잠길 걱정이 없었습니다.

이렇게 셀 수 없을 정도로 많은 사람의 힘과 강제 노동 끝에 피라미드가 완성되었습니다. 사람들은 국왕이 태양신 라의 아들로서 이집트의 땅과 백성을 지배한다고 여겼습니다. 말하자면, 사람의 모습으로 나타난 신이지요. 이 정도의 절대 권력을 쥐었기 때문에 피라미드도 만들 수 있던 것입니다.

● 피라미드 단면도

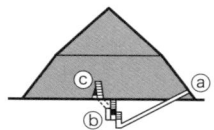

❶ 굴절 피라미드
ⓐ 북쪽 입구
ⓑ 아래쪽 묘실
ⓒ 위쪽 묘실

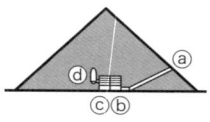

❷ 붉은 피라미드
ⓐ 입구
ⓑ 제1실
ⓒ 제2실
ⓓ 제3실

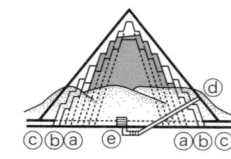

❸ 메이둠 피라미드
ⓐ 최초의 계단식 피라미드
ⓑ 확장된 계단 피라미드
ⓒ 완성된 피라미드
ⓓ 입구
ⓔ 묘실

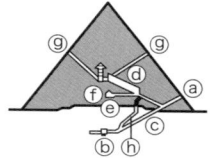

❹ 쿠푸 왕 피라미드
ⓐ 입구
ⓑ 최초에 계획한 묘실
ⓒ 상승 회랑 입구
ⓓ 대회랑
ⓔ 묘실(왕비의 방)
ⓕ 묘실(왕의 방)
ⓖ 환기구
ⓗ 공사 노동자의 탈출로

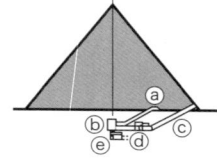

❺ 카프레 왕 피라미드
ⓐ 최초에 계획한 입구
ⓑ 최초에 계획한 묘실
ⓒ 계획이 변경되며 생긴 새로운 입구와 하강 회랑
ⓓ 제의 공간
ⓔ 묘실

❻ 멘카우레 왕 피라미드
ⓐ 아래쪽 입구
ⓑ 최초에 계획한 묘실
ⓒ 위쪽 입구
ⓓ 묘실

⇾ 죽은 자의 부활 ⇽

하나 더 기억해주세요. 피라미드가 국왕의 묘이긴 하지만, 고대 이집트인은 '인간의 생명과 영혼은 사라지지 않는다' '죽은 자는 반드시 부활한다'고 강하게 믿었습니다. 사후 세계로 영혼을 인도하는 안내서인《사자의 서》, 영혼이 제 몸으로 되돌아올 때를 위해 시체를 방부처리한 미라 또한 그러한 종교심의 표현입니다.

고대 이집트인은 피라미드 내부에 미라를 눕히고 그가 사후에도 좋은 삶을 누리도록 금은보화를 같이 묻었기 때문에, 혹여 도둑이 들세라 경계를 엄중히 하고 입구를 봉쇄했습니다. 하지만 역시나 도둑맞았지요. 쿠푸 왕 피라미드 한가운데에 있는 왕의 방이 19세기에 들어 발굴되었을 땐 거기 있어야 할 미라도, 부장품도 싹 도둑맞은 상태였습니다. 정말 '열 사람이 지켜도 한 도둑 못 막는다'라는 속담이 딱 맞았습니다. 하지만 아무리 대담하고 부도덕한 무덤 도둑이라도 피라미드를 짊어지고 갈 수는 없습니다. 너무나 거대하기 때문입니다. 사막 한복판에서 건축물의 사이즈가 작고 아담했다면 진즉 모래에 휩쓸리고 말았을 것입니다. 풍토까지 고려한 이집트인들의 건축 구상에 감탄이 나올 뿐입니다. 나폴레옹은 1798년 이집트로 원정을 와서 "병사들이여, 피라미드 위에서 4천 년의 역사가 제군을 내려다보고 있다"라고 말했습니다. 그 말처럼, 오늘 이 순간에도 피라미드는 엄숙하고 고요하게 역사의 흥망을 내려다보고 있습니다.

비록 함족*이 세운 이집트 왕국의 정치 생명은 끝을 맞이했지만 독특한 이집트 문명은 당연히 후세 사람들, 타 민족의 왕과 정치가, 장군들의 심금을 울렸습니다. 하지만 이들이 이집트에 눈독을 들인 이유는 무엇보다 오리엔트의 손꼽히는 곡물 지대라는 점 때문이었습니다. 헤로도토스의 "이집트는 나일의 축복"이라는 유명한 말 그대로, 나일강 유역의 기름진 토지에서는 농업이 발달했습니다. 그러다 보니 마케도니아의 알렉산드로스 대왕이 이곳을 공략했고, 그 부하 장군이 여기서 왕조를 일으켰고, 로마 시대에는 카이사르가 이곳을 지배했습니다. 중세에는 이슬람 세력의 중심지가 되기도 했습니다. 모두 이집트의 경제력에 주목한 것이지요.

✦ 아프리카 북동부에 살며 셈족에 포함되지 않는 사람들. 신체상 큰 키와 폭이 좁은 코, 갈색 피부를 특징으로 지닌다.

◇ 005 ◇
메소포타미아 문명

이집트의 역사가 비교적 단조로운 데 반해, 티그리스·유프라테스 두 강 사이에 낀 메소포타미아(그리스어로 두 강 사이라는 뜻)의 역사는 꽤 복잡합니다. 이 '비옥한 초승달 지대'✦를 둘러싸고 아주 오래전부터 여러 민족이 싸우며 부흥과 멸망을 되풀이했기 때문입니다.

기원전 3000년경에는 수메르인이 침입해 우르, 라가시 등 도시국가를 세우고 청동기 문명을 이루었습니다. 쐐기 문자를 발명하고 태양력도 만들었지요. 하지만 북쪽에서 온 셈족 계열의 아카드인에게 정복당하고 맙니다.

그 후 기원전 2000년경, 마찬가지로 셈족 계열인 아모리인이 힘

✦ 1914년 미국의 역사가 제임스 헨리 브레스테드(James Henry Breasted)가 저서 《Outlines of European History》에 쓰면서 메소포타미아 문명을 가리키는 별칭으로 자리 잡았다.

을 길러 메소포타미아 남쪽의 바빌론에 고바빌로니아 왕조를 세웠습니다. 기원전 18세기에는 제6대 함무라비 왕이 등장해 메소포타미아 전역을 지배했습니다. 왕이 만든 함무라비 법전은 세계에서 가장 오래된 성문법입니다. 총 282조로 이루어진 이 법전은 '눈에는 눈, 이에는 이'라는 조항에서 알 수 있듯 복수법을 원칙으로 삼고 있습니다. 함무라비 법전을 통해 엄격한 질서와 공정함을 추구한 당시의 사회 생활을 유추할 수 있습니다.

정리하자면 이집트 문명은 종교적이지만, 메소포타미아 문명은 현실적입니다. 메소포타미아에서는 민족의 이동이나 세력 교체가 빈번했기 때문에 저절로 현실적이 됐을 테지요.

⇥ 메소포타미아의 흥망 ⇤

메소포타미아에서 벌어진 여러 국가들의 등장과 퇴장은 눈이 핑핑 돌 정도입니다. 함무라비 왕의 사후 고바빌로니아 왕국은 힘을 잃었고 메소포타미아는 소아시아*에서 일어난 히타이트, 카시트, 마지막에는 아시리아에게 정복당했습니다.

아시리아도 셈계 민족으로, 티그리스강 상류에서 생겨났습니다.

✦ 아시아(동방)와 유럽(서방)을 연결하는 위치로 지금의 튀르키예(옛 이름 '터키') 지역을 일컫는다.

고대 오리엔트 지도

함무라비 법전
1901년 페르시아의 고대도시 수사에서 발견됐습니다. 높이는 약 1.8미터로, 흑색 섬록암으로 제작되었습니다. 상단부에는 왕좌의 태양신 샤마쉬가 함무라비에게 법전을 수여하는 모습이 새겨져 있습니다.

히타이트에서 건너온 철기, 말, 전차를 이용해 강대해졌고 사르곤 2세(재위 기원전 722년~기원전 705년) 시기에는 메소포타미아 전역과 이집트를 지배하며 세계 역사상 최초의 대제국을 건설했습니다. 왕은 중앙 집권 체제를 실시하고 신의 이름으로 절대 권력을 휘둘렀습니다. 도읍은 니네베였습니다. 하지만 이민족 통치에 실패해 반란이 일어나며 멸망하고 맙니다. 그 후 아시리아 제국은 신바빌로니아, 메디아, 리디아, 이집트 네 왕국으로 분열했습니다.

이 중 셈계 칼데아인이 세운 신바빌로니아는 네부카드네자르 2세(재위 기원전 604년~기원전 562년)의 통치기에 크게 발전했습니다. 시리아와 페니키아를 병합하고 예루살렘 정복으로 유다 왕국을 멸망시키며 바빌론 유수[幽囚]를 일으켰지요. 유다 왕국의 귀족, 군인, 장인 등 총 4,500명이 포로로 잡혀 바빌론으로 강제 이주당한 사건을 '바빌론 유수'라고 합니다.

70년의 세월 동안 억류 생활을 해야 했던 유다의 백성은 신바빌로니아가 멸망한 후 해방되었지만, 대부분 뿔뿔이 흩어져 버렸습니다. 그들을 '디아스포라(흩어진 사람들)'라고 부릅니다. 흩어진 유다 사람들은 이후 원시 기독교와도 관계를 맺게 됩니다.

⇥ 바빌론의 영화 ⇤

신바빌로니아 왕국의 수도 바빌론은 함무라비 왕의 시대부터 헬레

4국 대립 당시 오리엔트 지도

니즘 시대에 이르기까지 오리엔트 문명의 중심지였습니다. 네부카드네자르 2세 시기에 건설된 거대 성탑은 바빌론의 수호신인 마르두크신을 모시기 위해 세워진 탑으로 '에테멘앙키' 또는 '바벨탑'이라는 이름으로도 알려져 있습니다.

'바벨탑'이라 하면, 《구약성서》의 〈창세기〉에 나오는 이야기를 떠올리는 분도 있을 테지요. 노아의 홍수를 겪고 난 후 사람들은 더 이상 흩어지지 말자며 자기들끼리 마을과 탑을 만들고 방자하게 굴었습니다. 그 모습을 보고 분노한 신이 사람마다 언어를 달라지게 하여 혼란을 일으켰고, 결국 사람들은 뿔뿔이 흩어졌다는 이야기입니다. 혹시나 해서 말씀드리지만 이 이야기는 마르두크신을 모신 바벨탑과는 관계가 없습니다.

또한 그리스인들이 세계 7대 불가사의 중 하나로 꼽은 '바빌론의 공중정원' 역시 호화로운 바빌로니아 문명의 상징입니다. 전설에 따르면 네부카드네자르 2세가 향수병을 앓는 아내를 위해 고향과 닮은 정원 단지를 지은 것이라고 합니다. 20미터를 넘는 높이의 옥상 정원에 꽃과 나무, 풀과 열매가 가득하고 폭포수의 물방울이 아름답게 튀어오르는 광경을 자랑했다고 전해집니다.

⇥ 페르시아의 융성 ⇤

하지만 오리엔트 전역의 진정한 지배자는 페르시아였습니다. 페르

바빌론의 문
도읍 바빌론을 둘러싼 성곽의 출입구였던 이슈타르 문(사진은 복제품). 신바빌로니아 네부카드네자르 2세가 건설했습니다. 채색한 푸른 벽돌에 돋을새김한 괴수와 사자 상이 표현되어 있습니다. ⓒhomophoticus/123RM.COM

시아인은 이란 고원에서 생겨난 인도아리아어족에 속하는 민족입니다. 처음에는 메디아에 복속되어 있었지만 독립했고, 수사를 도읍으로 삼아 아케메네스 왕조의 페르시아(기원전 550년~기원전 330년)를 세웠습니다. 이윽고 리디아, 신바빌로니아, 이집트를 정복하고 오리엔트 전체에 군림했지요.

페르시아를 인더스강부터 마케도니아, 이집트에 달하는 공전의 대제국으로 이룩한 것은 제3대 다리우스 1세(재위 기원전 522년~기원전 486년)입니다. 아시리아의 통치법을 배워와 군주 전제 정치를 펼쳤습니다. 왕은 전 영토를 20주로 나눠 왕 직속의 지사('사트라프')를 두고 '왕의 눈' '왕의 귀'라 부르는 감독관에게 순찰을 시켰습니다. 또한 '왕의 길(국도)'을 건설해 지금의 우편통신에 해당하는 역참제를 정비했습니다. 화폐를 통일하고 경제 활동을 활발하게 만들었습니다. 다리우스 1세는 오리엔트 전역을 손에 넣고 나자 서방 진출에 나섰고, 그리스인과 충돌해 페르시아 전쟁을 일으켰습니다. 이후의 이야기는 따로 들려드리겠습니다.

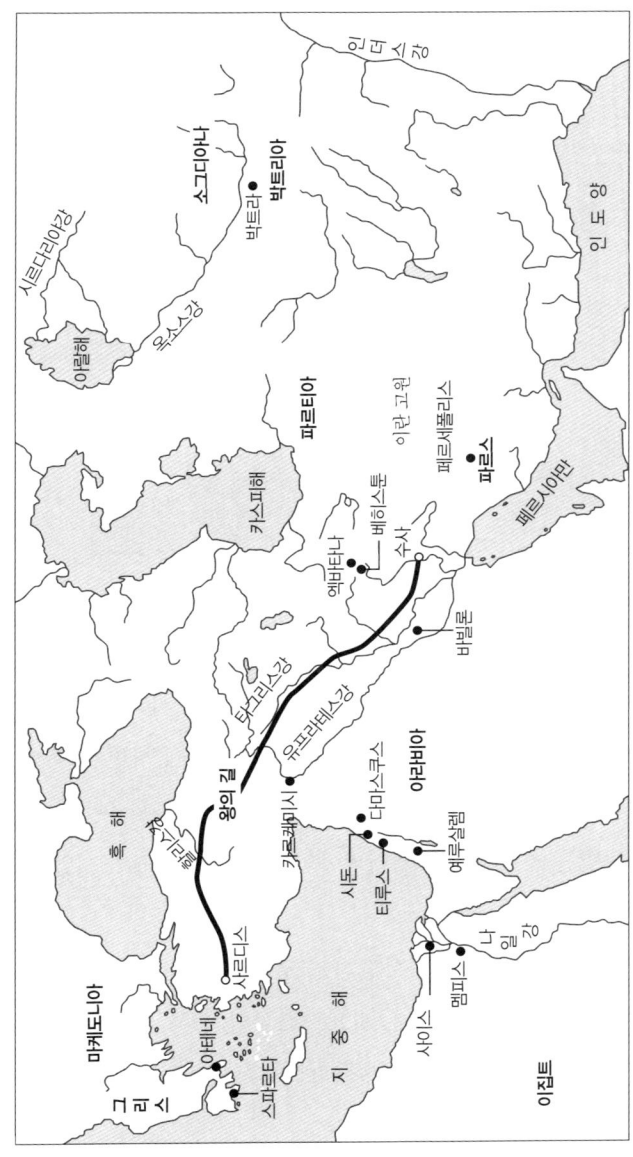

고대 페르시아 제국 지도

005 메소포타미아 문명

페니키아인과 히브리인

⇝ 지중해의 어드벤처 민족 ⇜

페니키아인은 셈족에 속하는 민족으로, 기원전 3000년경 지중해 동해안을 따라 시돈, 티루스, 비블로스 같은 도시국가를 세웠습니다. 또한 흑해 연안과 멀리 아프리카 북쪽 해안에 식민 도시 카르타고를 건설했습니다(기원전 800년경). 나중에 로마와 사활을 건 전투를 주고받는 카르타고도 페니키아인이 건설한 식민 도시였던 것입니다.

페니키아인은 모험을 사랑하는 민족이었습니다. 무역 활동이 주특기여서 레바논의 목재, 키프로스섬의 주석, 이베리아 반도의 납, 그 밖에도 양모와 포도주를 매매했습니다. 당시 지중해 무역을 독차지하고 있었지요.

알파벳의 어머니

페니키아인이 세상에 공헌한 두 가지가 있습니다.

하나는 식민 무역 활동으로 오리엔트 문명을 지중해 세계에 전했다는 점입니다. 페니키아인은 문명을 전파하는 데 대단한 공적을 세웠습니다.

다른 하나는 22개의 소리를 나타내는 페니키아 문자를 만든 점입니다. 이집트의 상형 문자나 메소포타미아의 쐐기 문자는 다른 민족이 사용할 수 없었습니다. 하지만 페니키아인은 상업 무역을 하며 여러 지역 사람들과 소통할 문자가 필요했기 때문에 사용하기 쉬운 표음 문자를 고안했습니다. 그 문자는 동지중해 연안으로 확산되었고 그리스에 전해지면서 알파벳이 되었습니다. 그리고 로마에서 유럽으로 퍼졌지요. 그러니 오늘날의 알파벳은 페니키아인이 그 부모입니다. 언어와 지식이 발전하는 데 얼마나 큰 기여를 한 셈입니까!

구약의 백성

페니키아는 로마에 멸망한 후 역사에서 모습을 감췄습니다. 반면 히브리인(스스로는 이스라엘인이라 불렀습니다)은 지금까지 이어지고 있습니다. 수난의 연속이었지만요. 기독교의 원형이 된 유대교를 창시한 것만으로도 히브리인은 큰 의의를 지닙니다.

히브리인 또한 셈계 유목민으로 기원전 15세기경 가나안(지금의 팔레스타인 지역)에서 정주 생활을 했습니다. 일부는 이집트로 옮겨 갔는데, 신왕국 이집트 왕에게 박해를 받아 모세가 그들을 이끌고 이집트에서 탈출하게 됩니다. 이 극적인 사건은 연극이나 영화로도 여럿 만들어졌습니다.

이집트에서 탈출한 히브리인은 가나안으로 돌아온 후 원래 살던 히브리인과 함께 이스라엘 왕국을 세웠습니다. 그리고 야훼를 유일신으로 모시는 신앙에 기초해 종교와 정치가 하나 된 신정神政을 펼쳤습니다.

제2대 다윗 왕, 제3대 솔로몬 왕(재위 기원전 960년경~기원전 922년경) 시기가 황금시대로, 도읍 예루살렘은 크게 번성했습니다. 《신약성서》에 적힌 예수의 말에 솔로몬 왕이 언급됩니다.

"솔로몬이 온갖 영화를 누렸을지라도 이 백합꽃 하나만큼 아름답게 차려입지는 못하였느니라."

또한 '솔로몬의 지혜'는 솔로몬 왕이 신에게 받은 지혜를 의미하는 등 《구약성서》에 많은 일화가 실려 있습니다.

➤ 망국의 역사 ➤

하지만 솔로몬 왕 사후, 이스라엘 왕국은 북쪽의 이스라엘과 남쪽의 유다로 분열해 끊임없이 싸웠습니다. 이윽고 북쪽 이스라엘 왕국은 아시리아에 의해 멸망당하고(기원전 722년) 남쪽 유다 왕국은 신바빌로니아에게 정복당합니다(기원전 586년). 유다의 백성은 포로가 되어 바빌론으로 강제 이주했습니다. 이 시기부터 히브리인은 '유대인'이라고도 불리게 되었습니다.

이 바빌론 유수 중에도 유대인은 야훼에 대한 신앙을 버리지 않았습니다. 신바빌로니아를 무너뜨린 페르시아가 히브리인을 해방시켜 히브리인은 팔레스타인으로 돌아갔습니다. 예루살렘에 신전을 재건하고 유대인의 종교인 유대교를 창시했지요. 하지만 왕국을 다시 부흥시킬 수는 없었습니다. 로마 시대에는 로마 제국의 속주가 되었고(기원후 6년) 고대, 중세, 근대를 걸쳐 '나라 없는 백성'으로 근근이 살아남았습니다.

⇥ 유대교와 기독교 ⇤

히브리·유대인의 종교적 특색은 무엇일까요? 아, 이집트인도 물론 종교적이었지요. 하지만 이집트인의 종교는 다신교였습니다. 반면 유대인은 천지만물을 만든 야훼를 유일신으로 숭배하는 일신교였습니다. 야훼와 유대인은 계약('구약' 즉 오래된 약속)을 맺었고, 유대인은 이 계약을 엄격하게 지켜야 했습니다. 계약을 지킨 우리 유대인만이 구원받는다는 선민사상도 여기서 유래했지요.

티투스의 예루살렘 점령

유대인이 로마의 지배에 반란을 일으킨 제1차 유대 전쟁(66~73년)에서 로마 장군 티투스의 예루살렘 점령을 기념한 조각. 82년 로마에 세워진 개선문에 부조되어 있습니다. 파괴된 예루살렘 신전에서 약탈품을 들고 행진하는 로마군을 표현했습니다.

ⓒ searagen/123RF.COM

통곡의 벽

로마 황제가 폐허가 된 예루살렘에 신도시와 새 신전을 세우자 다시 반란이 일어나지만 진압됩니다. 이 제2차 유대 전쟁(132~135년)의 패배 후 유대인은 예루살렘에 들어오는 것을 금지당했습니다. 다만 1년에 한 번, 제1차 유대 전쟁에서 예루살렘이 함락된 기념일에만 구 신전의 벽에 기대어 기도하는 일이 허락되었습니다. 사진은 헤롯왕이 재건한 신전 외벽의 일부입니다. ⓒ irisphoto18/123RF.COM

이런 유일신을 향한 신앙은 유대인이 고난을 겪으면 겪을수록 더욱 견고해졌습니다. 그래서 유대교는 강한 배타성을 띱니다. 또한 계율(규칙)이 까다롭습니다. 야훼가 약속한 구세주(메시아)를 기다리고 바라는 대망待望 사상도 유대교의 특색입니다.

유대교에서 나온 기독교는 이 특색을 하나하나 부정하고 새로운 종교로 다시 태어났습니다. 예수(기원전 4년경~기원후 30년경)는 유대교의 '선택받은 우리 민족만 구원받는다'는 선민사상을 '누구나 구원받을 수 있다'는 만인의 평등으로, 또한 계율을 사랑으로 바꾸어 설파했기 때문에 유대교도의 분노를 샀습니다. 그런 예수를 자신들의 메시아로 인정할 수 없었지요.

◇ 007 ◇
모세와 신의 십계명

《구약성서》

《구약성서》는 유대교의 경전으로, 히브리인 사이에 전해 내려오는 이야기, 신에게 드리는 찬가, 예언자의 말 등을 기록한 문서입니다. 그래서 종교서이면서 히브리인의 역사서이기도 합니다. 물론 모든 내용이 사실은 아닙니다. 하지만 모든 내용이 얼토당토않은 거짓이 아니기 때문에 히브리·유대인의 발자취를 시대별로 좇아갈 수 있습니다. 모든 장면이 극적이라서 깊은 감동을 주기도 하고요.

〈창세기〉에 나오는 천지창조, 아담과 이브의 에덴동산 추방, 대홍수와 노아의 방주 이야기 등은 많은 분들이 알고 있을 것입니다. 여기에서는 모세가 야훼에게 십계명을 받은 사연을 살펴보겠습니다. 〈출애굽기(이집트 탈출기)〉에 나오는 이야기입니다.

모세 전설

이집트로 이주한 이스라엘 백성은 신왕국의 이집트 왕에게 박해받았습니다. 예를 들어 이집트 국왕은 '이스라엘 여인이 사내아이를 낳는다면 나일강에 던져 죽이라'고 엄명을 내렸습니다. 그래서 한 이스라엘 여인은 사내아이를 낳자 그 아이를 파피루스로 만든 상자에 숨겨 나일강 갈대 사이에 숨겼습니다. 그런데 이집트 공주가 갈대밭 사이에서 아이를 발견하고 불쌍히 여겨 데려오게 됩니다. 공주는 아이를 자기 양자로 삼고 '모세'라는 이름을 붙여주었습니다. 모세란 '물에서 꺼낸 자'를 뜻합니다. 왕궁에서 자란 모세는 어른이 되었습니다.

이집트 탈출

어느 날, 모세는 이집트인이 이스라엘인을 무자비하게 대하는 모습을 보고 그 이집트인을 죽여 모래 속에 묻었습니다. 누구 하나 알 리 없다고 생각했지만 소문이 퍼졌습니다. 신변의 위험을 느낀 모세는 왕궁에서 도망쳐 갈대 바다(홍해)를 건너 시나이 반도의 사막 마을 미디안에 도착했습니다. 거기서 사제의 딸과 결혼하고 아이를 낳았지요. 하지만 어느 날, 양떼를 이끌고 신의 산인 호렙에 도착한 모세에게 갑자기 야훼가 모습을 드러내며 일렀습니다.

"나는 이집트에 있는 우리 백성의 고난을 보았다. 그들을 이집트인의 손에서 구하고 젖과 꿀이 흐르는 땅으로 데려가라. 모세여, 너는 이스라엘의 자녀들을 이집트에서 인도하라."

모세는 아내와 아들을 데리고 다시 이집트로 돌아가, 이스라엘인의 지도자가 되어 이집트에서 탈출하려 했습니다. 그 사실을 안 이집트 군대는 그들을 뒤쫓았습니다. 앞에는 홍해가 펼쳐져 있었습니다. 진퇴양난의 순간, 기적이 일어났습니다. 모세가 바다 위로 손을 뻗자 바닷물이 두 개로 쪼개지고 마른 땅이 드러났습니다. 이스라엘인은 마른 땅을 걸어갔으나 쫓아오던 이집트인은 말과 전차와 함께 바다에 빠져 죽었습니다.

신과 계약과 십계명

모세 덕에 탈출한 이스라엘인은 힘든 여정을 이어가다가 3개월째 되는 날 시나이의 성스러운 산기슭에 도착했습니다. 모세가 신의 장소로 올라가자 야훼는 산에서 이렇게 말했습니다.

"너희는 내가 이집트인에게 행했던 일과, 또한 내가 너희를 독수리의 날개에 태워 나의 장소까지 데려온 것을 보았을 테다. 그러니 지금, 너희는 나의 목소리에 따라 나와의 계약을 지키면 모든 백성 중에서 선택된 나의 소유가 될지어다."

모세는 산에서 내려와 신의 말을 이스라엘인에게 전했습니다.

젊은 날의 모세 상
프레스코화로 남겨진 청년 모세의 모습. 유프라테스강 부근 두라에우로포스의 오래된 시나고그(유대교의 회당)에 걸려 있습니다.

이 장면에서 야훼와 인간의 '계약'이라는 사고방식을 분명하게 느 낄 수 있지요? 그로부터 사흘째 아침, 천둥과 번개와 짙은 구름이 산을 덮었고 나팔 소리가 울려 퍼졌습니다. 모든 백성은 천막 안에 서 떨고 있었습니다. 모세는 백성이 신을 만날 수 있도록 천막에서 나와 산 아래에 섰습니다. 신은 모세에게 이렇게 말했습니다.

"너희는 나 외에 다른 신을 믿어서는 안 된다(제1계명). 자기 자 신을 위해 우상을 만들어서는 안 된다(제2계명). 야훼의 이름을 함 부로 입에 담아서는 안 된다(제3계명). 안식일에 일해서는 안 된다 (제4계명). 부모를 공경하라(제5계명). 살인을 저지르지 말라(제6계 명). 간음하지 말라(제7계명). 도둑질하지 말라(제8계명). 네 이웃에 대해 거짓되게 말하지 말라(제9계명). 이웃집을 탐내지 말라(제10계 명)." 이것이 바로 '십계명'입니다.

계율을 전해 들은 백성이 "야훼의 말씀은 무엇이든 듣겠습니다. 하지만 지금도 저흰 죽을 것 같습니다"라고 말하자, 모세는 말했습 니다. "두려워하지 마라. 야훼는 너희를 시험하고 너희가 죄를 짓지 않도록 하시려는 것이다." 이 십계명이야말로 유대교와 기독교의 바탕이 되는 근간입니다. 모세는 40년간 이스라엘 백성을 이끌었 고, 요르단강 옆에 우뚝 솟은 느보산 정상에서 극적인 생을 마감했 습니다.

◇ 008 ◇

에게 문명

⇾ 크레타 문명 ⇽

옛날에는 고대 오리엔트 문명 다음에 그리스 문명이 바로 이어졌다고 생각했습니다. 그런데 1800년대 후반 이후, 고고학자들의 발굴 조사를 통해 오리엔트 문명과 그리스 문명 사이에 하나의 문명이 더 존재했다는 사실이 밝혀집니다. 바로 '에게 문명'입니다.

에게 문명은 해양을 근거지 삼은 청동기 문명으로 소아시아(지금의 튀르키예 지역)에서 건너온 민족이 만들었다고 추정됩니다. 에게 문명의 전기前期를 '크레타 문명'(또는 '미노아 문명', 기원전 2000년~기원전 1400년경)이라 합니다. 문명의 중심지가 크레타섬이었기 때문입니다.

그리스와 소아시아 사이 에게해에 위치한 크레타섬은 8,000제곱킬로미터*를 넘는 큰 면적을 자랑합니다. 기원전 1800년경 도시 크노소스를 다스리던 미노스 왕이 섬 전체를 통일한 이후로 400년 동안 번영을 누리게 됩니다.

미노스는 그리스 신화 속 제우스와 에우로페의 아들이라 전해지는 전설적인 왕입니다. 여기서 그리스와의 연결고리를 엿볼 수 있지요. 크노소스 궁을 지을 때 미노스 왕은 반인반수의 괴물 미노타우로스를 가두기 위해 건축가 다이달로스에게 복잡한 설계를 요청했습니다. 그렇게 지어진 궁은 한번 들어가면 어느 누구도 빠져나올 수 없었다고 합니다.

사람들은 이 이야기를 신화로 치부했지만 영국의 고고학자 아서 에번스(1851~1941년)는 전설의 미궁('라비린토스')이 실재했다고 믿었습니다. 그리고 1900년부터 약 30년간 조사한 끝에 이 궁전을 발굴해내었죠.

유적을 살펴보면 크노소스 궁전은 실로 엄청난 규모를 자랑했던 것 같습니다. 무려 1,400여 개의 방이 어지럽고 정교하게 배치되어 미로를 방불케 하는 구조였다고 해요. 에번스는 나아가 크레타 문명의 세 가지 문자도 발견합니다. 상형 문자, 선형문자 A, 선형문자 B입니다. 상형 문자는 이집트에서도 사용했기 때문에 고대 오리엔트 문명의 영향을 받았다는 사실을 알 수 있습니다. 선형문

✦ 약 8,336km². 1,848km²인 제주도의 약 4.5배 면적에 해당한다. 현 그리스에서 가장 큰 섬이기도 하다.

자 A는 아직 해독되지 않았지만 B는 영국의 고고학자 벤트리스가 초기 그리스어라는 점을 밝혀냈습니다. 여기서도 그리스와의 연결 고리를 찾을 수 있습니다.

미케네 문명

크레타 문명은 북쪽에서 내려온 그리스인 일족 아카이아인에게 멸망당합니다. 이제 에게 문명의 중심은 그리스 본토의 미케네로 옮겨갑니다. 그래서 에게 문명 후기(後期)를 '미케네 문명'(기원전 1400년 ~기원전 1100년경)이라 부릅니다.

아카이아인은 미케네와 그 외 지역에서 크레타 문명을 모방해 문명을 발전시켰습니다. 에게해를 누비며 해양 교역도 활발히 펼쳤지요. 하지만 기원전 1200년경 그리스인의 다른 일족인 도리아인이 침입해 미케네 문명을 무너뜨리고 맙니다. 같은 시기, 소아시아 가장 끝에 자리했던 트로이 문명도 몰락의 길을 걷습니다.

미케네 문명 그리고 트로이 문명까지 멸망하자, 그리스는 긴 암흑기에 들어섰습니다.

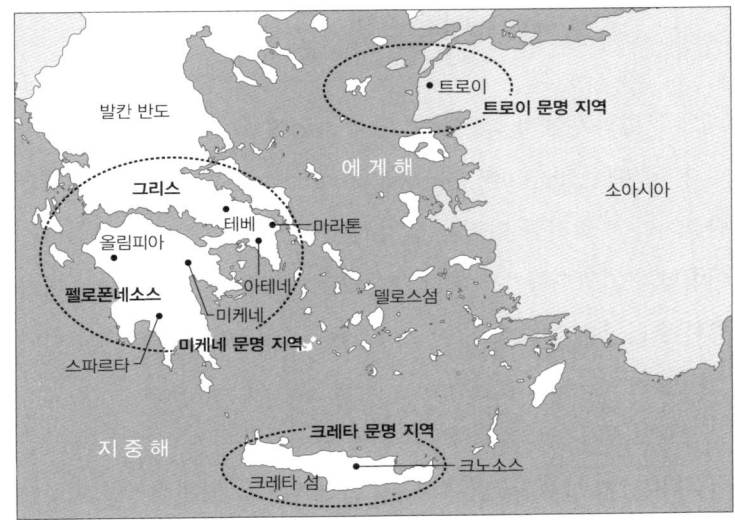

에게 문명 지도

⇁ 호메로스와 슐리만 ⇀

'에게 문명의 발견자'라고 하면 많은 분들이 이 사람을 떠올릴 듯합니다. 독일의 하인리히 슐리만(1822~1890년), 미케네와 트로이의 발굴이라는 화려한 업적을 남긴 인물이지요. 슐리만의 아버지는 언어학자도 고고학자도 아닌 개신교 목사였는데, 고대사에 흥미가 많아 슐리만에게 호메로스의 영웅담이나 트로이 전쟁에 대한 이야기를 들려주었다고 합니다.

호메로스가 《일리아스》에 기록한 트로이 목마 이야기는 참 기발합니다. 그리스 연합군이 10년 동안 트로이를 공격했지만 트로이는 함락되지 않았습니다. 그리스군은 한 가지 계략을 짜냈습니다. 아주 커다란 목마를 만들어 그 안에 병사들을 태우고, 성 밖에 목마만 덩그러니 둔 채 철수하는 모습을 보였지요. 이를 항복의 상징으로 여긴 트로이인은 목마를 성 안으로 끌고 들어왔습니다. 그러자 병사들이 목마에서 뛰쳐나와 트로이군을 공격해 대승리를 거뒀다는 이야기입니다.

슐리만은 어린 나이에 이 이야기에 마음을 뺏겨 앞으로 트로이 유적을 찾아보겠다고 결심했습니다. 집안이 가난했기에 소년 시절에는 소매점에서 심부름꾼으로 일하거나 일자리를 찾아 함부르크, 암스테르담, 상트페테르부르크 같은 도시들을 전전하는 등 이루 말할 수 없는 고생을 했습니다. 그러는 동안 10개국 언어를 마스터했다고 하니 엄청난 노력가지요.

황금 가면
슐리만은 이 가면을 미케네의 왕 아가멤논의 시신을 덮고 있던 가면이라 여겼습니다.
ⓒ Rouslan/123RF.COM

다행히 슐리만은 상트페테르부르크에서 20년 동안 체류하며 장사를 해 엄청난 부자가 되었습니다. 그 후 장사에서 손을 떼고 세계 방방곡곡을 여행했습니다. 본격적으로 고고학을 배운 시기는 중년이 되어서부터입니다.

⇥ 트로이 유적의 발굴 ⇤

1868년 46세의 슐리만은 마침내 트로이에 방문합니다. 1년 뒤에는 호메로스의 시에 해박한 아테네 출신 여인 소피아와 결혼합니다. 1871~1873년에는 트로이 발굴을 시작했습니다. 1876년에는 미케네를 발굴했고, 트로이의 경우 제2, 3차 발굴(1879~1882년)을 진행해 그 결과를 저서로 발표했습니다. 슐리만은 세계적인 고고학자로서 일약 발돋움했습니다.

'호메로스가 그려낸 트로이는 실존했다.' 슐리만은 폐허로부터 움직일 수 없는 증거를 꺼내 이 사실을 증명하고 싶었습니다. 평생의 염원을 이루었으니 그를 행운아라 해도 될 테지요. 하지만 공상가다, 선동가다, 초보 학자일 뿐이다, 고고학적 방법이 조잡해서 과학적이지 않다 등등 슐리만에 대한 후세의 평가는 반드시 좋지만은 않습니다. 그러나 19세기 후반, 고고학적 연구 조사가 이제 막 시작되던 시대에 에게 문명을 발견한 슐리만의 공로는 누구도 부정할 수 없습니다.

하늘에서 바라본 미케네 유적
아르골리스 평야를 한눈에 조망할 수 있는 곳으로, 교통의 요지에 건설되었습니다.
ⓒ bloodua/123RF.COM

발견이나 발명 분야에서는 먼저 머릿속에 이미지를 떠올리는 일이 중요합니다. 하지만 더 중요한 건 그 이미지를 실제로 증명하는 것입니다. 아무나 해낼 수 없는 일이죠. 슐리만은 그리스의 선사 시대에 최초로 빛을 비춘 사람이었습니다.

에게 문명의 발견은 에게 문명이 한편으로는 고대 오리엔트 문명의 영향을 받았고 다른 한편으로는 그리스 문명을 발전시키는 단서가 되었다는, 문명의 순서를 밝히는 계기가 되었습니다.

◇ 009 ◇
페르시아 전쟁과 아테네

⇥ 페르시아 전쟁의 발발 ⇤

페르시아는 제3대 왕 다리우스 1세 통치기에 대제국을 건설했습니다. 여세를 몰아 서방에 원정을 떠났고 그리스인과 충돌했습니다.

그 무렵 그리스인의 일족인 이오니아인이 에게해 일대에 식민지를 만들고 있었는데, 이오니아의 식민지 밀레투스가 페르시아에 반란을 일으켰습니다. 반란의 배후에 아테네가 연루돼 있다고 생각한 다리우스는 벌을 주기 위해 그리스 원정을 기도했습니다. 하지만 제1차(기원전 492년) 원정은 페르시아 해군의 배가 난파하며 실패했습니다. 제2차(기원전 490년) 원정은 에게해를 횡단해 아테네의 동북부에 위치한 마라톤 지역까지 밀고 들어갔지만 패배했습니다. 이때 아테네의 군인이 승리 소식을 알리고자 달려간 일이 마라톤의 기원이 되었습니다.

다리우스의 아들 크세르크세스(재위 기원전 485년~기원전 465년)는 스스로 대군을 이끌고 그리스 해륙을 침공했지만(제3차 원정, 기원전 480년~기원전 479년) 살라미스섬과 육지 사이 좁은 해협에서 아테네의 명장 테미스토클레스(기원전 528년경~기원전 462년경)가 이끄는 그리스 함대에 격파당했습니다. 이 살라미스 해전은 페르시아 전쟁에서 그리스의 승리를 결정짓습니다.

말이 나온 김에 덧붙이면 살라미스 해전이 또 하나 있답니다. 기원전 449년 그리스 함대가 키프로스섬의 살라미스 마을 해안에서 페르시아 함대를 쳐부순 일입니다. 이후 페르시아는 에게해 진출을 포기했습니다. 페르시아 전쟁에서 그리스를 최후의 승자로 이끈 아테네는 전후 그리스의 패권을 장악하고 문화로도 황금시대를 맞이했습니다. 그런 아테네는 대체 어떤 나라였을까요?

~ 폴리스란 무엇일까 ~

아테네는 이오니아인이 아티카 지방에 세운 폴리스(도시국가)입니다. 그리스 본토에는 이러한 폴리스가 150여 개나 있었습니다. 다들 인구가 수천에서 2~3만 명 정도로 소규모였지만 어엿한 주권국가였습니다. 외곽에는 성벽을 두르고 시 중앙의 고지에는 신전을 세워 시의 수호신을 모셨습니다. 고지 기슭에는 아고라(광장)가 있었습니다. 이곳은 시민들이 만나 물건을 주고받고 토론을 하는 등 생활하는 데 아주 중요한 장소였습니다. 폴리스 주변에는 농민, 시민권을 가지지 못한 부자유민, 노예가 살고 있었습니다. 그리스 철학자 아리스토텔레스(기원전 384년~기원전 322년)가 딱 맞는 말을 했는데, 그리스에서 "인간은 폴리스적인 동물"이었습니다.

아테네의 발전

아테네는 기원전 8~6세기에 걸쳐 지중해 전역에 식민지를 건설했습니다. 식민 활동을 통해 유리한 입장에서 자원을 얻고 물건의 판로도 확장할 수 있었습니다. 그 결과 상공업이 발전했습니다. 이 과정에서 부를 쌓고 무기도 갖춘 평민들이 생겨납니다.

이들은 극소수 집단이 나랏일을 결정하는 기존의 '귀족 정치'에 불만을 가지기 시작했습니다. 그래서 아테네의 정치는 재산 액수에 따라 참정권을 부여하는 '재산 정치'로 바뀌었습니다. 그다음엔 하층민의 전폭적 지지를 얻은 한 명이 독재하는 '참주 정치'를 거쳐 '민주 정치'에 이르렀습니다. 그도 그럴 것이 하층민이나 평민이 세력을 얻을수록 이에 비례해 정치적 요구가 거세졌기 때문입니다.

'Democracy(민주주의)'라는 말은 'Demos(민중)'와 'Kratia(지배)'의 합성어로, 민중이 지배자라는 뜻입니다. 대★정치가 페리클레스(기원전 495년경~기원전 429년)는 18세 이상의 아테네 전 시민에게 시민권을 부여했습니다. 시민이 교대로 입법, 행정, 사법을 담당하고 자유와 평등을 원칙으로 한 민주 정치가 성립했습니다.

물론 민주 정치는 아테네만의 전유물은 아니었지만, 다양한 정치 실험과 토론을 거쳐 제 형태를 찾아갔다는 점에서 아테네가 역시 대표격입니다. '아테네는 그리스의 학교'라는 말이 있는 것도 그 이유지요. 다만 여성이나 총 인구의 3분의 1을 차지하던 노예는 시민에 포함되지 않아 정치에 참여할 수 없었습니다. 또한 아테네의 민주 정치는 시민이 민회에 출석해 정치에 참여하는 직접 민주 정치로서, 시민이 선출한 대표자들로 의회를 구성하는 오늘날의 간접 민주 정치와 다릅니다.

투키디데스의 아테네 예찬

'역사학의 아버지' 헤로도토스와 어깨를 나란히 하는 또 한 명의 그리스 역사가 투키디데스(기원전 460년경~기원전 400년경)는 《펠로폰네소스 전쟁사》를 통해 페리클레스의 유명한 연설을 전하고 있습니다. 대략적인 내용은 이렇습니다.

'아테네의 정치 체제는 다른 나라의 제도를 따르지 않는다. 다른 이들의 이상을 뒤쫓는 게 아니라 그들로 하여금 우리를 모범 삼아 배우게 한다. 아테네의 정치 체제는 소수의 독점을 배제하고 다수의 공평을 지키니, 민주 정치라 불린다. 우리 아테네 폴리스의 모든

것은 그리스가 추구해야 하는 이상 그 자체다.'

 페리클레스 시대에 아테네는 시민 정치를 완성하였습니다. 그리스 문명도 아테네에서 꽃을 피웠습니다. 아테네는 페르시아의 공격에 대비하자고 많은 폴리스들을 설득해 '델로스 동맹'을 만들었습니다. 에게해 한가운데 자리한 델로스섬을 본부로 둔 동맹이었죠. 하지만 아테네는 여러 폴리스의 헌금을 멋대로 사용했습니다. 그 돈을 학문이나 예술을 장려하는 데 쓴다든지, 파르테논 신전 같은 대규모 토목 공사도 벌였습니다. 아테네의 이런 융성은 다른 폴리스의 반감을 불러왔습니다. 아테네 홀로 승리의 술잔을 기울이는 모습을 다른 폴리스들이 손놓고 구경만 할 수는 없었지요. 결국 아테네뿐만 아니라 그리스의 폴리스 전체를 쇠퇴시킨 펠로폰네소스 전쟁(기원전 431년~기원전 404년)의 막이 올랐습니다.

◇ 010 ◇
펠로폰네소스 전쟁과 스파르타

⇾ 또 하나의 폴리스, 스파르타 ⇽

스파르타는 도리아인이 펠로폰네소스 반도에 들어와 선주민 아카이아인(미케네 문명)을 정복하고 세운 폴리스입니다. 도리아인은 자신들보다 스무 배 많은 평민과 노예를 지배하는 귀족 정치를 펼쳤습니다. 시민들은 엄격한 군사 훈련을 받았고, 그 결과 스파르타는 6세기 그리스에서 제일가는 육군 국가가 되었습니다.

스파르타는 게으름과 사치를 금지했습니다. 공동 식사 제도가 있어 다 같이 모여서 소박한 식사를 하며 아이들도 스파르타인의 기풍을 배웠습니다. 어머니는 자식이 출정할 때 '방패를 가지고 돌아와라. 그렇지 않으면 방패에 실려 돌아오라'고 가르쳤습니다. 승리를 거두어서 돌아오든가 아니라면 명예롭게 전사하라는 뜻입니다. 오늘날 엄격한 훈련이나 예절 교육을 '스파르타식'이라 말하는 연유는 여기서 왔습니다.

이런 분위기였으니, 스파르타가 두각을 나타내며 아테네와 경쟁하게 된 것은 당연합니다. 스파르타도 페르시아 전쟁에서 싸웠습니다. 크세르크세스가 나선 제3차 원정 때, 스파르타의 레오니다스 왕과 군대가 테르모필레 협곡에서 페르시아군을 공격했지만 모두 사망했습니다. 전쟁이 끝나고 나서 아테네는 그들의 분전을 기리며 '나그네여, 가서 스파르타의 사람들에게 고하라. 우리 생명을 구하고 여기서 쓰러졌다는 것을'이라는 구절을 새긴 비석을 세웠습니다. 하지만 이는 결국, 페르시아 전쟁의 승리는 자신들 아테네 덕분이라는 태도에서 나온 행동이었습니다. 그래서 스파르타는 아테네에 반감이 있는 폴리스들을 모아 '펠로폰네소스 동맹'을 맺습니다.

펠로폰네소스 전쟁

그때껏 그리스의 폴리스들은 언어, 신화, 신앙에서 일체감을 가졌습니다. 어떤 폴리스에도 속하지 않고 그리스 전체의 숭배를 받는 성역^{聖域} 델포이가 있었고, 델포이에 살며 신탁을 내려주는 아폴론신을 중심으로 폴리스끼리 동맹을 맺었습니다. 또 하나의 성역이자 제우스신을 모시는 올림피아에서는 기원전 776년경부터 이름

레오니다스 상
스파르타 시내에 1968년 세워졌습니다. ⓒkarapas/123RF.COM

하여 '올림피아 제전'이 개최되었습니다. 그리스 전역의 폴리스들이 참가해 제사 의식과 경기를 함께 치루었죠. 모두 일체감의 상징입니다. 하지만 이제 그리스는, 아테네 편에 선 델로스 동맹국과 스파르타 편에 선 펠로폰네소스 동맹국으로 나뉘었습니다. 마침내 펠로폰네소스 전쟁(기원전 431년~기원전 404년)이 일어났습니다.

이 전쟁 중 지도자 페리클레스를 잃은 아테네는 쇠약해졌습니다. 민주 정치가 타락하면서 '중우 정치'(중우란 많은 어리석은 사람을 의미)가 되었습니다. 충동적이고 변덕스러운 군중이 어디로 쏠리느냐에 따라 나라의 결정이 좌우되고, 야심을 품은 선동 정치가는 덩달아 군중 심리를 자극하고 흔들었습니다. 패권이 아테네로부터 떠나간 이유입니다.

펠로폰네소스 전쟁은 휴전 기간을 포함해 27년간 계속되었습니다. 기원전 405년 아이고스포타모이 해전에서 아테네가 패배하며 해상권을 잃고 그다음 해 스파르타에 항복하며 전쟁은 스파르타의 승리로 끝났습니다.

아테네를 대신해 일시적으로 그리스 전역의 패권을 쥔 스파르타는 귀족 정치를 다른 폴리스에게 강제했기 때문에 반감을 사 배반당했습니다. 결국 테베에게 패권을 넘겨줘야 했지요. 하지만 에파미논다스(?~기원전 362년)가 이끌던 테베의 패권도 길게 이어지지는 않았습니다. 폴리스들의 다툼은 끊길 새가 없었고 산업도 퇴락해갔습니다.

이렇게 내부에서부터 약해지던 폴리스는 기원전 4세기 후반 북방에서 일어난 같은 그리스인 일족 마케도니아의 지배를 받게 됩니다. 자존심이 강하고 다른 폴리스에게 명령받는 것을 싫어하는 그리스인의 특징은 장점이면서 단점이기도 했습니다. 그리스의 폴리스 역사는 이렇게 종지부를 찍습니다.

⇥ 그리스 고전 문명 ⇤

그리스 고전 문명에 대해 이야기하자면 끝이 없습니다. 그 특색만 잠시 살펴보겠습니다.

첫째, 그리스 문명은 헬레니즘(그리스풍 문화)으로 확산되어 히브리즘(유대교풍 문화)과 함께 그 후의 서양 문명에 거대한 영향을 끼쳤습니다. 그리스 문명이 오리엔트 문명과 에게 문명으로부터 감화를 받았다는 사실은 부정할 수 없지만 그들과는 본질적으로 다릅니다. 한마디로 말하면, 그리스 문명은 독자적인 사회 구조를 갖추고 시민의 자유와 공공 생활을 중시한 폴리스 사회의 산물이라 할 수 있습니다. 노예제가 존재했기 때문에 자유와 평등이라 하더라도 한계는 있지만요.

둘째, 그리스 문명은 인간 중심의 문명입니다. 그리스 신화를 보세요. 올림포스산 정상에는 제우스를 필두로 열두 명의 신이 살고 있습니다. 이 신들은 오리엔트의 자연(태양)·동물(고양이, 매 등) 숭배와도 다르고 히브리의 유일신과도 다릅니다. 인간적이기 때문입니다. 기쁨과 슬픔, 애달픔과 즐거움을 느낍니다. 여느 인간과 다르지 않지요? 바로 거기서부터 그리스 신화의 세계가 펼쳐집니다. 신들이 인간적인 것처럼 인간도 종종 신격화됩니다. 이렇게 신과 인간의 영역을 엄격히 구분하지 않기에 히브리 종교처럼 저 세상으로부터의 구원을 바라는 게 아니라 이 세상, 즉 현세에 집중합니다.

셋째, 서양의 학문과 사상은 대부분 그리스에 근원을 두고 있습니다. 그리스는 현세의 현실 생활에 집중했을 뿐만 아니라 인간의 이상적인 모습을 끊임없이 추구했습니다. 그리스인만큼 완전한 인간, 완전한 생활을 추구한 민족도 없을 것입니다. 자신을 타인처럼 바라보는 객관적 정신, 자신이 살아가는 사회와 자신을 둘러싼 자연에 관해 지칠 줄 모르고 고찰하려는 합리적 정신이 싹을 틔웠습니다. 오리엔트에도 실용적 지식과 기술이 있었지만, 학문으로 체계를 잡은 건 그리스가 최초입니다.

뱀 기둥

페르시아 전쟁에서 스파르타의 승리가 확정된 플라타이아이 전투 후, 스파르타 장군 파우사니아스가 델포이에 바친 기둥입니다. 나중에 로마 황제 콘스탄티누스 1세가 도읍 콘스탄티노플(지금의 이스탄불)로 옮겼습니다.

◇ 011 ◇
알렉산드로스 대왕의 꿈

→ 마케도니아의 흥륭 ←

저는 영웅을 신처럼 추앙하고 싶지는 않습니다. 그렇다고 한 꺼풀 벗기면 그저 평범한 인간이었다라는 견해에도 찬성할 수 없습니다. 다만, 남들보다 뛰어난 지혜와 실행력을 갖추어 비범한 사업을 성공시키고 시대를 새로 연 사람, 즉 영웅적 인간의 존재는 인정해야 할 것입니다. 그런 의미의 영웅을 고대사에서 찾아보면, 알렉산드로스 대왕만큼 영웅의 자격을 두루 갖춘 인물은 없지 않을까 싶습니다.

그리스의 폴리스들이 다투고 있을 때 북쪽에서는 마케도니아가 발흥했습니다. 마케도니아의 왕 필리포스 2세는 다툼에 끼어들어 아테네·테베 연합군을 카이로네이아 전투(기원전 338년)에서 격파하고 그리스 전역을 손에 넣었습니다. 그도 모자라 그리스의 숙적 페르시아로 원정을 떠나려던 때에 암살을 당했습니다. 필리포스의 뒤를 이어 알렉산드로스(재위 기원전 336년~기원전 323년)가 20세라는 젊은 나이로 왕위에 올랐습니다.

알렉산드로스의 동방 원정

알렉산드로스는 아버지에게서 강한 의지와 용기 그리고 천재적인 군사적 재능을, 어머니에게서 정열적인 성격을 물려받았습니다. 열세 살 때부터 3년 동안 그리스의 대철학자 아리스토텔레스에게 윤리학, 정치학, 자연과학을 성실히 배웠습니다. 최고의 그리스 교양을 몸에 익힌 것이지요. 한편으로는 미지의 것을 동경해 인간의 가능성을 시험해보고 싶다는 염원도 있었습니다. 아마도 당시의 그리스와 동방 오리엔트는, 이러한 청년 왕이 등장해 혼란을 잠재우고 새로운 세계를 열어주길 기다리고 있었다는 생각이 듭니다.

알렉산드로스는 아버지의 뜻을 이어받아 드디어 동방 원정길에 올랐습니다. 마케도니아 병사와 그리스 병사를 이끌고 소아시아를 평정한 후 이소스 전투(기원전 333년)에서 다리우스 3세의 페르시아군을 물리쳤습니다. 이탈리아의 폼페이 유적에서 발견된 모자이크화에는 이소스 전투 중 페르시아 왕과 싸우는 알렉산드로스의 용맹한 모습이 그려져 있습니다.

이소스의 싸움
폼페이에서 출토된 모자이크화의 부분도. 중앙은 전차에 탄 다리우스 3세. 왼쪽은 말에 탄 알렉산드로스 대왕. 알렉산드로스는 이 싸움에서 다리우스의 대군을 격파하고 다리우스의 어머니와 왕비를 포로로 삼았습니다. 이소스는 시리아의 해안 지방에 자리한 곳입니다.

알렉산드로스 화폐
알렉산드로스의 초상은 화폐에 새겨진 것을 제외하면 당대에 그려진 작품이 없습니다.

이소스에서 남쪽으로 향한 알렉산드로스는 우선 뛰어난 해상 기술과 함대들로 페르시아 해군력의 핵심을 이뤘던 페니키아를 정복했습니다(기원전 332년). 그다음 이집트로 들어가 나일강 하구에 '알렉산드리아'라 이름 붙인 도시를 세웠습니다. 다시 페르시아에 눈을 돌려 북상한 알렉산드로스군은 가우가멜라 평원에서 페르시아군을 결정적으로 무찌르고(기원전 331년) 마침내 페르시아 제국을 멸망시켰습니다.

다리우스군은 28만, 알렉산드로스군은 4만 7,000명. 열세였던 알렉산드로스군이 승리한 데에는 마케도니아 기병이 돌격한 공이 큽니다. '팔랑크스'라는 병법이지요. 중무장한 보병이 밀집된 방진을 만들고 긴 창을 자유자재로 휘두릅니다. 측면과 뒤는 기병이 지키고요. 실로 고슴도치 같은 대형으로 '와아!' 하고 밀어닥치면 적은 잠시도 버티지 못했습니다. 원정군은 그 이후 파르티아와 박트리아로 향했고 인더스강을 건너 인도까지 침입했습니다. 하지만 부하 군인들이 긴 원정에 질렸기 때문에 바빌론으로 돌아가기로 했습니다.

이렇게 서쪽 마케도니아에서부터 동쪽 인더스강에 달하는 공전의 대제국이 건설되었습니다. 알렉산드로스는 바빌론을 수도로 삼고 대제국을 다스리려던 찰나, 열병에 걸려 사망했습니다. 기원전 323년 서른셋의 나이였습니다.

15세나 20세에 죽어서는 영웅적 능력을 발휘할 수 없습니다. 70, 80세가 되어서는 영웅이라도 늙어 쇠해지고요. 알렉산드로스는 딱 장년기에 들어서서 이제부터가 진짜라고 의지를 다질 때 마치 유성처럼 하늘 저편으로 사라져버렸습니다. 영웅다운 최후가 아닐까요?

⇥ 헬레니즘 ⇤

이렇게 보면 알렉산드로스의 일생은 정복으로 시작해 정복으로 끝난 것처럼 보입니다. 하지만 그 외에도 건설적인 사업들을 차례차례 진행했습니다.

원정을 떠날 때 학자를 데려가 학술 조사를 시켰습니다. 그리스 학문은 물론 호메로스의 시를 사랑하고 그리스 비극도 좋아한 알렉산드로스는 그리스 문명을 확산시키는 것을 사명으로 여겼습니다. 이집트와 동방 각지에 자신의 이름을 딴 알렉산드리아를 70군데나 세웠습니다. 그중에서도 지중해에 접한 이집트의 알렉산드리아는 헬레니즘 문명의 중심이 되었습니다. 알렉산드로스는 그리스어를 공용어로 보급했습니다. 또한 부하 장병을 페르시아 여성과 집단 결혼시키고 자신도 다리우스 3세의 딸과 결혼해 인종 융합을 도모했습니다. 이국의 종교나 풍습에 대해서도 관대한 정책을 취했지요.

이러한 정책의 결과, 그리스 문명과 오리엔트 문명이 융합해 새로운 세계 문명이 만들어졌습니다. 이 문명을 '헬레니즘' 문명이라 부릅니다. 또한 헬레니즘 시대의 풍조를 '코스모폴리터니즘(세계 시민주의)'이라고 부릅니다. 모든 사람은 세계의 한 시민이라는 시각입니다. 동방·서방 간의 교통이 열리고 상업과 무역도 번성했습니다. 헬레니즘 문명은 로마를 거쳐 유럽으로, 동방에서는 인도로 전해졌습니다. 인도 불교와 그리스적 예술 표현이 섞인 '간다라 미술'이 그 예입니다. 신체 비례와 옷 주름의 묘사가 매우 사실적인 불상을 볼 수 있지요. 간다라 불교 미술은 중국, 한반도, 일본의 불교 미술에까지도 영향을 미쳤습니다.

알렉산드로스의 꿈은 풍요로운 열매를 맺었습니다. 세상에 군사적 영웅은 많이 있습니다. 하지만 알렉산드로스 같은 문명적 영웅은 희귀합니다. 파괴 뒤에는 건설이 이어져야 한다는 것을 몸소 증명했지요.

◇ 012 ◇
로마의 지중해 세계 지배

⇝ 로마인의 탁월한 정치력과 군사력 ⇜

이탈리아 반도의 작은 폴리스에서 시작한 로마인은 지중해 전역을 정복하고 유럽 깊숙이까지 점령했습니다. 이런 정복과 지배가 가능했던 바탕은 무엇이었을까요?

일사불란한 통제력, '분할하고 다스린다'는 이민족에 대한 교묘한 통치 정책, 긴급한 상황에서는 귀족과 평민이 한몸이 되는 견고한 결속…. 한마디로 말하면, 뛰어난 정치력입니다. 동시에 당시로서는 천하무적이라 말할 수 있는 군사력입니다.

로마는 평소에는 농업에 종사하는 평민이 전시에는 병사가 되는 병농일치제를 실시했습니다. 병사는 장창과 단검을 휴대하고 갑옷, 투구, 방패로 무장하는 중장보병이었습니다. 게다가 경장

보병과 기병이 더해져 임기응변에 능한 전법을 쓰고 투석기, 투화기, 투검기도 사용했습니다. 공병대(시설을 구축하는 부대)는 점령지와 로마를 잇는 도로를 만들었습니다. 그래서 '모든 길은 로마로 통하게' 되었지요.

⊷ 폴리스로서의 로마 ⊶

로마에서는 기원전 6세기 말부터 공화정을 실시했습니다. 공화정을 나타내는 '레스 푸블리카$^{Res\ Publica}$'란 '공공의 것'이라는 뜻입니다. 로마에서는 정치는 공공의 것으로서 개인이 사적으로 차지해서는 안 된다고 생각했습니다. 하지만 대토지 소유자인 귀족이 원로원을 비롯해 요직을 독점하고 있었으므로 실질적으로는 귀족정이라고 봐도 좋겠지요. 이에 소토지 소유자인 평민은 불평했고 귀족과 종종 다퉜습니다. 그 결과 기원전 3세기 말에 평민은 귀족과 평등한 권리를 얻습니다. 이탈리아 반도의 이민족과 싸우려면 아무래도 평민의 힘을 빌릴 수밖에 없었으니까요.

⊷ 포에니 전쟁 ⊶

이탈리아 반도를 통일한 로마는 지중해 세계를 정복하는 데 착수했습니다. 먼저 북아프리카의 지중해 연안에 페니키아인이 세운 카르타고와 세 번에 걸친 포에니 전쟁(기원전 264년~기원전 146년)을 치렀습니다. 제2차 포에니 전쟁에서 로마는 고전합니다. 카르타고의 명장 한니발(기원전 246년경~기원전 183년)이 식민지인 스페인으로부터 10만 명이 넘는 병사와 코끼리 수십 마리를 이끌고 알프스를 넘어 로마 영토 내에 들어왔습니다. 의표를 찔린 로마군은 연패했습니다.

하지만 한편으로는 외적이 본토에 들어온 상황을 이용했습니다. 주로 방어에만 집중하면서 전쟁을 장기전으로 끌고가는 전략으로 한니발을 소모시킵니다. 한니발이 자리를 비운 사이, 스페인에서 로마의 (대)스키피오 장군이 카르타고군에 승리를 거둡니다. 전쟁의 흐름이 바뀌기 시작한 순간입니다. 북아프리카로 향한 (대)스키피오는 카르타고 본국에 침입해, 급히 돌아온 한니발군을 자마 전투에서 무찔렀습니다. 한니발은 소아시아로 도망쳐 자살했다고 전해집니다. 이후 로마에서는 '카르타고는 없애버려야 한다'라는 말이 표어가 되었고, 제3차 포에니 전쟁에서 (대)스키피오의 손자인 (소)스키피오가 카르타고를 불태워 멸망시켰습니다.

↣ 변질된 공화정 ↢

카르타고를 멸망시키고 서지중해의 해상권을 쥔 로마는, 이번에는

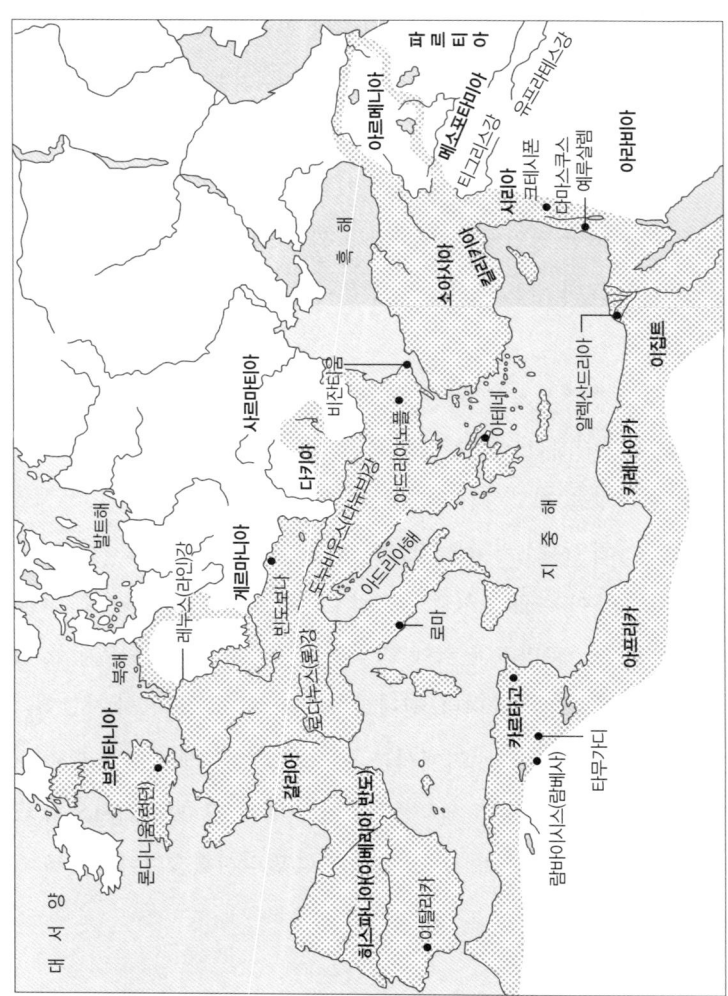

로마 제국의 최대 판도

방향을 바꾸어 동지중해의 국가들 즉 소아시아, 마케도니아, 이집트를 평정하고 모두 속주로 삼았습니다. 속주에는 총독을 파견해 통치하고 조세를 거두었는데, 공화정 말기엔 징세 청부업자가 등장할 정도로 강도 높은 착취를 했습니다.

하지만 로마가 지중해 세계를 정복하자 여러 정치·사회적 모순이 표면으로 떠올랐습니다. 공화정은 옛날 작은 도시국가에는 어울렸지만 이렇게 커진 나라의 실정에는 맞지 않았습니다. 사회상으로도 문제가 발생했습니다. 긴 정복 전쟁에 종군하느라 자유농민이 몰락했고, 그 토지는 새로운 귀족들에게 팔렸습니다. 새 귀족은 전쟁으로 전리품과 부를 쌓은 이들이었습니다. 빈부격차는 심해졌고, 몰락한 자유농민들은 유랑민이 되어 로마로 모여들게 됩니다.

'빵과 서커스'라는 경구를 알고 계신가요? 야심을 품은 정치가가 유랑민의 환심을 사기 위해 먹을 것도 주고 인기를 끌 만한 볼거리도 주는 것을 의미합니다. 예를 들어 원형 경기장에서 노예를 검투사로 만들어 서로 싸우게 하고 이를 구경시켰습니다. 이탈리아 남부에서 노예 대반란(기원전 73년~기원전 71년)을 이끈 인물 스파르타쿠스도 검투 노예였습니다.

이런 모순을 개혁하고자 한 그라쿠스 형제 같은 정치가들은 암살당했습니다. 이탈리아 반도의 동맹 도시가 로마에 등을 돌리거나 동방의 속주가 로마에 모반을 일으키기도 했습니다.

이렇게 기원전 2세기~1세기는 로마가 안으로도 밖으로도 혼란한 상태에 빠져 있었기 때문에 '혁명의 한 세기'라 불립니다. 종래의 정치구조와 변화한 현실이 충돌하여 벌어진 일이었습니다. '삼두 정치'는 그런 모순에 대한 하나의 해결책이었습니다. 정치·군사·경제적으로 강력한 세 지도자가 원로원의 힘을 약화시키고 새로운 권력구조를 만들었습니다.

제1차(기원전 60년) 삼두 정치에서는 벌족(귀족)파의 폼페이우스, 민중(평민)파의 카이사르, 부유한 크라수스가 세력을 삼분할하여 정치를 실시했습니다. 카이사르가 갈리아(지금의 프랑스)에 원정을 떠난 사이 크라수스는 사망했고, 폼페이우스는 원로원과 결탁해 카이사르를 배척하려 했습니다. 로마에 돌아온 카이사르는 폼페이우스를 몰아내고 문무 요직을 전부 맡았지만 암살당했습니다.

제2차(기원전 43년) 삼두 정치에서는 카이사르의 양자 옥타비아누스, 안토니우스, 레피두스가 세력을 삼분할했습니다. 하지만 그 후 옥타비아누스와 안토니우스가 대립했고, 이집트의 여왕 클레오파트라와 힘을 합쳤던 안토니우스는 옥타비아누스와 싸워 패했습니다(기원전 31년). 마침내 옥타비아누스가 황제로 군림하는 로마 제정이 시작됩니다.

◇ 013 ◇
브루투스, 너마저

⇥ 카이사르의 명문장 ⇤

카이사르(기원전 102년 또는 기원전 100년~기원전 44년)는 로마 제일의 정치가, 군인, 웅변가, 문장가였습니다. 저서《갈리아 전기》는 라틴 문학의 규범이라 일컬어집니다. 또한 수많은 명문장을 남겼습니다. '왔노라, 보았노라, 이겼노라'도 그중 하나입니다. 소아시아 흑해 남쪽에 위치한 폰토스라는 나라와 싸운 후 원로원에 전한 승리 보고입니다. 이렇게 간결하고 강력한 표현이 또 있을까요?

우리가 중대한 결단을 내릴 때 '주사위는 던져졌다'라고 말합니다. 가야 할 길은 정해졌다, 더 이상 물러설 수 없다는 의미지요. 갈리아와 브리타니아 원정에 성공한 카이사르는 날로 명성이 높아졌습니다. 이를 시기한 원로원과 폼페이우스는 카이사르를 배제하려

했습니다. 로마에 돌아오는 도중, 이탈리아와의 국경에 있는 루비콘강을 건널 때 카이사르는 "주사위는 던져졌다!"라고 외쳤습니다. 원로원의 허락 없이 루비콘강을 건너는 건 금지되어 있었기에 카이사르는 사생결단을 내린 것입니다.

'브루투스, 너마저'도 카이사르가 죽기 직전에 뱉은 마지막 말로 유명합니다. 공화정 말기 로마는 정치 혼란과 사회 불안이 극심했습니다. 사회가 막다른 곳에 몰리면 위기를 타개하려는 독재자의 결단이 나타납니다. 카이사르는 반대파를 누르고 모든 권력을 손에 쥐었습니다. 그리고 시대의 흐름을 파악하며 점차 개혁을 이뤄냈습니다. 결국 형태는 공화정이어도 실제로는 카이사르가 주도하는 제정이 시작되었다고 할 수 있지요. 하지만 무언가 새로운 것을 하려 하면 반대하는 상대가 등장하는 건 어느 시대나 마찬가지입니다. 카이사르의 수완이 뛰어나면 뛰어날수록 반대 측의 반감도 커졌습니다. 브루투스(기원전 85년~기원전 42년)는 카이사르를 밉살스러운 독재자로 보는 반대파의 리더였습니다.

⤙ 카이사르의 암살 ⤚

점술사는 카이사르에게 '3월 15일을 경계하라'는 불길한 예고를 했습니다. 기원전 44년 3월 15일이 왔습니다. 집에 있으라는 아내의 걱정을 물리치고 카이사르는 원로원 회의에 나갔습니다.

입구에서 점술사를 만난 카이사르는 "3월 15일이지 않느냐?"라고 말했습니다. 점술사는 "아뇨, 3월 15일은 아직 지나지 않았습니다"라며 카이사르를 말려봤지만 소용없었습니다.

카이사르의 암살을 계획한 원로원 의원들이 카이사르를 에워쌌습니다. 카스카가 단검으로 최초의 일격을 가했습니다. 의원들은 잇달아 카이사르에게 스물세 군데나 상처를 입혔습니다. 평소 총애하던 브루투스마저 칼로 찌르는 모습을 본 카이사르는 "브루투스, 너마저!"라 말하며 방어를 포기했습니다. 그리고 웃옷으로 얼굴을 가린 채 쓰러졌습니다.

《플루타르크 영웅전》에 따르면 죽기 전날인 3월 14일 카이사르는 친구와 식사를 했습니다. '어떻게 죽는 게 가장 좋을지'가 화제로 올랐을 때, 카이사르는 '생각지 못한 죽음'이라 답했습니다. 그대로 되었지요.

이렇게 카이사르는 비명횡사했습니다. 브루투스는 독재자로부터 공화정의 전통을 지켜냈으니 로마 시민들이 감사해하리라 생각했지만 틀렸습니다. 많은 시민들, 특히 하층민들은 카이사르의 개혁 정책으로 혜택을 받았고 그의 군사적 성과를 높이 평가했습니다. 여기에 측근인 안토니우스가 '시민들에게 유산과 공공 재산을 남긴다'는 카이사르의 유언을 알리자 로마 시민들은 암살자 일당에게 더욱 분노하고 등을 돌렸습니다. 다시 카이사르파가 세력을 회복하며 브루투스는 자살했습니다.

⇥ 카이사르의 인간적 매력 ⇤

정치가나 군인의 면모 외에도 카이사르는 인간적 매력이 넘쳤습니다. 알렉산드로스 대왕 같은 청년의 매력이 아닌, 어른의 매력이라고나 할까요. 그런 카이사르도 알렉산드로스에 대해서는 한 수 물러났습니다. '대왕에 비하면 나는 무력하다'는 말을 했다고 해요. 카이사르는 선심을 크게 썼던 편인지 걸핏하면 막대한 빚을 졌고 품행도 정숙하다고는 할 수 없었습니다. 이집트 여왕 클레오파트라와의 로맨스는 정말 유명하고요. 자신이 어떻게 보일지도, 체면도, 관행도 신경 쓰지 않았습니다.

그의 외모에 관해 로마의 한 문인은 이렇게 말했습니다.

"키가 크고 흰 피부에 자태가 멋졌다. 약간 둥근 얼굴에 눈은 검었다."

카이사르는 청년 때부터 대머리였습니다. 머리를 감추기 위해 황금 관을 쓰고 다녔다고 하니, 귀여운 면도 있네요.

마지막으로 카이사르가 끼친 영향에 대해 한마디해보려 합니다. 역대 로마 황제가 카이사르를 제왕의 표본으로 삼은 건 당연한 일입니다. '카이사르^{Caesar}'란 본래 그의 출신 씨족인 율리우스 씨족의 일가족 이름이었습니다. 하지만 카이사르 사후 그 이름은 칼리굴라 황제 때까지 아예 '로마 황제'를 일컫는 칭호로, 하드리아누스 황제부터는 '제위 계승자'의 칭호로 쓰였습니다.

로마 제국이 멸망한 이후에도 서양 중세나 근세에는 '카이사르

= 황제'였습니다. 독일의 '카이저^{Kaiser}', 러시아의 '차르^{Czar}' 같이요. 또한 '임페라토르^{Imperator}', 공화정 시대의 로마군 최고 사령관을 가리키는 말이자 카이사르가 죽기 전까지 쓴 이 칭호는 '제국'을 뜻하는 영어 'Empire'의 어원이 되었습니다.

◇ 014 ◇
로마 제국과 기독교

⇻ 로마의 평화 ⇺

로마 공화정은 막을 내렸어도 옥타비아누스(기원전 63년~기원후 14년)는 바로 제정을 시작하지 않았습니다. 자신은 '시민의 제1인자'라고 하면서 공화정의 형태만은 남겨두었지요. 이런 정치 체제를 '원수정'이라 합니다. 이후 약 200년간 로마는 매우 번영하며 '팍스 로마나Pax Romana(로마의 평화)'라 불렸습니다. 트라야누스 황제(재위 98~117년) 때에는 로마 제국의 판도가 최대로 확장되었습니다. 동쪽으로는 아르메니아, 아시리아, 메소포타미아, 서쪽으로는 이베리아 반도에 달할 정도로 광범위했지요.

하지만 2세기 말부터 로마는 심상치 않은 모습을 보입니다. 군인 세력이 커지며 멋대로 황제를 세우거나 폐위했습니다. 50년간

아우구스투스 상
옥타비아누스는 기원전 27년에 원로원에게서 '아우구스투스(존엄한 자)'라는 칭호를 수여받았습니다. 이후에는 황제의 칭호로 세습됩니다.

스무 명이 넘는 황제가 교체될 정도였으니까요. 게다가 사산 왕조 페르시아와 게르만족이 침입합니다. 속주도 반란을 일으키고요. 그래서 3세기 말 디오클레티아누스 황제(재위 284~305년)는 원수정을 폐지하고 오리엔트처럼 전제적 군주정으로 전환해 제국을 다시 일으키려 합니다. 로마 제국을 동서로 나눠보기도 했습니다. 일시적으로 효과가 나타나긴 했지만, 이런 대제국을 혼자서 통치한다는 건 무리한 이야기였지요.

⇥ 동서 로마 ⇤

테오도시우스 대제(재위 379~395년)는 제국을 완전히 동서로 갈랐습니다. 바로 동로마 제국(또는 비잔틴 제국. 도읍은 콘스탄티노플, 지금의 이스탄불)과 서로마 제국입니다.

  동로마 제국은 동서가 나뉘고 나서 천 년이나 이어졌지만, 서로마 제국은 게르만족의 대이동 과정에서 게르만인들에게 멸망했습니다(476년). 다만 현실의 로마는 멸망했어도 '로마 제국은 불멸'이라는 사고방식은 아직 남아 있습니다. 마치 카이사르라는 이름이 지금도 들려오는 것처럼요.

  로마인은 그리스인만큼 독창성을 갖추진 못했지만 법률, 토목, 건축 같은 현실적 방면에서 역량을 보였습니다. 그리스·헬레니즘 문명을 이어받아 광대한 제국 내에 퍼뜨린 공적도 잊어서는 안 됩니다. 그리고 또 하나의 공적이 있는데, 기독교를 공포했다는 것입니다.

↣ 기독교의 확산 ↢

옥타비아누스 시대에 나타난 예수(기원전 4년경~기원후 30년경)라는 사람과 그의 가르침은 많이들 알고 계실 테니 여기서 따로 다루지는 않겠습니다. 예수의 가르침은 유대교에서 유래했으나, '우리만이 신에게 선택된 민족'이라는 유대교의 민족적 배타주의와 계율의 근본 정신보다 형식을 지키는 데 치중하는 율법주의에 반대했습니다. 대신에 전 인류적인 사랑의 교리를 설파했습니다. 하지만 그랬기 때문에 유대교도에게 미움을 받았고 로마 관료에게 끌려가 십자가의 이슬로 사라졌습니다. 머지않아 예수가 부활했다는 주장이 나타났습니다. 베드로와 바울이라는 제자들이 예수의 가르침을 퍼뜨렸습니다. 곧 로마에도 전파되었습니다. 하지만 예수의 가르침은 황제를 신으로 숭상하는 사고방식과 맞지 않았습니다. 그래서 네로 황제(재위 54~68년)부터 디오클레티아누스 황제에 이르는 250년간 번번이 큰 박해를 받았지요.

네로는 포악한 황제입니다. 64년에 로마에서 일어난 대형 화재가 기독교도의 짓이라며 많은 신자를 태워 죽였습니다. 베드로도 그때 순교한 사람 중 하나입니다. 폴란드 작가 시엔키에비치

(1846~1916년)의 소설《쿠오바디스》에 다음과 같은 장면이 묘사돼 있습니다.

　박해를 피해 로마를 빠져나오던 베드로는 새벽녘 떠오르는 태양 속 그리스도의 모습을 보고 "주여, 어디로 가시나이까?$^{Quo\ vadis\ Domine}$"라고 질문합니다. 그리스도는 "네가 나의 백성을 저버린다면 나는 다시 한 번 로마에 가 십자가에 못박히려 한다"고 말했습니다. 크게 부끄러움을 느낀 베드로는 로마에 돌아가 가르침에 순종했습니다.

　신앙은 박해받을수록 강해집니다. 처음에는 가난한 자, 억울한 일을 당한 자, 병자 등 하층 계급에 퍼진 기독교는 이윽고 상류 계급에도 영향을 끼쳤습니다. 어느새 기독교도를 힘으로 누를 수 없게 되면서, 콘스탄티누스 황제(재위 324~337년)는 신앙보다는 정치적인 이유로 기독교를 공인했습니다(313년). 테오도시우스 대제(재위 379~395년)는 기독교를 로마의 국교로 삼고 다른 신에게 예배를 지내는 행위를 금지했습니다. 이름도 없는 갈릴리인 예수가 로마 황제를 이긴 것이지요. 노르웨이의 극작가 입센(1828~1906년)이 희곡《황제와 갈릴리 사람》에 그 내용을 그려냈으니 일독을 권합니다.

　마지막으로, 기독교의 성전《신약성서》에 대해 조금 더 설명하겠습니다. 신이 모세나 유대인과 맺은 구약과 다르게, 예수 그리스도를 통해 인간과 맺은 새로운 계약인 신약은 '사복음서'(마태·마가·누가·요한복음) '사도행전' '요한 묵시록' 등 27개서로 구성됩니다.《신약성서》는 그리스어로 기록됐기 때문에 2세기에 라틴어로 번역되지만 5세기 초 신학자이자 성서학자 히에로니무스(346년경~420년)가 번역한 《불가타(보급판)》가 가장 충실하고 정확한 라틴어 번역 결정판으로 유명합니다. 오늘날에도 로마 가톨릭교회(천주교)의 정본$_{定本}$으로 사용되고 있습니다.

◇ 015 ◇
아우구스티누스와 레오 1세

⇥ 히포의 주교 ⇤

로마 제국은 395년에 동서로 나뉘며 쇠망의 색이 짙어졌습니다. 때마침 게르만인이 자꾸만 영토를 침범했는데, 그중에서도 서고트족이 가장 흉포했습니다. 알라리크 왕 휘하의 서고트족은 로마를 침략해 닥치는 대로 약탈했습니다(410년). 결국 언제까지나 번영할 것만 같던 '영원의 도시La Città Eterna'✦는 야만족에게 파괴당했고, 이 사건은 역사의 스펙터클한 한 장면을 장식했습니다. 한편 로마의 머나먼 남쪽 북아프리카의 히포(카르타고의 서쪽) 지역에서는 또 다른 정신적인 드라마가 연출되고 있었습니다.

✦ 로마의 별칭.

서고트족의 로마 침략
410년, 서고트족은 로마에 침입해 사흘간 도시를 약탈했습니다.

히포 교회의 주교 아우구스티누스(354~430년)는 이미 예순을 넘긴 나이였지만 대작 《신국론神國論》 작업에 착수해 14년에 걸쳐 총 22권을 완성했습니다. 아우구스티누스는 젊은 시기를 방탕하게 보내다 마니교라는 페르시아 종교에 빠졌습니다. 우연한 계기로 기독교로 회심[✦]하여 그때부터 기독교를 지키기 위해 있는 힘껏 노력했습니다. 그 시기의 일은 《고백록》이라는 책에 자세히 적혀 있는데, 감동받지 않고는 읽어 내려갈 수 없을 정도입니다.

아우구스티누스는 이렇게 초대 기독교 교회에서 가장 위대한 교부가 되었습니다. '교부'란 초기 교회에서 이단에게서 정통 기독교를 지키려던 저술가를 의미합니다.

⊷ 《신국론》 ⊷

《신국론》은 우리가 이해하기에는 벅찬 어려운 책이지만 요약해 말하면 이렇습니다.

알라리크 왕과 게르만족을 비롯해 로마에 화가 덮친 이유는 로마가 오랜 신을 업신여기고 기독교를 믿었기 때문이며 그래서 벌을 받은 것이라는 소문이 퍼졌습니다. 《신국론》은 그 소문이 허황되었다고 설명하면서 기독교 신앙을 바탕으로 세계 창조와 인류의

✦ 기독교 신학에서 과거를 뉘우치고 신앙에 눈뜨는 일을 가리키는 용어.

역사를 기록했습니다. 즉, 이 책은 비판에 맞서 기독교를 논리로 옹호하고 방어하는 변증서이자 웅대한 세계사 책입니다. 인류의 역사는 곧 '신의 나라'와 '지상의 나라' 간 다툼의 역사이며 최후에 신의 나라가 승리해 인류는 영원한 평화와 행복을 얻을 수 있다고 주장합니다. 이런 사고는 후세에게 끝없는 감화를 주었습니다.

저는 《신국론》이 늙은 주교가 세상과 동떨어져 조용하고 청정한 수도원 안에서 쓴 책이 아니라는 점에 끌렸습니다. 고대 세계의 몰락과 게르만의 침입이라는 격동의 역사, 이교와 기독교와의 싸움이라는 휘몰아치는 현실이 이 책의 배경이 되었습니다. 실제로 아우구스티누스는 《신국론》을 완성하고 몇 년 후 동게르만의 일파인 반달족이 히포를 포위하고 있을 때 생을 마감합니다.

↣ 우위에 선 로마 교회 ↢

아우구스티누스가 사망한 후 10년이 지난 440년, 교황이 된 레오 1세(재위 440~461년)는 로마 가톨릭교회(가톨릭이란 보편적이라는 뜻)의 지위를 높이는 데 큰 공헌을 했습니다. 이미 이 시기에는 교회의 조직도 체계화됐고 일반 신자와 수도사의 차이도 생겨났습니다. 그리고 로마, 콘스탄티노플, 안티오크, 예루살렘, 알렉산드리아가 기독교회의 5대 본산이 되었습니다.

이 중에서 안티오크, 예루살렘, 알렉산드리아 세 본산은 그 후 이슬람교 세력권에 들어갔기 때문에 자연히 동로마 제국의 콘스탄티노플과 서로마 제국의 로마, 이 두 교회가 대립하는 양상이 되었습니다. 로마 교회가 처음부터 우위에 섰던 것은 아닙니다. 하지만 로마는 고대 세계의 중심이었고 베드로가 순교한 곳이었습니다. 로마 가톨릭교회가 차츰 서방 교회의 대표격으로 여겨진 것은 당연했습니다. 실제로 로마 교회의 수장은 교황이라 불렸고, 거슬러 올라가서 베드로를 초대 교황으로까지 추대했습니다.

레오 1세

이 시기, 교황 레오 1세는 정치적 수완을 부렸습니다. 당시의 서로마 제국 황제에게 칙령을 받아내 서방 교회 중에서 로마 교회가 우위에 있다고 승인하게 했습니다. 그뿐만 아니라 콘스탄티노플 교회에도 로마 교회의 우위를 인정하게 했습니다.

마침 이때쯤 아시아에서 일어난 훈족*이 아틸라 왕(406년경~453년)의 진두지휘 아래 중앙 유럽을 석권하며 흑해에서 라인강까지의 영토를 손에 넣고 이탈리아 북부에 침입했습니다. 하지만 레오 1세가 직접 나서 설득한 덕분에 이탈리아에서 철수합니다. 로마를 파괴당할 위험에서 구한 교황 레오의 명성은 단숨에 치솟았

✦ 4~6세기 중앙아시아에 존재하던 튀르크 계열로 추정되는 유목민족.

습니다. 그로부터 40년이 지나면 서로마 제국은 게르만인들에게 멸망하게 되지만요.

정리하자면, 아우구스티누스와 레오 1세는 거의 동시대에 나온 인물입니다. 아우구스티누스는 기독교의 교의와 신학의 영역에서 비할 데 없이 큰 업적을 남겼습니다. 레오 1세는 로마 가톨릭교회의 지위를 높이기 위해 정치적인 수완을 발휘했습니다. 이 두 위인이야말로, 중세 로마 가톨릭교회의 기초를 세운 주역이라고 할 수 있습니다.

◇ 016 ◇
불교와 힌두교

⇥ 브라만과 카스트 ⇤

기원전 3000년경 인더스강 하류 유역의 모헨조다로와 상류 유역의 하라파에 마을이 생겨났습니다. 당시의 유적을 조사해보니 청동기 문명이었다는 사실을 알 수 있었습니다. 배수 시설과 농기구를 활용한 농경 생활을 했고, 곳곳에서 교역에 쓰인 인장(도장)이 발견될 만큼 상업적 무역이 활발했으며, 정교한 도자기와 조각품, 고유 문자 사용 등 문화의 수준이 높았음을 엿볼 수 있었습니다. 이렇듯 고도로 발달했던 '인더스 문명'이지만 기원전 1700년경 점차 쇠퇴하여 도시들이 버려지게 됩니다.

공백이 된 역사의 흐름을 메우기 시작한 것은 인도아리아인입니다. 원래 중앙아시아에서 유목 생활을 하던 인도아리아인 일파는 기원전 2000년경 인도 북서 지방인 펀자브에 침입해 원주민을 내쫓고 농경 생활에 돌입합니다. 나아가 갠지스강 유역까지 이동한 그들은 고대 인도 문명을 세웠습니다.

이 문명의 특색은 무엇보다 '종교'입니다. 태양이나 천둥 같은 자연현상을 신으로 숭배했고, 고대부터 인도인에게 전해 내려온 경전《베다》가 삶과 사고방식을 결정했습니다. 그래서 이 시기를 '베다 시대'라고 부릅니다.《베다》는 인도에서 가장 오래된 문헌이자 종교서인 동시에 당시 사회를 알 수 있는 자료이기도 합니다.

인도아리아인은 처음엔 부족끼리 마을을 이루다가 도시국가를 형성했고 마침내 작은 왕국을 만들었습니다. 이 과정에서 인도 특유의 신분 제도가 생겨났습니다. 제1계급은 제사를 지내는 '브라만', 제2계급은 귀족과 무사인 '크샤트리아', 제3계급은 농업·목축·상업에 종사하는 '바이샤', 최하위 계급은 노예인 '수드라'였습니다. 총 네 계급四姓으로 나뉜 신분은 자리를 잡고 나서 더더욱 세분화되었습니다. 이를 '카스트 제도'라고 하는데, 인도 사회의 발전을 얼마나 방해했는지 모릅니다. 브라만교는 최고위 브라만이라는 신관 계급이 만든 종교입니다. 브라만은《베다》의 지식을 독점하고 모든 제사를 관리했습니다.

불교 포교

불교의 창시자 고타마 싯다르타(석가)는 카스트 제도에 정면으로 맞섰습니다. 인간을 층층이 계급화하여 억압하는 것을 반대하고 모든 존재가 평등하다고 주장했습니다. 타고난 지위와 무관하게 누구나 수행을 통해 완전한 자유와 마음의 평화에 이를 수 있다는 것이었죠.

크샤트리아(귀족과 무사) 계급은 이러한 불교를 크게 지지했습니다. 불교의 사상을 탐구할 수 있는 교육 수준을 갖춘 데다 그들 또한 계층의 한계에 갇혀 있었기 때문입니다.

불교는 인도 왕국으로부터 국가적 차원의 보호를 받으며 더욱 널리 포교되었습니다. 그중에서도 기원전 5세기 말 갠지스강 중류 유역을 지배하던 국가 마가다는 불교를 극진히 보호했고, 불교는 북인도에 확산되었습니다. 마가다를 무너뜨리고 일어난 마우리아 왕조(기원전 317년~기원전 180년경) 때는 특히 제3대 아소카 왕(재위 기원전 268년경~기원전 232년경)이 불교에 귀의하여 불법에 따라 나라를 통치하려 했습니다. 인도 국내뿐만 아니라 실론(지금의 스리랑카)까지 불교를 확산시켰지요. 하지만 아소카 왕 사후에 마우리아 왕조는 몰락했습니다.

1세기 중반에 쿠샨 왕조(45~320년경)가 일어납니다. 원래는 이란계 민족이지만 이들은 중앙아시아에서 북인도까지 아우르는 왕국을 건설했습니다. 제3대 왕 카니슈카(재위 130년경~170년경)가

아소카 왕의 기둥
아소카 왕이 즉위 20년 되던 해에 석가의 탄생지인 룸비니를 방문해 세운 돌기둥.

아소카 왕 이후 힘을 잃은 불교를 보호했습니다. 불전도 편찬('결집')했습니다. 간다라 지방에서는 그리스 미술의 영향을 받은 불교 미술이 흥행했습니다. 그리스 신들의 조각을 흉내 낸 불상을 만들 정도였습니다.

이 무렵의 불교를 '대승불교'라고 합니다. 싯다르타 생전의 가르침 그대로 '수행하는 개인의 구원'을 설파하는 불교가 소승불교라면, '모든 사람의 구원'을 설파하는 불교가 대승불교입니다. 수행자뿐만 아니라 그러지 못하는 중생들에게도 보살이 자비를 베푼다고 보았지요. 현실적으로 엄격한 수행이 어려웠던 사회적 약자와 하층민은 열심히 염불을 외우면 보살의 도움으로 평등하게 구원받을 수 있다는 데에 큰 희망을 가졌습니다. 대중 사이의 인기에 힘입은 대승불교는 중앙아시아, 중국, 한반도, 일본까지 전해졌습니다.

이에 반해 소승불교는 실론(지금의 스리랑카), 버마(지금의 미얀마), 시암(지금의 타이) 등 남방 국가들에 전해졌습니다. 앞서 언급한 3세기경 마우리아 왕조 아쇼카 왕이 실론에 불교를 전파한 것을 시작으로, 남인도와 지리상 근접한 동남아시아의 여러 왕실은 불교를 국교로 채택하여 그 후원자가 되었습니다.

⤝ 힌두교의 성립 ⤞

카니슈카 왕 사후, 쿠샨 왕조는 힘을 잃었습니다. 북인도에는 이민족이 침입하고 소국으로 분립되는 상태가 이어졌습니다. 4세기 전반 갠지스강 중류 유역에서 세력을 키운 찬드라굽타 1세가 굽타 왕조를 세우고 북인도를 통일했습니다. 굽타 왕조는 찬드라굽타 2세(재위 385~413년경) 시기에 가장 번창했습니다. 왕은 브라만 문화를 부흥시켰고, 힌두교가 성립했습니다.

오늘날 인도에서 불교 신도의 수는 약 910만 명가량입니다. 총 인구 중 차지하는 비율은 1퍼센트가 채 안 되는 미미한 수준입니다. 반면 힌두교는 인도공화국 국민의 약 80퍼센트 즉 9억 명이 믿고 있습니다. 인도에서 일어난 석가의 불교가 인도에서 힘을 쓰지 못하다니, 이상하지 않은가요?

여기엔 이유가 있습니다. 첫째, 바르다나 왕조를 마지막으로 왕실의 국가적 보호를 잃은 것, 둘째, 이슬람교의 압박을 받은 것, 셋째, 불교 신도는 상공업자가 많고 농민과 연이 없었던 것, 넷째, 출생·결혼·사망 때의 종교적 의례와 연관이 없었던 것입니다.

반면 힌두교는 브라만교를 바탕으로 인도 원주민의 민간 신앙과 풍속을 반영하고 있었습니다. 실제로 힌두교는《베다》의 신들과 공통되는 신이 많고 다양한 축제를 함께하며 카스트 제도도 인정합니다. 또한 힌두법은 사회생활의 규범이 돼주었습니다. 즉 인도 민중의 생활에 녹아들어 있었습니다.

그래서 '힌두교 = 인도인의 종교'가 된 것입니다. 다만 이러한 힌두교 또한 인도 사회의 발전을 저해했다는 점은 부정할 수 없습니다. 6세기경 하르샤 바르다나 왕(한자식 이름은 '계일왕', 재위

606~647년)이 잠시간 인도를 통일했지만 왕의 사후 300년 동안 인도의 정치와 사회 상황은 혼돈 속으로 빠져들었습니다.

◇ 017 ◇
황하 문명

~ 역사적 왕조, 은나라 ~

기원전 4000년경, 중국 북부('화북')의 황하강 유역에서 오늘날 중국인의 선조인 원原 중국인이 농경 생활을 시작했습니다. 원 중국인은 붉은 기를 띠는 땅에서 흑색 또는 갈색 문양을 그린 토기인 '채도'를 사용했고 유적이 하남河南성의 앙소仰韶에서 많이 발견되었습니다. 그래서 이 시기를 '채도 문화' '앙소 문화'라고 부릅니다.

세월이 흐른 기원전 2000년~기원전 1500년경, 화북의 농경민은 촌락에 살며 검은색에 광택이 나는 얇다란 토기 '흑도'를 만들었습니다. 흑도는 산동山東성의 용산龍山 유적에서 발견되었습니다. 이 시기를 '흑도 문화' '용산 문화'라고 하지요.

채도는 스웨덴의 고고학자 안데르손이, 흑도는 중화민국 중앙

연구원 역사어연구소가 발굴했습니다.

촌락은 발달해 도시가 되었고, 도시국가가 여기저기 생겨났습니다. 그 작은 도시국가를 통합한 나라가 은나라殷(기원전 1600년경~기원전 1028년경)입니다. 하남성 안양安陽에서 은나라 도읍의 흔적이 발굴되었는데, 거기서는 청동기 외에도 글자를 새긴 갑골(거북이 배딱지와 짐승의 뼈)이 나왔습니다. 이 '갑골 문자'는 약 3,000개 중에서 반절 정도가 해독되었습니다. 그 내용으로 유추해보면 은나라 왕은 제사와 정치가 일치된 정치를 펼쳤고 갑골로 점을 쳐 국사를 정했던 듯합니다.

은나라 이전에 하나라夏가 400년 정도 이어졌다는 설이 있는데, 아직 그 흔적은 발견되지 않았습니다. 하나라에 관해서는 시조인 우禹가 황하강의 물이 넘치는 것을 막은 공으로 순 임금에게서 왕위를 양도받았다는 치수治水✦ 전설이 있습니다. 이런 유형의 전설은 중국에만 존재하는 건 아닙니다. 하지만 하 왕조의 성터를 찾는 조사가 계속 이뤄지고 있으니 하나라가 실재했다는 것이 언젠가 증명되는 날이 올지도 모르겠네요.

✦ 제방과 댐을 축조하는 등 홍수나 가뭄 피해를 막고 물을 다스리는 일.

안양 은허 발굴
안양의 은나라 시대 유적은 소둔촌(小屯村)의 거대 건축군과 후가장(侯家莊)의 거대한 묘들이 중심을 이룹니다.

주나라의 봉건 제도

위수(황하강의 지류로서 감숙^{甘肅}성 중부에서 발생해 섬서^{陝西}성 동단에서 황하강으로 흘러 들어갑니다) 주변에 도시국가를 세운 주나라^周(기원전 1100년경~기원전 770년)의 제1대 무왕은 은나라를 무너뜨리고 호경^{鎬京}(지금의 섬서성 서안^{西安} 부근)을 도읍 삼아 새로운 왕조를 열었습니다.

주나라 왕은 일족이나 공로를 세운 가신에게 봉토(토지)를 나눠 주었습니다. 가신은 왕에게 조공을 바치고 전시에는 왕을 도울 의무를 맡았습니다. 이것이 주나라의 봉건 제도입니다.

권력을 나눴으니 왕권이 강할 수는 없었습니다. 왕 밑의 제후와 가신이 치자^{治者}(정치 실무를 보고 세습되는 영토를 지닌 이들) 계급이 되었고, 이들끼리 씨족관계·혈연관계를 맺어 단결했습니다. 이를 '종법^{宗法}'이라 합니다.

다스림을 받는 피치자 계급은 농민과 노예였습니다. 농민은 토지의 신 '사^社'와 오곡의 신 '직^稷'을 중심으로 촌락을 만들고 농경에 종사했습니다.

뒤에 소개하겠지만, '봉건 제도'라는 명칭은 같아도 주나라 봉건 제도는 유럽 중세의 봉건 제도와는 다르니 유의해주세요.

⇁ 동주 ↢

기원전 8세기 초부터 이민족이 주나라의 영토를 침입하기 시작했기 때문에 주나라는 도읍을 동쪽 낙양洛邑으로 옮겼습니다. 도읍을 이동한 후의 주나라를 '동주東周'라 부르는데, 동주는 춘추시대(기원전 770년~기원전 403년)와 전국시대(기원전 403년~기원전 221년)로 나뉩니다.

춘추시대에 주나라 왕의 위엄과 권위는 떨어졌어도 제후들은 겉으로나마 왕실을 존중하고 이민족의 침입에 맞섰습니다. 그러나 전국시대에는 이미 왕실을 섬기는 마음은 사라졌고 서로 싸우느라 바빴습니다. 전국시대 칠웅 중에서 가장 강대한 나라는 진나라秦로, 다른 여섯 나라를 멸망시키고 중국을 통일했습니다(기원전 221년).

청해靑海✦에서 태어나 황토지대를 가로지르며 제 물빛을 노랗게 물들이는 황하강. 그 거대한 흐름은 중국 문명의 요람이자 수천 년 역사의 드라마가 펼쳐진 무대였습니다.

⇁ 춘추전국시대 ↢

주나라의 봉건 제도가 붕괴하고 진나라·한나라에서 중앙 집권 제

✦ 중국에서 가장 긴 강인 장강과 황하강의 발원지가 있는 곳. '푸른 바다'라는 명칭은 바다같이 드넓고 짠맛을 띠는 청해 호수에서 유래했다.

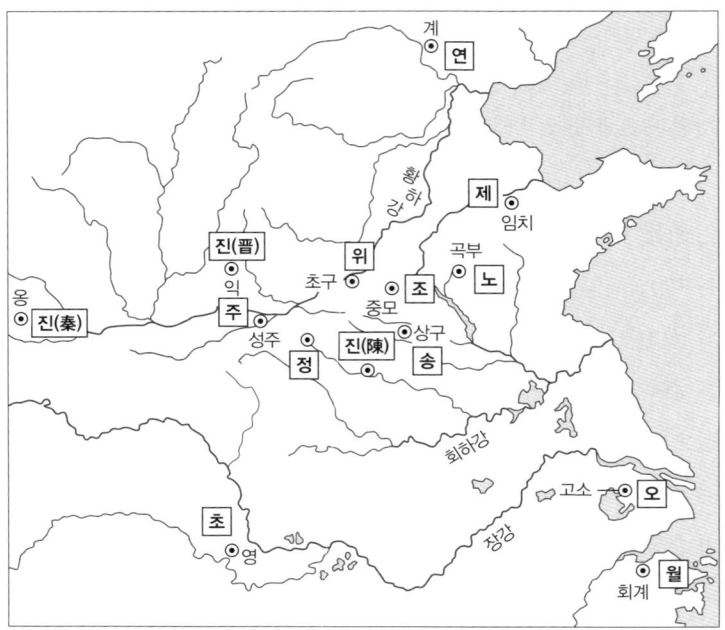

춘추전국시대의 중국 지도

도가 성립하기까지 550년에 달하는 혼란기 동안 정치, 경제, 사회 모든 면이 격변했습니다. 기원전 6~5세기부터 철로 만든 농기구가 사용되었고 농업 생산량이 늘어났습니다. 각국은 나라의 부를 쌓고 강한 군사를 키우는 부국강병 정책을 펼쳤습니다. 상공업이 활발해져서 거상이 등장하고 화폐가 유통되었습니다. 이런 경제 변동과 함께 봉건제의 바탕이었던 씨족제도, 혈연관계, 신분세습제도가 붕괴됩니다. 바야흐로 자유경쟁, 실력주의, 하극상의 세상이 도래한 것입니다.

오랜 정치·사회 질서가 무너지자, 사상계가 갑자기 활기를 띠었습니다. 제후들이 부국강병 정책의 일환으로 앞다투어 인재를 발탁하려 했기 때문입니다. 이때 '나야말로 제격'이라 생각하는 사상가가 잔뜩 나타났습니다. 그들을 '제자백가'라고 부릅니다. 여러 학파를 총칭하는 단어이지 100개의 학파가 있었던 건 아니에요. 학파마다 생각하는 사회 혼란의 이유와 대책이 저마다 달랐습니다.

대표적으로 순자는 '왕도王道 정치'의 필요성을 강조하며 '패도覇道 정치'의 한계를 말했습니다. 패도 정치는 힘으로 사람들을 지배하는 것인데, 억눌린 사람들이 불만을 품게 되므로 장기적으로는 사회가 혼란스러워진다고 보았습니다. 대신 통치자가 도덕적으로 행동하고 도덕 원칙에 따라 지배하는 왕도 정치를 펼치면 사람들이 교화되어 사회도 안정될 것이라 주장했습니다.

묵자는 인간의 평등을 이야기했습니다. 사회 혼란은 사랑이 부족하기 때문에 나타나는 것으로, 너나없이 평등하게 사랑하고 존중하는 '겸애兼愛'를 통해 세상이 평화로워진다고 주장했습니다.

노자로 시작해 장자가 이어받은 도가는 도덕이나 예의 등의 형식을 까다롭게 따지지 않고 '무위자연無爲自然'을 주장했습니다. 무위자연은 인위적인 개입을 최소화하고 마치 물*처럼 자연의 흐름에 순응하는 삶을 강조하는 철학으로, 이후 민간 신앙으로 이어져 민중 사이에 깊게 뿌리 내렸습니다.

한편 법가는 법치주의를 부르짖으며 강력한 국가 통제를 주장했습니다. 인간 본성이 악하다고 보아 엄격하게 법을 적용하고 처벌하면 사회를 안정시킬 수 있다고 제안했습니다.

이 제자백가 중에서 가장 세력을 얻은 자는 공자와 그 학문인 유가였습니다. 공자는 사람들이 '인仁'(사랑, 배려, 동정심 등)을 실천하여 도덕성을 키우면 사회 전체의 도덕 수준이 높아지고, 이들이 각자의 본분을 다할 때 사회가 안정된다고 보았습니다. '임금은 임금답고, 신하는 신하답고, 아비는 아비답고, 자식은 자식다워야 한다君君臣臣父父子子'라고도 말했지요.

예로부터 이어진 중국의 가족 제도를 존중하고 이후의 정치 제도에 밀착한 공자의 유가 이론은 인기를 끌기에 충분했습니다. 이상 속 유토피아 같은 노장사상에 비해 현실적이라는 점도 중국인의 성정에 맞았습니다.

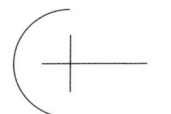 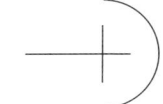

◇ 018 ◇
공자와 석가

─┥ 공자 ┝─

"세계사에서 기원전 500년경은 축의 시대"라고 말한 철학자가 있습니다.· 축이란 중심을 뜻하는 말로, '축의 시대'란 이 중심을 둘러싸고 세계사가 움직일 정도였다는 뜻입니다.

이 시대에는 인류의 스승으로 숭상받는 사람들이 나타나 후세에 끝없는 감화를 주었습니다. 아시아에서는 공자(기원전 551년~기원전 479년)와 석가(기원전 563~기원전 483년경)가, 그리스에서는 소크라테스(기원전 469년경~기원전 399년)가 등장했습니다. 세 사람은

✦ 축의 시대(독일어로 Achsenzeit)는 독일의 철학자 칼 야스퍼스(Karl Jaspers)가 고안한 표현으로서 1949년 저서 《역사의 기원과 목표》에 처음 등장한다.

이후 출현한 이스라엘의 예수와 함께 세계 4대 성인이라 불립니다. 공자와 석가는 거의 동시대에 살았던 사람이지만 가르침은 완전히 대조적이었습니다. 잘 따져보면 중국 정신과 인도 정신의 차이로 귀결됩니다.

공자는 춘추시대 말 노나라에서 태어났습니다. 어렸을 때 부모를 여의고 가난한 와중에도 배움에 힘썼습니다. 《논어》 초반부에 "나는 15세에 학문에 뜻을 두었다"라고 쓰여 있습니다. 공자는 노나라를 위해 일하는 한편 제자에게 학문과 도덕을 가르쳤습니다. 노나라의 선조＊이면서 주나라 제도를 정비한 명재상 '주공'을 성인聖人이라며 존경했지요. 공자는 51세에 재상의 자리까지 올랐지만 정치 개혁이 뜻대로 되지 않아 제자와 함께 여러 나라를 돌아다녔습니다.

어느 나라도 공자를 쓰려 하지 않았어요. 그도 그럴 것이, 이 시기 천하는 난마亂麻처럼 어지러웠고 공자가 설파하는 예악의 길(예란 사람이 마땅히 행해야 할 도, 악은 사람의 마음을 부드럽게 하는 음악. 이 두 가지로 사회의 질서가 잡히고 인심이 좋아진다는 주장입니다) 따위에 귀를 기울이는 제후는 없었기 때문입니다. 13년 동안 방방곡곡을 유랑한 끝에 다시 노나라에 돌아온 공자(69세)는 더 이상 정치에 관여하지 않고 제자 육성과 고전 편찬에 전념했습니다.

✦ 노나라는 주나라 성왕이 삼촌인 주공에게 봉토로 하사한 곳이어서, 주공의 직계 후손들이 노나라를 다스렸다.

공자
1632년 에도 시대 일본에서 그려진 그림. 공자가 창시한 유교는 동아시아에 퍼져나갔습니다.

⇥ 《논어》 ⇤

총 20편의 《논어》는 공자의 언행을 제자들이 기록한 책입니다. 《논어》에 따르면, 아이는 부모에게 효행을 다하고 윗사람을 따라야 합니다. 공자는 이러한 가정에서의 도덕을 국가와 정치로 넓혀 실천하면 천하가 평안해지고 덕 있는 정치를 실현할 수 있다고 보았습니다. '주나라 시대에는 이런 덕치 정치가 펼쳐졌건만 지금은 스러지고 말았다'고 생각했기 때문에 이를 부활시키는 일을 사명으로 삼았습니다.

  가정 도덕이든 덕치 정치든, 공자의 가르침은 종교성이 옅고 현실적입니다. 그 점에서 중국인의 사고방식, 삶의 방식과 딱 맞았습니다. 공자는 살아 있던 동안에는 뜻을 이루지 못했지만 제자들이 여러 나라에 초빙되어 스승의 가르침을 퍼트렸습니다. 그 결과 한나라 시대(기원전 2세기)에는 국가의 교리가 되기까지 했고, 이후 역대 중국 왕조의 지배 원리가 되었습니다. 4~5세기경 한반도를 거쳐 일본에도 전해져 동아시아 나라에 오랜 기간 영향을 끼쳤지요.

⇥ 석가와 불교 ⇤

공자의 조상은 귀족이었지만 공자 때에는 몰락한 상황이었습니다. 그에 비해 석가는 오늘날 네팔 남쪽에 위치한 샤카족의 소국^{小國}

카필라 왕국의 왕자로 태어났습니다. 성은 고타마, 이름은 싯다르타였습니다. 석가라는 호칭은 출신 부족명 샤카에서 유래했습니다. 석가모니는 '샤카족의 현자'를 뜻합니다.

석가는 왕자 시절 16세에 결혼해 아이도 하나 얻었습니다. 하지만 인생의 무상함을 느끼고 29세에 모든 것을 뒤로한 채 출가합니다.* 6년이라는 시간 동안 고행과 명상에 열중하였고, 35세에 깨달음을 얻었습니다. 붓다(부처)란 '깨달은 자'를 이릅니다.

석가모니는 그때부터 40년에 걸쳐 북인도를 돌아다니며 가르침을 전했습니다. 신자의 기부로 기원정사祇園精舍라는 절이 슈라바스티 마을의 교외에 지어졌습니다. 석가모니가 스물다섯 번의 여름을 보내며 가장 많은 경전을 설법한 이곳은 오늘날 불교의 성지가 되었습니다.

석가모니는 80세에 병을 얻어 사라수 밑에서 눈을 감았습니다. 공자의 일생이 고난으로 점철됐던 데 비하면 석가의 마지막은 평온했습니다.

석가는 브라만과 카스트 제도를 부정하고 모든 사람의 평등을 주장했습니다. 누구나 여덟 가지 정도八正道(바른 생각, 바른 말, 바른 행동 등)를 따르면 인생의 네 가지 고통四苦(생로병사)에서 해탈할 수 있다고요. 신분과 계급을 초월한 불교의 가르침은 기독교처럼 세계

✦ 훗날 아내 야쇼다라와 아들 라훌라는 불교에 귀의하여 석가모니의 제자로 수행을 이어갔다.

종교가 될 수 있는 훌륭한 성격을 지니고 있었습니다. 덕분에 아시아 전체에 퍼져나갈 수 있었지요.

공자의 유교는 매일의 생활부터 국가 정치에 이르기까지 '사람이 세상 속에서 어떻게 살 것인가'를 적극적으로 생각합니다. 이에 반해 불교의 인생무상이라는 철학은 자칫 세상일은 허무하고 소용없다는 사고로 비칠 수 있습니다. '세상 속에서 일하고 세상을 변화시키려는 의욕이 약해지지 않겠는가?' '승려 생활이 가장 완전한 삶의 방식이라 하더라도 만약 모든 사람이 출가해 승려가 돼버리면 사회는 제대로 돌아갈 것인가?' 이러한 의문을 던지는 분도 있겠지요.

그러나 불교의 무상함은 고정된 것, 영원한 것이란 없음을 의미합니다. 사람들이 이 진리를 모르고 '집착'하는 데서 모든 고통이 생긴다고 본 석가모니는 집착에서 자유로워지는 길을 제시했습니다. 비관적인 허무주의나 염세주의와 달리 모두가 부처처럼 고통에서 벗어나 해탈할 수 있다는 긍정적인 희망을 품고 있지요.

또한 불교에는 유교*에 없는 눈에 띄는 특색이 있습니다. 불교가 전파된 나라들에서 예술, 특히 회화·조각·건축이 꽃핀 것입니다. 앞선 16장에서 간다라 미술에 대해 말씀드렸지요. 한국, 중국, 일본 등 동아시아의 미술은 불교와 깊은 관련을 맺었습니다.

✦ '유교'와 '유가'는 종종 혼용되기도 하지만, '유교'는 공자의 가르침을 사회와 종교의 규범으로 삼는 것을 말하며 '유가'는 공자의 가르침을 따르는 사상과 학파를 말한다.

시비 왕의 보시
간다라에서 출토된 부조 조각. 새 한 마리를 살리기 위해 자기 살을 베어 저울에 올린 부처의 전생 이야기 '자타카(본생경)'를 소재로 했습니다.

불교에서는 부처의 세계를 아름답게 구현하여 미적 감동을 전하려고 했습니다. 따라서 작품 자체의 예술적 완성도가 중요했습니다. 반면 현세에 적극적인 유교는 문인화와 서예 등 예술 표현을 어디까지나 도덕 수양의 수단으로 평가했다는 점에서 예술관의 차이가 있습니다.

◇ 019 ◇
최초의 통일 국가, 진나라

⤙ 시황제의 중국 통일 ⤚

전국시대의 막을 닫은 것은 진나라^秦였습니다. 진나라는 효공왕 시대에 발전을 이룩해 전국 칠웅으로 꼽혔던 강국 중 하나입니다. 정^政이 왕위에 오른 후(기원전 221년) 진나라는 마침내 다른 나라들을 무너뜨립니다. 그때까지는 군주를 왕이라 불렀는데, 정은 자신을 가장 처음의 황제라는 의미에서 '시^始황제'라 칭했습니다. 얼마나 자신감이 넘쳤는지 느껴지시죠?

시황제는 중앙 집권 국가의 건설을 목표로 삼습니다. 주나라의 봉건제 대신, 중앙에서 관리를 파견해 지방을 통치하는 군현제를 시행하고 장관은 시황제가 임명했습니다. 그러면 방방곡곡을 직접 지배할 수 있었으니까요. 제각기 달랐던 '도^度(길이)' '량^量(부피)'

'형(무게)'의 단위, 문자, 화폐를 전국적으로 통일시켰습니다. 그뿐만 아니라 법가로 사상까지 통일하려 했습니다. 시황제의 정책에 불만을 토로하는 유가의 학자들을 640명이나 죽이고, 유가의 경전과 진나라 이전의 역사책 등 진나라에 방해가 될 만한 민간 서적들을 모두 불태웠습니다.

대외 정벌도 대단했습니다. 장군 몽염을 북으로 파견해 흉노족✦을 잠재웠습니다. 몽염은 30만 대군을 데리고 오늘날의 베트남 근처까지 원정을 나갔습니다. 덕분에 진나라의 영토는 주나라 시대보다 세 배나 늘어났습니다.

나는 새도 떨어트릴 만큼 막강한 권세의 시황제였지만 노년에는 진나라가 영원히 번영하기를 그리고 자신도 장수하기를 바라게 되었습니다. 그때, 산동 반도 근처 봉래산에 불로장생의 선인이 살고 있으며 그 선인에게 어떤 명약을 받으면 영원히 살 수 있다는 소문이 퍼졌습니다(이후 도교에 의해 신선 사상으로 체계화되었습니다). 시황제는 소문을 믿고 탐험대를 보냅니다. 하지만 동방을 순행하던 중 시황제는 급병에 걸려 한창때라 할 수 있는 50세 나이에 죽음을 맞이합니다(기원전 210년). 곧 반란이 일어나 진나라는 15년 만에 멸망해버렸습니다.

시황제에게 '폭군'이라는 낙인을 찍은 건 후세의 유학자들입니

✦ 기원전 4세기~기원후 5세기 북아시아(오늘날 몽골과 중국 북부 지역) 평야에서 활동하던 유목민족.

다. 시황제는 공자와 유가가 이상적인 제도로 인정한 주나라의 봉건제를 군현제로 교체했고, 덕치 정치를 법치주의로 바꾸었습니다. 그래서 유가는 시황제에게 마음속 깊이 원한을 품고 있었지요. 또한 시황제는 영토 확장과 토목 사업에 돈을 물 쓰듯 하고 그 일에 300만 명이나 되는 농민을 강제로 끌어내 원망을 샀습니다. 진나라가 멸망하게 된 이유는 다름 아닌 농민의 반란이었습니다.

⇝ 만리장성 ⇜

좋든 나쁘든 시황제가 중국에서 처음으로 통일 국가를 세웠고 전제군주제의 원조가 되었다는 사실은 의심할 여지가 없습니다. 그렇지만 시황제의 이름이 역사에 길이 남은 건, 무엇보다 만리장성 덕택이 아닐까요?

북경에서 기차를 타고 서쪽으로 1시간 정도. 북경에 간 사람이라면 대부분 그곳까지 발길을 향합니다. 만리장성은 오늘날 중국 관광의 효자상품입니다. 그런데 우리가 볼 수 있는 부분은 일부에 지나지 않습니다. 장성이 서쪽으로 2,000킬로미터나 뻗어 있기 때문이에요. 일부라고는 해도 그 장대함에 눈이 휘둥그레질 수밖에 없습니다. 이러한 장성을 만든 시황제의 큰 스케일에도요.

현재의 만리장성은 시황제 때와 위치도 규모도 다릅니다. 예부터 흉노라는 북방 유목민이 시시때때로 중국을 침략했습니다. 전국시대에는 여러 나라가 그들의 침입을 막기 위해 부분적으로 장성을 쌓았고 시황제가 이를 연결시켰습니다. 오늘날 만리장성의 북쪽과 맞닿은 낮은 토벽이 바로 그것입니다.

낮은 토벽이라니 의외지요? 흉노는 기마 민족이어서, 말이 넘을 수 없는 높이면 충분했기 때문입니다. 만리장성은 위·진·남북조 시대(3~6세기), 수나라 시대(6세기)에 현재 위치로 바뀌었고, 명나라 시대(14~17세기)에 크게 수리·재건되어 거의 지금과 같은 벽돌쌓기 구조가 되었습니다. 쌓는 방법은 매우 간단합니다. 먼저 황토로 토벽을 쌓습니다. 일정 간격을 두고 양쪽에 판자를 가로로 쌓은 뒤 그 안에 흙을 채웁니다. 따라서 그리 견고하지는 않습니다.

⇥ 아방궁과 시황제릉 ⇤

만리장성에는 미치지 못하지만 중국을 통일한 시황제가 수도 함양咸陽(옛 장안 부근)에 지은 아방궁도 유명합니다. 진나라가 멸망한 후 타버렸지만, 다 타는 데 3개월이나 걸렸다고 합니다. 토대밖에 남지 않았으나 토대를 통해 유추해보면 동서로 800미터, 남북으로 150미터인 당시로서는 거대한 궁이었습니다. 옥좌를 정점에 둔 궁정은 1만 명이 앉을 수 있는 규모였고 70만 명을 일꾼으로 동원했는데도 완성하지 못했다고 전해집니다.

이집트의 파라오는 살아 있을 때 묘를 만드는 게 풍습이었는데,

시황제도 함양의 동쪽에 자리한 외딴 산기슭에 큰 묘(시황제릉)를 만들었습니다. 묘의 높이는 115미터로 묘실은 지하 궁전이라 할 만큼 모든 물품이 들어 있었다고 합니다.

    1974년, 시황제릉의 동쪽 1.5킬로미터 부근에서 토용이 묻힌 대규모 갱이 발견되었습니다. 토용이란 도자기로 만든 찰흙 인형입니다. 시황제의 묘를 지키는 근위군 병사와 말들이 실물 크기대로 만들어져 있었고 그 수는 1,500개를 웃돕니다. 발견된 것은 극히 일부일 뿐이며 전체적으로 약 8,000개가 넘는 병마용이 매장되어 있으리라 추정됩니다. 시황제의 절대 권력에 놀랄 따름입니다.

시황제릉 병마용
1974년에 우연히 발견된 병마용은 시황제 시대에 군대가 어떻게 구성되었는지 명확하게 보여줍니다. 관, 의복, 신발, 상투 등의 풍속을 리얼하게 재현하여 모든 인형의 얼굴이 다 다를 정도입니다. 토용을 꺼내 전시하지 않고, 거대한 돔형 천장을 얹어 현장을 그대로 보존했습니다. 현재 병마용 박물관으로 공개하고 있습니다. ⓒ efired/123RF.COM

◇ 020 ◇
한나라의 융성

⇾ 한나라 고조 ⇽

역사라는 무대에는 때로 라이벌이 등장해 다투는데 이 장면이 역사의 재미를 한층 돋궈줍니다. 진나라 말기 등장한 항우와 유방이 그런 라이벌이었습니다.

항우는 초나라의 무장으로, 진나라를 무너뜨린 주역입니다. 뛰어난 남자였지만 사람 말을 듣지 않고 무엇을 하든 독단적으로 행동했지요. 애정이나 예의는 분명 갖췄음에도 불구하고 한번 격해지면 컨트롤이 안 됐습니다. 한편 유방은 농민 출신으로, 마음이 넓고 작은 일에 구애받지 않았습니다. 또 사람을 잘 쓸 줄 알았지요. 유방은 점점 출세해 거물이 되었습니다. 이 두 사람은 최후의 대결(해하 전투, 기원전 202년)을 벌였고, 패배한 항우는 자살했습니다.

유방은 천하를 다시 통일하고 한나라 왕조를 열었습니다. 한나라는 전한(기원전 202년~기원후 8년)과 후한(25~220년)으로 나뉩니다. 합쳐서 약 400년이니 꽤 길게 이어졌죠? 이 400년간 중국의 제도와 문물의 기본 틀이 갖춰졌습니다. 중국어를 '한어'나 '한문'이라 부르는 데서도 짐작할 수 있습니다. 유방은 본인을 한나라 고조(재위 기원전 202년~기원전 195년)라 칭하고 도읍을 장안長安(지금의 서안)에 두었습니다. 시황제의 개혁을 완화하여 주나라 봉건 제도와 진나라 군현 제도를 합친 군국제를 실시했습니다.

↠ 무제의 외정 ↞

제7대 무제(재위 기원전 141년~기원전 87년) 통치기에 한나라는 중앙 집권 체제를 완전히 갖추었습니다. 유가를 국가의 학문으로 삼았고, 이후 유가는 지배 체제의 원리가 되었습니다.

무제는 국내가 안정되자 원정을 나가 한나라의 위엄을 더욱 떨쳤습니다. 북방의 흉노족을 제압해 국방을 튼튼히 하고 몽골 오르도스 지방에 둔황(석굴 사원이 유명), 양관(중국 최초의 세관) 등 여러 군郡을 두어 군사적 거점으로 삼았습니다.

한편 무제가 서방에 파견한 탐험가 장건張騫의 기여로 한나라는 서역 36개국과 외교 관계를 맺게 됩니다. 그 결과 '실크 로드 Silk Road(비단길)'가 열렸습니다. 실크 로드는 도읍 장안에서 시작해 타

클라마칸 사막과 히말라야 산맥을 넘어 중앙아시아, 페르시아 그리고 로마 제국에 이르는 약 8,000킬로미터의 길입니다. 중국과 서방 사이에 비단 거래를 포함한 상품, 문화, 종교의 교류를 일으켰습니다. 한무제는 또한 고구려를 쳐서 낙랑군 등 네 군을 설치하고 인도차이나 북동부까지 영토를 넓혔습니다.

무제 시대는 그야말로 전한의 전성기였습니다. 무제가 등용한 사관 사마천司馬遷(기원전 145년~기원전 86년)이 중국 역사를 담은 《사기》를 저술하여 정사正史*의 본보기가 되었다는 점도 덧붙여 둡니다. 사마천은 많은 책을 집필한 동시에 그리스 역사가 헤로도토스처럼 대단한 모험가이기도 했습니다. 그래서 '중국의 헤로도토스'라는 별명이 붙었습니다.

정점이었던 무제 사후, 한나라는 약해졌습니다. 외척(황후의 일족)과 환관(궁정에 봉사하는 관리)이 세력을 다투는 가운데 황제는 유명무실한 존재였습니다. 이때 외척인 왕망王莽이 제위를 찬탈하여 일시적으로 신新(8~23년)이라는 왕조를 세웠습니다. 하지만 반란이 일어나 15년 만에 멸망합니다.

✦ 국가에 의해 정통으로 공인된 역사서. 공식적인 기록이므로 야사보다 정확하다고 여겨져 역사 저술의 기초사료로 활용된다.

후한

그 후 한나라 왕족이었던 유수(劉秀)가 한 왕조를 부흥시키고 도읍을 장안에서 낙양으로 천도했습니다. 이 사람이 바로 후한의 광무제(재위 25~57년)입니다.

광무제는 국내 정치에 힘쓰며 이후 수십 년간 한 왕조를 회복시켜 나갔습니다. 다시 부흥한 후한은 외국을 침략했습니다. 전한 시대에 서역 일부를 영토로 삼기도 했는데, 후한 때는 서역을 지배할 기관으로 '서역도호부'를 두고(기원전 59년) 장군 반초(班超)를 장관으로 임명해 서역 50여 개국을 다스렸습니다. 반초의 사신인 감영(甘英)은 대진국까지 갔습니다. 대진국(大秦國)이란 로마 제국을 가리킵니다.

광무제 이후, 후한은 다시금 외척과 환관에 시달렸습니다. 환관에 반대한 유학자나 관료는 탄압당했습니다('당고지화', 166년). 중앙 정치가 혼란스러우면 지방 정치도 혼란스러워지는 법입니다. 농민들이 빈번하게 반란을 일으켰는데, 그중 가장 큰 반란은 '태평도'라는 종교의 교조가 일으킨 황건적의 난이었습니다. 중국에서 일어난 농민 반란에 대해서는 다른 장에서 더 설명하겠습니다. 이 반란을 기점으로 후한의 권위는 땅에 떨어졌습니다. 혼란 속에서 후한은 멸망했습니다.

뒤이어 위, 촉, 오 세 나라가 대립합니다(220~280년). 명나라 시대에 나온 《삼국지연의》라는 역사 소설은 이 세 나라의 흥망을 다룬 이야기입니다. 촉나라의 지략가 제갈공명의 활약상이 손에 땀

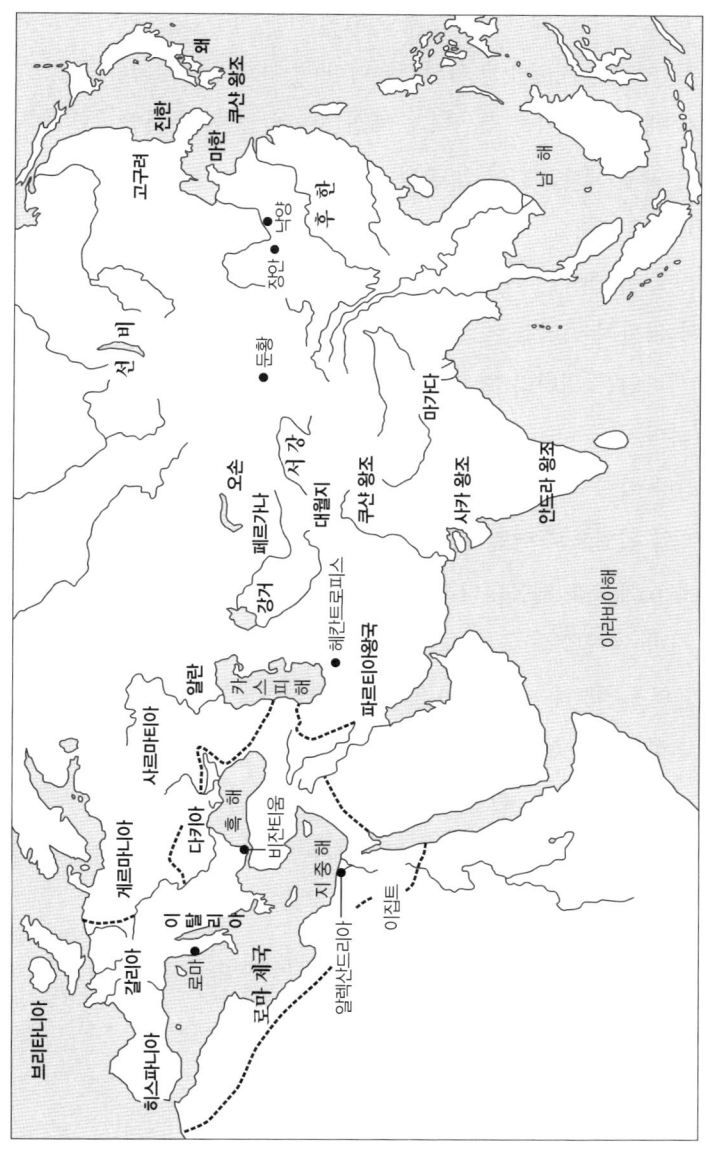

2세기경의 세계 지도

020 한나라의 융성

을 쥐게 하지요. 제갈공명은 촉을 위해 위와 싸우던 중 위나라 오장원五丈原이라는 지역에서 사망했습니다. 촉이 제갈공명의 죽음을 숨겼기 때문에 대치하던 위나라 재상 사마의는 몹시 불안해합니다. '죽은 제갈(제갈공명)이 산 중달(사마의)을 달아나게 했다'라는 고사성어의 유래지요.

삼국 중에서는 위나라가 살아남았지만, 위나라의 실권은 정치력과 군사적 지략을 지닌 사마의가 장악한 뒤였습니다. 그의 손자인 사마염은 위나라 황제를 폐위시키고 진나라(서진)西晉를 건국한 후 나머지 두 나라 촉과 오를 정복하여 중국을 통일(280년)합니다. 그러나 이도 잠시, 약 36년 뒤 서진은 황실의 권력 다툼과 북방 이민족의 침입으로 멸망하고, 흉노를 비롯한 다섯 이민족이 화북 지역에 16개국을 세웁니다('오호십육국'). 한편 장강 이남에서는 달아난 사마 씨 후손들이 진나라(동진)東晉를 세웠으나 오래지 않아 송宋, 제齊, 양梁, 진陳 네 왕조가 번갈아 성립합니다.

후한이 멸망한 뒤 위나라, 진나라 그리고 남방·북방(장강 기준)의 왕조들이 연이어 난립했기에 통틀어 '위·진·남북조 시대'라 부릅니다. 엄청난 혼란은 400년 동안 이어졌습니다. 종지부를 찍은 것은 수나라였습니다.

한눈에 보는 '고대 문명'

지구상에서 최초의 인류로 알려진 존재는 약 400만 년 전에 출현했습니다. 원숭이와 인간의 중간 모습이었기에 '오스트랄로피테쿠스(남쪽의 원숭사람)'라 불리는 이들은 이미 불이나 언어, 도구를 사용했던 것으로 보입니다. 약 258만 년 전 시작된 빙하 시대에 나타난 원인原人은 원숭이에서 인간에 가까운 모습으로 일제히 진화해갔습니다. 빙하 시대 후기에 구인舊人이, 말기에 신인新人이 나타났고, 신인은 바로 우리의 직접적 조상인 '현생 인류(호모 사피엔스)'입니다.

호모 사피엔스가 활약한 빙하 시대 후기는 고고학에서 구석기 시대에 속합니다. 유럽 지역의 호모 사피엔스였던 '크로마뇽인'은 뗀석기를 만들어 사냥과 채집을 했고 굉장한 동굴 벽화를 남겼습니다. 거기엔 종교 개념의 시작과 예술적 표현마저 엿보입니다.

그 후 아득하리만치 아주아주 느릿한 걸음 끝에 세계에서 가장 오래된 농경민족이 등장합니다. 이집트의 나일강 유역, 티그리스강과 유프라테스강 사이에 위치한 메소포타미아 지방, 인도의 인더스강 유역, 중국의 황하 유역, 이렇게 네 곳에서요. 어딘가로부터 전파된 것이 아니라 자연 발생했습니다. 다만 발생의 공통적인 조건이 두 가지 있었습니다.

첫째, 큰 강이 정기적으로 범람해 비옥한 땅을 적신 덕에 농경하기가 좋아진 점, 둘째, 국가의 힘과 정치 통일을 바탕으로 대규모 치수가 가능했다는 점입니다. 이들 4대 문명권에서는 금속 기구들이 사용되었고 문자도 발명되어 기록이 탄생했습니다.

그리스인은 기원전 20세기~기원전 12세기에 에게 문명권 안으로 이동해 선진 오리엔트 문명의 영향을 받다가 차츰 독자적인 문명을 발전시켰습니다. 하지만 마케도니아의 알렉산드로스 대왕에게 정복당합니다. 대왕이 기원전 5세기 말 동방 원정을 한 결과, 그리스 문명은 오리엔트 문명과 융합해 헬레니즘 문명이 생겨났고 머나먼 아시아까지 전해졌습니다. 로마인도 그리스인과 같이 작은 폴리스(도시국가)에서 일어났지만, 비할 데 없는 정치력과 군사력을 무기로 기원전 3세기경 이탈리아 반도를 정복하고, 기원전 1세기경 지중해 세계에 군림했습니다. 정치 체제는 공화정에서 제정으로 바뀌었고, 내부의 모순을 안고서도 5세기 말까지 존속하며 고전 문명을 완성했습니다. 기독교는 로마 제국의 공인을 받아 그리스 로마 고전 문명과 함께 서양 문명의 2대 조류를 형성합니다.

인도의 고대 사회는 인더스 도시 문명에 이어 인도에 들어온 인도아리아인에 의해 만들어졌습니다. 카스트 제도와 브라만교가 사회 전체를 물들였습니다. 기원전 3세기에 드디어 국가가 통일될 조짐이 보였고 마우리아 왕조와 쿠샨 왕조가 생겨났습니다. 브라만교에 대항하는 혁신을 일으킨 불교는 두 왕조의 국가적 보호를 받으면서 번영하여 아시아 각지에 퍼졌습니다. 4세기에는 오늘날에도 인도인이 믿는 종교의 주류를 차지하는 힌두교가 성립했습니다. 10세기 이후 이슬람교가 유입되면서 인도 이슬람 문명이 성립했습니다. 하지만 정치적으로 굽타 왕조 이후의 인도는 혼란을 거듭합니다.

중국에서는 기원전 1100년경, 청동기 문명이 꽃을 피웠습니다. 최초의 역사적 왕조인 은나라에 이어 주나라가 성립했습니다. 하지만 기원전 800년경부터 쇠퇴해 군웅할거의 시대가 도래했습니다. 이 혼란기에 유가를 포함한 제자백가가 활약하여 중국 사상의 원형을 만든 점은 주목해야 합니다. 혼란을 수습한 진나라는 강력한 국가 체제를 도입했지만 불과 2대 만에 멸망했고, 한나라에 바통을 넘겨주었습니다. 한나라는 전한·후한을 합쳐 400년이나 지속되었습니다. 서역까지 한나라의 영토를 넓힌 제7대 무제 이후 동서 간의 교통이 열렸습니다.

서아시아로 눈을 돌려 보면 기원전 6세기 중반, 이란 고원에서 일어난 아케메네스 왕조 페르시아가 융성했습니다. 그러나 그리스와의 전쟁에서 여러 번 패퇴하고 결국 마케도니아의 알렉산드로스 대왕에게 정복됩니다. 그후 사산 왕조 페르시아가 3세기경에 이란 민족의 국가로서 다시 일어났고, 이 왕조는 이란 고원에서 세력을 키우며 발전합니다. 하지만 7세기 중반 아라비아 반도에서 급격히 성장한 이슬람 세력에게 멸망당했습니다. 이후 서아시아는 이슬람 세력의 지배를 받게 되었습니다. 당시 이슬람 문명은 중국 문명에 뒤지지 않을 정도로 발전했고 하물며 유럽은 동일선상에 설 수도 없었습니다. 여기까지, 인류의 탄생부터 펜을 들어 기록한 고대 문명 이야기였습니다.

II
동아시아 이야기

◇ 021 ◇

세계 제국,
수나라와 당나라

⇁ 수양제와 대운하 ⇂

중국 장강 이북, 북조의 한 왕조였던 북주^{北周}의 재상 양견^{楊堅}은 제위를 찬탈한 후 장강 이남 남조의 진^陳 왕조를 멸망시키며 남북조 대립을 끝냈습니다. 그가 바로 수나라^隋 문제(재위 581~604년)입니다.

수문제는 장안으로 도읍을 옮기고 과거 제도(관리를 뽑는 학과 시험 제도)와 균전제(귀족의 토지 사유를 억누르기 위해 토지를 농민에게 주는 제도)를 도입하는 등 작정한 듯이 과감한 개혁을 했습니다.

수문제의 아들 양제(재위 604~618년)는 평판이 좋지 않았습니다. 아버지를 죽였다는 이야기도 있고, 본인도 살해당했으니까요. 하지만 개혁자로서는 수완이 좋았습니다. 경제의 중심지인 강남(남조의 역대 왕조들이 개발에 힘쓴 덕에 곡창지대가 되었습니다)과 정치의 중심지인 화북을 잇기 위해 남쪽 항주杭州부터 북쪽 북경까지 전체 길이 2,400킬로미터에 달하는 대운하를 만들었습니다. 사실은 대운하에 호화선을 띄워서 놀려고 했다는 설도 있지만, 결과적으로는 경제적 효과가 좋았습니다.

또한 양제는 원정을 활발히 나갔습니다. 몽골 고원, 대만, 인도차이나 북부 등 중국 주변국들을 침략했습니다. 신라, 일본과는 교류 관계를 맺었습니다. 사절이 왕래했으며 진흥왕(재위 540~576년)은 수나라의 발달한 문명과 기술을 받아들여 신라를 발전시켰고 일본 쇼토쿠 태자는 수나라의 정치 제도를 모범 삼아 행정체계를 정비했습니다.

대륙의 완전한 통일을 꿈꾸었던 수양제는 한반도 진출의 길목에 위치한 고구려와 대전쟁을 치루었습니다. 여기에는 국내의 민심을 얻으려는 의도도 있었습니다. 숱한 토목 사업과 정복 활동, 농민에게 지운 과중한 세금으로 인해 양제에 대한 불평불만이 점점 커졌기 때문입니다. 하지만 수나라는 고구려의 강력한 저항에 부딪혀 패퇴했고, 일제히 반란이 일어났습니다.

호족(부와 권력이 막강한 귀족 집안) 중 한 명이었던 이연李淵이 수나라를 무너뜨렸습니다. 수나라는 세계제국이 되기까지 딱 한 걸음을 남겨두고 무너졌지만, 당나라唐가 수나라의 남은 사업을 물려받습니다. 이연(당고조, 재위 618~626년)이 시작한 당나라는 약 300년(618~907년) 동안 유지되며 세계제국으로서 동아시아 세계에 군림하게 됩니다.

⇝ 태종에서 측천무후까지 ⇜

당나라의 제2대 왕 이세민^{李世民}(태종, 재위 626~649년)은 뛰어난 신하들을 등용해 중앙 관제, 지방 행정, 율령제*를 실시했습니다. 농민에게 토지를 균등하게 나눠주고(균전법) 조·용·조 제도**로 세금을 걷었습니다. 원정을 떠나 티베트와 서역을 지배했고 한반도에서는 신라와 동맹을 맺어 강국 고구려와 전투를 벌였습니다. 후세 중국에서는 업적이 많고 통치가 훌륭했다는 의미로 당태종 재위 시기를 '정관의 치^{貞觀之治}'(정관은 태종의 연호)라 찬양했습니다.

뒤이어 제3대 고종(재위 649~683년)이 고구려로 원정을 나가 승리하면서 바야흐로 당나라는 중국 역사상 가장 넓은 영토를 획득합니다. 하지만 고종이 임종한 뒤 황후였던 측천무후^{則天武后}가 두 아들을 제위에 올리고(중종과 예종) 실권을 장악했습니다. 690년, 마침내는 스스로 황제 자리에 올라 국호를 주^周로 바꾸었지요.

측천무후(재위 690~705년)는 중국 3000년 역사를 통틀어 유일한 여제입니다. 반대파를 몰살하는 등 권력을 쥐는 과정은 잔혹했지만 황제 측천무후의 치세는 안정적이었습니다. 무후는 국법을 엄중히 하였으며 출신을 가리지 않고 다양한 인재들에게 기회를

✦ '중앙 관제'는 국가 행정 기관과 관료의 직무를 정하는 제도, '지방 행정'은 지방 정부의 운영체계, '율령제'는 법과 규정(율은 형법, 령은 행정법 및 민법)을 말한다.
✦✦ 조(租)는 토지에 부과되는 세금, 용(庸)은 사람에게 부과되는 노역 의무, 조(調)는 집마다 부과되는 토산물을 뜻한다.

주었습니다. 민생 회복에 힘써 반세기 동안 큰 민란이 일어나지 않았습니다. 도읍 장안은 인구 100만이 넘는 당대의 국제도시로 활기를 띠었습니다.

측천무후는 81세에 운명하며 '나의 묘비에 한 글자도 새기지 말라'는 유언을 남겼습니다. 그 의미에 관해서는 여러 추측이 오가고 있습니다. 삶의 평가는 역사에 맡기겠다는 담담함, 여성 통치자로서 느낀 복합적 감정 또는 글자로 자신의 생을 다 담을 수 없다는 자부심 등…. 함양에 위치한 높이 8미터의 비석은 중국 역사에서 유일하게 백지로 남아 있습니다.

⇥ 당나라의 흥망 ⇤

측천무후의 아들 중종이 복위하면서 국호는 다시 당나라로 되돌려졌습니다. 하지만 중종은 공처가였고 아내인 위황후의 의중이 정치에 상당한 영향력을 발휘했습니다. 위황후는 시어머니 측천무후처럼 아예 스스로 황제가 되고픈 꿈을 꾸었습니다. 중종이 사망한 것과 관련해 여러 설이 있는데 황후가 독이 든 떡을 먹였다는 소문이 역사서에 기록되었을 정도입니다.

거침없이 권세를 휘두르려는 위황후에 맞서 측천무후의 딸 태평공주太平公主와 그 조카 이융기李隆基가 반란을 주도해 위황후 일당을 몰아냈습니다. 아버지 예종으로부터 제위를 양도받은 이융기는 현종(재위 712~756년)으로 즉위합니다. 그리고 남은 눈엣가시를 제거했습니다. 한때의 동지이자 무후가 가장 총애할 만큼 야심과 정치력을 빼닮은 인물, 바로 태평공주였지요.

강력한 황권을 손에 쥔 현종은 어수선했던 정치를 바로잡고 나라를 다시 안정시켜 갑니다. 유능한 신하를 등용하고 인구 증가와 경제 발전 등 변화하는 사회에 맞춰 세금 제도, 지방 행정을 개혁했습니다. 군사력을 강화해 당나라의 대외적 영향력이 최고조에 이르렀습니다. 서역부터 중앙아시아까지 세력이 미쳤지요. 이러한 현종 치세의 태평성대를 '개원의 치^{開元之治}'(개원은 현종의 연호)라 합니다.

거기까지는 참 좋았는데, 현종은 말년에 양귀비라는 여인에게 빠져 정치를 등한시했습니다. 때마침 이란계 이민족 출신 절도사(이민족 침입에 대비해 변경에 설치한 군단의 지도자) 안녹산^{安祿山}과 그 부하 사사명^{史思明}이 군대를 일으켜 장안을 점령했습니다. 바로 '안사의 난'(755~763년)입니다.

당나라는 위구르족의 힘을 빌려 간신히 반란을 진압했습니다. 하지만 절도사는 지방에서 큰 세력을 가지게 되었고, 주변 씨족도 연이어 당나라를 침략해 들어왔습니다. 거기에다 '황소의 난'(875~884년)이라는 농민 대반란이 일어나며 장안이 다시 점거 당합니다. 이를 평정하는 데 10년이 걸렸습니다. 당 왕조는 이제 누가 봐도 기울고 있는 상태였습니다. 곧 절도사 주전충^{朱全忠}이 제위를 빼앗으면서(907년) 300년간 이어진 당 왕조는 역사 속으로 사라지게 되었습니다.

오랑캐와 낙타
당나라의 도기. 오랑캐(胡)란 중국인이 북방·서방의 이민족을 부른 말입니다. 시대에 따라 가리키는 대상은 다르지만, 위·진·남북조 이후에는 파미르 고원 서쪽의 이란계 민족, 특히 소그드(스키타이)인을 가리킵니다.

당나라의 국제성

당나라 문화의 특색을 두 가지만 들어볼까요.

첫째, 한나라 시대에 중국 문물과 제도의 원형이 만들어졌다면 당나라는 이를 완성했습니다. '황제'며 '제위'며 말은 해도, 실제로는 궁정 귀족이 진정한 실권을 쥐고 있었습니다. 균전제나 세금제 역시도 고대 사회의 이상을 구현하고자 한 결과였지요. 이런 의미에서 당나라는 예부터 이어진 중국의 귀족 중심 문화를 완성했다고 볼 수 있습니다.

둘째, 당나라는 영토를 확대하면서 외래 문화(이슬람, 이란, 인도의 종교·문화)를 받아들여 국제성도 동시에 띠게 되었습니다. 도읍 장안은 동쪽의 신라, 일본, 서쪽의 페르시아, 인도 등지에서 건너온 외국인들의 왕래로 늘 붐볐습니다. 서역의 바그다드에 버금가는 세계 최대의 국제도시였지요. '장안의 봄'이란 장안이 얼만큼 번영했는가를 나타내는 표현이기도 합니다.

이런 국제성에 힘입어, 당나라 문화는 동아시아에 퍼져 주변 민족을 자극했습니다. 당나라와 대체로 군사적 긴장 관계였던 한반도에 비해 일본은 당 문화를 받아들이려는 경향이 유난히 강했습니다. 사신('견당사')을 열여섯 번도 넘게 파견할 정도로요. 이때 유학, 시문학, 미술, 공예가 무척 발달하게 된 것은 말할 필요도 없고 귀족들은 이백李白, 두보杜甫, 백거이白居易의 시를 즐겨 읊었습니다.

◇ 022 ◇
동양에는 양귀비, 서양에는 클레오파트라

⇥ 현종과 양귀비 ⇤

'동양에는 양귀비, 서양에는 클레오파트라'라니, 누가 말했는지는 모르지만 동서양의 재능 넘치는 두 여성을 대조한 것이 재밌습니다.

현종은 명재상들의 도움을 받아 정치를 개혁하면서 '개원의 치'라 칭송받았습니다. 하지만 점점 정무에 질려버렸지요. 황비를 여의고 마음 둘 곳 없던 때, 현종의 앞에 양옥환楊玉環이 나타났습니다. 양옥환의 아버지는 사천四川성의 보잘것없는 관료였고 옥환은 궁중에 초대받아 17세에 이모李瑁(현종의 열여덟째 아들)와 결혼한 상태였습니다. 하지만 옥환에게 첫눈에 반한 현종은 그녀를 아들과 이혼시키고 다시금 자신의 궁에 들였습니다. 그때 현종은 62세, 귀비(황비 중 가장 높은 지위)는 27세였으니 나이는 부녀뻘이었지요.

당나라 시인 백거이(772~846년)가 노래한 〈장한가〉는 두 사람의 사랑 이야기를 그린 명시입니다. 그중 '쌀쌀한 봄날, 화청지(장안의 온천장)에 그녀를 위한 욕실을 지었네. 부드러운 온천물에 하얗고 매끄러운 피부를 씻었네'라는 한 구절이 있습니다. 이러한 시구나 정사의 기록에 비추어볼 때, 양귀비는 하얗고 풍만한 미인이었다고 추정됩니다. 피부에 윤기가 흐르고 향기도 풍겼다고 합니다. 향수를 뿌렸던 걸까요? 당시 장안에는 비단길을 거쳐 들어온 서방의 진귀한 물품이 많았으니까요.

양귀비는 머리가 좋고 노래와 춤에도 능했습니다. 현종은 매일매일 향락에 빠져 지냈고, 귀비의 소원은 무엇이든 들어주었습니다. 양씨 일가는 모두 출세했습니다. 양귀비의 육촌형제였던 양국충楊國忠은 무능한데도 현종에게 중용되어 재상이 되었습니다.

이 시기에 안사의 난이 일어나 반란군이 장안에 쳐들어옵니다. 안녹산은 이란계 이민족으로, 부모가 모두 중국인이 아닙니다. 그렇지만 현종의 신임을 얻어 점점 출세했고 강력한 절도사가 된 인물입니다. 사실상 군벌(군부 중심의 정치 세력)의 대장이라 할 수 있었습니다. 안녹산은 재상 양국충이 무능하다는 평계로 군사를 일으켜 잠시간 제위에 오르나 자기 아들에게 살해당하고 맙니다.

현종과 양귀비는 장안에서 빠져나가 양귀비의 고향인 사천성까지 무사히 달아났지만, 현종을 지켜야 할 병사가 도중에 반란을 일으켜 귀비를 죽이라고 현종을 압박했습니다. 어쩔 수 없이 현종은 귀비를 목 졸라 죽이고 그 사체를 들판에 묻었습니다. 귀비 38세의

화청지
양귀비가 몸을 씻었다고 하는 온천이 있는 곳. 오늘날 서안 동쪽 교외의 여산 기슭에 위치합니다.

일입니다. 현종은 슬픔에 빠져 제위에서 물러났고, 당 제국은 그때부터 순식간에 기울기 시작했습니다.

⇥ 프톨레마이오스가의 여왕 ⇤

양귀비가 변변치 않은 집안의 출신이었던 데 반해 클레오파트라(기원전 69년~기원전 30년)는 이집트의 여왕이었습니다. 여기서 잠깐 이야기를 보충하겠습니다.

  알렉산드로스 대왕 사후에 부하 장군들은 '디아도코이(후계자)'를 자칭하며 갈라져 싸웠습니다. 디아도코이들은 마케도니아 왕국을 나눠 가지는 '바빌론 회의'를 열었습니다. 이 회의에서 대왕의 측근이던 프톨레마이오스 장군이 속주 이집트의 총독으로 임명됩니다. 프톨레마이오스는 이후 이집트의 실질적인 지배권을 장악하고 스스로 왕이라 선언하며 이집트 땅에 프톨레마이오스 왕조를 세웠습니다.

  이 왕조는 현지 전통을 일부 따르면서도 기본적으로 그리스 문화를 자부하고 계승시켰습니다. 나일강 하구의 수도 알렉산드리아는 헬레니즘 문명의 가장 찬란한 중심지가 되어 번영했습니다. 알렉산드리아의 왕궁, 신전, 도서관 그리고 거대한 등대[4]는 후세까지 널리 알려졌습니다.

  따라서 프톨레마이오스 왕조의 마지막 왕 클레오파트라는 이집트에서 태어났지만 원래 마케도니아(그리스)계인 겁니다. 다만 양귀비 같은 의미의 미인은 아니었던 것 같습니다. 남아 있는 화폐의 초상을 보면 긴 매부리코에 큰 입을 가지고 있는데 당시의 이상적인 미와는 사뭇 다른 모습입니다. 오히려 그녀의 매력은 이집트어, 그리스어를 비롯해 여러 나라의 언어를 다루는 풍부한 교양과 우아한 행동이었다고 합니다. 고대 역사가 디오 카시우스와 플루타르코스는 공통적으로 그녀의 지성과 카리스마, 목소리의 매력, 재치 있는 대화가 상대를 매혹시켰다고 기록하고 있습니다.

아버지의 유언에 따라 클레오파트라는 18세에 즉위하여 처음엔 동생 프톨레마이오스 13세와 함께 이집트를 통치합니다. 하지만 젊고 재기 넘치는 클레오파트라에게 국민의 인기가 한몸에 쏟아지자 질투한 동생이 그녀를 왕위에서 쫓아냈습니다. 때마침 카이사르가 폼페이우스를 추적하여 알렉산드리아에 방문했습니다(기원전 48년). 카이사르는 클레오파트라를 왕위에 다시 올려주고 로마로 데려와 아이까지 얻었습니다. 클레오파트라는 일시적으로 로마의 여왕 대접을 받았지만, 카이사르가 암살당한 후 알렉산드리아로 돌아갔습니다.

✦ 하얀 대리석으로 지어진 높이 130미터의 알렉산드리아 등대는 이후 모든 등대의 원형이 되었다.

헬레니즘 시대의 종말

카이사르가 암살된 후 그의 측근 안토니우스, 옥타비아누스, 레피두스의 제2차 삼두 정치가 성립합니다. 이 중 로마 동부 지역의 통치를 맡은 안토니우스 장군은 이집트에 방문했다가 클레오파트라를 만나게 됩니다.

안토니우스는 점점 그녀의 매력에 끌렸고 옥타비아누스와 소원해졌습니다. 옥타비아누스의 여동생이 안토니우스의 아내였기 때문입니다. 안토니우스와 클레오파트라의 연합군은 악티움(그리스 반도 서안의 곶) 해전에서 옥타비아누스에게 패했고(기원전 31년) 안토니우스는 자살했습니다.

클레오파트라는 옥타비아누스를 유혹하려 했습니다. 클레오파트라 입장에서는 로마의 압박으로부터 이집트를 지키기 위한 고육지책이었지요. 옥타비아누스는 그에 넘어가지 않았습니다. 자존심에 상처를 입은 클레오파트라는 스스로 뱀에게 물려, 39세의 나이로 생을 마감했습니다. 이집트에서 뱀은 태양신 라의 상징이었습니다.

클레오파트라의 죽음으로 프톨레마이오스 왕조는 무너졌습니다. 이는 헬레니즘 시대의 종말을 의미합니다. '만약 클레오파트라의 코가 조금 더 낮았다면 세계의 역사는 바뀌었을 것이다'라는 유명한 말이 있습니다. 철학자 파스칼의 명언으로, 클레오파트라의 존재가 역사에 미친 영향의 크기를 시사합니다.

양귀비
보산 요왕조 무덤의 벽화.

클레오파트라
콤옴보 신전의 부조 작품.

◇ 023 ◇

실크 로드를 가다

➤➤ 동서를 잇는 길 ◄◄

일본의 나리타 공항에서 밤 비행기를 타면, 이튿날 아침에는 유럽에 도착합니다. 동서양의 거리가 이토록 짧고 교통이 편리한 세상이라니요! 옛날에는 상상도 못했을 거라 생각되시죠? 하지만 동서양 사이에는 아주 오래전부터 민족과 물자가 끊임없이 오갔답니다.

고대에는 동방과 서방을 잇는 세 가지 루트가 있었습니다.

첫 번째는 북위 50도선을 따라 동서를 횡단하는 경로입니다. 끝없는 북방 유라시아의 스텝(나무 없이 풀만 무성한 평원)지대를 유목민이 오고 갔습니다. 이것이 가장 오래된 루트입니다.

두 번째는 북위 40도선을 따라 동서를 횡단하는 경로입니다. 이 루트에는 파미르의 험한 산들과 황량한 사막이 펼쳐져 있습니다.

다행히도 중간중간에 오아시스가 있었는데, 물이 나오는 곳 중심으로 작은 마을들이 생겼습니다. 통행자들은 그곳을 차례대로 이용하며 쉬었다가 다시 이동했습니다.

세 번째는 중국·인도로부터 홍해에 달하는 해상 루트입니다. 아직 그 시대에는 항해술이 발달하지 않았지만 8월에 부는 남서 계절풍, 1월에 부는 북동 계절풍을 타고 해안을 따라 이동했습니다.

실크 로드는 주로 두 번째의 오아시스 루트에 해당합니다. 'Silk Road'라는 명칭은 독일의 지리학자 페르디난드 폰 리히트호펜이 만들고 영국의 탐험가 아우렐 스타인이 정착시켰습니다. 중국의 특산물인 비단을 서방으로 운반한 데서 착안했지요.

이 실크 로드 개척에 가장 크게 공헌한 세 인물, 한나라 시대 장건과 반초 그리고 당나라 시대 현장의 이야기를 들려드리겠습니다. 중앙아시아의 대자연과 싸우며 고난을 극복한 그들의 초인적인 노력에는 절로 머리가 숙여집니다.

⇥ 장건과 서역 ⇤

앞서 진의 시황제가 만리장성을 쌓고 흉노족을 쫓아내 버렸다는 이야기를 들려드렸습니다. 흉노족은 튀르크계나 몽골계로 추정되는 유목 기마 민족입니다. 시황제에게 내쫓긴 후 이들은 다시 세력을 얻어 내몽골과 외몽골, 만주부터 서역에 걸쳐 거대 유목 제국을 세웠습니다. 그래서 전한의 무제는 방어에서 공격으로 태세를 전환하고 흉노족을 고비 사막의 북쪽으로 몰아냈습니다. 그리고 중앙아시아에 위치한 월지국과 동맹을 맺어 협공하려 했습니다. 그 목적으로 외교관이자 탐험가 장건을 파견했지요.

장건은 기원전 139년 장안을 출발해 북서쪽으로 향했지만, 흉노에게 붙잡힌 채 11년을 보냈습니다. 목숨을 걸고 도망쳐 월지국에 이르렀으나 사명은 달성하지 못했습니다. 무제는 다시 한 번 이 리(지금의 신장 위구르 자치구 북부) 지방의 유목민 오손족에게로 장건을 파견했지만 이번에도 성공하지 못했습니다. 그러나 그의 여러 보고를 통해 서역의 사정이 상당히 밝혀진 것은 큰 결실이었습니다. 기원전 114년에 병사하였지만 '아시아의 콜럼버스' 장건은 서역 개척에서 잊혀선 안 될 인물입니다.

한편 무제는 끈질기게 공략한 결과, 서역의 오아시스 국가 대부분을 한나라에 복속시킬 수 있었습니다. 한나라는 여기에 서역 도호(주둔군의 장관)를 두고 무역로를 지켰습니다. 유목민이 간간이 지나다니던 교역 루트가 이제는 중국까지 연장된 것입니다.

↣ 반초 ↢

그런데 전한 말기의 혼란을 틈타 서역은 차례로 반란을 일으켰습니다. 그래서 후한 시대에 장군 반초(32~102년)가 서역으로 파견되

옥문관

한나라 시대 서쪽 끝에 위치했던 관문. 남쪽에 위치한 양관과 함께 서역으로 통하는 실크 로드의 주요 관문이었습니다. 여기를 나오면 한나라 군대의 보호를 받을 수 없어서 유목민의 공격을 피하며 오아시스를 따라 여행해야만 했습니다.

었습니다. 반초는 로프노르 호수 주변에 자리한 누란樓蘭이라는 오아시스 마을로 향해 후한에게 복종하도록 설득했습니다. 때마침 북흉노족이 보낸 사자가 와 있어서 눈치를 보던 누란은 반초의 설득에 응할 수 없었습니다. 반초는 부하 여섯 명과 함께 북흉노족 사자를 베어 죽였고, 두려워하던 존재가 없어지자 누란은 후한에 복속하였습니다. 이때 반초가 "호랑이를 잡으려면 호랑이 굴에 들어가야 한다"(새끼 호랑이를 잡으려면 부모 호랑이는 무서워도 용기를 내야 한다는 뜻)라고 말했다는 일화가 전해집니다.

반초는 서역 도호로서 30년에 걸쳐 50개국을 다스렸습니다. 이후 당나라도 상업 무역을 전개하는 천산남로(북위 40도 오아시스 루트)와 유목민의 거래가 이루어진 천산북로(북위 50도 스텝지대 유목민 루트)✦에 도호를 설치하여 이들 실크 로드를 보호했습니다.

↣ 현장 ↢

현장玄奘(602~664년)은 당나라 시대에 서역과 인도를 여행한 대모험가이자 승려로 알려져 있습니다.

당태종 시대, 현장은 629년에 홀몸으로 장안을 출발해 서역을 지나던 도중 서튀르키스탄에서 남쪽으로 내려가 인도 각지를 유랑

✦ 북위 42~43도의 천산 산맥을 기준으로 한 명칭.

했습니다.

《대당서역기》는 그 여행기인데 책에 따르면 여행 중 현장이 겪은 고난은 이루 말할 수 없습니다. 흉노족에게 붙잡혀 강제 귀국당할 뻔하고 타클라마칸 사막을 횡단하면서 죽을 뻔도 했지요.

그 사이 불교를 연구하여 645년에 장안으로 돌아온 현장은 산스크리트어⁺로 적힌 불경을 한문으로 번역하는 데 평생을 바칩니다. 대자은사大慈恩寺라는 절에서 총 1,338권에 달하는 번역 작업을 총지휘하였습니다. 또한 법상종法相宗을 세워 세상 모든 것은 우리의 마음이 만든 것이라는 유식론의 교리를 가르쳤습니다.

이러한 현장의 생애를 제자들은 《대자은사삼장법사전》이라는 전기로 기록하였습니다. 이 전기에 바탕하여 현장의 인도 순례기를 재구성한 명나라 시대 소설이 바로 《서유기》입니다. 삼장법사와 손오공의 활약은 여러분 모두 알고 계시지요?

지금까지 동서를 오가며 활약한 인물들의 이야기를 들려드렸습니다. 낙양과 장안에서 시작해 서쪽으로 뻗은 길은 여러 오아시스 마을을 통과하며 둔황을 지나 천산남로와 천산북로로 나뉘어 이어졌습니다. 나아가 '세계의 지붕'이라 불리는 파미르 고원을 넘어 박트리아(지금의 아프가니스탄 북부)와 파르티아(지금의 이란)를 거쳐 지중해 연안까지 펼쳐집니다.

정신이 아찔할 만큼 긴 여정이지만, 서방의 종교와 진귀한 물품

✦ 석가모니 생전에 쓰인 고대 인도어.

을 동양에 전해준 고마운 길이었습니다. 실크 로드는 고대 사람들이 동서 간 왕래하고 문화를 교류하는 데 지대한 역할을 했습니다.

현장
'삼장법사'는 현장이 불교의 세 가지 주요 경전을 통달했다고 하여 붙은 별명입니다. 《서유기》의 삼장법사 캐릭터는 현장을 모델로 한 것입니다.

◇ 024 ◇

북송과 남송

⇥ 절도사의 군벌화 ⇤

당나라에서는 북방 민족의 침입을 막기 위해 모병(모집해 고용한 병사) 군단을 변경에 설치하고 절도사가 통솔하게 했습니다. 하지만 이윽고 절도사는 관내의 전권을 쥐었고 군벌 같은 존재가 되었습니다.

907년에 당나라가 멸망한 후, 화북에는 강대한 절도사들이 차례차례 지방 정권을 세웠습니다. 약 50년 사이에 무려 다섯 개 왕조와 주변에 10개국이 생겨났지요. 이를 '오대십국 시대'(907~960년)라 부릅니다.

이 나라들에서는 군대를 키워야 하는 필요로부터 산업을 일으켰기 때문에 지방 산업과 문화가 발달했습니다. 그 같은 과정에서 당나라 시대까지 이어져온 오랜 귀족 계급이 몰락하고 실권은 무인, 관료, 지주 계급, 상인이 쥐게 되었습니다.

⇥ 송나라의 문치주의 ⇤

다섯 개 왕조 중 하나인 후주(後周)의 무장 조광윤(趙匡胤)(송나라 태조, 재위 960~976년)은 후주를 무너뜨리고 송나라*(960~1279년)를 세웠습니다. 도읍은 개봉(開封)으로 옮겼습니다. 뒤를 이은 태종 때에는 중국을 통일하게 됩니다. 당나라가 절도사의 횡포로 고생했던 경험을 바탕으로, 송나라는 무인의 힘을 억제하고 문인이 정치 중심에 서는 문치주의를 근본 방침으로 정했습니다. 중앙과 지방의 관료, 군대를 모두 황제 직속으로 두었고요. 수나라·당나라 이래로 시도해온 과거제를 완성하고 과거에 합격한 사람을 관료로 채용했습니다. 전제군주정의 기초가 이렇게 제도로 확립된 것은 역사적으로도 획기적인 일입니다.

⇥ 송나라와 북방 민족 ⇤

문치주의 방침을 바탕으로 송나라는 이민족에 대해서도 되도록이면 평화 정책을 펼쳤습니다. 하지만 송나라가 저자세를 취하자 그

틈을 타서 서하, 요나라, 금나라가 침입했습니다. 송나라는 이민족에게 금품을 주고 구슬리려 했기 때문에 재정난에 시달렸습니다. 그래서 제6대 황제 신종(재위 1067~1085년)은 명신으로 이름난 왕안석王安石을 등용해 부국강병 정책을 시행하려 합니다. 부호와 지주, 관료들의 반대로 실패하고 말지만요. 왕안석의 신법新法에 대해서는 뒤에서 설명하겠습니다.

정부가 왕안석을 지지하는 혁신파인 신법당, 이에 대립하는 보수파인 구법당으로 갈라져 그 다툼으로 혼란해졌을 때 금나라가 침입해 개봉을 함락시켰습니다. 여기서 잠깐 북방 민족을 살펴보겠습니다. 서하는 티베트계 민족으로 중국 북서부에 나라를 세웠습니다. 몽골·퉁구스계 요나라는 동몽골을 통일하여 나라를 세우고 만주를 지배했습니다. 이때 송나라는 만주에 있던 퉁구스계 여진족 금나라와 동맹을 맺고 이 나라들을 멸망시켰지만, 이번에는 금나라가 강성해져 화북을 침입한 다음 마침내는 개봉을 함락시켰습니다(1127년).

송나라는 강남으로 쫓겨 내려가 임안臨安(지금의 항주)을 도읍으로 삼았습니다. 이때부터의 시기를 '남송'이라 불러 그 이전의 송나라(북송)와 구분합니다. 남송은 금나라와 불리한 조약을 맺었지만, 그 덕에 평화가 비교적 길게 이어졌습니다. 하지만 13세기에 들어 몽골 고원에서 일어난 몽골족이 금나라를 멸망시켰고(1234년) 쿠빌라이 칸(군주라는 뜻)은 남송도 무너뜨렸습니다(1279년).

이렇게 북송도, 남송도 문치 정책이 도리어 화를 불러 북방 이민족에게 끊임없이 고통받다가 300여 년 역사를 마감했습니다. 북송의 황제인 휘종(재위 1100~1125년)은 서화에 능한 풍류 천자였지만 금나라에 끌려가 타지에서 비참한 최후를 맞이했습니다. 그 아들인 흠종도 금나라 땅에서 병사했습니다. 이민족에게 나라가 멸망하고 황제와 후계자마저 비극적으로 몰살된 이 사건을 '정강의 변'(1126~1127년)이라 합니다. 중국 왕조 역사에서 달리 예를 찾아볼 수 없는 일입니다.

➤ 송나라 문화의 특색 ➤

당나라 시대와 비교하면, 송나라 시대는 정치적으로 돋보이진 않습니다. 하지만 당나라 시대까지는 볼 수 없던 몇 가지 특징을 가지고 있습니다.

첫 번째는 앞서 언급했듯 전제군주정이 제도로 확립되었다는 점입니다. 두 번째는 사회·경제상의 변화입니다. 당나라가 시행했던 균전제가 무너지고 장원莊園(지주가 사유한 대규모 농장) 같은 대토지 소유제가 발달하면서 대지주에게 예속된 소작농이 늘어났습니다. 이들이 농사 짓는 일에 힘쓴 결과 농업 생산량이 증가했습니다. 이러한 토지 제도를 '전호제佃戶制'라 합니다. 대지주의 땅에서 일한 대가로 수확물의 일부를 바쳐야 했던 소작인은 중세 유럽의 농노와 유사한 점이 있습니다. 농촌에서 지주는 실질적인 권력자였습니다. 이들은 주로 퇴직한 관료나 과거 시험에 합격했지만 관직에 나서지 않은 사람들로, 농촌에 거주하며 지배층을 형성했습니다.

또한 지방 산업도 개발되어 견직물, 도자기, 종이, 차 재배 등의 산업이 활발했습니다. 송나라 도자기 중에는 명품이 많아 훌륭한 무역 상품이 되었죠. 우수한 품질과 아름다운 디자인으로 여러 나라에 명성을 떨친 송나라 도자기는 고려와 일본에도 전해졌습니다. 대단히 귀중한 품목으로 여겨졌으며, 고려와 일본의 도자기 제작에 큰 영향을 미쳤습니다.

이러한 도자기의 수출은 송나라의 상업 발전과도 밀접한 관련이 있습니다. 송나라는 상업이 무척 발달했고 상업을 중심으로 한 도시가 번영했습니다. 중세 유럽처럼 상인이나 수공업자가 조합을 만들기도 했습니다(물론 자치 도시는 아니었지만요). 남해 무역은 당나라 시대보다 더 활발했습니다. 아라비아와 이란 지역과의 해상 무역이 이루어지면서 양주, 광주, 천주 같은 항구 도시가 활기를 띠었습니다.

이러한 상업 발전은 화폐 경제를 발전시켰습니다. 동전뿐만 아니라 금과 은도 화폐로 사용되었습니다. 상인들이 동전 사용조차 번거롭게 느끼자 송나라는 교자交子라는 지폐를 유통하기에 이릅니다. 세계 최초로 지폐가 도입된 것입니다.

화약 발명, 나침반 사용, 목판 인쇄도 이 시대에 이루어집니다. 송나라는 당시 세계의 경제 대국이자 기술 대국이었던 것이지요.

송나라 도시
해외 무역이 진전되면서 많은 외국인이 찾아오게 되었습니다.

◇ 025 ◇
왕안석과 주희

→ 왕안석의 신법 ←

왕이나 황제를 보좌한 현명한 신하는 많습니다. 하지만 견고한 정책을 진언한 정치가는 그리 많지 않습니다. 북송의 왕안석(102~186년)은 그런 얼마 되지 않는 정치가 중 한 명입니다.

왕안석은 무주無州(지금의 강서성) 지방 관료의 아들로 태어나 23세에 과거 시험에서 진사로 합격하며 고위 관료의 길을 걸었습니다. 여러 관직을 거치다 한림원에 들어갔지요. 한림원은 황제가 자문을 구하거나 황제의 명령을 다루는 중요한 관청으로, 최고위 관직인 재상을 다수 배출하던 곳입니다.

왕안석은 북송의 제4대 황제 인종을 받들다가 제6대 신종(재위 1067~1085년) 때 재상의 자리에 오릅니다. 당시 송나라는 관료가

왕안석

왕안석은 불필요한 말과 장황한 글을 싫어했습니다. 말을 아꼈고 글은 간결하게 썼습니다. 음식에 대한 욕심도 없어 밥 한 그릇과 간단한 나물이면 족했습니다. 이로 인해 사람들은 그의 성격을 다소 고지식하고 차갑게 느꼈다고 합니다.

증원되고 북방 민족에게 평화 정책을 펼치느라 상당한 돈을 써서 힘겨운 상황이었습니다.

왕안석은 군사와 재정의 위기를 극복하기 위해 혁신적인 정책들을 시도했습니다. 이것이 '신법'입니다. 한 예로, 정부가 농민에게 저렴한 이자로 곡물이나 자금을 빌려주고 수확기에 갚도록 하는 청묘법이 있었습니다. 소농민을 구제하려는 법이었지요. 하지만 이와 같은 신법은 대지주, 상인, 고위 관료 등이 모인 구법당의 강한 반대에 부딪혀 성공하지 못했습니다.

그럼에도 불구하고 북송이 한때나마 다시 일어설 수 있던 것은 왕안석의 노력 덕분이었습니다. 신종이 사망하자 신법은 폐지되었고 왕안석은 사직했습니다. 덧붙여 왕안석은 당나라·송나라를 통틀어 가장 빼어난 여덟 명의 문장가, 이른바 '당송 팔대가'의 한 명으로도 유명합니다. 그가 인종에게 제출한 정책 견해서 〈만언서〉는 명문으로 널리 알려져 있습니다.

⊷ 주희와 주자학 ⊶

남송의 유명인이라 하면 누가 뭐라 해도 주자학을 창시한 주희^{朱熹}(1130~1200년)일 것입니다. 주희는 복건^{福建}성에서 지방 관료의 아들로 태어났습니다. 19세에 진사에 합격했으며 50세에 남강^{南康}군(지금의 강서성)의 지사가 되었고 70세에 관직에서 물러났습니다.

행정관으로서 특별한 공적을 남기지는 않았습니다. 그의 이름을 빛나게 한 것은 행정관보다는 유학자 주자^{朱子}✦'로서의 업적입니다.

　여기서 유교의 역사를 잠시 돌아보겠습니다. 전한의 무제는 공자의 가르침인 유교를 국가 이념으로 삼아 사상을 통제하고 '오경박사'를 두었습니다. 오경이란 유교의 근본 경서인 《역경》, 《서경》, 《시경》, 《예기》, 《춘추》를 가리키는 말로, 오경박사는 이를 자세히 연구하는 학자를 이릅니다.

　후한 시대의 오경박사들 사이에는 경전의 문구를 분석하는 훈고학이 활발해졌습니다. 수나라 시대부터는 과거제를 시행하면서 유학이 시험 과목 중 하나가 되었고요. 그러나 훈고학은 한자 하나하나의 의미를 세밀히 뜯어보는 데만 몰두했고, 시험 준비를 위한 유학 공부는 암기와 문구 해석에 얽매여 점차 경직되었습니다.

　이어 당나라 때는 도교(노장사상)와 불교가 크게 유행했습니다. 도교는 도덕 규범을 인위적인 잣대로 보았고 불교는 해탈을 궁극의 경지로 삼았기에 유교가 중시하던 도덕적·실용적 측면을 약화시키는 데 영향을 미쳤습니다.

　요컨대, 유학은 본래의 정신을 잃어버리게 되었습니다. 이런 유학을 개혁하려는 움직임은 북송 시대부터 생겨났고 남송의 주자가 선학들의 뒤를 이어 유학에 새로운 생명을 불어넣었습니다.

　주자가 집대성한 유학을 주자학, 송학(송나라 시대의 유학) 또는

✦　중국의 유교 전통에서는 학문적으로 존경받는 위대한 이에게 '자(子)'를 붙여 존칭했다.

성리학(이치를 탐구하는 유학)이라고 합니다. 일찍이 유학 연구를 시작한 주자는 오경보다도 사서(《대학》,《중용》,《논어》,《맹자》)를 중요시했습니다. 사서가 인간의 도리와 도덕을 더 명확히 다룬다고 보았기 때문입니다. 그는 또한 도교나 불교도 일부 받아들여 자신의 사상에 녹였습니다.

주자의 설은 이해하기 매우 어렵지만, 일종의 우주 철학과 실천적 윤리학이라고 보면 좋을 것 같습니다. 예를 들어 '격물치지格物致知'는 여러분 귀에도 익은 말일 것입니다. '격물'은 우주와 인간의 이치를 탐구하는 일입니다. 나무가 왜 자라는지, 사람은 왜 서로 도와야 하는지 같은 질문의 답을 추구하지요. '치지'는 지식의 완성입니다. 여기서 지식은 단순히 많이 아는 게 아니라 도덕에 맞게 행동하는 지혜를 말합니다. 즉, 격물치지는 세상의 이치를 이해하면 도덕적인 실천을 할 수 있다는 뜻이지요.

주자학의 '대의명분大義名分' 또한 우리가 자주 사용하는 말입니다. '대의'란 사람이 지켜야 할 중요한 도의, 특히 군주와 국가에 대한 도리를 뜻합니다. '명분'이란 신분이나 지위에 맞게 사람이 지켜야 할 본분을 뜻합니다. 군주, 신하, 백성 모두가 도리를 지키고 자기 본분을 다하는 도덕적 질서가 단단해진다면 나라가 위기를 맞아도 존립할 수 있다는 뜻입니다.

아마 주자의 머릿속에는 이민족 때문에 고배를 마셔야 했던 북송의 운명과 자신이 섬기는 남송의 앞날이 떠올랐을 것이라 생각합니다.

주희
송나라 주희가 정리한 유학 이론은 한반도와 일본에서 정치·사회 질서를 정당화하고 유지하는 역할을 했습니다.

주자학과 한일

주자의 성리학은 고려 말과 조선 초에 한반도에 전해졌습니다. 특히 조선은 성리학을 국가 이념으로 채택해 사회의 기초를 다졌습니다. 관료가 되기 위해서는 성리학 소양이 필수였으며 주자가 중시한 사서는 과거 시험의 주요 내용이었습니다. 성리학은 임금, 신하, 백성의 생활을 규율하고 저마다의 본분과 도리를 강조하는 만큼 신분제와 가부장제 정당화에 역할을 하기도 했습니다.

성리학은 조선 후기에 더욱 절대화됩니다. 주자의 해석 이외의 양명학 등 다른 유학 이론은 탄압받았습니다. 또한 주자가 사용한 개념인 '이理'와 '기氣' 중 무엇이 중요한가의 논쟁이 정치 갈등으로 번지면서 학문은 현실과 더 괴리되었습니다. 이에 실학 등 새로운 학문 흐름이 대두했고 성리학은 변화와 도전에 직면하게 됩니다.

일본의 경우, 송나라와 공식 외교 관계는 맺지 않았으나 사무역을 통해 주자학과 송의 문물을 받아들였습니다. 특히 무로마치 시대(1336~1573년)에는 선종의 승려가 주자학을 열심히 연구했습니다. 이후 에도 막부(1603~1868년)에서는 주자학을 관학으로 지정하여 군신 관계와 신분제의 정당화에 이용합니다. 특히 하야시 라잔(1583~1657년)이라는 인물은 주자학을 끌어와 막부가 필요로 하는 여러 제도의 초안을 만든 어용학자로 활동했습니다. 그러나 에도 말기에는 국학과 양학이 생겨나며 주자학에 반대하는 목소리도 높아졌습니다.

◇ 026 ◇
몽골 대제국

↣ 초원의 영웅 ↢

13세기 초반, 북몽골의 오논강 상류에서 유목 생활을 하던 몽골족 사이에 테무친(1162년경~1227년)이 등장했습니다. 태어났을 때 '눈에 불길이 일었고 얼굴에서 빛이 났다'는 전설이 있습니다. 딱 영웅에 걸맞은 평이었지요. 테무친은 부족장의 아들이었지만 부모를 여읜 후 형제자매를 지키기 위해 고생했습니다. 부족의 힘은 약했고, 다른 부족과의 싸움은 먹느냐 먹히느냐의 문제였습니다. 테무친은 구사일생의 사건을 여러 번 겪으면서 군사적 재능을 키웠습니다.

테무친은 마침내 몽골 전 부족을 다스리게 되었습니다. 오논강 부근에서 열린 회의에서 칸의 지위를 얻어 칭기즈 칸이 되었습니다(1206년, 45세). 칭기즈 칸은 그때부터 만족할 줄 모르는 정복욕과 넘치는 에너지로 세계사에서 가장 거대한 제국을 건설하기에 이릅니다.

칭기즈 칸은 동북의 만주, 남쪽의 금나라와 서하, 중앙아시아의 키르기스, 호라즘을 닥치는 대로 공격했고 카스피해까지 도달했습니다. 남쪽으로 내려가서는 북서 인도에 침입했고 별동대는 러시아 남쪽에 진입했습니다.

몽골에 돌아온 칭기즈 칸은 넓은 영토를 네 아들에게 나누어 주고 서하를 멸망시킨 후 금나라를 공격하던 중 육반산六盘山에서 병사했습니다. 정복지의 규모를 따지면, 그 유명한 알렉산드로스 대왕도 한 수 접을 정도였습니다. 칭기즈 칸의 시신은 고향인 오논강의 수원지로 옮겨졌지만 장소는 아직 확실히 알려지지 않았고 묘도 발견되지 않았습니다. 세상이 그를 부른 또 하나의 이름, '푸른 늑대'와 어울리는 최후이지요.

↣ 유라시아 대륙 제패 ↢

아시아 대륙의 동부를 정복한 칭기즈 칸의 군사적 재능과 조직력은 경이로움 그 자체입니다. 활, 화살, 검, 창에 화약까지 사용했습니다. 한때 15~20만 명 가까이 되는 기마병 군단을 거느렸고, 상대가 숨 쉴 틈도 주지 않을 만큼 진격 속도가 빨랐습니다. 유목민이었으니 그들의 뒤는 가족이 지켰습니다. 병사들의 가족은 소, 말, 양을 키우고 병사의 식량이나 의복을 담당했습니다. 즉 몽골 부족은 하나의 대군단으로 성장한 것입니다. 그 앞에서 적군은 잠시도 버티지 못했습니다.

칭기즈 칸 사후, 셋째 아들 오고타이(태종, 재위 1229~1241년)가 칸의 자리를 이어받았습니다. 오고타이 칸은 금나라를 멸망시킨 후 고려를 쳤고 카라코룸을 도읍으로 정했습니다(오고타이 칸국).

칭기즈 칸의 장자 주치의 아들 바투는 태종의 명령으로 유럽에 쳐들어가 러시아를 점령합니다. 폴란드 남서부 도시 레그니차에서 벌어진 발슈타트 전투(1241년, 발슈타트란 사체의 땅을 의미)에서 독일·폴란드 연합군을 무찌르고 유럽을 공포의 도가니에 빠뜨렸습니다. 몽골군이 지나간 자리에는 풀 한 포기 남지 않았다고 해요.

바투는 그대로 볼가강 하류에 머무르며 킵차크 칸국을 세웠습니다. 이어서 칭기즈 칸의 막내 아들 툴루이의 장자 몽케 칸(제4대 헌종, 재위 1251~1259년)은 동생 훌라구를 이란에 보냈습니다. 훌라구는 바그다드를 점령하고 동칼리프 왕국의 아바스 왕조를 멸망시켜 일 칸국을 세웠습니다. 여기에 칭기즈 칸의 둘째 아들 차가타이가 세운 차가타이 칸국까지 합쳐 몽골의 사칸국(오고타이 칸국, 킵차크 칸국, 일 칸국, 차가타이 칸국)이 성립했습니다.

칭기즈 칸

거용관

만리장성에 설치된 관문의 하나로 북경의 북서쪽, 팔달령의 기슭에 있습니다. 현존하는 문의 양 벽에는 산스크리트, 티베트, 몽골, 위구르, 서하, 한나라 총 6종류의 경문이 새겨져 있어 몽골의 국제성을 엿볼 수 있습니다. ⓒgianliguori/123RF.COM

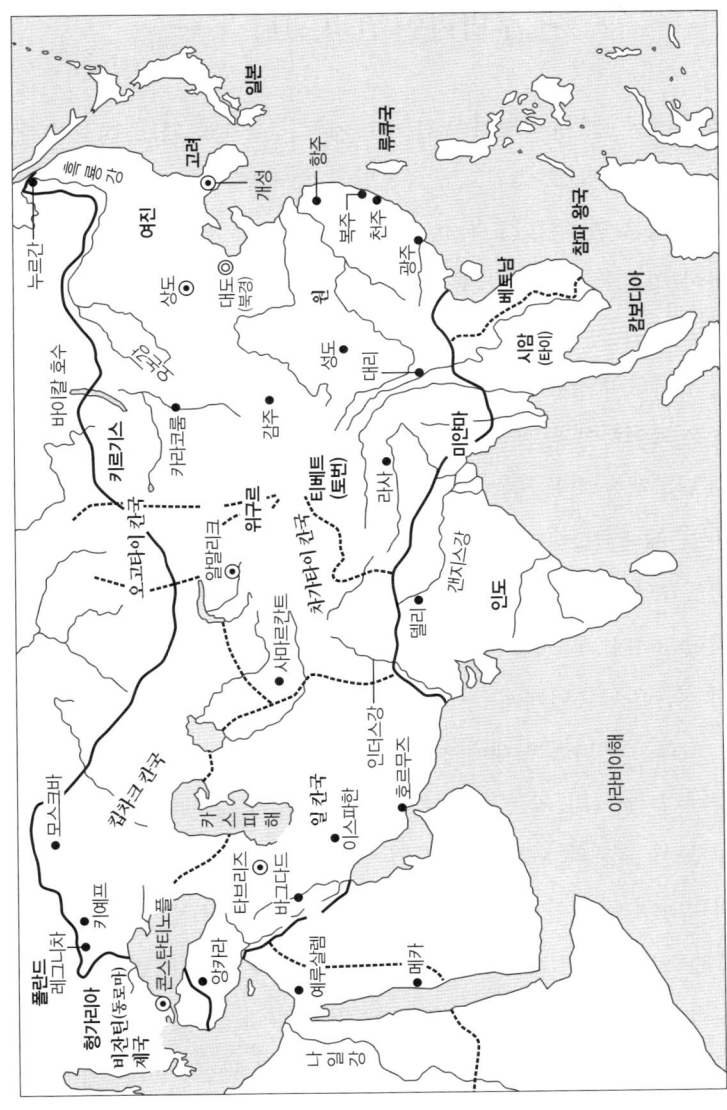

몽골 제국 지도

쿠빌라이 칸의 원나라

몽골 제국 제5대 쿠빌라이 칸(세조, 재위 1260~1294년)은 도읍을 대도(지금의 북경)로 옮기고 중국처럼 국호도 원나라元로 개칭했습니다. 남송을 멸망시키고(1279년) 중국 전 영토를 지배했지요. 여세를 몰아 일본도 침략하려 했지만 태풍으로 함대가 난파되어 실패로 끝났습니다.

원나라의 광활한 영토를 다스리는 일은 쉽지 않았습니다. 사칸국은 독립하여 원 제국에서 떨어져 나왔고, 중국 또한 한민족이 다시 탈환했습니다(1368년). 원나라는 중국을 다스릴 때 '몽골 제일주의'를 채택했습니다. 중앙 정부의 요직과 지방 장관은 몽골인이 독점했습니다. 제2계급은 색목인 즉 서역 사람들로서 고위 관직을 차지했습니다. 제3계급은 한인 즉 회하강 이북의 중국인이었고, 최하위 계급은 남송인에게 주어졌습니다.

그래서 원나라 시대에는 중국 고유의 문화가 그다지 보이지 않습니다. 원나라 왕조는 역전 제도를 실시해 교통체계를 정비하고 동서 교통과 문화 교류에 기여했습니다. 이슬람교, 기독교, 아라비아의 과학이 전래되었습니다. 베네치아 출신 마르코 폴로(1254~1324년)는 중국에 와서 쿠빌라이 칸을 위해 17년간 일했습니다. 그는 《동방견문록》에 '천국의 땅' 원나라, '향신료의 땅' 인도, '황금의 나라' 지팡구(일본) 등 자신의 인상과 관찰한 바를 적어 동방을 향한 유럽인의 관심을 불러일으켰습니다.

◇ 027 ◇
홍무제와 영락제

⤳ 명나라 태조 ⬸

나라 안에 부패와 사회적 불만이 쌓이며 몽골의 원나라가 혼란에 빠졌을 때, 백련교도가 난을 일으켰습니다('홍건적의 난'). 백련교는 당시 발생한 민간 종교로, 불교·도교적 내용을 갖추고 있었으며 사회 불평등에 반발하며 인기를 끌었습니다. 특히 제3계급과 최하위 계급으로 차별받았던 한족은 백련교에 큰 매력을 느낄 수밖에 없었습니다.

가난한 농민의 아들로 태어난 한족 주원장朱元璋도 백련교 반란군에 가담하였습니다. 군사적 재능을 발휘하며 서서히 두각을 드러낸 그는 교주를 처치하고 장강 하류의 윤택한 토지를 손에 넣게 됩니다. 그리고 반란군의 지도자로 세력을 확장해가며 마침내는 원나라를 몰아냈습니다. 주원장은 도읍을 대도에서 금릉金陵(지금의 남경)으로 옮기고 국호를 명나라明(1368~1644년)로 고쳤습니다. 몽골의 지배를 받던 한족은 오랜만에 숨을 쉴 수 있었습니다. 그가 바로 태조 홍무제(재위 1368~1398년)입니다.

홍무제는 매우 촘촘한 정치 체제를 시행했습니다. 중앙의 6부(인사, 법률, 재무, 시설, 상업, 국방)를 황제 직속으로 두었고 지방 관제 또한 군사, 행정, 사법을 중앙 직속으로 두며 송나라 시대부터 시작된 전제군주정을 완성했습니다. 형법전과 행정법전도 실정에 맞게 수정했습니다.

홍무제는 정말 민간 실정에 통달했던 것 같습니다. 농촌 조직에 마음을 쓰거나, 정확한 토지대장('어린도책')과 세역·호적대장('부역황책')을 만들어 백성에게 공평하게 의무를 부여했으며, '이갑제'라는 마을 주민 간의 협력 조직을 만들었습니다. 또한 민중 교화를 위해 '육유'라는 여섯 개 조항도 만들었습니다. 부모에게 효도하고 윗사람을 존경하며 자기 몫에 만족하는 것 등 유교의 도덕 교훈들이었습니다.

⇁ 성조 영락제 ↢

제3대 성조 영락제(재위 1402~1424년)는 쿠데타를 일으켜 제위를 차지한 남자입니다. 도읍을 금릉에서 다시 대도로 옮기고 대운하를 수리해 강남의 물자를 북쪽으로 옮길 수 있도록 물류 흐름을 개선했습니다. 또한 넉넉한 재력을 바탕으로 적극적인 정벌 활동을 펼쳤습니다. 직접 대군을 이끌고 몽골을 치기도 하고, 남방으로는 베트남까지 군을 원정시키거나 정화^{鄭和}(1371~1434년)로 하여금 남해 원정(1405~1433년)을 떠나도록 했습니다.

정화는 운남^{雲南}성 출신의 이슬람교도로, 환관의 우두머리였습니다. 대함대를 이끌고 일곱 번에 걸쳐 아라비아부터 아프리카까지 원정을 떠나는 대업을 완수했지요. 정화의 원정은 국위선양은 물론 무역 확대까지 이루어냈습니다. 그 결과 많은 나라가 명나라에 조공을 바쳤습니다.

또한 영락제는 신하들에게 《영락대전》이라는 백과사전을 만들게 해 지식을 체계화시켰습니다. 이후 청나라 시대에 활발히 이루어진 사전과 총서 편찬의 선구자였던 것입니다.

⇥ 명나라의 멸망 ⇤

하지만 영락제 사망 후, 천자는 어리고 환관이 날뛰며 관료끼리는 싸우는 등 명나라는 점점 운이 다해갔습니다. 가장 큰 원인은 '북로남왜^{北虜南倭}(북쪽의 오랑캐와 남쪽의 왜구)'였습니다.

북쪽으로는 몽골계 오이라트인과 튀르크계 타타르인이 침입해 제6대 황제 영종(재위 1435~1449년)이 오이라트군의 포로가 되는 지경에 이르렀습니다. 남쪽으로는 14세기 후반~16세기에 걸쳐 한반도 연안부터 중국 연안까지 일본 해적(왜구)이 날뛰었습니다. 명나라가 일본과의 무역을 제한하자 양국 간 무역으로 생계를 잇던 일본인과 중국인 일부마저 해적으로 변신했고요. 이렇게 북로남왜에 대응하는 데 실패하면서 명나라는 점점 쇠락해갔습니다.

14대 신종 만력제(재위 1572~1620년)가 재정을 바로잡으며 다시 살아나는가 싶던 것도 잠시, 도요토미 히데요시가 조선에 침입하자(임진왜란·정유재란, 1592~1593년·1597~1598년) 조선을 도우려던 명나라는 점점 불어나는 군사비를 감당 못하고 막다른 길에 처합니다.

그때 명나라의 북동쪽에서는 만주족을 통일한 여진족 출신 누르하치(1559~1626년)가 금金(후금)이라는 나라를 세워 쳐들어왔습니다. 명나라 정치는 혼란에 빠졌고 농민은 과중한 세금과 기근에 못 이겨 반란을 일으켰습니다.

그중에서도 이자성李自成(1606~1645년)이 우두머리를 맡은 반란이 가장 기세가 강했습니다. 이자성은 제17대 의종 숭정제(재위 1627~1644년)를 대도에 가두고 자결을 종용한 뒤 스스로 제위에 올랐습니다. 명나라 왕조는 여기서 277년의 역사를 뒤로하고 멸망합니다.

⇥ 명나라 시대의 사회와 문화 ⇤

명나라의 시대상을 한마디로 말하자면, '성숙'이 아닐까 싶습니다. 평화가 길게 이어지면서 사회는 안정되었고 농업과 상공업이 매우 발달했습니다. 양자강(장강) 중·하류 유역은 중국에서 손꼽는 곡창 지대가 되었습니다.

상업의 발달이라는 측면에서 주목할 만한 점은 대*상인이 전국을 돌아다니며 활약했다는 것입니다. 대상인은 소금을 전매(독점 판매)하고 곡물과 솜, 면직물을 사고팔았으며 금융업을 벌였습니다. 유럽인과의 교역도 활발해, 스페인 사람이 멕시코 은을 가져오면서 은은 명나라에서 일반적인 통화로 유통되었습니다.

학문, 문학, 회화에서도 성숙한 모습을 볼 수 있습니다. 유학에서는 근본 이치만을 따지는 주자학에 비해 실천적이고 현실적인 왕수인王守仁(왕양명, 1472~1528년)의 양명학이 주류가 되었습니다. 그 현실성은 농업과 산업의 기술서가 많이 나온 데서도 드러납니다. 문학에서는 《수호전》*, 《삼국지연의》, 《서유기》라는 통속소설이 인기를 끌었습니다. 회화에서 나타난 두 조류, 북종화와 남종화는 주변 나라의 회화 발전에 영향을 주어 많은 추종자가 생겼습니다. 북종화는 주변 사물을 사실적이고 세밀하게 묘사하는 화풍을, 남종화는 주로 수묵화 기법으로 주관적인 감성을 표현하는 화풍을

✦ 국내에서는 '수호지'라는 제목으로 잘 알려져 있다. 중국 원전의 제목은 '수호전(水滸傳)'.

가리킵니다.

  또 하나, 명나라 문화가 지녔던 특색이 있습니다. 바로 기독교 선교사를 통해 유럽의 학술이 들어왔다는 점입니다. 예수회 선교사 마테오 리치(1552~1610년)는 만력제의 허가를 얻어 일종의 포교 수단으로 수학, 지리학, 역학, 천문학 등을 전파했고 아담 샬(1591~1666년)은 철포와 대포에 관한 지식을 알려주었습니다.

◇ 028 ◇
중국의 농민 반란

⇥ 진승·오광의 난 ⇤

농민 반란은 자주 일어나는 일입니다. 하지만 왕조를 전복시키는 방아쇠가 될 수준의 농민 반란은, 중국을 제외하고는 세계적으로 그 예를 찾기 힘듭니다. 그만큼 의미가 있으니 여기서는 중국의 유명한 농민 반란을 되짚어 보겠습니다.

먼저 오래전 반란으로 진나라 말기의 '진승陳勝·오광吳廣의 난'(기원전 209년~기원전 208년)을 들 수 있습니다. 시황제가 사망한 다음 해, 진나라의 병졸이었던 둘은 병사를 일으켰습니다. 반년 만에 진압되기는 했지만 이 반란으로 자극받은 각지의 농민이 봉기하며 진나라는 멸망했습니다. 《사기》의 기록에 따르면 진승은 이렇게 말했습니다.

"참새와 제비가 어찌 봉황의 뜻을 알랴."(소인배는 대인배가 품은 생각을 알 수 없다는 뜻)

"세상에 왕후장상의 씨가 따로 있느냐!"(왕, 제후, 출생, 가문 상관 없이 모두 같은 인간이라는 사실은 변함이 없다는 뜻)

↠ 적미의 난·황건적의 난 ↞

이어서 신나라^新 때의 일을 보겠습니다. 전한과 후한 사이에 잠깐 존재했던 나라입니다. 전한 말의 외척이었다가 제위를 찬탈한 신나라 왕망은 토지 재분배와 노예제 폐지 등 개혁을 내세웠지만 모두 실패합니다. 그 결과 백성들의 삶은 도리어 더 고통스러워졌습니다. 결국 농민 반란이 일어났고, 반란군의 표식으로 눈썹을 붉게 물들였기 때문에 이를 '적미^{赤眉}의 난'(18~27년)이라 부릅니다. 기세가 매우 거세 화북을 석권하고 지방 호족도 반란군에게 호응할 정도였습니다. 신나라가 멸망한 뒤에도 반란군은 장안에 진입해 일시적으로 장안 중심지까지 점령했습니다. 하지만 후한을 세운 유수(광무제)에게 진압되었습니다.

세 번째로, 후한 말에는 '황건적의 난'(184~192년)이 일어났습니다. 장각^{張角}이라는 사람이 만든 종교 '태평도'가 부적이나 주문으로 병을 낫게 한다며 가난한 농민 사이에서 유행했습니다. 교조 장각은 후한의 악정과 기근에 시달리던 농민을 이끌고 반란을 일으켰습니다. 표식으로 노란 두건을 둘렀기 때문에 황건黃巾적의 난이라는 이름이 붙었지요. 장각 본인은 곧 사망했고 황건적의 난도 진정되었지만, 여기저기서 호응하며 다른 반란이 일어나 후한 멸망의 원인이 되었습니다.

⇥ 황소의 난 ⇤

네 번째는 당나라 말기에 일어난 '황소의 난'(875~884년)입니다. 산동의 소금 밀매상이었던 왕선지王仙芝와 과거에서 낙제한 황소黃巢가 일으킨 반란이지요. 왕선지가 먼저 거병하자 황소가 응했고, 각지의 군도와 농민이 가세하며 세를 불렸습니다. 왕선지는 화북을 덮쳤지만 패배했습니다. 황소는 장안을 점령하고 왕위에 올라 국호를 대제大齊라 칭했지만 당군에 패배해 자살했습니다.

명나라 시대의 작품 《수호전》은 송나라 시대 농민 반란에 관한 설화가 발전한 소설인데, 반란군이 숨어 지내는 장소로 양산박梁山泊이 등장합니다. 양산박은 황소의 난이 일어난 산동성의 습지입니다. 황소와 그의 반란군은 화북과 산동성 일대를 무대로 활약했고 이 지역은 후대 문학에서 도적의 소굴이나 반란군의 본거지로 자주 그려졌습니다.

홍건적의 난

다섯 번째는 원나라 시대에 일어난 '홍건적의 난'(1351~1366년)입니다. 원나라 말의 '백련교'라는 민간 종교가 중심 세력이었지요. 지도자는 한산동韓山童과 한림아韓林兒 부자로, 붉은 두건紅巾을 표식으로 사용했습니다.

  원나라 왕조가 황하강 치수 공사로 농민을 강제 동원한 것이 봉기에 불을 당긴 원인이 되었습니다. 홍건적은 원나라 군대에게 공격받아 분열했지만, 오히려 그다음엔 원나라가 내란 상태에 빠졌습니다. 홍건적의 장수였던 주원장은 자체적인 세력을 키워 반란군의 수장이 된 다음 원나라를 몰아냈습니다. 그는 제위에 올라 명나라 왕조의 태조 홍무제가 됩니다.

이자성의 난

마지막으로 명나라 말기에 일어난 '이자성의 난'(1631~1645년)을 소개하겠습니다. 궁핍한 농민들이 폭동을 일으키자 이자성은 이들을 지휘해 대도를 점령하고 명나라 왕조를 멸망시켰습니다. 하지만 명나라의 무장 오삼계吳三桂(1612~1678년)와 청나라 군에게 공격받아 자살했습니다. 또한 청나라 시대에도 '태평천국의 난'(1851~1864년)이라는 거대한 반란이 일어났습니다. 이 사건의 이야기는 뒤에서 들려드리겠습니다.

중국의 농민 반란은 이렇듯 단순한 농민 폭동과는 다르게 국가와 왕조의 명운이 걸려 있었기 때문에 몹시 중대하게 살펴봐야 합니다. 하지만 동기나 경과는 그다지 복잡하지 않아요. 한 가지 패턴입니다.

반란은 대부분 산동, 하남 같은 저습지대 또는 호북, 사천, 섬서 같은 산촌지대에서 일어났습니다. 즉 가뭄이나 수해에 타격을 입기 쉽고 그만큼 가난해지는 농민이 많이 생기는 지역입니다. 농민에게 지우는 무거운 세금과 지주나 지방 관아의 횡포에 대한 분노는 늘 있는데, 그 분노가 쌓이고 쌓여 어떠한 계기로 폭발하는 사건이 농민 반란입니다.

그리고 반란은 세월이 흐를수록 규모가 늘어났습니다. 오래전에 일어난 진승·오광의 난은 일시적인 사건에 가까웠습니다. 왕조나 국가의 규모가 커질수록 반란군도 커졌습니다. 하지만 어쩔 수 없이 오합지졸이라서 지도자가 죽거나 패하면 진정되었습니다.

중국의 농민 반란은 분명 왕조의 쇠퇴와 관련되었으나 농촌 조직을 바꾸거나 농민의 사회적 지위를 향상하는 데까지는 생각이 미치지 못했습니다. 더불어 지도자가 뚜렷한 이념을 내걸고 저항 운동을 펼치는 것을 보려면 청나라 시대 이후의 반란을 기다려야 합니다.

◇ 029 ◇
중화제국, 청나라

→ 청나라의 융성 ←

청나라는 퉁구스계 만주족(여진족. 12세기에는 금나라를 건국)이 세운 왕조(1616~1912년)입니다. 명나라 중기, 여진족의 수장 누르하치가 모든 부족을 통일했습니다. 그는 명나라 군대를 무찌르고 만주 전역을 지배했습니다. 누르하치(청나라 태조, 재위 1616~1626년)의 아들 태종 숭덕제 홍타이지(재위 1626~1643년)는 내몽골을 평정하고 국호를 청淸이라 칭했습니다(1636). 제3대 세조 순치제(재위 1643~1661년)는 명나라가 멸망한 틈을 타 중국에 침입해 이자성을 격파하고 북경을 고스란히 손에 넣었습니다.

그 아들 성조 강희제(재위 1661~1722년)부터 세종 옹정제(재위 1722~1735년), 고종 건륭제(재위 1735~1795년)까지 총 3대 황제가 다스린 130년 동안이 청나라의 최전성기입니다.

　강희제는 한족 출신 군인들의 반란인 '삼번의 난'(1673~1681년)을 잠재우고 대만을 침공했습니다. 또한 러시아와 네르친스크조약(1689년)을 맺어 국경을 확정한 뒤 티베트와 몽골로 세력을 뻗었습니다.

　옹정제는 청해와 티베트를 정복했고 건륭제 때에는 만주족의 정복왕조(한족이 아닌 이민족이 중국을 정복·지배하는 왕조)로서 몽골족의 원나라에 이은 대제국을 건설했습니다. 한족, 만주족, 몽골족, 위구르족, 티베트족 다섯 부족과 그 땅을 지배한 것입니다. 그 밖에도 조선과 버마(미얀마), 시암(타이), 안남(베트남)으로부터 조공도 받았습니다. 건륭제 말년에는 인구가 3억 1,000만 명에 달했습니다. 유럽에서 가장 국력이 강했던 프랑스조차 인구가 2,300만 명 정도였으니 청나라에 비할 바가 못 됩니다.

⇥ 청나라의 통치 ⇤

청나라 왕조는 명나라 제도를 이어받아 나라를 통치했습니다. 하지만 특별한 조치를 해두었습니다. 바로 위압과 회유를 나눠 사용한 것입니다.

　위압 정책으로는 변발령(머리카락을 길게 땋는 만주족의 풍습)을 내리거나 사상을 엄격히 통제(반만주족·반청나라적인 사상을 탄압)하거나 한족과 만주족이 서로 결혼하는 것을 금지했습니다. 회유 정책으로는 과거 시험을 통해 한족과 만주족의 관료를 나란히 등용하고 서로 견제시키는 등, 정복왕조라 해도 원나라의 몽골 제일주의 따위와는 차원이 다른 수를 썼습니다.

청나라 왕조는 반만사상을 엄격하게 단속한 반면 중국인을 잘 구슬리기 위해 대규모 문화 사업을 벌였습니다. 만주인에게는 그럴 능력이 없었으니 한인 학자를 잔뜩 써서 다양한 편찬 사업을 진행한 것입니다. 강희제의 《강희자전》(한자사전), 강희제가 시작해 옹정제가 완성한 《고금도서집성》(백과사전), 건륭제의 《사고전서》(경經·사史·자子·집集 4부로 나뉜 총서) 등이 그 결실입니다. 한인 학자는 정치에 발을 들일 수 없었기 때문에 실증적인 방법으로 고전을 연구하는 고증학에 매진했습니다. 그로 인해 이 분야에 많은 거장이 탄생했습니다. 간략히 말하면, 청나라 시대의 학문은 중국의 문화 유산을 집대성했지만 독창성은 부족했다고 할 수 있습니다.

서민 문학도 명나라 시대의 연장선상에서 유행했습니다. 《요재지이》(괴담 모음집)와 연문학(가벼운 연애담), 《홍루몽》(가문의 흥망과 사랑 이야기가 섞인 대하소설)이 사랑받았고 조선과 에도 시대 일본의 지식층에도 전파되어 인기를 끌었습니다. 특히 《요재지이》는 기이한 이야기 애호가들에게 두루 읽혀 각국의 괴담 문학 형성에 영향을 미쳤다고 해요.

청나라 왕조와 유럽

　명나라 말기부터 청나라 초기, 많은 유럽인이 중국에 찾아와 서양 학문을 소개하는 동시에 중국의 사정을 유럽에 전달했습니다. 18세기 프랑스 지식인은 중국의 문물에 흥미를 보였고 '중국학'이라는 학문이 생겨났습니다. 중국학을 공부하며 유럽인은 최전성기 청나라 시대의 중국 문화 수준이 얼마나 높은지를 알고 경탄했습니다.

　벨기에에서 찾아온 페르디난트 페르비스트(1623~1688년)는 천문과 포술을 전했습니다. 이탈리아 화가 주세페 카스틸리오네(1688~1766년)는 서양화 기법을 알리고 별궁 원명원의 설계를 맡았습니다. 베르사유 궁전 일부를 모방한 이 정원은 면적이 황궁 자금성의 다섯 배를 넘어 '정원 중의 정원'이라 불렸습니다. 프랑스의 신부 장 밥티스트 레지스(1663~1738년)는 서양의 지도 제작법으로 만든 중국 지도 〈황여전람도〉를, 수학자 조아킴 부베(1656~1730년)는 루이 14세에게 바치는 보고서 《강희제전》*을 작성했습니다.

　이들 모두 예수회 선교사로서, 기독교가 중국에 확산되도록 애썼습니다. 문물의 전파로 호감을 살 뿐 아니라 조상에게 지내는 제

✦ 강희제의 훌륭한 면모를 설명하면서 루이 14세에게서 중국 선교에 대한 관심을 끌어내고자 하였다.

사를 인정하는 등 중국의 풍습과 유교에 반하지 않는 방법으로 포교했지요. 하지만 기독교의 또 다른 수도회인 프란시스코파나 도미니코파 선교사들은 이런 예수회의 포교 방법을 비난합니다. 순수한 기독교 의식을 오염시킨다는 이유였지요.

기독교 수도회 간의 대립은 격렬했습니다. 이를 '전례 논쟁'(전례는 의식이라는 뜻)이라 부릅니다. 갈등이 커지자 청나라 안에서 기독교에 대한 불신과 반감이 번졌습니다. 옹정제는 기독교 포교를 전면적으로 금지해버립니다(1747년).

이렇게 3대 황제가 통치한 130년간 청나라는 융성함을 자랑했습니다. 건륭제가 서거한 지 50년 지나 청나라가 비운을 맞이하리라고는 누구도 상상하지 못했을 것입니다.

청나라 시대에 발달한 상업과 해외 무역에도 눈길을 돌려보지요. 강희제는 상인 단체에 무역 독점권을 허용했습니다. 이를 공행(조합)이라 하는데, 외국과의 무역은 광동의 항구 한 곳으로 제한되었습니다. 광동에 있던 열세 개의 공행을 '광동13행'이라 불렀습니다. 나중에 영국은 공행의 무역 독점에 불만을 드러내고 폐지를 요구했습니다. 이것이 아편 전쟁의 방아쇠가 됩니다. 그밖에 화폐 제도도 마련되었습니다. 중국에서는 금, 은, 동이 화폐로 함께 사용되었는데, 명나라 시대부터는 은이 일반적인 통화로 유통되었습니다. 청나라 시대에는 대량의 멕시코 은(멕시코는 당시 스페인 점령지였습니다)이 유입되기도 해, 인두세와 토지세를 은으로 납부하는 지정은地丁銀 제도가 옹정제 통치기에 실시되었습니다.

◇ 030 ◇

강희제

━━ 강희제와 루이 14세 ━━

예로부터 북방 이민족은 몇 번이나 중국을 정치적으로 지배했지만, 문화적 측면에서는 거꾸로 지배를 당했습니다. 하지만 민족 고유의 문화와 중국의 문화를 공존시키는 데 성공한 예도 있습니다. 청나라가 그 희귀한 예입니다. 강희제처럼 명군이 있었기 때문입니다.

　강희제는 종종 프랑스의 루이 14세와 비교됩니다. 둘은 거의 동시대 사람이니까요. 즉위한 나이는 루이가 다섯 살, 강희제가 여덟 살, 황제의 자리에 머물렀던 기간은 루이가 72년, 강희제가 61년입니다. 루이가 베르사유 궁전에 머물렀다면, 강희제는 북경의 자금성(자금이란 황제의 주거를 의미)에 머물렀지요. 루이 14세에는 못 미칠 수 있어도 강희제가 세계 제왕 중 넘버2 정도는 너끈히 차지합니다. 게다가 영토의 규모로는 강희제가 압승이지요.

강희제의 전기를 쓴 프랑스 선교사 부베는 황제를 입이 닳도록 극찬했습니다. '유학자들이 부르짖는 성천자聖天子(도덕적이고 지혜로운 군주)를 이상으로 삼아 자기 수양에 전념했다'고 말이에요.

자금성에서 보내는 강희제의 일상생활은 매우 검소했습니다. 본인 혼자의 사치보다 만백성의 행복을 빌었고, 때때로 감세도 해 주었습니다. 루이 14세가 민중의 행복 같은 것은 안중에 없었던 점과 대조적입니다.

강희제는 정치적 식견이 매우 높았습니다. 청나라의 정치 체제에 반감을 품지 않도록 중앙 정부의 관직에 만주인과 한인을 반반으로 기용하는 등 세심한 주의를 기울였습니다. 이와 동시에 만주족을 배척하는 사상은 엄하게 단속했습니다. 두 방식의 활용이 절묘했지요. 그러니 200년 훨씬 넘도록 정복왕조가 이어질 수 있었던 게 아닐까요? 만약 19세기 중반에 유럽에서 압박을 가하지 않았다면, 청나라는 더 길게 이어졌을지도 모릅니다.

⇥ 강희제의 문화 사업 ⇤

지적 호기심이 더없이 왕성했던 강희제는 학문과 기술을 장려했습니다. 강희제에게 중용된 예수회 선교사 페르비스트도 '황제는 명예욕이 굉장해서, 중국인들이 학식 있는 통치자를 존경한다는 사실을 알고는 큰 노력을 기울여 중국의 전통적인 지식들을 흡수했다'고 전했습니다.

국가 사업으로 《강희자전》(1716년)이라는 한자사전을 편찬한 것이 대표적 예입니다. 총 42권, 4만 545자를 실은 방대한 사전입니다. 이런 사전은 18세기 초반 세계 어디서도 찾아볼 수 없습니다. 총 1만 권으로 된 백과사전 《고금도서집성》(초고 1706년, 개정 1726년)도 펴냈습니다. 이 책에 실린 6,109개의 항목은 천문, 지리, 풍속, 문학에 관한 정보를 망라하고 있습니다. 참고로 말하면 유럽에서 처음으로 백과사전을 편찬한 나라는 영국(1726년)입니다. 두 권짜리 조촐한 형태라 전혀 비교가 되지 않습니다.

강희제는 서양 학술을 연구하는 데에도 열의를 보였습니다. 〈황여전람도〉는 서양 기법으로 중국 전역과 속국을 실측한 지도입니다. 물론 중국에서는 첫 시도였습니다. 심지어는 이 지도를 프랑스 파리로 보내 동판으로 인쇄해보기까지 했습니다.

다만 강희제는 수학, 천문학, 달력, 지리학을 장려하면서도 이 학문을 탄생시킨 유럽인의 과학적 정신은 이해하지 못했고, 이해하려고도 하지 않았습니다. 더 나아가 무시할 정도였지요. 이런 이야기가 전해집니다. "서양인은 중국의 위대한 가르침에 대해 논할 수 없소. 누구 하나 중국의 글을 온전히 이해하는 자가 없으니. 서양인 대개가 어리석소. 로마 교황의 교서에는 허튼소리만 잔뜩 있더군." 상당히 업신여기는 말투 같지요?

강희제
청나라를 절정의 시기로 이끈 중국 역사상 가장 유명한 황제 중 한 명.

중화사상

그런 오만함에는 사실 이유가 있습니다. 옛날부터 한족은 자신들이 다른 민족보다 우월하다는 자신감이 있었습니다. '중국이 세상의 꽃中華'이라는 우월감이지요. 강희제는 이민족 출신임에도 스스로 중국인이 다 됐다고 생각해 중국의 문화, 특히 유교를 존경했습니다. 밤낮없이 사서오경을 공부했을 정도니까요. 그리고 유교에서 말하는 이상적인 군주상 '성천자'에 한 걸음이라도 가까워지려고 노력했습니다.

이런 식이었으니, 외국과의 대등한 교류를 인정할 리 없습니다. 무역의 개념도 여러 나라가 중국 황제에게 공물을 바치고 그 대가로 중국 특산물을 가져간다는 식이었습니다. 이를 조공 무역이라 하며 그 밑바탕에는 중화사상이 있습니다.

서양 문화에 대한 몰이해는 기독교를 향한 태도에도 분명하게 드러납니다. 선교사들이 중국에서 기독교를 전파할 때, 중국인 신자가 공자나 조상을 섬기는 것을 로마 교황은 이단이라 말했습니다. 분개한 강희제는 중국의 전통 의식을 인정하지 않는 여러 종파의 포교를 금지했습니다. 이 역시 중국만이 훌륭하다는 자신감의 표현입니다.

하지만 이러한 오만함이 나중에 중국의 발목을 잡습니다. 강희제 정도의 명군도 서양의 실력을 꿰뚫어 보지 못했습니다. 서양인은 얼마 안 가 만만치 않은 강적이 되어 청나라 앞에 나타났습니다.

영국인이나 프랑스인에게 가혹한 보복을 당하지 않고 세상을 떠난 강희제는, 정말로 행복한 황제였을지도 모릅니다.

아시아의 다른 나라들

명나라·청나라 시대에 다른 아시아 국가들은 어떻게 지내고 있었는지 빠르게 살펴봅시다. 먼저 한반도를 보겠습니다. 한반도에는 중국 전국시대에 기자조선이, 전한 초반에 위만조선이 세워졌다는 설이 있습니다. 기자조선의 실존 여부는 학계에서 논란이 있지만 위만조선은 위만이라는 인물이 고조선으로 망명해 왕위를 차지하며 세운 나라로 기록되고 있습니다. 그의 출신에 대해서는 여러 설이 존재합니다.

전한 무제는 고조선을 공격해 낙랑군 등 군사와 외교의 거점이 되는 사군을 설치했습니다(기원전 108년). 4세기경, 고구려가 만주에서 낙랑군을 멸망시키고 한반도 북부를 차지합니다. 한반도 남부는 마한, 진한, 변한이 삼분해 통치했는데, 변한에서 일어난 신라가 다른 국가를 통합하고 당나라와 힘을 합쳐 고구려를 멸망시키면서 한반도 최초의 통일국가를 세웠습니다(676년).

이어 고려 시대(918~1392년)가 도래했습니다. 고려는 태조 왕건(재위 918~943년)이 건국한 나라로, 개성을 도읍으로 삼고 신라를 멸망시킨 뒤 한반도를 지배했습니다. 고려는 당의 문화를 받아들여 불교를 국교로 지정했습니다. 특히 11세기에는 불교 경전을 인쇄하는 등 기술이 발전하고 송나라와 활발히 교역하며 문화적으로 번창하는 전성기를 맞이합니다. 그러나 1231년 몽골의 침입이 시작되어 28년간 총 아홉 차례의 전투를 겪어야 했고 13~16세기에는 왜구 때문에 진통을 겪었습니다.

고려의 장수로서 왜구를 격퇴하며 용맹을 떨치던 이성계(1335~1408년)는 고려를 멸망시키고 조선(1392~1910년)을 세웠습니다. 이성계는 한양(지금의 서울)을 도읍으로 두고 명나라와 교류하며 유학인 주자학을 국교로 삼았습니다. 양반(문반과 무반으로 구성된 관료) 계층이 실권을 장악하며 학문 발전과 정치적 안정을 이뤘으나 동시에 특권층의 세습 등 사회적 불평등과 발전의 제약이 나타나기도 했습니다. 1592년 도요토미 히데요시가 침입하여 커다란 피해를 입습니다. 17세기부터는 청나라와 외교적 균형을 잡아야 할 필요성이 커졌습니다.

베트남

동남아시아로 눈을 돌려볼까요? 먼저 베트남은 기원전 2세기 한나라 무제에게 토벌된 후 1000년이나 중국의 지배를 받았습니다. 원나라 시대에는 쩐陳 왕조(1225~1400년)가 성립했고 중국 문화의 영향을 받으며 민족 고유의 문화를 만들었습니다. 예를 들어 '쯔놈字喃'은 베트남어를 적기 위해 한자를 바탕으로 만든 문자입니다. 하지만 쩐 왕조는 명나라 영락제에게 정복당하고 맙니다.

15세기 초반, 농민 출신 레러이가 독립운동을 일으켜 명나라 군대를 물리칩니다. 민족 영웅 레러이는 하노이를 도읍으로 삼고 레黎 왕조(1428~1527년)를 세웠습니다. 중국식으로는 대월大越이라 부릅니다. 그 이후 베트남은 남북으로 갈라져 지역 간 세력을 다투었습니다. 18세기 후반 떠이선西山 왕조(1778~1802년)에 의해 통일되지만 그도 잠시, 내전과 외압으로 힘을 잃게 됩니다.

몰락한 귀족 가문의 일원이었던 응우옌푹아인(1762~1820년)은 혼란한 떠이선 왕조를 무너뜨리고 북부의 통킹부터 남부의 코친에 이르는 베트남 전 영토를 통일했습니다. 응우옌푹아인은 청나라와 외교적 관계를 맺고 그들의 승인 아래 새로운 국호인 '월남'의 왕으로 즉위했습니다(1802년). 다만 이때 응우옌 왕조가 프랑스의 원조를 받은 것이, 프랑스에게 베트남에 진출할 기회를 주게 됩니다.

타이·미얀마·캄보디아

다음은 타이(태국)입니다. 타이인은 8세기 중국 남서부 운남 지방에서 남하해 현재의 타이로 이동했습니다. 14세기 중반 세워진 아유타야 왕조(1350~1767년)는 초기에 소규모 국가로 시작했지만 중국, 유럽, 인도와 무역을 하며 부유하게 번창해갔습니다. 하지만 18세기 중반 들어서 외적과 내부 갈등으로 흔들리다가 미얀마의 확장을 꾀하던 알라웅파야 왕조(1752~1885년)에 의해 멸망하게 됩니다.

18세기 후반에는 화교(해외, 특히 동남아시아에 거주하는 중국인) 출신인 피아 딱신(1734~1782년)이 등장하여 아유타야 왕조의 잔여 세력을 합쳐 왕국을 재건하려 했습니다. 미얀마 군대를 물리친 딱신은 수도를 톤부리(지금의 방콕)로 옮기고 톤부리 왕조를 세워 태국 역사에서 '대왕'이라 불릴 만큼 중요한 인물로 남게 됩니다. 그러나 그의 통치는 오래가지 못했습니다. 폭정을 펼친다는 이유로 말년의 딱신은 휘하의 한 장군에게 배신당해 죽습니다. 그 장군이 짜끄리 왕조(1782년~)를 세운 짜오프라야짜끄리(라마 1세, 1737~1809년)이며 오늘날˙까지 그의 후손들이 타이를 통치하고 있습니다.

이어서 미얀마를 보겠습니다. 미얀마는 운남 지방에서 현재의

✦ 2024년 기준으로 타이의 현 군주는 라마 10세.

미얀마로 아주 오래전에 이동해 살고 있던 티베트미얀마어족의 나라입니다. 당나라 시대 티베트미얀마어족은 운남에 남조南詔라는 왕국을 세우고 당의 문화를 받아들였습니다. 이 왕국은 불교를 장려하며 9세기에 전성기를 맞이했지만 10세기 초반 멸망합니다. 11세기에는 북미얀마에 파간 왕조(1044~1287년)가 들어서, 여러 사원과 불교 유적을 건립하며 고유의 문화를 꽃피웠습니다. 이 왕조는 몽골의 침입으로 멸망하지만 퉁구 왕조(1531~1752년)가 미얀마를 통일하여 정치와 문화의 안정을 다시 한 번 이끌어냈습니다. 18세기 중반에는 미얀마 최후의 왕조인 알라웅파야 왕조가 성립해 타이를 점령하는 등 강력한 통치를 펼쳤으나 그 후 청나라의 지배를 거쳐 영국과 세 번의 전쟁을 치루다 결국엔 영국의 식민지로 지배(1824~1948년)를 받게 되었습니다.

마지막으로 캄보디아입니다. 캄보디아는 메콩강 중하류 유역의 크메르인이 세운 나라로, 중국에서는 '진랍眞臘'이라 불렸습니다. 이 지역은 지리적으로 물을 대기가 수월해 농업이 발달하였고, 크메르 왕국은 9세기부터 13세기까지 정치와 경제가 모두 안정되며 전성기를 누렸습니다.

이 왕국은 당나라와 교류했지만 종교로는 힌두교를 믿었습니다. 특히 수리야바르만 2세(재위 1113~1150?년)가 지은 앙코르와트 힌두교 사원은 크메르 건축의 정수를 보여주는 걸작입니다. 정교한 석조 기법과 복잡한 조각으로 유명하며 오늘날에도 세계의 관광객을 끌어모으고 있습니다.

그러나 13세기 후반부터 내외적 갈등으로 나라의 힘이 약화되기 시작합니다. 19세기에는 프랑스의 보호령이 되면서 식민 지배가 90년가량 이어졌습니다(1863~1953년). 이 시기에 캄보디아 사회는 큰 변화를 겪었으며, 도시 시설들은 개발되었지만 전통 문화와 중요한 자원은 침해받았습니다.

한눈에 보는 '동아시아 세계'

한나라가 멸망한 뒤 중국은 약 370년간 위·진·남북조 시대로 접어들며 정치적 혼란기에 빠졌습니다. 북조에서 나온 수나라가 중국을 다시 통일했습니다. 수나라에 이어 당나라가 왕조를 세워 300년간 지속되었습니다. 당나라는 내부적으로는 율령 체제를 펼치고 진·한나라에 이어 중국의 법제를 정비했습니다. 외부적으로는 이민족을 정복하며 영토를 확대했습니다. 이렇게 당나라는 중국 고전 문명을 완성한 동시에 영토를 늘리면서 이슬람, 이란, 인도 문명도 함께 받아들여 국제적인 색채가 풍부한 문명을 발전시켰습니다. 이러한 국제성 덕에 당나라 문명은 동아시아 국가들에 전파되며 주변 민족을 자극했습니다.

당나라가 멸망한 후 오대십국이라는 군벌 항쟁의 시대가 찾아왔습니다. 이 시기에는 귀족 중심의 오래된 지배층이 몰락하고 새로운 관료와 지주층 그리고 상인 계급이 세를 늘렸습니다. 이로 인해 고대 중국의 정치·사회 구조에 변화가 일어난 점에 주목해야 합니다.

송나라는 전제군주정과 관료제 국가를 세우며 중국 왕조의 신기원을 열었습니다. 다만 문치주의에 치우쳐 무인을 깔보고 군사적 방비에 소홀했기 때문에 북방 이민족의 침입을 막지 못해 금나라에게 몰락당했습니다. 송나라 일족은 강남으로 도망쳐 남송을 세웠고, 그 덕분에 강남의 경제가 개발되었습니다. 송나라 시대에는 상공업이 활기를 띠면서 도시와 서민 문화가 발달했습니다.

7세기 이후, 이슬람 제국이 기세를 떨치면서 서아시아 형세가 크게 바뀌었습니다. 이에 호응하듯 동아시아 세계도 변화했지요. 13세기 몽골 제국의 출현이 대표적 사건입니다. 하지만 그 전에 중국 민족과 주변 민족과의 교섭을 한번 살펴볼 필요가 있습니다. 왜냐하면 중국의 역사는 중국 농경민족과 서북 유목민족 간의 항쟁의 역사로 볼 수 있기 때문입니다. 이때, 서북 이민족은 물리적으로는 중국을 지배하더라도 문화적으로는 오히려 지배받거나 또는 동화되었습니다.

서북 이민족으로는 먼저 흉노족(기원전 3세기~기원후 2세기)이 전국시대부터 중국사에 등장했고 전한 초기에 가장 강성했습니다. 전한 무제나 후한 반초가 서역을 통치한 것도 흉노 토벌이 하나의 목적이었습니다. 이어서 선비족(4~6세기)은 몽골 퉁구스계 민족으로 5세기에 화북을 지배했습니다. 선비족이 약해지면서 유연柔然이 몽골 고원에서 세를 떨치다가 돌궐에게 멸망당했습니다. 돌궐(6~8세기 중반)은 튀르크족으로, 대유목제국을 건설했지만 동서로 분열했습니다. 이윽고 수나라와 당나라에 의해 멸망했지요. 그 밖에도 위구르(8세기 중반~9세기 중반), 토번(7세기 중반~9세기 중반), 여진(11~13세기, 퉁구스계, 금나라를 세우고 북송을 멸망시켰지만 몽골족에 합병되었습니다) 등이 활약했습니다.

이러한 주변 민족 중에서도 가장 강력한 것은 몽골 제국입니다. 몽골 제국의 광대함은 세계 역사상 유례를 찾아볼 수 없습니다. 중국 전역을 정복하고 중국의 왕조처럼 원나라라고 칭했습니다. 원나라는 대영토를 통치하기 위해 교통로를 다듬고 동서 교통 발달에 기여했습니다. 상업 무역 활동을 펼친 것도 유목민족의 특색입니다. 하지만 원나라는 약 100년 만에 멸망했고, 중국 민족은 명나라 아래에서 오랜만에 지배권을 되찾습니다.

명나라 시대에는 평화가 길게 이어졌기 때문에 사회가 안정되고 경제도 눈부신 발전을 이뤘습니다. 민족주의가 고취되어 전통적인 학문이 부활하고 서민 문화도 한층 활발해졌습니다. 또한 유럽의 학술이 유입되기 시작한 것도 명나라 시대 문화의 특징입니다.

이 명나라 이후 중국의 마지막 정복왕조는 퉁구스계 만주족(여진족의 후신)이 세운 청나라였습니다. 청나라는 특히 삼대 황제 즉 강희제, 옹정제, 건륭제가 통치한 130년 동안 전성기를 자랑했습니다. 하지만 19세기 전반 영국과 프랑스의 침략을 받아 쇠퇴 일로를 걸었습니다. 개혁하려던 노력도 헛되이, 1912년에 혁명이 일어나면서 청나라는 멸망했습니다. 진나라 이래 이어진 전제 정치가 종언을 고하는 순간이었습니다.

III
서남아시아 이야기

◇ 032 ◇
마호메트와 코란

⇥ 마호메트와 성지 메카 ⇤

이슬람교는 불교, 기독교와 어깨를 나란히 하는 세계 3대 종교 중 하나로 신자는 10억 명을 훌쩍 넘습니다. 아프리카, 중동, 중앙아시아, 인도네시아에 큰 세력을 가지고 있으며, 그 동향은 현대 국제 정치에서도 절대 무시할 수 없습니다.

 이슬람교를 창시한 마호메트(무함마드, 571년경~632년)는 아라비아 반도의 홍해 연안 근처의 메카에서 상인의 아들로 태어났습니다. 아버지는 태어나기 전 이미 돌아가셨고 어머니도 여섯 살 때 사망하여, 할아버지와 큰아버지 손에서 자랐습니다. 어린 나이에 인생의 고초를 겪은 셈입니다. 마호메트가 고아에게 깊은 동정심을 품었던 것은 그러한 자신의 처지 때문이겠지요.

성장한 후에는 카라반*에 합류해 시리아 방면으로 왕래하던 중 유대교와 기독교에 감화를 받았습니다. 부유한 상인의 미망인과 결혼한 마호메트는 15년간 평온한 생활을 보냈습니다. 그런데 40세 때 그는 갑자기 유일신 알라의 예언자라고 자칭하며 이슬람교를 엽니다. 그 때문에 박해를 받고 메카에서 쫓겨나 메디나로 이주했습니다. 이 사건을 '헤지라(성스러운 이동)'(622년)라고 하며 이슬람력의 시작점이 됩니다.

메디나에는 유대인이 많이 살고 있어 인격을 지닌 유일신교에 익숙하였고, 기독교도도 있었기 때문에 아라비아의 전통적인 다신교 우상 숭배는 이곳에선 힘을 쓰지 못하고 있었습니다. 그래서 마호메트의 종교를 받아들이기 쉬웠습니다. 메디나에서 마호메트는 이슬람 공동체('움마')를 조직하고 세력을 키워나갔습니다. 그러고는 이들을 이끌고 메카와 전쟁을 벌인 끝에 마침내 대승을 거두게 됩니다(630년).

메카로 돌아온 마호메트는 다신교의 중심이던 카바(신의 처소를 의미) 신전의 우상들을 때려 부쉈습니다. 메카는 이후 이슬람의 성지가 됩니다.

마호메트는 죽기 전 10년 동안 아라비아 반도의 여러 부족을 정복하며 이슬람교를 확산시켰습니다. 예언자 마호메트가 정치가로 변모한 것입니다.

✦ 주로 사막 지역에서 낙타 같은 짐승 여러 마리에 물건을 실어 운반하는 상인 무리.

저녁 시간의 메카
검은 큐브 형태의 카바 신전을 중심으로 한 모스크(이슬람 예배당) 주변.

《코란》

마호메트가 유대교와 기독교의 감화를 받았던 것은 사실입니다. 하지만 마호메트는 이슬람교가 유대교나 기독교보다 더 본질적인 종교라 생각했습니다. 그리고 자신이 바로 마지막 예언자라고 단언했습니다.

《코란》은 마호메트를 통해 알라(신)가 내린 계시를 기록한 이슬람교의 성스러운 경전입니다. 그러니 《코란》의 전 114장이 알라에게 절대적으로 귀의하는 법을 적은 종교서라는 점은 말할 것도 없지요. 하지만 그뿐만이 아닙니다. 《코란》은 신자의 일상생활부터 정치·경제에 이르기까지 세세하게 정해주고 있습니다. 예를 들어 신앙 부분을 볼까요?

매일 다섯 번 메카 방향을 향해 기도를 올려야 한다(예배), 이슬람력으로 아홉 번째 달은 해가 뜰 때부터 질 때까지 아무것도 먹지 않고 마시지 말아야 한다(단식), 신에 대한 보은의 표시로서 세를 납부한다(헌금), 이슬람력 12월에 메카를 참배한다(순례) 등등. 이와 같이 규칙을 정하고 있습니다.

식생활에서도 돼지를 먹는 것은 금지이며 술과 담배도 지양합니다. 이 규정들은 나라와 민족을 불문하고 이슬람교를 믿는 모든 사람이 엄격하게 지켜야 합니다. 그렇기 때문에 이슬람교도끼리 끈끈한 유대감이 생겨납니다. 또한 이슬람의 규정은 탄생, 결혼, 상속, 계약, 매매 같은 신자의 일상생활부터 전쟁, 평화 같은 국가 행사까지 포괄하기 때문에 종교서를 넘어 법률에 가깝습니다. 실제로도 '이슬람법'이라 불리고요.

어느 나라, 어느 민족이라도 이슬람교가 퍼지면 이슬람법도 지켜지므로 그곳엔 이슬람 사회가 형성됩니다. 이슬람교도가 서로 연대감을 가지는 건 자연스러운 이치입니다.

이슬람 확산의 이유

마호메트가 죽은 뒤 정치와 종교라는 두 권력을 장악한 칼리프(교주)가 이슬람교도를 지휘해 대규모 정복 사업을 시작하는데, 이는 대성공을 거둡니다. 짧은 기간에 그토록 넓은 지역까지 이슬람 세력이 뻗친 이유는 무엇일까요?

정교일치라는 강점과, 말이나 낙타를 이용한 전투의 기동성도 작용했겠지요. 하지만 아랍인(아라비아인)이 원래 상업 민족이었다는 점에도 주목해야 합니다.

사막에 사는 아랍인은 상업 외에는 먹고살 수단이 없었습니다. 카라반을 조직해 상업 활동을 한 것도 그 때문입니다. 따라서 이슬람교를 단순히 사막 민족의 종교라고만 보는 것은 충분치 않습니다. 메카는 상업 도시였으며, 무엇보다도 마호메트는 상인의 아들이었습니다. 상인의 종교라 해도 과언이 아니지요.

그러고 보면 '코란이냐 칼이냐'라는 문구가 의심스러워집니다.

메카를 중심으로 한 고지도
중심에 카바 신전이, 원 주변에 이슬람 국가의 이름이 표시돼 있습니다. 이것으로 예배 방향을 알 수 있습니다.

이슬람교도가 다른 나라를 침공할 때 '이슬람교를 받아들여라. 그렇지 않으면 칼로 강제하거나 죽이겠다'면서 위협했다고 합니다. 하지만 이 문구는 기독교도가 퍼뜨린 말입니다. 실제로 이슬람 제국은 피정복지 민족이 공납(세금 납부나 부역)을 하면 그들의 신앙과 오랜 관습도 관대하게 인정해주었습니다.

　이슬람교는 분명 유대교나 기독교 이상으로 엄격한 일신교이지만, 또 다른 얼굴도 가지고 있었다는 점을 놓쳐서는 안 된다고 생각합니다.

◊ 033 ◊
이슬람 세계의 팽창

⇥ 우마이야 왕조 ⇤

'뒤따르는 자'를 뜻하는 칼리프는 마호메트의 대리인 내지 후계자입니다. 처음에는 신도들의 선거에서 투표로 뽑혔습니다. 이때를 '정통 칼리프 시대'(632~661년)라 부릅니다. 네 번째 칼리프 알리(마호메트의 사촌동생이자 사위)가 암살되고, 시리아 지역 총독으로 있었던 무아위야가 다섯 번째 칼리프에 오르며 시리아의 다마스쿠스를 도읍으로 한 우마이야 왕조(661~750년)를 열었습니다. 이후 칼리프는 세습제로 바뀌었습니다.

우마이야 왕조의 역대 칼리프들은 동서로 정복 사업을 진행하며 이슬람 제국 최대의 영토를 지배했습니다. 이 과정에서 이란의 사산 왕조 페르시아(226~651년)도 멸망했지요. 조로아스터교'가 국교였던 사산 왕조 페르시아는 3세기경 로마 제국에 맞설 정도의 위세를 떨치며 비잔틴(동로마) 제국을 여러 번 침략한 나라입니다. 결정적이었던 카디시야 전투(636년)에서 패하며 정복당한 이란은 이슬람화되었습니다.

그다음, 우마이야 왕조는 중앙아시아에서 인도 북서부로 진출해 비잔틴 제국에게서 이집트를 빼앗습니다. 그리고 아프리카 북쪽 해안을 따라 이베리아 반도로 상륙, 피레네 산맥**을 넘어 서유럽에 침입했습니다. 그러나 프랑크군과의 투르-푸아티에 전투(732년)에서 저지당하며 서유럽을 이슬람화하는 데는 성공하지 못했습니다.

7세기 말이 우마이야 왕조의 최전성기입니다. 8세기 중반 우마이야 왕조는 반기를 든 아바스 가문에게 무너졌고, 스페인으로 달아난 우마이야 일족이 후(後)우마이야 왕조(756~1031년)를 개창합니다. 스페인 안달루시아 지방에 위치한 코르도바를 도읍으로 삼고 번영하며 동쪽 아바스 왕조와 대비해 '서칼리프국'이라고도 불렸는데, 내란이 일어나 끝내 멸망했습니다.

✦ 기원전 6세기경~7세기 페르시아에서 발생한 일신교. '조로아스터'라는 예언자의 가르침에 기반하고 있다. 세계를 선의 신과 악의 신 사이의 싸움으로 이해하고 있으며, 도덕적인 선택과 정의를 중시한다.

✦✦ 유럽 남서부에 있는 산맥으로 현 프랑스와 스페인의 국경을 이루고 있다. 최대 고도는 3,404미터에 이른다.

아바스 왕조

우마이야 왕조가 무너진 결정적인 이유로 아랍 민족주의를 들 수 있습니다. 아랍어를 공용어로 정하고 사회 각 분야에서 아랍인만을 우대했으며, 아라비아 반도 출신이 아닌 페르시아계, 튀르크계 등 비아랍계 이슬람교도를 차별했습니다. 불만과 갈등이 커질 수밖에 없었지요. 결국 아불 알 아바스(마호메트 삼촌의 후손)가 시아파의 저항 운동과 함께 우마이야 왕조를 무너뜨리고 아바스 왕조(동칼리프, 750~1258년)를 세웠습니다. 시아파는 마호메트의 핏줄인 알리의 후손을 정치적으로 탄압하는 우마이야 왕조에 반감이 강했습니다. 그래서 아바스 가문은 자신들이 마호메트의 친족인 점을 강조하여 시아파와 연대를 이룬 것입니다.

아바스 왕조는 제2대 칼리프 때 도읍을 바그다드로 옮기고 제5대 하룬 알 라시드(재위 786~809년) 시대에 전성기를 맞이해 이슬람 문화의 황금시대를 열었습니다. 우마이야 왕조와는 달리 다양한 민족을 포용해 이슬람 공동체를 통합하려 했습니다. 페르시아계 이슬람교도들이 정부 요직을 맡는 등 비아랍인의 사회 참여도 크게 확대되었습니다.

500년 동안 아바스 왕조의 시대가 이어졌지만, 몽골군의 공격을 받아 막을 내리게 되었습니다. 이와 별도로 10세기 초반 아바스 왕조의 일족(알리와 마호메트의 딸 파티마 사이에 태어난 자손들)이 칼리프의 정당성은 마호메트의 직계후손인 자신들에게 있다며 북아프리카에 파티마 왕조(909~1171년)를 세웠습니다. 우마이야 왕조를 무너뜨리는 데 함께한 아바스 왕조가 오히려 수니파 중심의 정치를 펼치자 시아파가 반기를 든 것이었습니다. 파티마 왕조는 북아프리카에서 세력을 확장하여 이집트를 정복했습니다. 그리고 이집트의 카이로를 도읍 삼아 안정적인 통치를 이어가며 이슬람 세계에서 또 하나의 중요한 정치·문화적 중심지로 자리매김합니다.

이렇게 바그다드의 아바스 왕조, 코르도바의 후우마이야 왕조, 카이로의 파티마 왕조가 당시 이슬람 세력의 3대 거점이 되었습니다. 이들을 총칭해 '이슬람 제국'이라 합니다. '사라센 제국'이라고도 부르는데, 사라센이란 그리스 로마 세계에서 아라비아 반도 북부의 사람들을 이르는 말입니다.

✦ 시아파와 수니파 ✦

시아파와 수니파라는 말이 나왔으니 간단히 설명하겠습니다.

이슬람교는 크게 수니파와 시아파로 나뉩니다. 수니파는 이슬람의 다수파로, 전체 이슬람교도의 90퍼센트가량을 차지합니다. 이들은 '선출된 지도자'를 마호메트의 후계자로 인정하지요. 이에 반해 시아파는 소수파로, '마호메트의 혈족'인 제4대 칼리프 알리와 그 자손만을 마호메트의 진정한 후계자로 인정합니다. 교리상 큰 차이는 없지만, 시아파는 《코란》과 마호메트를 좀 더 중시하는

이슬람 제국의 분열 지도

만큼 순수성에 대해서 엄격하고 영적인 경향이 있다고 할 수 있습니다.

곤란한 점은, 수니파나 시아파가 교리뿐만 아니라 정치·민족 문제와도 엮여 있다는 것입니다. 이라크 공화국은 90퍼센트 이상이 이슬람교도이고, 그중 3분의 2가 수니파입니다. 이란 이슬람 공화국은 이슬람교가 국교이고, 국민의 98퍼센트가 시아파입니다. 사우디아라비아 왕국도 이슬람교가 국교이지만, 이란 이슬람 공화국과는 달리 대부분이 수니파입니다. 이란과 사우디아라비아 사이의 끊임없는 대립을 보면 수니파와 시아파의 갈라짐은 여전히 현재의 문제임을 알 수 있습니다.

이렇게 이슬람교 권역은 북아프리카와 중동을 중심으로 인도, 동남아시아, 중앙아시아로 퍼져 있습니다. 동서양에 걸쳐 있기에 자연히 동서 간 무역·문화의 교류가 활발해졌습니다. 아랍 상인들은 지중해 무역을 독점했고 인도양을 건너 중국에도 도달했습니다. 이때 중국은 당나라 시대였는데, 당에서는 아랍 상인들을 '대식인大食人'이라 불렀습니다. 그들이 큰 규모의 식사나 연회를 열고 많은 음식을 나누는 모습에서 유래한 말입니다. 당나라 사람들도 아랍 상인의 부유함과 이국적이고 신기한 물품에 경외감을 느꼈던 것 같아요.

이슬람교는 중국과의 무역을 통해 더 널리 전파되었습니다. 즉 아랍 상인의 활동이 이슬람교의 전파와 동시에 진행된 것입니다. 동서 문화가 어떻게 교류했는지 알고 싶다면 먼저《아라비안 나이트》를 읽어보세요. 이 민화집의 원형은 이란의 이야기이지만 셈계 전설과 이집트 민화 등 다양한 요소가 혼합되어 있습니다. 그야말로 이슬람교 권역의 국제성이 나타나는 책이지요.

◇ 034 ◇
수준 높은 이슬람 문화

⇥ 이슬람 문화의 다양성 ⇤

이슬람교는 아시아, 아프리카, 유럽 세 대륙에 펼쳐졌습니다. 이 중 유럽에서는 이베리아 반도에 있는 마지막 이슬람 국가 그라나다 왕국(유명한 알함브라 궁전이 이 시기의 건축물입니다)이 스페인 왕국에게 멸망당합니다(1492년). 즉 이베리아도 대략 800년 동안은 이슬람 문화권에 속해 있었던 것입니다. 스페인 문화에서 이를테면 알함브라 궁전의 아랍식 아치나 정교한 타일 장식, 올리브 오일과 향료 등 유럽의 정통 기독교 문화와는 다른 흔적들이 지금도 발견되는 것은 그 때문이지 않을까요?

이슬람 문화의 특징은 무엇보다 '다양성'과 '국제성'입니다. 문화유산의 계승이라는 측면에서 보면 고대 이집트와 메소포타미아 문명·그리스 문명·비잔틴 문명이 첫 번째 계통, 인도 문명·이란 문명·튀르크 문명이 두 번째 계통 그리고 중국 문명이 세 번째 계통입니다. 이 문명들이 이슬람 문화 속에서 융합됩니다.

언어 계통의 측면에서 보면 아랍어(아랍어는 《코란》에 의해 확정되었다고 알려져 있습니다), 이란과 중앙아시아에서는 페르시아어, 튀르크 지역에서는 튀르크어가 사용되면서 이 언어들이 이슬람 문화를 형성했습니다.

그러니 다채롭고 다양해질 수밖에요. 정신적인 중심은 말할 것도 없이 이슬람교입니다. 즉 통일성 속의 다양성, 다양성 속의 통일성이라 할 수 있는데, 7세기부터 15세기까지 이런 특색을 발휘한 문화는 세계적으로 보아도 이슬람 문화 외에는 없습니다.

↣ 높은 수준과 짙은 밀도 ↢

이슬람 문화에 대해 하나하나 이야기하기는 어렵습니다. 요약하자면, 이슬람 문화는 높은 수준과 짙은 밀도로 설명할 수 있습니다.

학문은 고유 학문과 외래 학문으로 나뉩니다. 이슬람의 고유 학문은 《코란》으로 수렴되며 신학, 법학, 역사학, 문법학, 아랍어학을 포함합니다. 유럽 중세의 스콜라 철학도 상당히 치밀하지만 이슬람 신학도 뒤지지 않습니다. 《코란》의 해석을 둘러싸고 많은 학파가 생겨났습니다. 11세기에는 신비주의마저 일어났지요. 법학 연구가 활발했던 것은 《코란》이 이슬람교도의 사회생활을 규정했기 때문입니다. 그 내용은 행정법, 신분법, 가족법, 상법까지 두루두루 걸쳐 있습니다. 역사학에서는 이슬람력에 따라 연대기가 작성되었고 왕조의 역사나 세계사도 이슬람력으로 작성되었습니다.

예를 들어 모로코 출신 아랍인 이븐바투타(1304~1377년)는 아프리카부터 중국까지 유랑한 희대의 여행가로, 여행기 《도시들의 진기함과 여행의 경이로움을 생각하는 자를 위한 선물》[*]을 남겼습니다. 이븐할둔(1332~1406년)은 튀니지 출신 아랍인으로, 이슬람사와 종족사를 체계화한 명저 《역사서설》과 《이바르의 책》을 저술했습니다.

이에 반해 외래 학문은 그리스 계열이었습니다. 그리스 철학, 논리학, 의학, 수학, 기하학, 천문학, 음악, 기계학, 화학을 포함했습니다. 예컨대 이슬람에서는 그리스의 아리스토텔레스 철학을 아랍어로 번역해 연구했습니다. 아베로에스(1126~1198년)는 스페인 출신 아랍 철학자로, 아랍 이름은 '이븐루시드'입니다. 그는 파리 대학에서 아리스토텔레스에 대해 강의하여 명성을 떨쳤습니다. 서유럽인은 아랍어 번역판으로 아리스토텔레스를 알게 되었고, 이를 라틴어로 다시 번역했습니다. 그러니 유럽 중세 신학에도 이슬람교가 영향을 끼쳤다고 할 수 있습니다.

과학 연구는 이슬람교의 독무대였습니다. 당시 유럽에서는 자

✦ 국내 번역본 《이븐 바투타 여행기 1, 2》, 정수일 역, 창비, 2001년.

연과학 분야가 거의 정체된 수준이었습니다. 반면 이슬람권에서 수학은 인도와 그리스의 영향을 받아(십진법, 0의 개념, 아라비아 숫자) 실용화되었습니다. 아랍인이 본래 상업 민족이었던 점과 무관하지 않을 것입니다. 다만 '천문학'이라고는 해도 실제는 점성술이었고, '화학'이라고는 해도 연금술이었습니다. 근대 과학이라 볼 수는 없지요. 그러나 점성술의 일환으로 천체를 관측하거나 천문표를 만들었습니다. 사막의 건조지대에 사는 민족에게는 필수불가결했을 것입니다. 연금술에서는 화학 실험을 했습니다. 이븐시나(980~1037년)가 저술한 의학서는 중세 유럽인도 참고했습니다. 이러한 실용 과학이 근대 과학의 출발점이 된 것은 의심할 여지가 없습니다. '알코올' '알칼리' '알루미늄' 같은 화학 용어가 아랍어에서 유래했다'는 것은 널리 알려진 사실입니다.

마지막으로 미술입니다. 회화나 조각은 이슬람교가 우상 숭배를 엄격하게 금지했기 때문에 발전하지 못했습니다. 하지만 모스크(예배당) 내부의 '아라베스크'라는 기하학적 문양은 실로 섬세합니다. 모스크는 곳곳에 있지만, 모두 성지 메카를 향해 건축되었습니다. 모스크 내의 벽('미흐랍')이 신도가 기도드릴 방향, 즉 카바 신전이 있는 방향을 표시합니다.

모스크 건축은 비잔틴 양식과 이란 양식을 차용하였지만 거기

✦ 아랍어 '알 쿠홀'과 '알 칼리'가 그대로 정착했고, 라틴어 'Alumen'의 접두사 'Al-'은 아랍에서 광물을 연구할 때 자주 사용했던 접두사이다.

천체 연구
오스만 왕조 시대, 콘스탄티노플에 세워진 천문대에서 연구가 이뤄지는 모습.

에 독특한 고안을 더했습니다. 돔(원 지붕)과 미나렛(첨탑)의 근사함은 보는 이들에게 강렬한 인상을 선사합니다.

아시아의 바그다드, 아프리카의 카이로, 유럽의 코르도바를 중심으로 번영한 이슬람 문화는 단순히 과거의 것이 아니라 현재까지도 이슬람교도에게 마음의 양식이 되어주고 있습니다.

◇ 035 ◇
중앙아시아와 인도

⇀ 티무르 제국 ↽

몽골인이 세운 네 개의 칸국 중에서 차가타이 칸국은 중앙아시아의 패권을 잡았지만, 14세기 초에 동서로 분열되었습니다. 서(西)차가타이 칸국에서는 자신이 칭기즈 칸의 후예라고 말하는 티무르(1336~1405년)가 혜성처럼 나타났습니다. 티무르는 차가타이 칸국을 통일하고 일 칸국과 킵차크 칸국을 병합 후 인도의 델리를 공격했습니다. 이 즈음, 나중에 소개하게 될 오스만 제국이 비잔틴(동로마) 제국의 도읍 콘스탄티노플을 압박해왔습니다. 동로마 황제가 티무르에게 원조를 요청하자, 티무르는 이에 응해 앙카라 전투(앙고라 전투, 1402년)에서 오스만 제국군을 대파하고 군주 바예지드 1세(재위 1389~1402년)를 포로로 사로잡았습니다.

이리하여 티무르 제국이 중앙아시아와 이란에 건설되었습니다. 티무르의 기개는 대단해서, 칭기즈 칸의 업적을 이어 이슬람 세계 제국을 세우겠다는 이상을 품었습니다. 그의 야망에 힘입어 수도 사마르칸트는 국제적인 상업 도시로 거듭났습니다. 이곳에서 이슬람 문화가 발전했고 천문학, 역법, 의학 등이 진보했으며 세밀화 미술이 이름을 알리게 됩니다.

티무르는 명나라를 정복하려고 원정을 떠나던 도중 병사했습니다. 티무르 사후, 제국에서는 상속 다툼으로 내란이 일어나 결국 튀르크계 우즈베크족에게 멸망당했습니다. 우즈베크족은 중앙아시아에서 세력을 확장하며 티무르 제국의 영토를 차지했지만, 그와 동시에 이란을 중심으로 세워진 사파비 왕조 페르시아(1501~1736년)와 충돌하게 됩니다. 사파비 왕조 페르시아는 전 이란을 통일하고 이슬람교 시아파를 국교로 지정했으며, 우즈베크족과의 경쟁 속에서 티무르 제국의 영토 일부를 병합하였습니다.

⇥ 인도 최초의 이슬람 제국 ⇤

혼란스러운 중앙아시아에 비해 인도는 어땠을까요? 굽타 왕조가 쇠퇴한 후 하르샤 바르다나(계일왕, 재위 606~647년)가 북인도를 통일했습니다. 왕은 불교를 깊게 신봉해 평화로운 정치를 펼쳤습니다. 당나라 승려 현장이 인도를 방문한 시기가 바로 이즈음으로, 현장과 하르샤 왕의 만남이 성사되었습니다. 그러나 바르다나 왕조는 하르샤 왕 1대로 끝나버렸고 북인도에는 소국들이 분열되는 사태가 끝없이 이어졌습니다.

그러던 중 아프가니스탄에 튀르크계의 가즈니 왕조(962~1186년)가 세워집니다. 그리고 튀르크계 고르 왕조(1148~1215년)가 이를 멸망시킵니다. 고르 왕조의 장군 쿠트브 웃딘 아이바크(1150~1210년)는 인도 델리에서 총독을 지내게 됩니다.

고르 왕조가 멸망을 맞이할 때쯤 이미 델리의 지도자나 다름 없던 아이바크는 델리를 중심으로 독립적인 국가를 세웠습니다. 인도 최초의 이슬람 국가가 성립한 것입니다(1206년). 아이바크를 비롯해 왕위에 오른 자 중에 노예 출신이 많았기 때문에 이 왕조를 통칭 '노예 왕조'(1206~1290년)라 부릅니다.

건국 이후 300년 동안 여러 튀르크계 왕조들이 생겨났다가 몰락하기를 거듭했습니다. 그 모두가 델리를 도읍으로 삼았기 때문에, 노예 왕조부터 마지막 로디 왕조(1451~1526년)까지 북인도 지역의 이슬람 제국을 '델리 술탄국'(1206~1526년)이라고도 합니다.

그러는 사이 남인도에도 이슬람교가 전해졌습니다. 그런데 인도 남단에는 힌두교 국가인 비자야나가르 왕국(1336~1649년)이 자리 잡고 있었습니다. 힌두교 신도와 이슬람교 신도는 끊임없이 다투게 됩니다. 두 교도의 반목은 인도를 혼란으로 빠뜨린 주요 원인 중 하나였습니다.

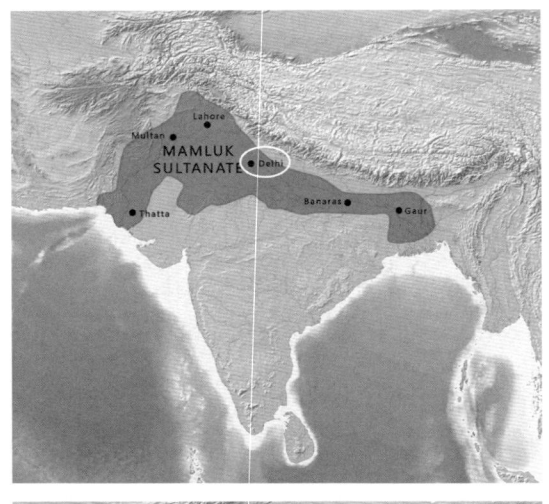

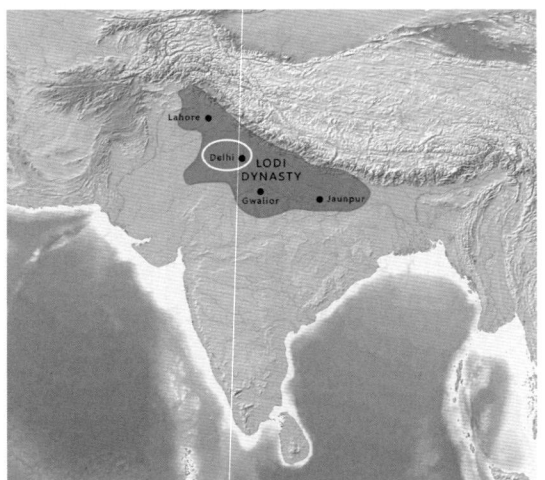

델리 술탄국
아이바크가 세운 노예 왕조(위 그림)부터 바흐룰 칸 로디가 세운 로디 왕조(아래 그림)까지 300년간 '델리'를 도읍 삼은 북인도의 다섯 왕조를 '델리 술탄국'이라 통칭합니다.
ⓒ Wikipedia.org

무굴 제국

16세기 초반 중앙아시아에 티무르의 5대손 바부르(1483~1530년)가 등장했습니다. 바부르는 인도에 침입해 인도 북서부와 아프가니스탄 일부를 포함하는 무굴 제국(1526~1858년)을 세우고 델리를 도읍 삼았습니다. '무굴'이란 몽골을 가리키는 발음입니다.

긴 분열과 혼란 끝에 드디어 인도가 재통일의 날을 앞두게 되었습니다. 바부르의 손자 아크바르(재위 1556~1605년)는 도읍을 아그라로 옮기고, 남부의 데칸 고원을 제외한 인도 대부분과 아프가니스탄에 걸친 대제국을 건설했습니다. '아크바르 대제'라 불리는 것도 무리가 아니지요. 이슬람교도임에도 불구하고 힌두교도와 화해를 꾀해 종교 대립을 완화한 것은 참 현명했습니다.

제6대 무굴 황제 아우랑제브(재위 1658~1707년) 통치기에 무굴 제국은 전성기를 맞습니다. 남부 데칸 고원 지방까지 결국은 획득하며 최대 판도를 이루었습니다. 농업, 상업, 수공업, 특히 면직물 산업도 융성했습니다. 하지만 아우랑제브 황제는 이슬람교를 보호하고 힌두교도를 박해했기 때문에, 사후 반란이 일어나며 무굴 제국은 쇠퇴의 조짐을 보입니다.

이슬람교도와 힌두교도 간의 갈등에 편승해 영국과 프랑스가 인도의 식민지화를 추진합니다.

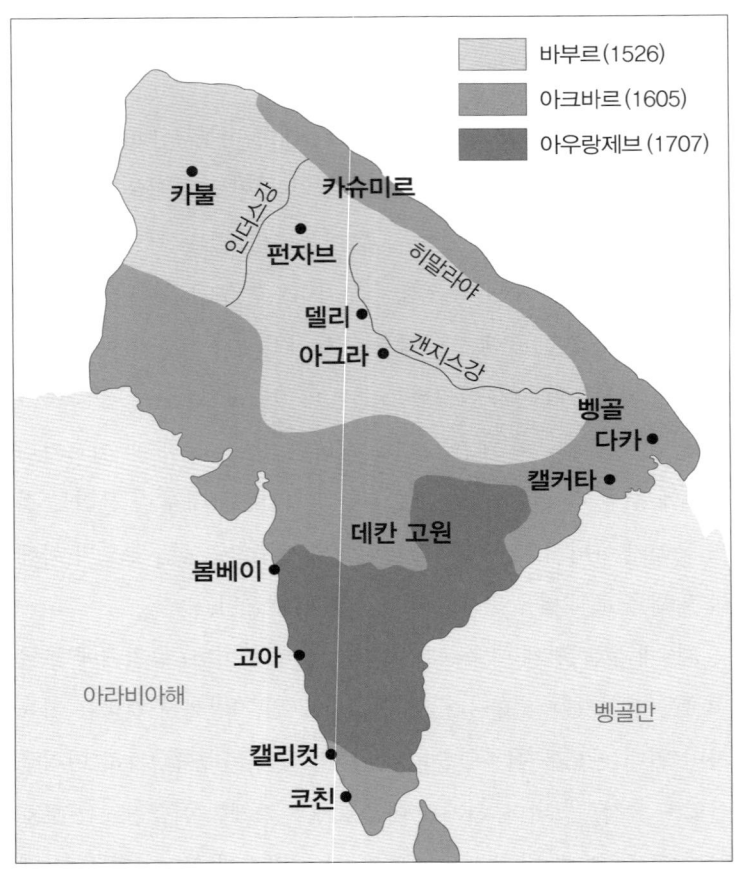

무굴 제국의 확장
위쪽부터 아래 방향으로 바부르, 아크바르, 아우랑제브 황제 통치기의 영토.

인도 이슬람 문화

튀르크인이 가져온 이슬람 문화는 무굴 제국 시대에 인도 전역으로 퍼져나가 인도 문화와 융합했습니다.

인도 이슬람 문화는 무굴 제국에서 완성되었습니다. 그 예는 건축입니다. 아름다운 궁전과 묘소들이 만들어졌지요. 제5대 황제 샤자한(재위 1628~1658년)이 사랑하는 왕비 마할을 위해 지은 타지마할 묘소는 인도 이슬람 건축의 정수가 한데 모인 건축물입니다. 회화로는 이란(페르시아)식 세밀화가 유명합니다.

이슬람 문화의 확산은 인도뿐만 아니라 동남아시아의 남해 제국에서도 중요한 역할을 했습니다. 남해 제국은 인도와 동남아시아 간 무역·문화 교류의 중심지로, 이 지역에도 이슬람이 전파되었습니다. 인도네시아 자바섬의 마지막 왕조인 마자파힛 왕국(1293~1520년경)은 14세기 중반에 번성했던 힌두교 국가였지만 이슬람화되었습니다. 말레이 제도(지금의 인도네시아, 브루나이, 싱가포르를 포함하는 동남아시아 지역)에 거주하던 말레이족 또한 이슬람화되어 이슬람 문화의 영향을 받았습니다.

◇ 036 ◇
오스만 제국의 기세

⇁ 셀주크 제국 ⇃

중앙아시아에서 남하해 카스피해 남부로 진출한 튀르크족 일파 셀주크 튀르크족은, 이슬람 국가들을 합쳐서 셀주크 제국(1038~1157년)을 세우고 바그다드를 도읍으로 삼았습니다. 그리고 소아시아에 진출해 비잔틴(동로마) 제국을 위협했으며 십자군 원정을 일으켰습니다. 하지만 12세기 중반에 분열되어 호라즘 왕국에 의해 멸망합니다. 호라즘 왕국은 11세기 말 셀주크 제국의 노예 출신 튀르크인이 세운 이슬람 국가입니다. 중앙아시아 북서부와 이란을 지배했지만, 이 또한 칭기즈 칸에게 멸망당했습니다.

⇥ 오스만 제국의 흥기 ⇤

사파비 왕조는 16세기 초반 페르시아 전역을 통일했습니다. 시아파를 국교로 정하고 수니파의 중심 세력인 오스만 제국과 격렬히 대립했으나 결국 아프가니스탄인에게 멸망을 당하게 됩니다.

오스만 제국은 소아시아에서 생겨났고, 처음에는 셀주크 왕조에게 복속되었던 곳입니다. 하지만 셀주크 왕조 멸망 후 1299년 비잔틴 제국이 쇠약해진 틈을 타 나라를 세웠습니다. 그때부터는 비잔틴 제국의 영토를 계속해서 침략했지요. 오스만 제국의 바예지드 1세는 십자군을 격파하고(니코폴리스 전투, 1396년) 발칸 반도의 대부분을 지배했습니다. 티무르 제국과의 전투에서 패하긴 했지만 순식간에 세력을 회복합니다.

메흐메트 2세(재위 1451~1481년)는 1453년 콘스탄티노플을 공격하여 마침내 비잔틴 제국의 역사에 종지부를 찍었습니다. 메흐메트 2세는 밤중에 튀르크 함대를 육지에 올린 뒤 사람과 소떼로 배를 끌어 이동시켰습니다. 상륙은 했지만, 콘스탄티노플은 요새가 견고해 50일이 지나도 함락되지 않았습니다. 그때 콘스탄티노플은 성문 하나를 닫는 걸 잊어버렸습니다. 그곳에 튀르크 병사들이 와르르 밀어닥쳐 시내에 진입했다는 이야기가 전해집니다. 혼란 속에 마지막 비잔틴 황제는 전사했습니다. 콘스탄티노플은 이후 오스만 제국의 수도가 되었고, 이스탄불이라는 이름으로 바뀌었습니다.

동로마 제국을 멸망시킨
메흐메트 2세

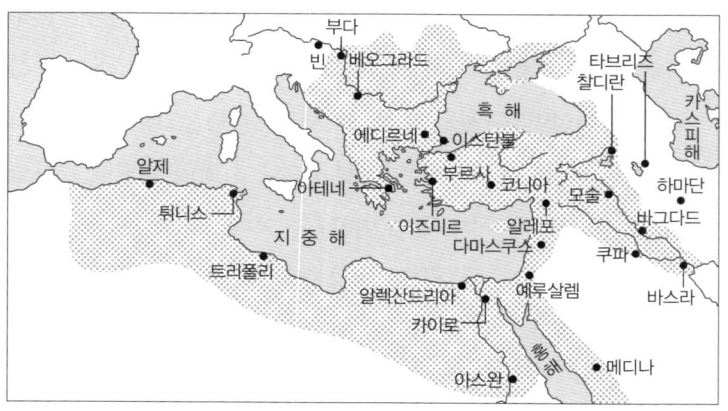

오스만 제국의 최대 판도

술탄-칼리프 제도

그때부터 오스만 제국은 파죽지세였습니다. 16세기 초까지 세르비아와 알바니아를 병합하고, 사파비 왕조 페르시아를 부수었으며, 이집트의 이슬람 왕조를 무너뜨립니다. 그렇게 유럽, 아시아, 아프리카에 걸친 대제국이 되었습니다.

셀림 1세(재위 1512~1520년)는 아바스 왕조의 자손에게서 칼리프 직위를 양도받아 정교일치의 술탄-칼리프 제도를 확립했습니다(술탄이란 전제군주라는 뜻). 제10대 황제 쉴레이만 1세(재위 1520~1566년) 때 세력은 정점에 달했습니다.

오스트리아의 수도 빈을 두 번이나 포위 공격하거나(이때 커피가 빈에 전해졌다고 합니다) 종교 개혁이 한창이던 시기에 프랑스와 동맹을 맺고 독일 황제 카를 5세를 위협했습니다. 지중해에서는 로도스섬과 그 외 섬들을 병합하고, 튀르크 함대가 스페인·베네치아·교황 연합 함대를 격파(프레베자 해전, 1538년)하는 등 멈출 수 없는 기세였습니다. 그러나 레판토 해전(1571년)에서 스페인·베네치아 연합 함대에게 패하며 지중해 해상 패권을 잃게 됩니다.

이를 계기로 오스만 제국의 세력은 기울기 시작해 발칸 반도에서 후퇴하게 되었습니다. 그리스 독립 전쟁(1821~1829년)* 이후 여기에 영향 받은 발칸 반도의 기독교 주민들이 민족 운동을 벌이고 유럽 열강의 개입과 압박이 더해지면서 제국의 쇠락은 분명해졌습니다.

오스만 제국은 70여 년이라는 오랜 세월 동안 지중해를 제압하고 동서 무역을 독점하며 경제적 번영을 누렸습니다. 또한 술탄-칼리프의 보호로 문화도 번성할 수 있었지요. 오스만 제국의 문화는 비잔틴 문화의 영향을 크게 받았는데, 이스탄불에 있는 장대한 쉴레마니예 모스크가 대표적인 건축물입니다.

⇢ 아시아 전제국가의 약점 ⇠

본 장에서는 서남아시아 세계를 살펴보았습니다. 중앙아시아의 티무르 제국, 인도의 무굴 제국, 중동의 오스만 제국, 모두 전제국가입니다. 하지만 유럽 절대주의 국가와의 차이는 점점 분명해집니다. 국가 구조와 정치 조직이 구태의연하고 어떤 근대성도 찾아볼 수 없어요.

유럽의 경우, 절대주의 군주는 관료 제도를 정비해서 관료들을 수족처럼 부렸습니다. 상비군과 경찰을 두고 왕권 강화, 국내 질서 유지, 외적 침입 방어, 대외 전쟁 대비를 해나갔습니다. 상업 자본가와 손을 잡아 부국강병을 도모했고, 농민 또한 점차 중세적 속박

✦ 1821년 오스만 제국에 대한 그리스의 독립운동으로 시작된 전쟁. 나중에 영국, 프랑스, 러시아 등 유럽 열강이 그리스를 지원하며 전쟁은 오스만 제국과 열강 간의 국제적 충돌로 확대되었다. 1827년 그리스의 나바리노만(지금의 필로스)에서 벌어진 해전의 승리가 결정적으로 작용하여 1830년 그리스는 마침내 독립국으로 승인된다.

쉴레마니예 모스크
오스만 왕조 최전성기의 술탄인 쉴레이만 1세가 1550~1557년에 창건.

에서 해방되기 시작합니다. 이 모든 일이 수미일관하게 진행되었습니다.

그런데 아시아 전제국가는 이러한 점에서 명백히 뒤처져 있었습니다. 유럽 열강이 아직 아시아에 눈을 돌리지 않았던 동안에는 태평한 꿈에 젖어 있는 것도 가능했을 테지요. 하지만 한번 눈을 돌리자, 아시아 국가들은 속절없이 그들의 먹잇감이 되어 결국 망국의 비운을 맞이합니다. 가장 오랜 역사와 문화를 지닌 중국조차 그러했습니다.

한눈에 보는 '서남아시아 세계'

아라비아 반도의 유목민들 사이에서 마호메트가 등장합니다. 그는 이슬람교를 창시하고 아라비아 반도의 여러 부족을 종교·민족적으로 통일해 이슬람 제국의 기초를 다졌습니다. 마호메트 사후 후계자인 칼리프는 정치와 종교 양 권력을 쥐었습니다. 다섯 번째 칼리프에 이르러 우마이야 왕조를 열었고, 정복 사업을 진척시켜 동쪽으로는 중앙아시아와 북서 인도, 서쪽으로는 비잔틴 제국과 국경을 맞대는 이슬람 제국을 형성했습니다. 질풍 같은 기세로 아프리카 북부 연안을 따라 이베리아 반도에 상륙한 뒤 서유럽을 공격하기도 했습니다.

그 후 아랍 민족주의를 비판하며 봉기한 아바스 가문에게 우마이야 왕조가 쫓겨나면서 이슬람 제국은 동서로 분열됩니다. 동쪽의 아바스 왕조는 9세기경 동서양 문명을 모두 흡수하며 독특한 이슬람 문화의 꽃을 피웠습니다. 학문 중 자연과학 분야에서는 그리스와 인도의 영향을 받아 수학·물리학·천문학·화학·의학이 눈부시게 발전했습니다. 그 학문은 유럽에 역수출되어 훗날 르네상스에 큰 영향을 끼칩니다.

놀라운 것은 이슬람교 권역의 확대입니다. 이집트에는 파티마 왕조가 세워졌습니다. 뒤이어 튀르크계의 살라딘 아이유브가 아이유브 왕조를 세우고 시리아와 메소포타미아를 정복합니다. 중앙아시아에서는 이란계의 사만 왕조, 부예 왕조가 이슬람 왕조를 세웠습니다. 아프가니스탄에 사만 왕조로부터 독립한 가즈니 왕조가 나라를 세움으로써 중앙아시아도 이슬람화됩니다.

중앙아시아 북쪽에서 일어난 셀주크 튀르크족도 이슬람교를 믿었고, 셀주크 제국의 도읍 바그다드는 이슬람 학예의 중심이 되었습니다. 셀주크 제국은 소아시아에 진출해 비잔틴 제국과 힘을 겨루게 되는데, 이는 십자군 원정의 발단을 제공했습니다. 셀주크 제국이 쇠퇴한 후, 14세기 후반에 칭기즈 칸의 자손이라 자칭하는 티무르가 나타나 중앙아시아를 지배했습니다. 도읍 사마르칸트는 중앙아시아에서 국제적 상업 도시로 번성했습니다.

인도는 어땠을까요? 굽타 왕조가 쇠약해진 뒤 바르다나 왕조가 북인도에서 일어났지만 1대 만에 멸망하고, 인도는 소국 분립 시대에 들어섰습니다. 8세기 초반부터 시작된 튀르크계 이슬람교도의 침입이 11세기에 본격화됩니다. 그들은 가즈니 왕조와 고르 왕조를 세웠습니다. 13세기 초반 고르 왕조의 인도 지역 총독이었던 아이바크 장군이 델리를 도읍 삼아 인도에서 최초의 이슬람교 국가를 세웠습니다. 이 나라는 왕위를 이은 자 중에 노예 출신이 많았기 때문에 노예 왕조라 불립니다. 노예 왕조가 멸망한 뒤 300년 동안은 튀르크계 왕조가 흥망을 되풀이했고, 그 사이에 이슬람교는 남인도까지 전파되었습니다. 그 결과 남인도에 자리 잡았던 힌두교도와의 대립이 격렬해졌습니다.

16세기 초반, 중앙아시아에 등장한 바부르는 자신을 티무르의 후손이라 칭하며 북서 인도에 침입했습니다. 아프가니스탄부터 인도 대부분을 아우르는 무굴 제국을 건설하며 델리를 도읍으로 삼습니다. 무굴 제국은 아크바르와 아우랑제브 황제 통치기에 가장 번영했습니다. 이슬람 문화와 인도 문화가 하나로 융합되는 시대였습니다. 하지만 아우랑제브 황제 사후, 무굴 제국은 쇠약해졌고 이를 틈타 영국과 프랑스가 침략하기 시작했습니다.

티무르 제국이 와해되고 나서 이란에 사파비 왕조 페르시아가 발흥하여 이란 전역을 통일했습니다. 사파비 왕조 페르시아는 이슬람교의 시아파를 국교로 삼아 정통 수니파인 오스만 제국과 대립했습니다. 도읍 이스파한이 무굴 제국의 도읍 아그라와 이슬람 문화권의 중심을 다툴 정도로 번성했지만, 18세기 중반 아프가니스탄인에 의해 멸망하게 됩니다.

이 페르시아를 대신해 중동을 지배한 것이 오스만 제국이었습니다. 오스만 제국은 발칸 반도 대부분을 손에 넣고 콘스탄티노플을 함락시키며 비잔틴 제국을 무너뜨렸습니다. 쉴레이만 1세 때에 세력은 절정에 달했습니다.

이슬람교 권역은 이렇듯 나라와 민족이 나뉘면서도 일상생활부터 국가 행사까지 세세히 규정한 《코란》에 정신적인 바탕을 두고 있어, 같은 신앙 아래 강한 연대감을 가질 수 있었습니다.

IV
유럽이 만들어진 이야기

◇ 037 ◇
게르만 민족의 대이동

⇢ 게르만인과 로마 제국 ⇠

게르만인은 독일 북부와 발트해 연안에 살던 인도유럽어족입니다. 원래 살던 곳에서 러시아쪽으로 이주한 사람들을 동게르만, 갈리아(지금의 프랑스)로 이주한 사람들을 서게르만, 살던 곳에 머무른 사람들을 북게르만이라 부릅니다.

게르만인은 목축과 수렵 그리고 기초 수준의 농경을 하며 생활하고 있었습니다. 부족별로 자체 규칙을 만들어 공동체를 꾸렸던 것 같습니다. 이들의 성격은 용맹했고, 생활은 소박했습니다.《에다》라는 북유럽 신화와 영웅 전설을 읽어보면 게르만인의 기풍을 엿볼 수 있습니다.

점점 남쪽으로 내려간 동·서게르만인은 라인강 또는 도나우강 주변에 살게 되었습니다. 그중에는 로마군 병사로 기용되는 이들도 있었습니다.

4세기 중반이 지나자 중앙아시아의 유목 기마 민족인 훈족이 유럽에 침입했습니다. 게르만인은 그들의 압박을 받아 마치 눈사태가 쏟아지듯 한꺼번에 로마 제국 땅으로 옮겨갔고, 그곳에 제각기 부족 국가를 세웠습니다. 이 민족 대이동의 와중에 서로마 제국은 멸망했습니다(476년). 그러나 게르만 부족 국가는 다른 세력에 의해 멸망하거나 자멸하여 대부분이 단명했습니다.

프랑크족과 로마 교회

단 하나의 예외가 있었으니, 바로 프랑크족이었습니다. 원래 살던 곳에서 그다지 멀지 않은 갈리아 지방으로 이동한 덕택도 있겠지요. 프랑크족의 한 일파인 잘리어프랑크족의 부족장이던 클로비스(재위 481~511년)는 전 프랑크족을 통일하고, 486년에 파리를 도읍으로 둔 프랑크 왕국(메로빙거 왕조)을 세웠습니다.

클로비스의 또 하나 특기할 점은, 여느 프랑크인처럼 전통적인 다신교를 믿던 그가 가톨릭으로 개종해 로마 교회와 연을 맺음으로써 프랑크의 발전을 로마 교회에게 인정받았다는 것입니다.

그런데 이때 생각지도 못한 사건이 일어납니다. 이슬람 제국이 성립하면서 그 일부가 이베리아 반도로 쳐들어와 게르만인의 서고트 왕국을 멸망시키고 질풍처럼 서유럽을 침공한 것입니다. 프랑크 왕국의 중신 카를 마르텔은 투르-푸아티에 전투(732년)에서 승리를 거두며 이슬람 세력을 격퇴했습니다. 마침내 형성되려다가 이슬람의 공격에 위태로워진 서유럽 기독교 세계를 프랑크 왕국이 구해낸 셈입니다. 이로 인해 클로비스 1세 이후 프랑크 왕국과 로마 교회의 관계는 한층 긴밀해졌습니다.

하지만 시간이 지나면서 메로빙거 왕조에서는 잦은 전쟁 출장과 경제난, 왕실 내 상속 다툼이 이어지며 왕이 권력을 잃어갑니다. 실질적인 행정을 고위 귀족들이 수행하게 되었는데, 그중에서도 영향력이 컸던 카를 마르텔이 두각을 나타냈습니다.

결국 카를 마르텔의 아들 피핀(714~768년)은 프랑크의 메로빙거 왕조를 폐하고 카롤링거 왕조를 열었습니다. 로마 교황이 이 왕조를 인정해주는 대신, 피핀은 교황에게 중부 이탈리아 땅을 기증합니다('피핀의 기증'). 이것이 교황령의 기원입니다.

더불어 피핀의 아들 카를 대제(재위 768~814년)는 다른 게르만족들을 정복해 서유럽을 통일하고, 교황으로부터 황제의 관을 수여받아 서로마 제국을 다시 부흥시켰습니다. 이 일련의 사건은 서유럽의 미래를 결정짓는 중대한 사건이었기에, 뒤에서 다시 이야기하겠습니다.

⇥ 바이킹 ⇤

 민족 대이동 이후의 혼란은 프랑크 왕국의 힘으로 수습되었습니다. 서유럽 세계는 차츰차츰 형태를 갖추어갑니다. 그런데 애초부터 원주지에 머무른 북게르만인은 어떻게 되었을까요?
 북게르만인('노르만인'이라고도 합니다. 노르만이란 북쪽 사람을 뜻해요)은 다른 곳으로 이주한 동·서게르만과 행동을 함께하지 않고 발트해 연안의 스칸디나비아 반도에 그대로 머물렀습니다. 8세기 후반까지는요.
 그 시점이 지나자 이들은 돌연 활발하게 움직이기 시작합니다. 주특기인 항해술을 발휘해 발트해와 북해를 누비면서 상업 활동을 벌이고 유럽 북서부를 거세게 약탈하기도 했습니다. 이들 노르만인을 가리켜 '바이킹(만灣에 사는 사람)'이라고 부릅니다.
 민족 대이동의 제2차 물결이라 할 수 있는 이런 변화도 유럽의 모습이 형성되는 데 기여했습니다. 노르만인이 자꾸 북프랑스에 나타나 못살게 굴자, 서프랑크(프랑스) 왕은 아예 그쪽 영지를 주고 노르망디 공국*(911년)을 허용했습니다. 그들이 정착하고 살게 함으로써 위협을 없애고 싶었지요. 프랑스 왕가 입장에서 봤을 때 노르망디 공국은 사실상 적과 다름 없었기에 아주 나중인 13세기 중

✦ 공작(公爵)은 왕 다음으로 높은 귀족 계급으로, 그가 다스리는 영지 또는 나라를 공국(公國)이라고 부른다.

노르만인의 배
길이 약 20미터, 폭 5미터, 깊이 1미터의 멋들어진 유선형 배. 9세기에 활약했습니다. 스웨덴의 고틀란드섬에서 출토.

반에 이르러서야 비로소 프랑스 왕국의 일부로 속하게 됩니다.

나아가 노르만인은 동유럽 지역에 침입해 슬라브인을 지배하고 862년에 노브고로드(러시아어로 신도시라는 뜻) 공국을 세웠습니다. 이 공국은 나중에 키예프로 중심을 옮겨 키예프 공국이 되며, 오늘날 러시아, 우크라이나, 벨라루스 등 동유럽 국가들의 역사와 정체성의 뿌리를 형성합니다. 도읍 키예프는 소련의 일원이었던 현 우크라이나의 수도입니다.✦

바이킹의 일파인 데인인은 8세기 말부터 잉글랜드에 침입해 기존에 거주하던 앵글로색슨인(서게르만인 중 잉글랜드로 이주한 일파)과 격렬하게 싸웠습니다. 결국 1066년 노르망디 공국의 윌리엄 공작이 헤이스팅스 전투✦✦에서 승리해 잉글랜드를 정복합니다. 잉글랜드 기존 사회는 노르만의 문화 유입으로 큰 변화를 맞이하게 되었습니다. 역사의 한 전환점으로 여겨지는 이 사건은 '노르만 정복Norman conquest'이라 불리고 있습니다.

11세기 후반에 이르면 프랑스 노르망디에 정착해 있던 노르만인이 남부 이탈리아를 공격해 이슬람교도를 쫓아내고 시칠리아섬을 점령합니다. 1130년에 시칠리아 왕국을 건국하지요. 노르만인

✦ 2022년 러시아의 우크라이나 침공 이후 국제사회는 키예프를 우크라이나어 발음인 '키이우'로 주로 표기한다.

✦✦ 영국 남동부 헤이스팅스에서 노르망디 공국의 윌리엄과 잉글랜드 국왕 해럴드 2세의 군대가 치룬 전투. 몹시 치열했던 이 전투에서 승리한 윌리엄은 잉글랜드 왕 윌리엄 1세로 등극하였고, 노르만 왕조가 성립되었다.

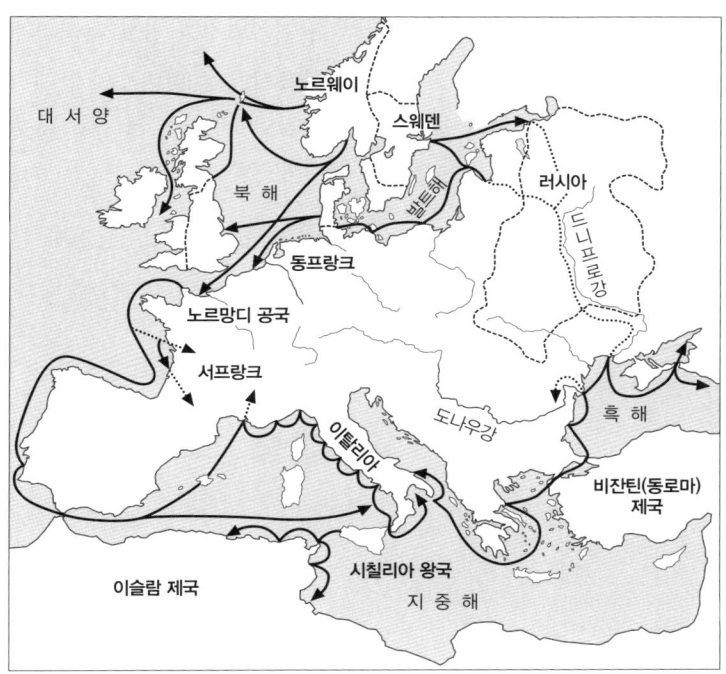

노르만인(북게르만인)의 이동

은 또한 아이슬란드, 그린란드를 발견해 식민지를 확장하고 현재의 북아메리카, 뉴잉글랜드에까지 다다릅니다. 콜럼버스의 아메리카 발견보다 500년이나 먼저요. 실로 해적 민족다운 본능을 발휘했다고나 할까요.

이렇게 처음에는 아주 사나운 표정을 짓고 있던 노르만인도, 어느새 각지의 선주민과 동화되어 온화한 성격으로 변해갔습니다. 그리고 다른 게르만인들처럼 기독교로 개종했습니다.

◇ 038 ◇

카를 대제의 대관

⇁ 서유럽 세계의 통일 ⇃

서기 800년 12월 25일, 크리스마스 날이었습니다. 프랑크 왕국의 왕 카를은 아헨(지금의 독일 서부)의 궁정에서 저 먼 로마로 떠나, 성 베드로 성당에서 로마 교황 레오 3세에게 로마 황제의 관을 수여받았습니다. 그 모습을 지켜보던 관중들은 일제히 외쳤습니다.

"고귀한 카를, 신에게 관을 하사받았다! 위대하고 평화로운 로마인의 황제 만세!"

이 사건이야말로 장차 유럽의 방향을 결정하는 데 중대한 의미를 품고 있었습니다. 왜 중대한 의미가 있었을까요?

앞장에서 본 것처럼 카를은 다른 게르만족을 치고 스페인의 이슬람교도와 싸워 당시의 서유럽을 평정했습니다. 즉, 카를은 게르만 민족의 대이동 후 혼돈에 빠진 서유럽 세계를 통일하고 발전의 기초를 닦은 것입니다.

카를 대제의 아들인 루트비히가 사망한 후 프랑크 왕국은 루트비히의 세 아들이 나눠 갖게 됩니다. 동프랑크(둘째 아들), 서프랑크(셋째 아들), 중부 프랑크와 이탈리아 북부(첫째 아들, 840년에 황제로 등극), 이렇게 삼분할된 결과를 '베르됭조약'(843년)이라고 합니다. 그리고 이 베르됭조약과 메르센조약(870년, 중부 프랑크를 동·서프랑크가 분할)에 의해 지금의 독일, 프랑스, 이탈리아로 나뉘게 됩니다. 이렇게 보면, 카를이 이 세 나라를 낳은 기원이었다고도 할 수 있습니다.

로마 교회와의 관계

다음으로 카를 대제와 로마 교황·로마 교회의 결탁에 주목해야 합니다.

로마 교회는 콘스탄티노플(비잔틴) 교회와 함께 기독교 세계를 양분할 만큼의 세력을 얻었습니다. 로마 교회의 수장인 교황의 권위도 자연스럽게 높아졌습니다. 실제로 교황 중에 빼어난 인재들이 나와서 게르만인에게 열심히 포교해나갔습니다. 훈족의 아틸라 왕을 설복한 레오 1세와 게르만족 포교에 성공한 그레고리우스 1세가 대표적입니다.

콘스탄티노플 교회와 이슬람 세력에 맞서기 위해 로마 교황은 게르만인 유력자와 손을 잡아야 했고, 프랑크 왕국이 이에 응했습니다. 따라서 프랑크 왕국의 세력이 커지면 커질수록 로마 교회의 포교도 유리해졌지요. 동시에 프랑크 왕국도 로마 교회의 권위를 등에 업고 자신의 권세를 늘려나갔습니다. 800년 카를 대관식에서 로마 교회와 프랑크 왕국의 제휴는 정점에 달했습니다.

로마의 부활

그러면 카를이 로마 황제의 관을 수여받은 일에는 어떤 의의가 있는 걸까요?

서로마 제국이 멸망한 뒤에도 '로마는 영원하다'라는 생각은 계속 살아 있었습니다. 언젠가는 누군가가 로마를 부활시킬 것이라는 기대가 사람들의 마음속 깊숙이 자리 잡고 있었지요. 이 기대를 충족시킬 사람으로 바로 카를이 나타난 것입니다. 그동안은 겉으로나마 동로마 황제를 따랐지만, 서로마 황제가 된 프랑크 국왕은 드디어 대등한 입장에 섰습니다.

카를은 서로마 제국을 부활시키기만 한 게 아닙니다. 신의 대리인인 로마 교황에게 관을 수여받았기 때문에 종교적으로도 정통성을 인정받았습니다. 로마 교황이 유럽 기독교계의 종교적 지도자라고 한다면, 프랑크 국왕은 정치적 지도자여야 했습니다. 이러한 카를의 사명은 프랑크 왕국에서 갈라져 나간 동프랑크, 즉 훗날 독일의 국왕이 신성 로마 황제라고 칭해질 때(962년)까지도 쭉 이어졌습니다.

⇝ 카롤링거 르네상스 ⇜

마지막으로 놓쳐선 안 될 점이 있습니다. 카를 본인에게 대단한 교양은 없었지만, 그는 고전 문명을 보호하고 게르만의 옛 노래를 보존하며 궁정에 학교를 세우는 등 고전 문화를 재건하려 힘썼다는 것입니다. 이를 '카롤링거 르네상스'라고 부릅니다. 그 중심에 있던 사람은 카를이 초청한 영국의 신학자 앨퀸(735년경~804년)이었습니다. 이런 측면에서 카를은 서유럽의 정치적 통일, 로마 교회와의 협력, 고전 문명의 부흥 등 중세를 형성하는 여러 요소를 통합한 인물이라 볼 수 있습니다.

여기까지 보면 여러분은 카를 대제를 아주 위풍당당한 제왕, 신앙이 두터운 기독교 신자로 생각할지도 모르겠습니다. 하지만 실상은 달랐습니다. 오히려 카를은 게르만인의 기질이 넘쳐났습니다. 앨퀸의 제자이자 카를의 궁정에서 일한 아인하르트(770년경~840년)는 이렇게 기록하고 있습니다.

"카를은 키가 크고 머리는 둥글며 큰 눈과 코를 가졌고 은발이었다. 노년까지 매우 건강했고 식욕이 왕성했는데, 특히 고기구이를

카를 대제

좋아했다. 와인 제조법을 널리 퍼뜨렸지만 본인은 술을 즐기지 않았다. 정식 결혼은 네 번 했다. 스무 명에 가까운 자녀를 두었다. 영지를 순회하며 살았다. 가족을 모두 데리고 다녔기 때문에 한번 움직이면 소란스러웠다."

왕의 거처인 아헨 궁정은 이름뿐이었고, 여기저기를 돌아다니며 살았던 것입니다. 중세의 황제나 국왕은 대개 이런 식으로 살았습니다.

039 로마 교회의 전성기

⇾ 부유한 로마 교회 ⇽

로마 교회는 게르만인들에게 일찍부터 포교를 시작했습니다. 포교가 진행되면서 전 서유럽이 기독교에 감화되자 교회는 중세에서 단 하나의 종교적·정신적 권위로 추앙받게 되었습니다.

종교적·정신적 권위뿐만 아니라 현실 사회적인 세력도 갖추고 있었습니다. 교황과 성직자는 왕이나 제후들에게서 기증받은 토지와 재물들로 부유했기 때문입니다.

대성당은 좁고 더러운 마을 위에 성처럼 우뚝 솟아 있었습니다. 즉 종교 지도자가 세속 사회의 영주와 다르지 않았던 것입니다. 당연히 로마 교회의 수장인 교황의 권세는 강해졌습니다.

⇥ 카노사의 굴욕 ⇤

그러한 권세를 바탕으로 교황은 종종 독일 황제나 영국과 프랑스 국왕에게 간섭했습니다. 가장 유명한 사건은 교황 그레고리우스 7세(재위 1073~1085년)와 독일의 왕이자 신성 로마 제국의 황제인 하인리히 4세(재위 1056~1106년)의 싸움입니다.

11세기에 들어서자 성직자들 사이에서는 성직을 사고팔거나 아내를 두는 악폐가 생겨나기 시작했습니다. 그레고리우스는 전부터 이를 바로잡아야겠다고 생각하고 있었습니다. 그리고 성직자가 타락한 것은 애초에 성직자를 임명할 권리('서임권')가 신성 로마 황제, 각국 국왕, 제후 등 세속 권력의 손에 있기 때문이라고 판단했습니다. 그래서 세속의 어느 누구도 성직자 임명을 할 수 없다는 교황 칙서를 발포합니다. 황제 하인리히는 이를 거부했고요. 즉, 교황이 서임권을 황제로부터 빼앗으려 했던 것이 사건의 발단입니다. 하인리히는 교황에게 파문당하고 독일 제후들에게도 외면당했습니다.

'파문'이라는 말은 현대에 사는 우리에게는 잘 와 닿지 않지요. 그러나 당시 파문은 교회의 가장 엄한 처벌이었습니다. 황제나 국왕이 파문당하면 가신들은 왕에게 더 이상 충성을 다할 필요가 없고 일반 시민들은 그가 죽어도 장례를 치러주지 않았습니다. 영어로 파문을 'Excommunication'이라 합니다. 이는 공동체^{communion}에서 추방한다$^{ex-}$는 뜻입니다.

곤경에 처한 하인리히는 그레고리우스가 머물던 이탈리아 북부 카노사성에 찾아갔습니다. 사흘간 눈이 내리는 가운데 문밖에 서서 용서를 구했고, 겨우 용서를 받았습니다. 이 사건이 '카노사의 굴욕'(1077년)입니다. 하지만 그 후에도 황제와 교황 사이의 갈등은 가라앉지 않았습니다.

⇥ 교황권과 봉건제 ⇤

카노사의 굴욕으로 대표되는 알력 다툼에서 우세해진 로마 교황권은 12~13세기에 전성기를 맞이합니다. 교회는 종교적인 세력일 뿐만 아니라 현실 사회적인 세력이라고도 말씀드렸지요. 교황권의 구조가 봉건 사회의 구조와 맞아떨어졌기 때문입니다.

로마 교회에서는 교황을 정점으로 하여 대주교, 주교 그리고 사제에 이르는 피라미드형 계층 구조를 형성하고 있습니다. 이를 '로마 교회의 하이어라키Hierarchy(교계 제도)'라 합니다.

왕을 정점으로 제후, 기사 그리고 가장 아래에 농민이 있는 유럽 봉건 사회의 피라미드형 계층 구조와 닮지 않았나요? 이때의 계층이란 말하자면 신이 정한 질서와 다름없으며, 이 질서를 어기는 자는 즉시 벌을 받습니다.

요컨대 중세 로마 교회는 봉건 사회의 존속을 도모하는 역할을 했습니다. 이 사실을 꼭 알아두셨으면 합니다. 교황권의 전성기가 봉건 사회의 완성기와 일치하는 것은 결코 우연이 아닙니다.

⇥ 수도원 운동 ⇤

이렇게 로마 교회의 세력이 커지자 여러 가지 폐해가 발생하는 것을 피할 수 없었습니다. '십일조'라는 것이 있어서 농민들은 수확량의 1할을 교회에 바쳐야 했습니다. 농민은 가난하고 반대로 교회는 부유해지는 이상한 일이 벌어졌습니다. 부는 자칫하면 세속화나 타락의 근원이 되기 쉽지요. 그래서 교회 내부에서도 개혁 운동이 일어납니다. 그 결과가 바로 '수도원Abbey'입니다.

이탈리아인 베네딕투스(480년경~543년경)가 중부 이탈리아에 수도원을 세운 일이 유럽 수도원의 시작이자 이후 수도원의 모범이 되었습니다. 수도원에서는 검소할 것, 청렴히 생활할 것, 복종할 것을 엄격하게 규정했습니다. 수도사들은 공동생활을 하면서 신께 기도하고 독서하며 농사를 지었습니다. 불교의 승려와도 닮았지요. 한편 수도사는 보다 적극적인 노동의 자세를 취하기도 했습니다. 민중을 교육하거나 농사일을 가르쳤습니다. 고대 학문을 보존하는 데에도 힘썼습니다. 맛있는 와인을 만들어 이름을 날린 수도원까지 있습니다. 수도원이 중세 문화사에서 차지하는 의미는 결코 작지 않습니다.

그렇지만 교회의 세속화를 개혁하기 위해 세워진 수도원도, 언제부턴가 일반 교회와 다를 바 없는 세속화의 물결에 휩쓸리고 맙니다. 그래서 10세기 초에는 클뤼니 수도원, 11세기에는 시토 수도원, 13세기에는 프란체스코회와 도미니코회 등의 수도회가 생겨나 수도원에 대한 개혁을 일으켰습니다. 독일 황제 하인리히 4세와 다투었던 그레고리우스 7세는 엄격한 계율로 유명한 클뤼니 수도원 출신입니다. 이 수도원은 개혁 운동의 중심이 되었습니다. 하지만 수도원 개혁 운동은 어디까지나 로마 교회라는 틀 안에서 이루어진 일이었습니다. 중세 로마 교회에 대항해 외부에서 개혁의 불씨가 타오른 것은 훨씬 나중인 16세기의 일입니다.

◇ 040 ◇
봉건 사회의 구조

⇥ 봉건제의 기원 ⇤

'봉건'이라는 말은 중국의 주나라가 처음 사용했지만 왕과 고위층이 씨족적·혈연적으로 맺어져 있었다는 점에서 계약에 기초한 유럽 중세의 봉건제와는 다릅니다. 그러니 새로이 유럽 중세의 봉건제를 살펴보기로 합시다.

봉건제는 로마 말기 사회와 게르만 사회 두 곳에서 기원합니다. 로마 시대에는 주군이 가신에게 토지를 수여하는 '베네피키움^{Beneficium}' 제도가 있었습니다. 베네피키움이란 봉토를 의미합니다. 게르만 사회에도 비슷한 제도가 있었습니다. 주군은 가신을 보호하며 봉토를 주었고, 그 대가로 가신은 주군에게 충성을 맹세하고 군역에 봉사할 의무를 집니다. 여기서 주군과 가신 사이에 봉토를 매개로 한 보호·충성 관계가 발생합니다. 이 가신제는 양쪽이 서로 의무를 지는 쌍무적 계약에 기초하며 혈연 관계는 없습니다.

 이와 같이 로마 말기와 게르만 사회에서 시행된 두 제도는 민족 대이동 시기를 거쳐 메로빙거 왕조 시대에 하나로 합쳐졌습니다. 그리고 프랑크 왕국이 이슬람군의 침입에 대비해 기사들을 더 양성할 수 있도록 토지를 수여한 후부터는 매우 급속도로 발달했습니다. 프랑크 왕국 그 자체는 해체됐어도, 이 제도는 계속해서 이어지면서 서유럽 전역에 퍼졌습니다. 당시에는 국가 권력이 약했기 때문에 국가를 대신할 정치·사회 질서로 봉건제가 9세기부터 12세기에 걸쳐 발달해갑니다.

⇥ 불입권 ⇤

 베네피키움은 원래 한 세대에 한정돼 있었습니다. 주군으로부터 받은 것이 아니라 일시적으로 제공된 것이었지요. 그러나 실제로는 세습되어 사유지와 다름없는 것이 되었습니다.

 이런 현상이 자리 잡으면서 영주는 자기 영지 내에서 행정권과 재판권을 행사할 수 있었습니다. 자연히 지방 분권화가 빠르게 진행되었지요. 근대 중앙 집권 국가와는 반대인 셈입니다.

 주종·군신 관계는 엄격했고 신분 차별이 철저했습니다. 국왕을 정점으로 제후와 기사가 그다음, 가장 하층에는 농노가 있는 피라미드형 계층 사회가 형성됐지요. 하지만 국왕이 정점에 위치한다고는 해도, 명목상일 뿐이었습니다. 최고 최대의 권력자는 국왕이 아니었어요. 제후와 기사가 영주로서 제각기 영내에 세력을 떨치고 있는 이상 국왕의 명령은 거기까지 미칠 수 없었습니다.

어려운 단어지만 이를 '불수불입권'이라 부릅니다. 불수^{不輸}는 영주가 장원에 대한 세금 납부 의무를 면제받을 수 있는 특권을, 불입^{不入}은 영주가 국가 관료의 출입을 거부할 수 있는 특권을 뜻합니다. 봉건 영주들이 두꺼운 벽이 되어 국왕과 민중 사이를 가로막고 있던 것이지요.

⇢ 장원제와 농노 ⇠

베네피키움과 불수불입권을 봉건 사회의 상부구조로 본다면, 농노가 일하는 장원제는 하부구조라 할 수 있습니다. 지배 계급인 왕·제후·기사는 많든 적든 장원을 소유하고 있었습니다. 이 장원에서 그들을 위해 또한 자신을 위해 일하는 사람이 농노입니다.

농노는 고대 노예처럼 완전한 부자유민은 아니었습니다. 토지를 빌려 받고 가축이나 농기구 같은 생산 수단과 약간의 인격적 자유도 가졌습니다. 그러나 거주지와 직업을 선택할 자유는 없어서 영주와 그 땅에 평생 매여 살아야 했습니다. 땅과 함께 사고팔리기도 했습니다. 영주를 위해 주 2~3일 무상 노동을 하고(이를 '부역'이라 합니다) 수확물을 영주에게 바쳐야만 했습니다(이를 '공납'이라 합니다). 그 외에도 다양한 세금이 부과됐기 때문에 농노의 생활은 몹시 고달팠습니다.

하지만 중세가 점점 저물자 이런 상황에 변화가 일어나기 시작합니다. 유럽 중세 사회는 여러모로 폐쇄적이고 경제도 자급자족이어서 유통이 잘 이뤄지지 않았습니다. 핵심 사업을 꼽자면 '농업'이었습니다. 그런데 장원 내 농업 생산력이 높아지면서 영주에게 바치는 공납 이상으로 생산물이 남아돌게 됩니다.

그러자 이것을 매매하는 상인이 등장하고, 농기구나 일용품을 만드는 수공업자도 나타났습니다. 상인과 수공업자는 일정한 장소에 모여 시장을 형성했습니다. 11~12세기에 이런 시장이 유럽 여기저기서 생겨났지요.

변화는 세금을 지불하는 방법에도 나타나게 됩니다. 농노는 장원 영주에게 부역 의무를 지고 있었습니다. 이것은 노동 지대^{地代}입니다. 공납은 생산물 지대이고요. 그런데 화폐를 유통하는 경제가 돌아가기 시작하면서, 금으로 이 지대들을 납부하는 화폐 지대로 지불 방식이 바뀌기 시작했습니다.

중세 시대의 농촌

봉건제의 역사적 역할

 봉건제를 만악의 근원처럼 말하는 사람들도 있습니다. 하지만 혼돈에 빠진 유럽 중세에 질서와 안정을 가져다준 역사적 역할은 인정하지 않을 수 없어요. 중세는 전쟁, 질병, 기근, 빈곤에 끊임없이 시달린 시대였습니다. 봉건제와 같은 틀로 꽉 죄지 않았더라면 사회는 엉망진창으로 흐트러졌을 것입니다.

 다른 한편으로 봉건제는 사회의 경직, 폐쇄성, 침체를 몰고 왔습니다. 그 때문에 사회 발전을 저해한 것도 사실입니다. 이런 사회 속에서 단 한 곳만은 생생한 활기를 띠었습니다. 바로 '도시'입니다. 그리고 도시의 발달이 봉건 사회를 무너뜨리는 한 요인이 되었습니다.

041
도시의 공기는 자유롭다

→ 중세 도시의 성립 ←

'도시의 공기는 자유롭다'라는 중세 속담은 원래 장원 안의 농노가 도시로 도망쳐 일정 기간(보통은 1년하고도 하루)을 버티면 농노의 신분에서 해방된 데서 유래했습니다.

하지만 이 속담은 단순히 농노 해방에만 관련된 속담은 아닙니다. 유럽 중세 도시가 독특한 구조, 독특한 생활양식을 가지고 있던 점과도 관련됩니다. 사실 도시라는 것 자체는 오리엔트와 중국에도, 그리스와 이탈리아에도 생겨나 번성했습니다. 정치와 문화의 중심 도시, 종교 도시, 상업 도시는 셀 수 없이 많습니다.

그러나 속박이 많은 봉건 사회 속에서 비교적 자유롭고 경제적으로 독립돼 있으며 자치권을 갖고 시민이 공동의 규약을 만든 유럽 중세 도시 같은 예는 달리 찾아보기 힘듭니다. 이런 의미에서 '도시의 공기는 자유롭다'라는 말은 중세라는 수수께끼를 푸는 열쇠가 됩니다.

↣ 중세 도시의 자치 ↢

상업이 부활하면서 11~12세기 북서 유럽과 이탈리아 북부 여기저기서 도시가 생겨났습니다. 도시는 주변 농촌과 성벽으로 분리돼 있었습니다. 그 안은 별천지였지요. 성벽으로 경계를 두른 이유는 물론 방비를 위해서였습니다. 늘 전쟁이 일어나고 도적이 횡행하던 세상이었으니, 도시는 해 뜨면 성문을 열고 해 지면 닫는 식으로 도시민(상인과 수공업자)의 안전을 지켰던 것입니다.

그런데 국왕과 제후는 이런 도시민을 비호했습니다. 왜냐하면 그들에게서 일용품을 얻거나 세금을 걷을 수 있었고, 특히 화폐 경제가 되면서부터는 현금을 손에 넣어야 했기 때문입니다. 그래서 도시에 특별한 권리를 인정하고 봉건 영주로부터 해방시켜 주었습니다. 도시민은 전부터 봉건 영주에게 경제 활동을 구속당하거나 제한받는 일을 피하고 싶었기 때문에 왕후(왕과 제후)와 손을 잡고 그들에게 재정적 지원을 해주었습니다. 왕후로서도 봉건 영주는 국내 통일을 방해하는 존재였으므로 이 점에서 도시민과 이해관계가 맞아떨어졌습니다. 말하자면 '기브 앤 테이크' 관계인 셈입니다.

특별 허가를 받은 도시는 자치권을 바탕으로 그들만의 도시법을 만들고 자치를 위한 정치기관을 구성했습니다. 이들 도시민은 훗날 시민 계급으로 성장하게 됩니다.

그뿐만 아닙니다. 이탈리아와 독일에서는 도시끼리 동맹을 맺고 봉건 제후에 맞서기도 했습니다. 예를 들어 이탈리아 북부의 여러 도시는 12세기 중반 '롬바르디아 동맹'을 맺었고, 특히 북해와 발트해 연안의 독일 도시들이 맺은 '한자 동맹'은 14세기에 최전성기를 맞이해 가입한 도시가 80군데에 달했습니다. 한자 동맹은 공동 육해군까지 갖추고 있었다 하니 얼마나 성대했는지 짐작이 가시나요? 훗날에야 절대주의 국가에게 밀려 쇠퇴하지만요.

'도시의 공기는 자유롭다'는 또 하나 중대한 영향을 미쳤습니다. 농노는 도시민의 자유가 부러워 어떻게든 도시로 도망치려 했습니다. 영주는 농노를 다시 잡아와 재판에 세웠지만, 농노 측도 필사적이었습니다. 이렇게 점점 농노들이 도망치자 장원에서 경작하는 사람이 줄어들고 경제는 타격을 입게 되었습니다. 장원 해체의 한 요인입니다.

미리 말씀드리지만, 모든 도시가 자치권을 얻은 건 아닙니다. 혹 자치권을 얻었더라도 도시 안에서는 여전히 구속이 있었습니다. 대표적인 예로 '길드^{Guild}'를 들 수 있습니다. 상인과 수공업자는 길드라는 동업 조합을 만들어 생산이나 가격을 통제했습니다. 또 그 안에서 엄격한 도제 제도로 도제(견습생)와 직인(견습생의 윗단계. 장인의 보조)을 길러냈습니다. 장인은 길드의 기준에 따라 가르치고 도제는 길드에게 승격 시기를 판정받는 등 엄격한 통제를 받았습니다. 길드는 15세기 무렵부터 쇠퇴하고, 대신 산업이 발전하게 됩니다. 나날이 성장하는 화폐 경제도 이에 박차를 가했습니다.

↣ 독일의 로맨틱 가도 ↢

여기서 잠시 제 작은 추억 하나를 나누고 싶습니다. 예전에 저는 지인과 함께 독일의 관광도로인 로맨틱 가도 Romantische Strasse를 차로 달린 적이 있습니다. 뷔르츠부르크에서 아우크스부르크까지 남쪽으로 향하던 도중 로텐부르크 마을에서 하룻밤을 묵게 되었습니다.

로텐부르크는 타우버강 위에 솟아 성벽으로 둘러싸여 있었습니다. 성문을 지나 안으로 들어가니 중심부에 교회, 시청, 광장, 분수가 있는 오래된 풍경이 우리를 기다리고 있었습니다. 구불구불한 돌길마저도 그대로여서 마치 '살아 있는 중세'라는 느낌이었습니다. 지금 로텐부르크는 독일 관광의 하이라이트가 되었습니다. 제가 방문했을 때만 해도 아직 그리 붐비지 않았는데 말이죠.

관광객이 많이 오는 이유는 신기해서일까요? 아니면, 중세 사람들은 자유가 없었다는 오해에 대한 반성일까요?

어쩌면 로텐부르크에 간직된 중세 도시민의 생활 속에서 현대인이 잃어버린 것, 시민 공동체의 자취를 보고 마음이 평온해지는 것일지도 모릅니다.

로텐부르크 마을의 성벽

◇ 042 ◇
비잔틴 제국의 광영

↠ 유스티니아누스 황제의 공적 ↞

로마 제국이 동서로 갈라진 뒤 서로마는 멸망했지만 콘스탄티노플을 도읍으로 삼은 동로마 제국은 그 후로도 약 1000년 동안 존속했습니다. 콘스탄티노플은 330년 콘스탄티누스 대제가 만들고 자신의 이름을 붙인 도시입니다. 이곳은 로마 제국이 동서로 분열한 후에도 동로마 제국의 도읍이었기 때문에 옛 이름인 '비잔티움'을 따서 동로마 제국을 '비잔틴 제국'이라고도 부릅니다.

비잔틴 제국이 1000년이나 존속할 수 있던 이유는 유럽의 동쪽에 위치하여 민족 대이동의 파도를 피했기 때문입니다. 그로 인해 정치·종교·문화·민족적으로 서유럽과는 다른 발전을 이뤘습니다.

시작이 된 것은 유스티니아누스 황제(재위 527~565년)였습니다.

아프리카 북쪽 해안의 반달 왕국과 이탈리아 북부의 동고트 왕국을 멸망시키고, 서고트 왕국에게서 스페인의 일부를 빼앗아 로마 제국의 옛 영토를 상당 부분 회복했습니다.

유스티니아누스 황제는 말년에 사산 왕조 페르시아와 싸워 지중해를 제압했습니다. 내부 정치에서도 업적을 세웠습니다. 법학자를 시켜 《로마법 대전》을 편찬했습니다. 근대 유럽법의 기초가 된 법이지요. 콘스탄티노플에 하기아 소피아 성당을 세우고 고대 학문과 예술을 보호하기도 했습니다. 콘스탄티노플은 그야말로 정치, 문화, 산업의 대중심지가 되었습니다.

이탈리아 라벤나에 위치한 산 비탈레 성당에는 유스티니아누스를 그린 모자이크화가 있습니다. 양옆으로 병사와 성직자를 거느리고 손에는 성스러운 황금 접시를 든 채 V자 대형의 맨 앞에 당당히 서 있는 제왕의 모습입니다.

하지만 빛나는 황금기는 유스티니아누스 황제 한 세대로 끝났습니다. 7세기에는 이슬람 세력에게 이집트와 소아시아를 빼앗겼습니다. 11세기 이후에는 상황이 점점 악화됩니다. 노르만인에게 이탈리아 남부를 빼앗겼고, 11세기 말 십자군 원정이 시작되자 동방 무역을 이탈리아 도시들에 빼앗기고 쇠락해갔습니다. 북쪽으로는 슬라브인이 쳐들어왔고 소아시아쪽으로는 튀르크인이 침략했습니다.

결국 오스만 제국에게 멸망당하며 비잔틴 제국은 영광의 페이지를 닫았습니다(1453년).

황제교황주의

동로마(비잔틴) 제국의 특색을 몇 가지 들겠습니다.

첫째, 정치 체제입니다. 서유럽 국가들은 봉건제를 시행하는 지방 분권 상태였습니다. 이에 반해 동로마 제국은 중앙 집권적인 관료제를 실시했습니다(11세기 이후에는 무너지고, 13세기부터는 봉건제와 유사한 제도를 시행했지만요).

둘째, 서유럽에서는 신성 로마 황제와 로마 교황이 주도권을 두고 다툰 데 반해 동로마 제국에서는 황제가 그리스 정교회(콘스탄티노플 교회. 서쪽의 로마 교회와 대비시켜 '동방 교회'라고도 합니다)의 수장을 겸했습니다. 정권과 교권이 일심동체가 된 것입니다. 이를 '황제교황주의'라고 부릅니다.

셋째, 서유럽에서는 농업이 주가 된 장원 경제가 진행되었는데 동로마 제국에서는 상공업이 활발했습니다. 그래서 서유럽의 도시는 아직 시골 마을에 머물렀던 반면, 동로마 제국의 콘스탄티노플 같은 대도시는 그와 비교할 수 없을 정도로 번성했습니다.

넷째, 문화적으로 서유럽에서는 라틴(로마) 민족과 게르만 민족이 점차 융합해 서유럽 문화를 형성했다면, 지리적 위치가 그리스와 오리엔트에 가까웠던 동로마 제국에서는 그리스 문화를 계승하고 슬라브인·아시아계 민족을 감화시키는 데 힘썼습니다. 이리하여 라틴-게르만 문화와는 다른 비잔틴 문화가 만들어졌습니다.

이 문화에는 오리엔트와 이슬람 문화도 영향을 끼쳤습니다. 비잔틴 양식 건축을 보면 확실히 알 수 있습니다. 돔, 아치, 내부를 장식하는 모자이크 같은 요소는 서유럽 건축에서 거의 찾아볼 수 없습니다. 콘스탄티노플의 하기아 소피아 성당이 대표적인 예입니다. 중세 서유럽 때의 외관을 간직한 로마의 성당과 한번 비교해보세요. 차이가 느껴지실 겁니다.

오늘날에도 서유럽 세계와 동유럽 세계는 세태, 사람들의 성격, 문화의 풍속이 뚜렷이 구분됩니다. 여기서 동유럽 문화권을 만든 근원은 바로 비잔틴 제국입니다.

마지막으로 비잔틴 제국이 역사적으로 어떤 의미를 가지는지 정리해보지요. 무엇보다도 1000년간 동유럽을 지배한 덕에 비잔틴 제국의 동쪽 세력 즉 페르시아, 이슬람, 튀르크 등이 쉽사리 서유럽에 침입할 수 없었습니다. 비잔틴 제국이 이들을 막으면서 말하자면 일종의 방파제가 되어 서유럽의 발전을 옆에서 도운 격이었지요. 또한 비잔틴 제국은 그리스 로마의 고전 문화를 보존하고 서유럽에 전파해 훗날 서유럽에서 르네상스가 일어날 수 있는 자극을 제공했습니다. 비잔틴 제국이 오스만 제국의 위협을 받았을 때 그 지역의 학자들이 이탈리아로 피신해 그리스 학문을 전한 영향도 크고요. 더불어 그리스 정교와 비잔틴 문화를 슬라브계 민족들에게 확산시켰는데 이 중에는 모스크바 공국(지금의 러시아)도 있었죠. 동로마 제국이 멸망하자, 그 뒤를 잇는 '제3의 로마'라 자처하고 나선 모스크바 공국은 그리스 정교의 종주국으로 자리 잡습니다.

하기아 소피아 성당(콘스탄티노플) ⓒ Arild Vågen/Wikipedia.org

산타 마리아 인 코스메딘 성당(로마) ©Globus.tut.by/Wikipedia.org

◇ 043 ◇
십자군

→ 클레르몽 회의 ←

십자군은 교황권의 전성기 때 서유럽 기독교 신자들이 성지를 회복하기 위해 일으킨 대규모 원정군입니다. 하지만 십자군 전설에는 허상과 실상이 뒤섞여 있습니다. 그 이유는 십자군에 관해 글을 쓴 사람이 대부분 가톨릭을 믿은 서유럽인이기 때문입니다. 자기 입맛에 맞는 것만 기록해 십자군을 성전聖戰처럼 그려놓았지요.

십자군은 총 여덟 번(그 외에 소년 십자군도 존재) 들고일어났습니다. 모든 내용을 다 이야기할 수는 없으니 제1차 십자군(1096~1099년)에 대해서만 살펴보시죠.

유럽의 기독교 신자들 사이에는 5세기경부터 성지 예루살렘을 순례하는 관습이 있었습니다. 예루살렘은 7세기 이후 이슬람 세력의 손에 들어갔지만 순례자가 딱히 박해받는 일은 없었습니다. 그러나 11세기 후반 이슬람교인 셀주크 제국이 예루살렘을 점령하고 소아시아를 침범해 비잔틴 제국에 위협을 가했습니다. 비잔틴 황제는 로마 교황에게 용병을 파견해달라 요청했습니다. 신자들이 도움을 요청한 것은 아닙니다. 그런데 황제는 마치 기독교도가 예루살렘에서 박해받고 있다는 식으로 교황에게 고했습니다.

그래서 교황 우르바누스 2세(재위 1088~1099년)는 프랑스 클레르몽에서 공의회(대표 주교들이 교회 문제를 논하는 회의)를 열었습니다(1095년). 프랑스인인 우르바누스는 프랑스 기사가 가장 용맹하다는 믿음이 있었습니다. 공의회에서 우르바누스가 펼친 연설은 용병 파견 요청에 응하는 것이었으나, 그보다 강조한 내용은 '성지 회복'이었습니다. 성지 회복을 위해 원정군을 일으킨다고 선언한 것이지요. 그곳에 모인 모든 사람들은 열광하며 "신이 그것을 바라신다!Deus lo vult"라고 부르짖고 다음 해 원정군을 보내기로 굳게 결의했습니다.

'이것은 이교도에 대항하는 성스러운 전쟁이다.'

이렇게 생각한 십자군은 이교도에게 어떤 짓을 해도 신은 용서해줄 것이며 목숨을 잃은 기사는 천국에 갈 수 있다고 믿었습니다. 기독교 신앙이 열렬했고 로마 교황의 권위가 높았던 당시였으니 이러한 전개는 이상하지 않습니다. 더구나 우르바누스는 집단 흥분 상태를 불러일으키는 데 탁월한 재능이 있는 연출가였습니다.

십자군 원정에는 종교적 열정 외에 현실적인 동기도 있었습니다.

미지의 세계에 대한 모험심, 잘되면 새로운 땅을 얻을 수 있다는 욕망, 이탈리아 상인들의 경제적 관심*도 작용했지요.

⇥ 예루살렘 공략 ⇤

1096년 가을에 출발한 프랑스, 이탈리아, 독일의 군주와 기사 군단은 육로 또는 이탈리아 항구의 해로를 통해 이듬해 콘스탄티노플에 합류하여 소아시아로 넘어갔습니다. 기독교 측의 연대기에는 총 병력이 수십만에 이른다고 기록돼 있지만, 기사 수는 약 5,000명에 보병은 3만 명 정도였던 것으로 보입니다. 그래도 당시로선 대규모였다는 점은 틀림없습니다.

십자군은 셀주크 제국군과 격렬한 전투를 벌이며 남하했고 마침내 예루살렘을 함락시켰습니다(1099년 7월). 출발한 지 3년이 흐른 데다 3,000킬로미터를 걸어서 돌파했으니, 이만저만한 고생이 아니었습니다.

여기까지는 대체로 사실 그대로입니다. 하지만 그 이후는 도무지 '성전'이라고 말하기 어렵습니다. 기독교 측의 기록은 십자군 병사가 약탈과 폭행을 일삼았다고 태연하게 기록하고 있습니다.

✦ 이탈리아 상인들은 십자군 전쟁을 새로운 시장 확보, 군수품(물품·식량·의복 등) 공급, 자금 대출 등이 가능한 상업적 기회라고도 여겼다.

십자군 전투
예루살렘의 성벽을 공격하는 십자군 병사(제1차).

이교도가 받아 마땅한 보복이라고까지 주장합니다. 왜냐하면 '그것은 신이 바라시는' 일이기 때문입니다. 하지만 전적으로 기독교도의 주장이지 이슬람교도 입장에서 본다면 이 모든 일은 성전은커녕 학살이었습니다.

십자군은 예루살렘을 정복한 후 예루살렘 왕국을 세웠습니다. 프랑스 귀족인 고드프루아(1060년경~1100년)가 초대 국왕이 되었습니다. 하지만 채 100년도 가지 못했습니다. 십자군끼리 사이가 틀어져 본국으로 철수하는 일이 벌어집니다. 안팎으로 어수선해진 예루살렘 왕국은 이슬람교도들에게 포위당했습니다. 그리고 이집트 군주 살라딘(1138~1193년, 파티마 왕조 다음의 아이유브 왕조를 개창)의 맹공을 받아 멸망하게 됩니다.

이후에도 여섯 차례 이상의 십자군 원정이 있었지만 모두 실패로 돌아갔습니다. 따라서 예루살렘의 완전한 회복은 제1차 십자군 원정 때 말고는 없었습니다. 십자군의 지휘권을 독일 황제가 쥘 것인지 프랑스 국왕이 쥘 것인지 분명하지 않았고, 조직도 없었으며, 소위 오합지졸의 군중이 종교적 흥분에 휩싸여 일으킨 원정이 실패하는 건 당연했습니다.

⇥ 십자군의 영향 ⇤

200년이나 이어진 십자군 원정은 유럽에 큰 영향을 끼쳤습니다.

종교적으로 교황의 권위가 떨어졌다는 것은 논란의 여지가 없습니다. 설령 교황에게 직접적인 책임이 없다 하더라도 말입니다. 정치적으로는 제후들과 기사들이 적잖게 전사하였고, 이 일은 군주권의 강화를 가속시켰습니다. 사회·경제적으로는 동서 교통이 활발해지면서 장거리 상업이 시작되었고, 십자군 원정의 수송을 맡은 이탈리아 지중해 연안 도시들이 번영했습니다. 특히 베네치아, 제노바, 피사가 막대한 경제적 이익을 얻었지요. 문화적으로는 이슬람 문화나 비잔틴 문화에 접촉한 서유럽 사람들의 식견이 넓어졌습니다. 또한 지리에 관한 지식이 확장된 것은 대항해 시대의 서막을 여는 한 요인이 되었습니다.

◇ 044 ◇
중세의 지각 변동

⇢ 교회 대분열 ⇠

중세 말기, 유럽에서 지각 변동이 일어났습니다. 세 가지 주제로 좁혀 보겠습니다. '교회 대분열' '농민 반란' '지중해 도시의 번영'입니다. 먼저, 십자군의 실패가 결과적으로 교황의 권위를 떨어뜨렸다는 점은 확실합니다. 교회의 세속화와 성직자의 타락에 대한 비판이 교회 밖에서 공공연하게 일어나기 시작했습니다. 이는 한 번도 없었던 일입니다.

옥스퍼드 대학교 교수 존 위클리프(1320년경~1384년)는 성직자의 타락을 비난하고 성경이야말로 기독교 신앙의 원천이지 않느냐며 성경을 영어로 번역했습니다. 그의 주장은 '롤라드^{Lollard} 운동'(롤라드는 중세 네덜란드어로 중얼중얼거리는 자라는 뜻인데, 이단적인 사람들을 비하하는 말로 쓰였습니다)이라는 이름으로 영국 전역에 퍼졌습니다. 보헤미아의 프라하 대학교 교수 얀 후스(1370년경~1415년)는 위클리프의 영향을 받아 교회 개혁을 주장했습니다. 그 때문에 독일 콘스탄츠에서 소집된 공의회의 의결로 화형에 처해집니다. 후스가 처형되자, 후스의 신봉자들이 보헤미아 각지에서 반란을 일으키며 후스 전쟁(1419~1436년)이 시작되었습니다.

한때 독일 황제건 영국과 프랑스의 왕이건 파문을 무기로 꼼짝 못 하게 했던 교황이 이제는 반대로 군주에게 눌리게 됩니다. 프랑스 국왕 필리프 4세(재위 1285~1314년)는 교황청을 통제하고 자신의 영향력 아래 두기 위해 교황 클레멘스 5세(재위 1305~1314년)를 남프랑스의 아비뇽으로 옮겼습니다. 그 옛날 유대인이 바빌론에 포로로 잡혀갔던 고사에 빗대어 이 사건을 '교황의 아비뇽 유수'(1309~1377년)라 부릅니다.

이윽고 아비뇽의 교황과는 별도로 로마에 또 다른 교황이 추대됩니다. 이것이 교회 대분열 즉 '시스마^{Schisma}'(라틴어로 찢어짐을 의미)입니다(1378~1417년). 콘스탄츠 공의회는 본래 이 시스마를 해결하고자 소집된 회의로, 모든 교황을 물러나게 하고 다시 한 명의 교황을 선출하는 것으로 일을 수습합니다.

그렇지만 이제 교황권이 쇠퇴했다는 사실은 분명해졌습니다. 교황권이 약해질수록 커지는 것은 군주의 힘이었습니다. 민족을 기반으로 영토를 병합한 각국의 국왕들은 휘하의 중앙 집권 체제를 점차 구축해갔습니다.

국가, 민족, 영토를 모두 아우르는 초월적 권위와 '신성 로마 황제'와 같은 보편의 사고방식은 그 존재감이 점점 희미해집니다.

⇢ 농민 반란 ⇠

장원에서 일하던 농노가 도시로 도망치면서 장원 경제는 위태로워졌습니다. 봉건 영주는 위기에 직면하여 농노를 더욱 엄히 단속했습니다. 그들에게 부과하는 세금과 노동을 더 무겁게 만드는 식이었죠. 이를 '봉건 반동'이라 부릅니다.

반동反動은 개혁을 억누르고 과거의 질서로 돌아가려는 움직임입니다. 하지만 농노는 더 이상 영주가 말하고 시키는 대로 따르지 않았습니다. 그러긴커녕, 도리어 영주에게 반란을 일으켰습니다.

가장 유명한 반란은 프랑스 북동부에서 일어난 '자크리의 난'(1358년, 자크란 농노를 비하하는 호칭)과 영국에서 일어난 '와트 타일러의 난'(1381년)입니다.

자크리의 난이 일어난 것은 백년 전쟁에서 프랑스가 연패하고 도적들의 약탈이 횡행한 탓도 있지만, 영주가 통제를 강화한 봉건 반동이 근본 원인이었습니다. 한 달 만에 이 반란은 진압되었습니다. 약 20년 후 일어난 와트 타일러의 난은 규모가 더 컸습니다. 그가 이끄는 농민들은 런던을 점령하고 국왕에게 농노제 폐지를 요구했습니다.

이 반란은 타일러가 살해당하면서 진압되지만 영국 봉건제가 붕괴하는 데 한몫을 했습니다.

⇢ 지중해 도시의 번영 ⇠

십자군 원정으로 동서 교통이 열리고 장거리 상업이 활발해졌습니다. 이때 가장 먼저 활약한 곳이 이탈리아의 지중해 연안 도시들이었습니다.

예를 들어 베네치아에서는 십자군 수송을 겸하여 중동 지역의 물자를 유럽으로 운반해 막대한 이익을 남겼습니다. 그것만이 아닙니다. 제4차 십자군 원정(1202~1204년)의 경우, 베네치아는 지중해 무역의 패권을 쥐기 위해 십자군을 감언이설로 속여 콘스탄티노플 원정을 감행하게 했습니다. 여기에 종교적 의의 따위는 전무합니다. 베네치아는 상인 친화적인 도시 공화국을 형성하여 13~15세기에 전성기를 맞았습니다. '아드리아해의 여왕'이라 불렸지요.

물론 이탈리아의 항구 도시뿐만 아니라 내륙 도시들도 경제적 수혜를 보았습니다. 예컨대 피렌체의 부호 메디치 가문도 장거리 상업으로 돈을 벌었습니다. 르네상스라는 생기발랄한 문화 혁신 운동이 결국 이탈리아에서 일어났는데, 이는 이탈리아 도시들의 경제적 번영과 여유가 있기에 가능한 일이었습니다.

중세 말기의 변동

중세 변동의 기미는 다른 곳에서도 보이지만 앞에서 설명한 세 가지 주제로 간추린 이유는 이렇습니다.

무엇보다도 로마 교황권과 로마 교회의 위세는 비할 데 없을 만큼 강력했습니다. 사회 구조 자체에도 깊숙이 파고든 상태였지요. 이러한 교황권과 교회의 권위가 실추된 데서, 새로운 시대의 도래가 멀지 않았다는 것을 당시 사람들은 직관적으로 느꼈을 것입니다.

또한 봉건 사회의 바닥에서 살아가던 농민이, 비록 진압되었다곤 해도 영주의 억압을 박차고 반란까지 일으킨 건 역시 중세 사회의 변동을 단적으로 나타내는 게 아닐까요? 다만 농민의 처지가 단번에 개선됐다고 성급하게 여기지는 말아주세요. 영국에서는 농노들이 일찍 해방되어 봉건적 지배를 면했지만 다른 나라에서는 여전히 비참했으니까요.

마지막으로, 이탈리아 도시의 번영이 시사하는 바가 있습니다. 인간의 힘 그리고 돈의 힘이 중요한 시대가 되어가고 있다는 것입니다.

위의 세 가지 양상은 중세에 밀어닥친 분명한 지각 변동이었습니다.

◇ 045 ◇
페스트 대유행

→ 흑사병 ←

지금은 의학과 의료가 진보하고 사람들의 생활환경도 개선되어 옛날에 비하면 병으로 고생하는 일은 적어진 듯 보입니다. 언뜻 생각하면 그렇지만, 산업화를 거친 현 시대는 매연과 유해 가스에 따른 대기 오염, 폐수와 화학물질에 의한 하천 오염, 선박의 기름과 폐기물로 인한 해양 오염 등 전에 없던 환경 오염이 옛날과는 또 다른 병증을 유발하고 있습니다. 여전히 많은 지역 주민이 고통당하고 있고, 병은 전혀 줄지 않았습니다.

개인만 아니라 집단이 걸리는 경우도 있지요. 특히 유행병은 한꺼번에 무수한 목숨을 빼앗아 갑니다. 과거 역사에 등장한 가장 유명한 전염병은 '흑사병(페스트)'입니다.

흑사병은 페스트균에 감염되어 발생하는 급성 전염병으로, 주로 쥐에 붙은 벼룩이 페스트균이 든 피를 빨아 먹고 인간에게 옮기며 발생합니다. 대표적인 증상은 고열이 나고 겨드랑이나 사타구니 등 림프절이 부으며 피부가 꺼칠꺼칠해지다가 마지막엔 자줏빛 흑색이 되는 것이었습니다. 한번 걸리면 대개는 죽기 때문에 '흑사병黑死病'이라 불렸습니다.

사상 최초의 페스트 재앙은 6세기 중반 발생한 유스티니아누스 역병으로 확인됩니다. 이때 비잔틴 제국이 큰 피해를 입었습니다. 그 후 산발적인 유행을 거치다가 '페스트'라 하면 모두 그때의 페스트를 가리킬 정도로 유명한 14세기 중반의 페스트 대유행이 유럽을 덮쳤습니다.

14세기 초반의 유럽은 날씨가 좋지 않아 심한 기근에 시달렸습니다. 간신히 회복했다고 생각한 찰나 이번에는 페스트가 찾아왔습니다. 유럽을 넘어 중국, 중앙아시아, 서아시아까지 만연한 초대형 유행병이었습니다.

1347년 크림 반도에서부터 유럽에 퍼지기 시작한 페스트는 흑해, 콘스탄티노플, 에게해를 지나 시칠리아섬으로 옮겨갔습니다. 이 감염 경로는 당시 지중해 무역 경로와 일치했기에, 상선의 선원들에 의해 전염이 확산된 게 아닐까 추정됩니다.

페스트는 시칠리아섬에서 제노바로, 한편으로는 알프스를 넘어 유럽 내륙으로 그리고 지중해 연안을 따라 마르세유, 스페인, 독일, 스칸디나비아로 빠르게 퍼져나갔습니다.

죽음의 무도

페스트가 한 마을을 습격하면 보통 4개월에서 6개월간 머물며 주민의 목숨을 송두리째 앗아갑니다. 어느 기록에 따르면 피렌체에서는 6만 명, 스트라스부르에서는 16,000명, 바젤에서는 14,000명, 파도바에서는 인구의 3분의 2, 베네치아에서는 인구의 4분의 3, 파리에서는 5만 명이 사망했다고 합니다. 페스트 유행에 관한 생생한 기록이 있습니다.

르네상스 시대 이탈리아에서 제일가는 시인 페트라르카(1304~1374년)는 페스트가 덮친 남프랑스 아비뇽에 있었습니다. 그는 이렇게 부르짖었습니다.

"어느 누가 이런 것을 본 적 있을까. 집은 텅 비고, 마을에는 사람 그림자도 비치지 않으며, 농지는 방치됐고, 들판은 시체로 가득하구나."

페스트는 1348년에 정점을 찍고 천천히 잦아들었습니다. 그렇다고 위협이 완전히 사라진 건 아닙니다. 반세기 동안 페스트는 악몽을 일깨우듯 때때로 유행했습니다. 전 유럽 인구의 3분의 1에서 절반이 명을 달리했습니다. 이런 상황에서 싸우고 있을 여유는 없습니다. 실제로 페스트가 대유행하는 동안 전쟁이 잠시 끊기기도 했습니다.

당시에는 의학 지식도 얕았고 유효한 치료법도 없었으며 위생 상태도 나빴습니다. 페스트에 걸린 이가 괴로움에 몸부림치다

푹 쓰러지는 모습을 사람들은 손 놓고 지켜볼 수밖에 없었습니다. 자신도 내일은 감염되어 죽을지 모른다는 두려움이 엄습했습니다.

14, 15세기에 유행한 〈죽음의 무도〉는 춤을 추며 사람을 죽음으로 이끄는 사신의 모습을 나타낸 그림으로, 흑사병이 몰고 온 죽음의 공포가 직접 반영되었습니다. 독일의 예술가 한스 발둥(1484~1545년)의 〈죽음과 소녀〉에서는 소녀의 뒷머리를 붙든 해골이 서 있습니다. 한스 홀바인(1497~1543년)은 목판화 〈죽음의 무도〉를 연작으로 그렸습니다.

불안과 공포에서 벗어나기 위한 다양한 시도가 있었습니다. 약초를 먹어 보기도 하고, 강한 향을 피워 공기를 정화해보고, 열렬한 기도 모임을 가져도 보고, 환자에게서 병든 피를 빼보기까지 했지만 모두 허사였습니다.

페스트 유행을 신의 분노라 생각하는 사람도 나타났습니다. 인간이 저지른 죄에 벌을 주시는 것이니 고행으로 죄를 씻자고 했습니다. 그래서 사람들은 채찍으로 자기 몸을 혹독하게 내리친다든가 미친 듯이 춤추며 마을을 돌아다녔습니다. 채찍 자학이 얼마나 급속도로 퍼졌던지, 로마 교황이 그만두라는 포고령을 내릴 정도였습니다. 오늘날의 표현을 사용하면 집단적인 패닉 상황이었다고 할까요. 또한 유대인이 독을 풀어 페스트가 퍼졌다는 소문이 나돌아서 당시 기독교 사회의 뿌리 깊은 원한 감정에 불을 붙였습니다. 페스트 유행을 핑계로 유대인에게 잔혹한 박해가 이어졌습니다.

페스트를 한때의 유행병이라고 얕잡아 봐서는 안 됩니다. 3,000만

명에 달하는 사람이 그로 인해 목숨을 잃었습니다. 뒤따른 결과로 농사 지을 노동 인구가 크게 줄어들었고, 장원 경제의 기반이 붕괴되었습니다. 페스트 대유행이 예상치 못한 방식으로 역사의 물길을 바꾸어놓은 것입니다.

죽음의 무도
죽음을 상징하는 해골이 사람들의 손을 잡고 춤추고 있습니다. 어떤 신분의 사람이든 죽음 앞에서는 모두 똑같습니다. ⓒmake/123RF.COM

◇ 046 ◇

인간 찬가

↣ 르네상스의 의미 ↢

14세기에 들어서면서 오랫동안 사회와 인간의 마음을 억눌러온 로마 교회가 눈에 띄게 약해지고 봉건 사회도 해체되기 시작했습니다. 이러한 상황에서 유럽 중세가 근대 유럽으로 전환하게 되는 결정적 사건이 세 가지 일어납니다. '르네상스' '대항해 시대의 개막' 그리고 '종교 개혁'. 근대화의 3대 계기입니다.

우선 첫 번째 계기인 르네상스^{Renaissance}는 '다시 태어나다'를 의미합니다. 인간성, 자유, 현세 생활의 긍정이 장점인 그리스·로마 고전 문명은 중세에서는 죽은 것과 다름없었습니다. 그랬던 고전 문명을 부활시키고 실마리로 삼아 인간과 문화를 다시 태어나게 하려 했던 움직임이 바로 르네상스입니다.

르네상스는 흔히 '문예 부흥'이라 번역됩니다. 그러나 단순히 고대 학문과 예술이 다시 성했다는 게 아닙니다. 르네상스는 문화 전반에 걸친 혁신이며, 기조를 이루는 것은 '근대적 인간의 탄생'과 '세계의 발견'입니다.

이 혁신 운동은 이탈리아에서 일어났고 유럽 각국에 전해져 저마다 문화의 꽃을 피웠습니다. 물론 비잔틴 문화나 이슬람 문화의 자극도 있었겠지만, 어디까지나 외부의 자극일 뿐입니다. 그 자극에 어떻게 반응할지는 이탈리아에 달린 문제였습니다. 여기서는 이탈리아의 르네상스에 초점을 맞추도록 하겠습니다.

이탈리아 르네상스

이탈리아 르네상스는 13세기 말부터 시작됩니다. 그런데 문화가 일어나려면 뭐니 뭐니 해도 경제적 여유라는 전제 조건이 필요합니다. 이 점에서 이탈리아는 유리했습니다. 제노바와 베네치아 같은 항구 도시는 십자군 원정 이래 동방 무역으로 막대한 이익을 챙겼습니다. 밀라노와 피렌체 같은 내륙 도시도 상공업으로 번창했습니다. 그 도시들의 뛰어난 재력과 시민들의 활달한 정신을 기반으로 문화가 일어나기 시작합니다.

도시 공화국과 작은 군주국들이 경쟁적으로 학자, 문인, 예술가를 보호하고 문화를 장려하는 데 힘썼습니다. 가장 잘 알려진 것은

보볼리 정원
메디치 가문을 위해 만들어진 피렌체 피티 궁전 내의 정원. © demerzel21/123RF.COM

피렌체 최고의 부호인 메디치 가문입니다. 메디치 가문은 유럽 각지에 메디치 은행을 둔 대단한 세력가였습니다. 코시모 데 메디치(1389~1464년)는 은행가의 재력으로 많은 학자와 예술가를 후원했으며 학문 공동체 '플라톤 아카데미'를 주관하여 고대 그리스·로마의 고전 문헌을 수집하고 번역하는 데 기여했습니다.

코시모의 손자 로렌초 데 메디치(1449~1492년)는 피렌체를 예술의 중심지로 자리매김시키며 '위대한 로렌초Lorenzo il Magnifico'라 불리게 된 인물입니다. 10대의 미켈란젤로를 발탁해 일찍부터 교육과 재정을 지원했고 보티첼리 역시 그의 후원 아래에서 작품 활동을 해나갔습니다. 〈비너스의 탄생〉〈봄〉 등의 걸작이 이때 탄생했지요. 메디치가의 두 수장은 학문과 예술의 보호자로 길이 이름을 남겼습니다.

로렌초의 사후 메디치 가문이 쇠퇴하고 그 자리를 대신한 것은 다름 아닌 로마 교황이었습니다. 문화의 중심도 피렌체에서 로마로 옮겨갔습니다. 당시의 로마 교황은 '르네상스적 교황'이라 불렸으며 종교는 뒷전이었습니다.

대표적인 인물이 교황 율리우스 2세입니다. 당대 최고의 건축가 브라만테에게 성 베드로 성당을 새로 짓게 하고, 〈다비드상〉〈피에타〉를 조각하여 명성을 떨치던 미켈란젤로를 불러 자신의 묘와 시스티나 예배당의 천장화 제작을 맡겼습니다. 또 바티칸 궁전에는 서명하는 방을 포함한 네 개의 공간을 총애하는 라파엘로에게 장식하도록 했습니다. 지금도 바티칸 궁전에 가면 그 장관을

상공에서 바라본 성 베드로 대성당
로마 가톨릭교회의 주 성당으로, 로마 교황의 거처. ⓒ medvedkov/123RF.COM

즐길 수 있습니다.

이탈리아 르네상스의 배경 공간인 도시 공화국은 베네치아, 피렌체의 예로 알 수 있듯 상업 도시입니다. 상인들은 계산적이고 합리적으로 일을 처리했습니다. 생활에서도 그렇게 하려 했습니다. 장부에 수입, 지출, 자산의 증감을 기록하는 부기가 이탈리아에서 최초로 사용된 것은 우연이 아닙니다. 중세 길드 같은 단체 중심의 생각이 아닌 개인의 의식, 개인의 능력이 최대한으로 발휘되었습니다.

이탈리아 르네상스는 또한 국민 정신과 연결되어 있다는 특징을 지닙니다. 이탈리아는 고대 로마 제국의 중심이었던 만큼 고대 문화의 유물과 유적이 풍부했습니다. 그런 문화유산들을 보면서 이탈리아인은 과거의 영광을 되돌이키고 부흥을 향한 열망을 불태웠습니다. 그런 의미에서 이탈리아의 르네상스는 '국민 문화'라는 개념의 선구적 현상입니다. 아직 전체적으로는 귀족적인 색채가 짙었지만요.

이탈리아 르네상스는 15세기 말 최고조에 달했습니다. 하지만 16세기에 들어서자 어두운 그늘이 드리웁니다. 1527년, 독일군이 로마시에 침입해 약탈을 한 것입니다. '로마 약탈'이라 부르는 이 사건을 이탈리아 르네상스의 종언으로 봅니다.

휴머니즘

휴머니즘(인문주의)은 이탈리아에서 일어나 서유럽과 북유럽으로 전해졌습니다. 휴머니스트는 그리스·로마의 고전을 연구했습니다. 하지만 더 중요한 일은 고전에 나타난 인간다움, 자유로운 정신을 배우는 것이었습니다. 이 때문에 휴머니즘은 곧 인간주의라고 할 수 있습니다.

또한 인간을 둘러싼 외부 세계에도 눈을 돌렸습니다. 중세의 신 중심주의와 대조적입니다. 기독교적인 자연관 즉 '자연은 신의 은총'이란 식으로는 더 이상 생각하지 않았습니다.

자연과 세계를 탐구하는 일은 과학 정신을 일깨웠습니다. 이탈리아 국민 문학의 시조가 된 단테(1265~1321년), 고전 연구의 일인자 페트라르카(1304~1374년), 근대 소설의 선구자 보카치오(1313~1375년), 과학자로는 갈릴레이(1564~1642년) 같은 인물들이 새로운 정신을 대표했습니다.

르네상스 미술

서유럽과 북유럽에 큰 감화를 준 이탈리아 미술을 그냥 넘길 수는 없겠지요. 중세에서는 회화나 조각 대부분이 교회 건축의 부속물에 지나지 않았습니다. 주제는 기독교였고 인물은 종교적 상징성을 중심으로 묘사되었습니다. 예컨대 아기 예수라도 신은 완전한 존재이므로 이미 어른의 얼굴이나 자태를 취하고 있기도 했지요. 이에 반해 이탈리아 미술가는 기독교에서 주제를 가져오더라도 그것을 다루는 방식이 자유롭고 사실적이었습니다. 전성기 르네상스 거장들의 회화와 조각은 이탈리아인뿐만 아니라 전 인류의 보물로 남아 있습니다.

갈릴레오 갈릴레이
2000년 가까이 지배적이었던 아리스토텔레스의 이론을 뒤집고 지동설과 운동의 법칙을 제시하며 과학 혁명을 이끌었습니다.

047
모나리자의 미소

→ 모나리자의 수수께끼 ←

일본의 문호 나쓰메 소세키(1867~1916년)가 젊은 시절 집필한 소설 중 〈모나리자〉라는 제목의 소품이 있습니다.

관리로 일하던 한 남자가 골동품점에서 액자에 끼워진 100전짜리 서양화 복제품을 80전으로 깎아 사서 돌아옵니다. 아내는 그림을 보고 "저 여자 얼굴이 왠지 기분 나쁘네요"라고 말합니다. 남자도 그렇게 생각합니다. 어느 날, 남자는 일터에 가 모나리자와 다빈치에 대해 물어보지만 아무도 모릅니다. 남자는 이 불길한 그림을 5전에 고물상에 팔아 치웠습니다.

이런 줄거리입니다.

레오나르도 다빈치(1452~1519년)는 이탈리아 르네상스 최대의 예술가입니다. 회화뿐만 아니라 조각, 건축에도 뛰어났고 위대한 자연 탐구자이자 기술자이기도 했습니다. 역사상 손꼽히는 '만능 천재'였지요. 이 정도의 거장을 소세키가 몰랐을 리 없습니다. 일부러 시치미를 떼며 "5전에 팔아 치웠다"라고 익살을 떤 데서 이 소품의 묘미를 느낄 수 있습니다.

서양 명화 중 전 세계인에게 가장 인기 있는 작품을 꼽는다면 〈모나리자〉는 분명 다섯 손가락 안에 들 것입니다. 하지만 세상에 널리 알려진 이 그림에는 사실 의문스러운 부분이 많습니다. 그 때문에 여전히 레오나르도 연구가들의 두통거리가 되고 있지요.

대체 이 그림은 언제 완성됐는가? 모나리자란 누구인가? 이 그림은 완성품이 맞는가? 미소는 무얼 나타내는 것인가?

더 어려운 논의는 전문 미술사가들에게 맡기고 우선 다음의 내용 정도를 알아둡시다.

⇝ 모나리자의 제작 ⇜

먼저, 이 초상화는 레오나르도가 50세 때인 1503년경에 착수하였고 1506년경 거의 완성되었습니다. 레오나르도는 서른까지 고향인 피렌체에 살았지만 그 후에는 밀라노, 로마, 베네치아 등을 전전했습니다. 마지막에는 프랑스에 정착하여 생애를 마쳤습니다. 〈모나리자〉는 이러한 유랑 중 1503년 무렵 그가 우연히 피렌체로 돌

레오나르도 다빈치의 〈모나리자〉

아왔을 때 그린 것으로 추정됩니다.

레오나르도는 인물화와 초상화에 이상하리만큼 흥미가 깊었습니다. 1502년 2월 예술가의 후원자로 알려진 만도바 후작의 부인 이사벨라 데스테를 위해 초상화를 그린 적이 있지만, 이사벨라 부인의 재촉에도 불구하고 결국 소묘(스케치)에 그치고 말았습니다.

〈모나리자〉도 마찬가지입니다. 레오나르도는 피렌체의 부호 프란체스코 조콘도의 요청으로 부인 엘리자베타의 초상화를 그렸습니다. '모나리자Monna Lisa'는 '나의 엘리자베타'라는 의미입니다. 부인은 당시 24~25세였다고 합니다.

그렇다면 세 번째 수수께끼, 이 작품은 완성된 것일까요? 100퍼센트 완성품이 아니라는 것은 오른손을 보면 알 수 있습니다. 그림의 다른 부분에 비해 오른손의 표현이 상대적으로 덜 정교해 보입니다. 레오나르도만큼 '완성'을 추구했던 예술가는 없습니다. 〈모나리자〉를 그리는 데 4년의 세월을 들였지만 마음에 들지 않았습니다. 이럴 때 다른 그림은 숱하게 놔버린 그인데, 이 그림만큼은 어쩐지 놓고 싶지 않아 계속 손에 쥐고 있었습니다.

후세에 '프랑스 르네상스의 아버지'라고 불리게 된 프랑스 국왕 프랑수아 1세(재위 1515~1547년)의 초청을 받아 1516년 말(64세) 프랑스에 갔을 때도 이 그림을 지참했습니다. 젊은 왕은 레오나르도를 대단히 존경하였고, 그가 세상을 떠날 때(1519년 5월)까지 따뜻하게 비호해주었습니다. 왕은 〈모나리자〉를 사들여 퐁텐블로 궁전에 소중히 보관하였습니다.

현재 파리 루브르 미술관이 이 그림을 소장하고 있다는 것은 여러분도 잘 아시는 바입니다. 언제나 〈모나리자〉 앞은 사람들로 북적이고 있습니다.

⇝ 미소의 비밀 ⇜

마지막 수수께끼, '모나리자의 미소'는 무얼 나타내고 있는 걸까요? 이 초상화의 특정 부분, 예를 들어 배경, 전체적인 포즈, 눈매, 눈썹, 코, 손에 대해서도 다양한 해석이 이루어지고 있습니다. 하지만 결정적인 해답은 없습니다. 특히 미소에 대해서는 더욱 그렇습니다. 그림의 모든 요소가 입가의 한곳에 초점을 맞추고 있는데도 불구하고요.

그런데, 미소의 묘사는 〈모나리자〉에 처음 나타난 것이 아닙니다. 루브르 미술관에 나란히 전시되어 있는 〈성 안나와 성모자〉(1508년경) 속 성 안나의 입가에도, 그보다 더 전에 그려진 〈성 안나와 성모자〉의 밑그림(1498년, 런던 내셔널 갤러리)에도 미소가 보입니다. 레오나르도는 '미소'에 대한 생각을 늘 마음속에 품고 있었고, 실제로 표현해왔다는 것을 알 수 있습니다.

〈모나리자〉의 미소에 대해서는 모델이 된 엘리자베타가 아이를 잃고 슬픔에 잠겨 있던 모습을 나타냈다는 설도 있습니다. 또는 레오나르도가 음악을 좋아하는 엘리자베타를 위해 악사를 불러 그녀

〈성 안나와 성모자〉

〈성 안나와 성모자〉의 밑그림

곁에서 음악을 연주하게 했더니 부인이 자연스럽게 신비로운 표정을 띠었다는 그럴듯한 설도 있습니다. 보다 추상적인 설로는 여성 자체의 아름다움과 우아함을 나타냈다고도 합니다.

몇 번이고 〈모나리자〉를 보고 또 봐주세요. 아름다움을 사랑하는 마음만 있다면 모나리자의 미소는 분명 여러분에게 무언가를 전하고 있을 것입니다.

◇ 048 ◇
대항해 시대의 주인공

↠ 신항로를 개척한 동기 ↞

근대화의 두 번째 계기가 된 '대항해 시대의 개막'은 유럽인이 중세 유럽의 좁은 울타리를 깨부수고 바깥으로 뛰쳐나가려 한 일입니다. 넘쳐나는 에너지를 내부로 집중시켜 새로운 문화를 창조한 것이 르네상스였다면, 외부를 향해 발산한 것이 신항로 개척이었다고 할 수 있습니다. 그 결과, 대항해 시대라는 유럽 역사에 전례 없는 새로운 시대가 도래하였습니다.

유럽인들은 새로운 경험을 쌓았습니다. 이 경험을 바탕으로 그들은 세계사에서 '유럽인 우위'를 점할 수 있었습니다. 물론 그럴 수 있는 조건은 이미 갖춰지고 있었습니다. 지리학과 천문학이 발달했고 나침반이 실용화되었으며 항해 기술이 진보했습니다. 연안을 따라가지 않고도 원양 항해를 할 수 있게 된 것입니다. 그렇다면 가장 먼저 대항해 시대의 막을 올린 곳은 어디일까요?

바로 포르투갈과 스페인입니다.

포르투갈과 스페인 두 나라 모두 '경제적 이익 추구'가 먼 항해의 동기였다는 사실은 의심할 여지가 없습니다. 이미 마르코 폴로의 《동방견문록》이 동양에 대한 관심을 자극하고 있었습니다. 더 직접적으로는, 아라비아나 이탈리아 상인들이 중개하는 지중해 무역이 아닌 동양과의 직거래를 하고 싶다는 욕망이 들끓었습니다. 이를 실현하려면 별도의 루트를 개척해야 했고요.

하지만 모험의 동기가 마냥 경제적 이익을 위해서만은 아니었습니다. 동방에 어느 훌륭한 기독교 국가가 존재한다는 전설*이 들려왔습니다. 포르투갈과 스페인은 이곳과 동맹을 맺어 이슬람교도를 협공하고 싶었습니다. 십자군적인 의식이 아직 살아 숨 쉬고 있던 것이지요. 두 나라는 열렬한 가톨릭 국가였으니까요. 이러한 종교적 동기도 작용하고 있었다는 점을 간과해서는 안 됩니다.

✦ 사제왕 요한 전설. 유럽에는 중세 시대부터 이슬람 세력 너머 동방에 매우 강력하고 풍요로운 기독교 왕국이 있다는 전설이 유행했다. 아기 예수의 탄생을 축복한 동방박사 중 한 명의 후손이자 덕망 높은 군주인 사제왕 요한이 이 왕국을 다스리며, 그곳엔 어떠한 악도 가난도 없는 대신 젊음의 샘, 수정 궁궐, 보석 지붕, 마법 거울 같은 온갖 진기한 것들이 가득하다고 전해졌다.

⇁ 포르투갈의 인도 항로 개척 ↢

포르투갈의 왕자 엔리케(1394~1460년)의 별명은 '항해 왕자'입니다. 그만큼 탐험가들이 새로운 땅을 찾아 모험을 떠나도록 적극 장려했습니다. 특히 아프리카 서쪽 해안을 탐험하는 것이 주요 목표 중 하나였죠. 엔리케 왕자는 항해 학교를 설립하여 많은 탐험가들이 항해 기술을 익히도록 했습니다.

이어서 국왕 주앙 2세(재위 1481~1495년)가 지원한 탐험가 바르톨로메우 디아스(1450년경~1500년)는 1488년에 아프리카의 가장 남쪽 끝, '희망봉'이라고 불리는 곳에 도달했습니다. 희망봉을 지나면 인도로 갈 수 있다는 것을 알게 되었죠.

그 후 바스쿠 다 가마(1469년경~1524년)라는 또 다른 탐험가는 마누엘 1세(재위 1495~1521년)의 명을 받아 1498년에 희망봉을 돌아 지금의 인도 남부 코지코드 지역에 도착했습니다. 당시에는 '캘리컷'이라고 불리던 곳이었죠. 이렇게 포르투갈은 인도로 가는 항로를 개척하게 되었고, 이 항로는 아시아와 유럽 간 무역의 중요한 길이 됩니다.

⇁ 스페인의 신대륙 발견 ↢

스페인의 경우 이탈리아 제노바 출신의 탐험가 크리스토퍼 콜럼버스(1451~1506년)가 스페인 여왕 이사벨라(재위 1474~1504년)의 후원을 받아 서인도 제도를 발견합니다(1492년). 콜럼버스는 사실 인도로 가는 새로운 길을 찾기 위해 항해를 떠난 것이었지만, 서쪽으로 항해하다가 지금의 카리브해 섬들에 도착하게 됐습니다.

당시 콜럼버스는 자신이 인도를 발견한 줄 알고 이 섬들을 '서쪽에 있는 인도'라는 의미로 '서인도 제도'라고 불렀습니다. 하지만 실제로는 아시아 대륙이 아닌, 아메리카 대륙과 가까운 카리브해의 섬들이었습니다. 콜럼버스의 이야기는 따로 들려드리겠습니다. 콜럼버스의 뒤를 이어 이탈리아인 아메리고 베스푸치(1454~1512년)가 포르투갈 왕의 명으로 남아메리카를 탐험했고 그곳이 단순한 섬이 아닌 '신대륙'이라는 것을 확인했습니다.

한편 포르투갈 출신의 항해사 페르디난드 마젤란(1480년경~1521년)은 스페인의 후원을 받아 세계 일주 항해를 시도합니다. 대서양을 가로질러 1519년 남아메리카 남단(마젤란 해협)에 도착했습니다. 더 나아가 태평양을 가로질러 필리핀 제도에 도달했습니다.

그곳에서 원주민과 충돌한 마젤란은 목숨을 잃지만, 그의 부하들이 항해를 이어갑니다. 동남아시아의 말루쿠 제도(향신료 제도‘)

✦ 대항해 시대의 유럽인은 말루쿠 제도를 '향신료 제도'라고 불렀다. 말루쿠의 섬들은 세계 어디에도 나지 않는 육두구와 정향의 산지로, 이들 향신료는 특히 고기 요리를 즐기는 유럽인의 입맛을 돋우었기 때문에 수요가 높았고 매우 고가로 거래되었다.

에 닿은 뒤 인도양을 건너 1522년 스페인으로 귀환함으로써 마젤란 원정대는 지구가 둥글다는 사실을 완전히 증명하게 됩니다.

신항로의 개척은 세계사에서 어떤 의의를 가지고 있을까요?

겨우 지중해나 발트해에서 활약할 뿐이던 서유럽인이, 이제는 먼 동양과 남북아메리카까지 세력을 뻗쳐 세계를 두루 돌아다닐 수 있는 발전의 첫걸음을 내디뎠습니다. 신항로가 개척되면서 대외 통상 루트가 지중해에서 대서양으로 옮겨가고, 상업 무역의 중심이 이탈리아 연안 도시에서 대서양 연안의 나라들로 옮겨갔습니다. 포르투갈, 스페인, 뒤늦게 네덜란드, 영국, 프랑스가 부상했습니다. 스페인은 페루와 멕시코에서 금은을 얻으며 유럽에서 제일가는 부강한 나라가 되었습니다. 동서 세계는 이후 빈번하고 밀접하게 교류합니다. 말 그대로의 세계사가 막을 열었습니다. 단, 유럽인의 우위 아래에서.

↣ 라틴 아메리카 정복 ↢

포르투갈과 스페인은 남아메리카*에서 경쟁적으로 식민 활동을 벌였습니다. 인도 항로를 개척한 포르투갈은 아시아 경영에 나서서

✦ 지리적 맥락에서 북아메리카와 구분되는 '남아메리카', 문화적 맥락에서 앵글로 아메리카와 구분되는 '라틴 아메리카'를 쓴다.

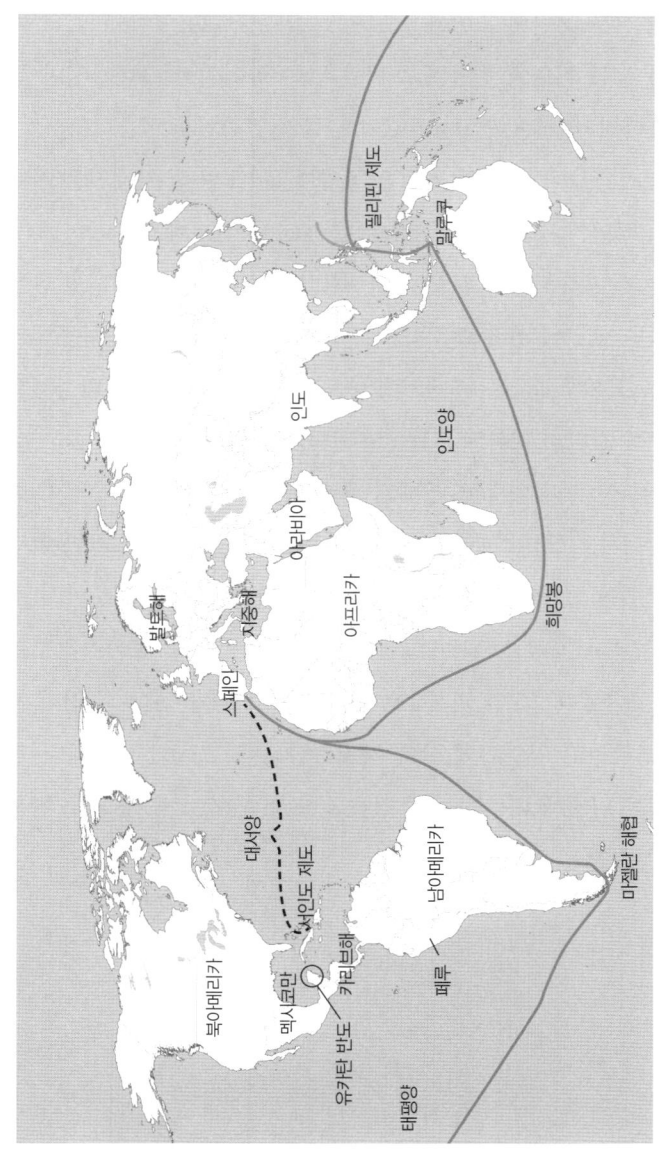

콜럼버스의 첫 항해 루트(점선)와 마젤란 원정대의 세계 일주 루트(실선)
ⓒ 'MesserWoland and Petr Dlouhý/Wikipedia.org

인도 서부 연안의 고아를 식민지로 삼았습니다. 또한 지금의 마카오와 광동 지역에 진출했고 규슈 남쪽에 위치한 다네가시마 섬을 표류하던 중 일본에 처음으로 총포를 전파하기도 했습니다.

포르투갈이 주 상업 거점을 동양에 둔 데 반해, 스페인은 신대륙에서 식민지 경영을 진행했습니다. 에르난 코르테스(1485~1547년)는 불과 병사 500명과 말 16필, 배 11척으로 지금의 멕시코 남동부 유카탄 반도에 상륙하여 아즈텍 제국을 정복했습니다. 아즈텍족이 세운 아즈텍 제국은 15세기에 종교와 정치를 통합하며 번성했으나 너무도 간단히 정복되고 말았습니다.

아즈텍 이전의 10~13세기 유카탄 반도에는 마야 문명이 번성했습니다. 그러나 내부 분열과 재해 등으로 쇠퇴하였고, 뛰어나게 발달했던 천문학, 수학, 건축, 문자 등 남은 문명의 기록마저 스페인 정복자들('콩키스타도르')에게 파괴되었습니다. 콩키스타도르의 한 명인 프란시스코 피사로(1470년경~1541년)는 페루의 잉카 제국을 정복하고 약탈과 학살을 저질렀습니다. 그들의 탐욕과 잔인한 수법은 나중에 내부 고발이 있을 정도로 눈 뜨고 볼 수 없는 잔혹한 것이었습니다.

◇ 049 ◇
인디아스 사업

⇥ 콜럼버스의 달걀 ⇤

'콜럼버스의 달걀' 일화는 아마 어린아이도 알고 있는 이야기일 것입니다. 콜럼버스의 성공을 시기한 사람들이 '뭐가 대단한 발견이냐? 배를 서쪽으로 몰다 보면 누구라도 우연히 부딪치지 않겠냐'고 비아냥거렸습니다. 콜럼버스는 테이블 위에 달걀을 한번 세워보라고 말했습니다. 다들 나서서 시도했지만 세울 수 없었습니다.

그러자 콜럼버스는 달걀 끝을 탁자 위에 톡톡 두드리더니, 깨진 부분을 밑으로 하여 달걀을 오뚝 세웠습니다. 모두 "그건 너무 쉽잖아!"라고 외쳤습니다. "네, 쉽죠. 하지만 당신들은 이런 생각을 안 했고, 저만 했어요. 신세계 발견도 같아요. 아무것도 아닌 일을 처음으로 생각해내는가 아닌가가 중요한 겁니다." 콜럼버스는 말했습니다. 아무도 대꾸하지 못했습니다.

↣ 콜럼버스와 이사벨라 여왕 ↢

콜럼버스 연구가에 따르면 전기 자료를 아무리 열심히 뒤져보아도 위 이야기는 찾지 못했다고 합니다. 지동설을 주장하다 유죄 판결을 받은 갈릴레오가 "그래도 지구는 돈다"라고 중얼거렸다는 이야기처럼 후세에 만들어진 이야기일 겁니다. 어쨌거나 콜럼버스만큼 유명하고 동시에 수수께끼로 가득한 사람은 없습니다. 확실하다고 여겨지는 사실만 적으면 이렇습니다.

콜럼버스는 이탈리아 제노바에서 모직업자의 아들로 태어나 어린 시절부터 항해에 나섰습니다. 제노바는 베네치아와 더불어 동방 무역으로 번성한 항구 도시였기 때문에, 아버지를 도와 무역업에 종사하던 중 자연히 바다와 친해지게 된 것입니다. 그 후 콜럼버스는 리스본으로 이사를 갑니다. 리스본은 제노바 사람들의 거주 지구가 따로 마련돼 있었던 데다 두말할 나위 없는 신항로 개척의 선구자 포르투갈의 수도이기도 했습니다.

콜럼버스는 리스본에 살면서 피렌체 수학자이자 천문학자인 파올로 토스카넬리(1397~1482년)의 영향을 받아 대서양의 서쪽으로 항해하면 인도에 도착할 수 있다고 믿게 되었습니다. 포르투갈 왕에게 원조를 요청했지만 거절당한 그는 1485년 스페인으로 옮겨

크리스토퍼 콜럼버스

가 갖은 역경을 겪은 끝에 이사벨라 여왕의 원조를 받을 수 있었습니다. 이후 여왕과 18년간 관계를 이어갔지요.

⤙ 아메리카 도달 ⤚

스페인의 팔로스항에서 출항한 콜럼버스 일행(150톤 무게의 산타마리아호, 기타 선박 두 척, 승무원 약 90명)은 서쪽으로 항로를 잡았고 71일째에 작은 섬을 발견했습니다. 1492년 10월 12일의 일입니다. 콜럼버스는 스페인 국기를 가지고 상륙해 십자가를 세운 뒤 그 뿌리에 입을 맞추며 신에게 감사를 표했습니다. 또한 스페인 국왕의 이름으로 이 땅을 점령한다고 선언하며 '산살바도르(성스러운 구세주)'라는 이름을 붙였습니다. 바로 바하마 제도의 과나하니섬(지금의 와틀링섬으로 추정)입니다.

콜럼버스는 도착한 섬이 인도의 일부라고 믿었습니다. 그래서 이 땅 일대를 '인디아스', 주민을 '인디오'라 불렀지요. 멀리 쿠바섬을 바라보면서 저곳은 틀림없이 지팡구(일본)일 것이라 굳게 믿었고요. 콜럼버스는 1493년 1월 귀로에 올라 3월에 팔로스항으로 돌아왔습니다. 이사벨라 여왕을 접견해 항해의 전 과정을 보고하고 '대양의 제독' '인도 부왕'이라는 영예로운 칭호를 받았습니다.

첫 번째 항해와 그 성공이 콜럼버스 생애의 정점이었습니다. 제2차 항해(1493~1496년)에서는 아이티에 식민지를 세우고, 제3차 항해(1498~1500년)에서는 트리니다드섬을 발견하고, 제4차 항해(1502~1504)에서는 온두라스를 발견했습니다. 하지만 목표였던 금은을 획득하지는 못했습니다. 몽상가 콜럼버스는 식민지 경영 같은 실무에는 맞지 않았습니다. 스페인 궁정은 콜럼버스를 더 이상 행정관으로 기용하지 않았습니다. 콜럼버스는 은퇴 후 실의에 빠져 세상을 떠났습니다. 자신이 발견한 신대륙이 인도라고 굳게 믿은 채.

'인디아스 사업'

콜럼버스는 항해 목적으로 '인디아스의 금은보화와 향신료 획득'을 내세웠습니다. 그렇게 하는 것이 스페인 궁정을 설득하기에 좋았거든요. 그러나 콜럼버스는 강한 종교적 신념을 품고 있었습니다. 바로 인디아스에게 기독교를 전파하겠다는 것이었죠. 아마도 이 숨은 신념이 가톨릭 여왕 이사벨라의 마음을 움직였을 것입니다. 대서양을 서쪽으로 항해하여 인디아스로 가려던 이유는 아프리카와 동지중해, 중동 지역이 이슬람교도에게 점령당했기 때문입니다. 콜럼버스는 기독교 포교를 '인디아스 사업'이라 명명했습니다. 하지만 물질적 재산 획득과 기독교 포교라는 종교 신념은 양립할 수 없었습니다. '인디오'는 기독교도가 되기는커녕 노예가 되었고 문화를 파괴당했습니다.

◇ 050 ◇
종교 개혁의 서막

↠ 구교와 신교 ↞

근대화의 세 번째 계기 '종교 개혁'은 독일의 마르틴 루터(1483~1546년)와 프랑스의 장 칼뱅(1509~1564년)이 중세 가톨릭의 교리와 제도를 문제 삼으며 일으킨 개혁입니다.

그 결과, 가톨릭파('구교')에 대항하는 개혁파('신교' 또는 '프로테스탄티즘'. 프로테스트란 저항이라는 뜻)가 성립하게 되었습니다.

새로운 종파의 성립에는 몇 가지 주목할 만한 점이 있습니다. 예를 들어 가톨릭교회는 중세 사회와 깊은 연결고리를 가지고 있었기 때문에 가톨릭교회를 부정한다는 것은 중세 사회를 부정하는 것과 같았습니다. 또 르네상스는 최초의 국민적 문화였는데 종교 개혁에도 '로마 교황 = 가톨릭교회'라는 보편성에 대한 국민적 반항이라는 면이 있습니다.

⇾ 루터의 개혁 ⇽

때는 16세기 초, 로마 교황 레오 10세(재위 1513~1521년)가 이른바 '면벌부'를 팔기 시작할 즈음이었습니다. 성 베드로 대성당의 개축 자금을 조달하기 위해, 또 하나는 후거 가문에게 빌린 돈을 갚기 위해서였습니다. 후거 가는 독일 남부 아우크스부르크에 본거지를 둔 부호 가문으로, 독일 황제와 로마 교황에게 자금을 융통해주는 16세기 유럽 최고의 재벌이었지요.

이 면벌부에 반대하며 들고일어난 루터가 1517년 95개 조항의 의견서를 발표하면서 종교 개혁이 시작되었습니다. 그는 면죄부나 교회의 관례 등으로 구원을 이룰 수 없다고 주장했습니다. 구원은 믿음(신앙)을 통해 이루어지고 믿음의 근거는 오직 성경에 있다고 보았기 때문입니다.

그가 개혁을 일으킨 것은 이렇듯 종교적 동기였습니다. 하지만 당시 독일의 정치·사회적 상황과 결부되어 독일 전역에 큰 반향을 불러일으킵니다. 몰락 위기에 처한 기사들이 루터의 개혁에 자극받아 반란을 일으켰고, 농민들은 루터의 개혁을 통해 자신의 해방

✦ '면죄부'로도 불리며, 죄에 대한 벌을 줄이거나 면제받을 수 있도록 발행된 증서.

을 기대했습니다. 교황이나 황제와 대립하는 제후들도 루터를 지지했습니다.

이러한 기사 전쟁과 농민 전쟁 등을 거쳐 루터의 개혁은 1555년 아우크스부르크 종교 화의 즉 '영주의 종교가 그 지배지의 종교가 된다'는 내용의 협약을 이끌어내며 일단락되었습니다.

칼뱅주의

성경 제일주의는 칼뱅도 같았습니다. 그러나 루터가 자신의 개혁 운동이 정치·사회문제에 휘말리는 일을 피하려 했던 반면, 칼뱅은 오히려 적극적으로 연관 지었습니다.

칼뱅은 루터에게 감화를 받아 프랑스에서 개혁을 일으키려 했으나 국왕의 탄압을 받아 스위스 제네바로 갔습니다. 그곳에서 개혁을 이루고 행정까지 장악한 칼뱅은 제네바시 정부가 성경의 원칙에 따라 운영되도록 했습니다. 정기 예배와 성경 공부가 의무이자 핵심 교육이었고, 성경에 적힌 것처럼 가난한 사람들에 대한 도움을 강조했으며, 이단에 대해서는 엄격히 처벌하는 등 신정 정치를 펼쳤습니다.

시민 개개인에게도 성경의 가르침에 따르는 도덕적인 삶이 장려되었습니다. 칼뱅의 교리에서 구원이란 오직 하나님의 선택이었습니다. 다시 말해, 세상을 만드시기 전부터 누군가는 구원 받고 누군가는 벌을 받기로 예정되었습니다. 칼뱅은 생활 태도의 경건함 이야말로 하나님이 구원하기로 결정한 사람이라는 증거라고 주장했습니다.

루터의 개혁이 보수적이라면, 칼뱅의 개혁은 진보적이었습니다. 전자는 독일의 민족성을 띠고 있지만, 후자는 국제적입니다. 교의도 루터처럼 신비적이지 않고 이지적이고 실제적이었습니다. 여기에 두 파의 근본적인 차이가 있습니다.

루터의 가르침은 독일이나 북유럽같이 아직 발전이 더딘 지역에 퍼졌습니다. 반면 칼뱅의 가르침은 프랑스, 네덜란드, 영국 등 선진 지역에 전파되어 중산 시민층의 마음을 사로잡았습니다. 이후 중산 시민층이 시민 혁명을 일으킬 때 칼뱅주의가 사상적 근거가 됩니다. 17세기 영국에서 일어난 청교도 혁명이 그 전형입니다.

↠ 반종교 개혁 ↞

이렇게 16세기 초 발발한 종교 개혁 운동으로 인해 중세 1000년간 통일되어 있던 기독교 세계는 신파와 구파로 나뉘었습니다. 말할 것도 없이 가톨릭 측은 충격을 받았습니다. 신교 세력에 대항하기 위해 로마 교회는 자체적인 개혁을 단행합니다. 남유럽 국가들도 여기에 가세했습니다. 이를 '반反종교 개혁'이라 부릅니다. 하지만 단순히 종교 개혁에 대한 반격이 아닙니다. 근대적 가톨릭으로 다시 태어나는 일이었고, 그런 의미에서 가톨릭의 종교 개혁으로 봐야 할 것입니다.

이탈리아 북부 트리엔트에서 열린 공의회(1545~1563년)는 이러한 반종교 개혁의 전형이었습니다. 민중의 신뢰를 재건하기 위한 자체 개혁과 더불어 구심점으로서 교황의 권위 재확립, 신교와의 차별성을 위한 교리의 명확화, 신앙 교육의 정비, 면벌부의 유효성 등을 다시 확인했습니다. 또한 금서 목록을 지정해 반가톨릭 서적과 저자 리스트를 만들었습니다. 갈릴레오의 저서 등이 가장 먼저 지목되었습니다.

반종교 개혁의 성공으로, 한때는 진정되는 것 같았던 구교파와 신교파의 대립이 다시 날카로워지기 시작합니다. 16세기 후반부터 서유럽 각국에서는 두 파가 격돌했습니다. 프랑스의 위그노 전쟁을 시작으로 네덜란드 독립 전쟁, 영국과 스페인의 패권 다툼, 독일의 30년 전쟁이 이어졌습니다. 이 모두를 아울러 '종교 전쟁'이라 부릅니다.

종교 개혁이 도화선이 된 유럽의 종교 전쟁은 100년 이상 계속됐습니다. 초반에는 종교색이 짙었지만 점점 정치색이 짙어져 마지막에는 국제적인 정치 분쟁으로 변모했습니다. 그렇게 종교의 시대는 마침내 끝을 알리고 정치의 시대가 찾아옵니다. 종교 개혁은 이런 의외의 결과를 낳았던 것입니다.

◇ 051 ◇
나는 여기에 서 있다

⤙ 성서로 돌아가라 ⤚

1521년 4월 18일, 루터는 보름스 국회에서 독일 황제 카를 5세(재위 1519~1556년)의 면전에 "여기 제가 서 있습니다!"라고 소리쳤습니다.

루터는 독일 북부에 자리한 비텐베르크 대학교의 이름 모를 신학 교수에 지나지 않았습니다. 그런데 어떻게 이런 사태가 벌어진 걸까요?

이야기는 4년 전인 1517년 10월 31일로 거슬러 올라갑니다. 루터(39세)는 비텐베르크 대학교 부속 교회의 문에 라틴어로 쓴 95개조에 달하는 의견서를 내걸었습니다. 로마 교회가 판매한 면벌부 즉 교회에 금품을 기부하면 선한 일을 한 것이 되어 죄가 용서된다는 명분에 의심을 품었기 때문입니다.

루터의 생각에는, 죄를 용서할지는 신이 결정하는 것이기 때문에 면벌부는 상관이 없었습니다. 신의 말씀은 모두 성경에 쓰여 있습니다. 루터는 그 말을 오롯이 믿는 것이 중요하다고 생각했지요. 루터는 면벌부에 반대할 뿐 교황권이나 로마 교회를 부정할 생각은 없었습니다. 그런데 전혀 예상치 못한 일이 벌어졌습니다. 이 의견서가 독일어로 번역되어 독일 전역에 퍼진 것입니다. 인쇄술이 발명된 덕이지요. 로마 교회에 호되게 쥐어짜이던 제후, 도시민, 특히 농민들은 루터가 교황권과 로마 교회를 부정한다고 지레짐작해 옳다구나 하며 루터의 편을 들어줍니다. 루터는 빠르게 독일 민족의 영웅이 되었습니다.

로마 교회도 가만히 있지 않았습니다. 1519년 7월 라이프치히에서 마르틴 루터와 가톨릭 이론가 요한 에크의 공개 토론이 열렸습니다. 루터는 처음에는 조용한 어조로 자신의 주장을 펼쳤지만 결국 교황에게도 잘못이 있다고 반박하며 정면으로 대립했습니다. 그때부터 많은 팸플릿과 저작물을 발표하며 자기 입장을 분명히 했습니다. 루터의 지지자는 계속해서 늘어났습니다. 교황은 마지막 수단으로 그에게 파문 위협장을 보냈습니다. 그러나 루터는 두려워하지 않았습니다. 1520년 12월 10일, 대중 앞에서 위협장을 불태워 버립니다. 단호하게 로마 교황과 연을 끊고 로마 교회에 반기를 든 것입니다. 신은 두려워도 인간은 두렵지 않다는 강한 신앙심 때문이기도 했겠지요. 하지만 무엇보다 루터가 그런 강경한 태도를 보일 수 있을 만큼, 시대는 이미 움직이고 있었습니다.

⇥ 보름스 국회 ⇤

교황 레오 10세는 카를 5세에게 루터를 처분하라 압박했습니다. 그 시기 카를 5세는 프랑스의 프랑수아 1세(레오나르도 다빈치를 보호한 왕)와 이탈리아의 패권을 놓고 다투고 있었습니다. 프랑수아는 독일 황제 선거 때에도 자기 존재감을 드러냈던 숙명의 라이벌이었습니다. 그래서 카를로서는 어떻게 해서든 교황을 아군으로 만들 필요가 있었습니다. 카를은 교황의 요청에 응해 루터를 보름스로 소환했습니다.

소환장을 받은 루터는 1521년 4월 초 친구들과 함께 비텐베르크를 출발했습니다. 보름간의 마차 여행 끝에 보름스에 가까워지자 그는 하늘을 우러러보며 말했습니다.

"저곳에 보름스의 지붕 기왓장들만큼이나 많은 악마가 기다리고 있다 해도 나는 가겠다."

4월 17일, 독일 황제를 비롯해 제후, 성직자, 의원이 보는 앞에서 심문관은 엄히 추궁했습니다.

"이것이 그대의 책인가? 그대는 이단의 주장을 철회하는가?"

루터는 하루의 말미를 청했습니다. 다음 날인 4월 18일 국회에선 루터는 자신이 전에 했던 말을 번복하지 않았습니다. 이렇게 해서 서두에 언급한 극적인 장면이 전개됩니다.

"여기 제가 서 있습니다. 달리 어떻게도 할 수 없습니다. 신이여, 저를 도우소서. 아멘!"

독일뿐만 아니라 유럽의 역사를 뒤바꾼 결정적 순간이었습니다.

바르트부르크성에서

보름스 국회에서 카를 5세는 루터를 독일 제국으로부터 추방한다는 처분을 내렸습니다. 위기일발의 순간, 작센의 후작 프리드리히(재위 1486~1525년)가 구원의 손길을 내밀었습니다. 후작은 반황제파의 유력 제후 중 한 명으로, 신교파의 편을 들고 있었습니다. 후작은 루터를 바르트부르크성에 몰래 숨겨주었습니다.

거기서 루터는 성경의 독일어 번역을 완성합니다. 성직자의 전유물이었던 성경을 모든 사람에게 개방한 것입니다. 이 또한 인쇄술이 보급된 덕분이었습니다. 루터의 이 번역본은 독일어의 통일이라는 점에서도 획기적인 의의를 가집니다. 독일어는 방언이 다양하고 지역간 차이가 컸습니다. 하지만 그의 번역으로 인해 사람들 사이에 공통의 언어가 자리 잡을 수 있었고, 이는 독일 내 문헌이나 기록이 표준화되는 바탕이 되었습니다. 루터는 언어의 천재였습니다.

보름스는 라인강 중류 유역에 위치한 오래된 마을입니다. 대성당은 현재도 있지만 국회의사당은 흔적도 남지 않았습니다. 하지만 공원에 루터의 종교 개혁 기념비가 세워져 있습니다. 제네바 바스티옹 공원 안의 종교 개혁 기념비만큼 크지는 않지만요.

보름스에 방문한 기념으로 저는 루터가 번역한 구약·신약 성경을 구입했습니다. 바르트부르크성은 동독에 있어 절차가 복잡해서 가보지 못했습니다. 루터가 숨어 있던 방에는, 악마를 향해 던진 잉크병의 잉크 자국이 벽에 묻어 있다고 합니다.

◇ 052 ◇
두 사람의 예수회 수도사

⇥ 이냐시오 데 로욜라 ⇤

이냐시오 데 로욜라(1491~1556년)는 군대적 규율로 명성을 얻은 예수회의 설립자이자 가톨릭을 다시 일으켜 세운 공로자입니다. 군대적 규율이라 말한 것은, 예수회가 군대와 같은 엄격한 순종과 계층적인 구조, 단단한 결합력을 강조했기 때문입니다. 그럴 수밖에 없는 것이 이냐시오는 본래 어엿한 무인武人이었거든요.

그는 스페인과 프랑스의 국경 바스크 지방의 명문 로욜라 가문에서 태어났습니다. 서른 살까지는 젊은 귀족이 흔히 그렇듯 방탕한 생활을 했습니다. 하지만 프랑스군과의 전투에서 중상을 입어 고향에서 요양하던 중 우연한 계기로 그리스도와 성인들의 전기를 읽고 회심하게 됩니다. 그는 신에게 봉사하기 위해 모든 것을 내던진 뒤 성지 예루살렘을 순례하고(1523~1524년) 바르셀로나와 살라망카에서 신학을 공부했습니다. 그것으로도 부족했는지 1528년 파리로 떠나 소르본 대학교에서 연구에 몰두합니다. 이때 이냐시오는 프란치스코 하비에르(1506~1552년)를 포함한 여러 동지들을 만났습니다.

⇥ 프란치스코 하비에르 ⇤

하비에르는 프랑스 국경에서 가까운 나바라 왕국의 하비에르성에서 태어났습니다. 그의 아버지는 나바라 왕국의 대신을 맡고 있었는데, 나바라가 프랑스와 스페인과의 전투로 멸망하면서 하비에르가도 몰락했습니다.

하비에르는 형들처럼 군인이 되지 않고 학문에 정진하고 싶었습니다. 1525년에 파리로 향한 그는 소르본 대학교에서 철학과 신학을 공부합니다. 명석한 두뇌에 열정적인 데다 붙임성 있는 성격의 소유자였기에 많은 사람의 신망을 얻었습니다.

그러던 중 하비에르는 대학에서 자신과 나란히 앉아 공부하고 있는 어떤 이를 의식하게 됩니다. 다리가 불편하고 차림새 변변찮은 38세의 나이 든 학생이었습니다.

수재였던 하비에르는 처음에는 이냐시오를 약간 깔보았습니다. 이냐시오는 이 청년과 동지가 되고 싶다, 친해지고 싶다는 마음에 여러 가지로 애를 썼습니다. 이냐시오의 정성은 하비에르의 마음을 움직였습니다. 마침내 거만한 귀족 청년은 이냐시오를 위해 온몸과 영혼을 다해 헌신하게 됩니다.

예수회의 설립

이냐시오는 하비에르를 포함한 여러 명의 동지와 함께 파리의 마리아 성당에서 맹세했습니다.

"우리의 생을 사람들의 영혼을 바르게 이끄는 데 바치자. 로마에 가서 교황님께 신의 영광에 도움되는 곳이라면 어디든 보내달라고 하자."

1534년 '예수회'라는 명칭이 정해졌습니다. 예수회는 로마에서 사람들을 지도하고 수많은 자선 사업을 벌입니다. 1540년 교황 파울루스 3세(재위 1534~1549년)는 예수회를 인가했습니다. 회원 수는 금세 늘어나 신학교를 세울 정도가 되었습니다. 신학교에서 양성된 예수회 수도사들은 유럽 가톨릭계 학교에 파견을 나가 가톨릭 교육 사업에 전념했습니다.

영적인 수련, 신과의 대화, 기도와 묵상을 중시하던 이냐시오를 '신비주의자'라 부르기도 합니다. 하지만 그의 면모는 단순히 거기에 그치지 않습니다. 비할 데 없는 통솔력을 지닌 리더로서 체계적으로 모임을 운영했으며, 교육과 선교에 힘써 전 세계에 가톨릭 신앙의 영향력을 넓혔고, 사회적으로 긍정적인 변화를 가져오는 데 헌신했습니다. 오늘날에는 가톨릭교회의 성인 중 한 명으로 존경받고 있습니다.

예수회의 해외 포교

예수회는 '해외 전도'라는 또 하나의 사명을 지니고 있었습니다. 스페인과 포르투갈이 신항로를 개척한 선구자라고 말씀드렸지요? 예수회도 이 두 나라의 후원으로 해외 전도에 나서게 됩니다.

동양에 포교하는 포르투갈의 활동에 동참한 인물은 하비에르였습니다. 포르투갈은 인도, 실론(지금의 스리랑카), 말라카(지금의 말레이시아) 등에서 이슬람교도와 힌두교도를 기독교로 개종시키려 노력했지만 좀처럼 효과가 없었습니다. 이에 국왕 주앙 3세(재위 1521~1557년)가 이냐시오에게 인도 포교를 도울 수도사 파견을 요청했고, 하비에르가 선택된 것입니다.

1541년 4월 7일, 포르투갈 선박 다섯 척이 리스본을 출항했습니다. 하비에르는 두 명의 수도사와 함께 탑승하여 이듬해 5월 인도 고아에 도착했습니다. 거기서 항구 도시 코친으로 향한 그는 코친을 근거지로 삼고 인도 각지에서 전도를 시작합니다.

1547년 말라카에 갔을 때 하비에르는 야지로라는 일본인을 만나 일본에선 포교가 성공할 수 있을 것이라는 이야기를 듣게 됩니다. 들으면 들을수록 흥미가 생긴 하비에르는 1549년 8월 15일 두 수도사와 야지로와 함께 가고시마에 상륙했습니다. 일본 사람들은 그때 처음으로 기독교라는 것을 마주하게 되었습니다.✦

하비에르는 가고시마, 야마구치 등지에서 열심히 포교하여 수백 명의 신자를 얻었습니다. 하비에르에게 감화받은 영주들도 등장하게 됩니다. 이런 포교 활동은 예수회에 보낸 하비에르의 편지에 자세히 적혀 있습니다. 그의 편지는 신앙 일지인 동시에 인도, 실론, 말라카, 일본 등 아시아 문명에 관한 기록입니다.

하비에르의 일본 체류는 2년 반에 불과했고 입회자는 1,000~1,500명 정도에 그쳤습니다. 이후 하비에르는 중국 포교를 다짐하며 1552년 8월 광동 항구에 도착했지만, 열병에 걸려 어떤 성자보다도 성자다운 마지막을 맞이했습니다.

✦ 한국의 경우 기독교와의 첫 접점은 17세기 후반 조선 사신들이 중국 북경에서 '서학'으로 불리던 기독교 서적을 접했을 때이다. 처음에는 학문적 호기심에서 연구가 시작됐다가 1784년 이승훈이 북경에서 세례를 받은 후 조선으로 돌아오면서 본격적인 기독교 신앙이 전파되었다.

◇ 053 ◇

유랑 황제

↣ 카를 5세의 영토 ↢

여러분은 세계사 교과서에서 카를 5세에 관해 읽어보신 적 있나요? 대개는 '루터를 보름스 국회에 소환해 종교 개혁 사상을 철회하라며 압박하고 아우크스부르크 종교 화의를 열었다'라고 한두 줄로 끝낸 후, 그 뒤는 전부 생략해버립니다. 하지만 16세기 초에 카를에 필적할 만한 군주는 보이지 않습니다. 그를 통해 당시의 국제 관계가 움직였으며, 그의 특이한 풍모 또한 돌이켜 볼 가치가 있습니다.

카를은 어머니 쪽과 아버지 쪽 모두로부터 광대한 영토를 상속받았습니다. 어머니 쪽으로는 스페인 왕국을 이어받아 카를로스 1세(재위 1516~1556년)가 되었습니다. 자연히 스페인에 속한 나폴리와 라틴 아메리카 영토도 계승했지요. 한편 아버지 쪽으로는 합스부르크 가문을 이어받아 오스트리아 본국은 물론 네덜란드 등을 물려받았고 신성 로마 제국 황제로도 선출되었습니다(1519년).

그런데 어떻게 하면 이 광대한 영토를 통치할 수 있을까요? 거의 불가능하겠지요. 그런데도 카를 5세는 신성 로마 황제로서 기독교 세계를 지도해야 한다는 책임감을 가지고 있었습니다. 또한 이슬람 세력을 이베리아 반도에서 몰아낸 스페인 왕국의 열렬한 신심도 그의 심장에 살아 있었습니다.

↣ 이상과 현실 ↢

그래서 카를은 독일 여섯 번, 스페인 여섯 번, 이탈리아 다섯 번, 프랑스 네 번, 영국 두 번, 이탈리아 북부에 두 번씩 장거리 여행을 떠났습니다. 국민의 충성심을 유지하기 위해선 군주인 자가 각 영지에 길게든 짧게든 체류하는 것이 절대적으로 필요했기 때문입니다.

이렇게 카를은 이제껏 유럽의 그 어떤 군주도 경험한 적이 없는 어려운 과제를 수행하려 했습니다. 하지만 현실은 이상처럼 흘러가지 않습니다. 이상이 높을수록 현실이 이상을 배반하는 정도도 커지지요.

실제로 카를의 중세적인 사고방식은 현실 정치의 움직임과 너무나도 동떨어져 있었습니다. 르네상스 시대에 이미 신성 로마 제국이나 황제라는 보편적인 개념을 대신해 민족을 단위로 하는 주권국가라는 개념이 생겨나고 있었습니다. 민족^{National} 국가가 성립하자 국가와 국가 간의 관계, 즉 국제^{International} 관계도 생겨났지요. 바꿔 말하면 국제 관계란 중세에는 없던, 근대의 산물인 것입니다.

이탈리아를 둘러싸고 독일과 프랑스가 다툰 이탈리아 전쟁(1521~1544년)을 보면 이미 국제 관계가 성립한 모습이 드러나 있습니다. 그렇지만 카를은 근대 국가의 본질도, 근대 정치의 작동 원리도 이해하지 못했습니다.

오스만 제국이 콘스탄티노플을 함락시킨 뒤 발칸 반도에 침입해 헝가리 뒤편에 육박했습니다. 카를은 이에 맞서 십자군 정신을 유럽 각국에 고취시키려 했지만 아무도 상대해주지 않았습니다. 그러기는커녕, 카를과 싸웠던 프랑스의 프랑수아 1세 같은 경우는 이슬람교 국가인 오스만 제국과도 동맹 맺는 것을 꺼리지 않았습니다. 국익$^{National\ interest}$의 추구가 근대 국가의 과제가 된 상황에서 십자군 정신 따위는 시대착오였던 것입니다.

⇥ 은퇴 후의 카를 ⇤

독일 내에서도 신교파와 구교파의 이해관계가 얽히고설켜 있었습니다. 좌우를 둘러봐도 해결이 곤란한 문제투성이였습니다. 카를은 나라 안팎으로 산더미같이 쌓여 있는 난관을 뚫어보려 했지만 어느 것 하나 잘되지 않았습니다. 의욕에 찼었던 카를은 이제 몸도 마음도 바닥이 났습니다. 그래서 아우크스부르크 종교 화의가 성립된 다음 달인 1555년 10월에는 네덜란드 통치에서 손을 뗐습니다. 1556년 1월에는 스페인 통치에서도 손을 뗐고, 포르투갈 왕녀 이사벨라와의 사이에서 얻은 아들에게 스페인 왕위를 물려주었습니다. 이 아이가 펠리페 2세(재위 1556~1598년)입니다.

신성 로마 제국의 황제 자리는 동생 페르디난트에게 양위했습니다. 이 동생이 페르디난트 1세(재위 1556~1564년)입니다. 합스부르크 가가 스페인과 독일 두 나라에 뿌리내리게 된 이유입니다.

카를 5세는 역대 독일 황제 중 가장 오래도록 자리에 있었고, 또 가장 오래도록 유명무실한 자리에 있었습니다. 드디어 길고 무거운 책무에서 해방된 카를은 스페인 유스테에 위치한 성 제로니모 수도원으로 은퇴했습니다. 물론 수도사가 된 건 아닙니다. 살림은 대영주 수준이었으며 우아하게 장식된 방에 티치아노(1490년경~1576년)의 그림을 걸어놓고 위로받았습니다. 아름다운 색채로 유명했던 베네치아파의 거장 티치아노는 카를이 가장 좋아하는 화가였습니다.

티치아노가 그린 〈카를 5세의 초상〉은 현재 뮌헨의 알테 피나코테크 미술관에 걸려 있습니다. 1548년경에 그린 그림으로, 쉰 살에 가까운 카를은 지쳐버린 표정을 짓고 있습니다. 실제 통풍으로 고생하기도 했지요. '세상에서 가장 긴 유랑을 한 황제'가 숙환으로 타계한 것은 1558년 9월 21일의 일이었습니다.

티치아노의 〈카를 5세의 초상〉

◇ 054 ◇
영국 왕조의 변천

⇥ 중세 영국 왕조 ⇤

영국은 유럽의 일부지만 섬나라이다 보니 대륙 국가와는 다른 역사가 전개되었습니다. 5세기 중반, 서게르만인 일파 앵글로색슨인이 브리타니아에 침입해 선주민 켈트족 브리튼인을 정복하고 7왕국*을 세웠습니다(6세기 말). 7왕국 중 웨식스 왕국의 왕 에그버트가 브리타니아에 최초의 통일 왕국을 세웠지만(829년) 11세기 초반 덴마크의 크누트 왕이 침략해 지배하게 됩니다. 여기까지를 '앵글로색슨 왕조'라 부릅니다.

9세기에 노르만인이 민족 대이동의 두 번째 물결을 일으킨 일은

✦ 노섬브리아, 머시아, 이스트앵글리아, 에식스, 웨식스, 켄트, 서식스.

앞서 들려드렸습니다. 서프랑크 왕은 노르만인의 일부를 노르망디 공으로 봉했고, 노르망디 공 윌리엄은 잉글랜드를 정복하여 노르만 왕조(1066~1154년)를 열었습니다.

그러면서 오늘날 우리에겐 이해하기 어려운 사태가 벌어집니다. 영국 왕가는 한편으로는 노르망디 공으로서 프랑스 왕을 섬기는 신하이자, 다른 한편으로는 잉글랜드 왕으로서 프랑스 왕과 대등한 입장이었던 겁니다. 이것이 훗날 영국과 프랑스 간 싸움의 원인이 되었습니다. 근대 국가처럼 주권·영토·민족 개념이 아직 명확하지 않을 때라서 이런 기묘한 상황이 발생한 것입니다.

⇝ 플랜태저넷 왕조의 대사건 ⇜

노르만 왕조가 끝난 후, 프랑스 앙주 지역의 백작 앙리가 잉글랜드 왕 헨리 2세로 즉위하여 플랜태저넷 왕조(1154~1399년)를 열었습니다. 영국 왕이 프랑스 왕을 신하로서 따르며 프랑스의 봉건 제후인 상태는 변함이 없었습니다. 헨리 2세가 프랑스의 봉건제를 들여오긴 했지만 본래 '정복왕조'였다 보니 잉글랜드의 왕권은 여전히 강했습니다. 이로 인해 13세기에 큰 소동이 일어납니다.

✦ 본래 중국 역사에서 비한족이 한족 위에 군림한 왕조를 일컫는 개념. 기존 지배층을 제압하고 새로운 질서를 구축해야 했기 때문에 왕권을 강력하게 유지하려 했다.

존 왕(재위 1199~1216년)이 왕위 계승권을 둘러싸고 프랑스 국왕 필리프 2세(카페 왕조 제7대, 재위 1180~1223년)와 다투다 패배한 일이 있었습니다. 이 패배로 프랑스 영내의 영국 영토, 특히 노르망디, 앙주와 같은 중요한 영지를 몰수당했습니다. 이러한 영토 상실은 왕의 권위에 큰 타격을 주었지요.

점입가경으로 존 왕은 교황 인노첸시오 3세(재위 1198~1216년)와 심각한 갈등을 겪습니다. 영국 교회의 수장인 캔터베리 대주교 후보를 두고 왕과 교황이 서로 다른 인물을 주장하다가 다툼이 벌어진 것입니다. 결국 파문당한 존 왕은 잉글랜드 전체를 교황에게 헌납하고 다시 봉토로 수여받는 볼썽사나운 모습을 보였습니다. 교황의 신하가 되어 매년 1,000파운드의 세금을 추가로 내야 했으므로 국민에게도 무거운 세금이 전가되었고요.

존 왕의 굴욕적 처신과 실정에 잉글랜드의 귀족과 국민들은 반발하며 들고일어났고 1215년 왕으로 하여금 유명한 '대헌장(마그나 카르타)'을 승인하도록 압박합니다. 대헌장은 왕이 더 이상 자의적으로 세금을 부과할 수 없고, 왕 또한 법에 구속된다고 천명하는 문서였습니다. 또한 귀족들의 권리를 보호하고 국민에게도 일정 권리를 보장하는 내용을 담고 있었습니다.

존 왕이 사망한 후 아들 헨리 3세(재위 1216~1272년) 때에도 왕과 귀족 사이의 다툼은 이어졌습니다. 이에 1265년 성직자, 대귀족, 주 및 도시의 대표자로 구성된 신분제 의회가 생겨나 갈등 해결을 도모했습니다. 훗날인 14세기 중반, 상원과 하원으로 나뉘는 양

원제가 성립해 영국 의회 제도의 기초가 마련됩니다.

─ 백년 전쟁과 튜더 왕조 ─

프랑스에서는 카롤링거 왕조가 명을 다한 뒤 카페 왕조(987~1328년)가 세워졌는데, 이 카페 왕조가 단절되면서 왕위 계승을 둘러싸고 영국과 프랑스 사이에 백년 전쟁(1337~1453년)이 발발했습니다.

100년간 쉬지 않고 전쟁을 한 건 아닙니다. 도중에 몇 번이나 휴전을 했습니다. 마지막은 프랑스의 승리로 끝났는데, 이번엔 영국 내에서 왕위 계승권을 두고 두 파로 갈라진 귀족들이 장미 전쟁(1455~1485년)을 벌입니다. 그 결과 랭커스터 가문과 요크 가문이 합쳐진 튜더 왕조(1485~1603년)가 시작되면서 영국은 새로운 시대로 접어들었습니다. 백년 전쟁과 장미 전쟁으로 수많은 귀족과 기사가 전사했기에 왕권의 신장에 유리하게 작용했습니다.

헨리 7세(재위 1485~1509년)는 중앙 집권의 기초를 다졌고, 헨리 8세(재위 1509~1547년)는 왕비와의 이혼 문제로 로마 교황과 싸움을 벌이다 지체 없이 로마 교회에서 독립해 영국 국교회를 만들었습니다. 로마 교황청과 관계를 단절하고 영국 교회를 관리하는 모든 권한이 영국 왕에게 있음을 선포한 이때의 법령을 '수장령 Acts of supremacy'(1534년)이라 합니다.

잉글랜드의 국회
그림 맨위쪽의 왕좌에 앉은 인물이 헨리 8세입니다.

기존에 로마 교황청으로 들어가던 세금과 재산을 오롯이 영국 내에서 영국민을 위해 쓸 수 있게 되었고, 국왕이 곧 교회의 수장이니 국익에 유리하도록 정책 방향을 자유롭게 정할 수 있었습니다. 그래서 영국의 종교 개혁은 영국 국민주의의 발현이라 보는 게 좋습니다. 헨리 8세는 전제 군주였지만 그의 정책은 국민의 이익과 합치했습니다.

⇢ 튜더 왕조의 여왕 ⇠

그런데 헨리 8세의 장남 에드워드 6세(재위 1547~1553년)는 조숙한 아이였습니다. 에더워드는 루터파 신교에 빠져 영국 국교회를 신교화했습니다. 뒤이어 왕위에 오른 그의 첫째 누나 메리 1세(재위 1553~1558년)는 반대로 완고한 가톨릭교도여서, 스페인의 황태자(훗날 펠리페 2세)와 결혼해 영국을 구교화하려고 했습니다. 하지만 신교파인 둘째 누나 엘리자베스 1세(재위 1558~1603년)가 신교로 기울어진 영국 국교회를 확립해 종교 정책이 더 이상 동요하지 않도록 진정시켰습니다. 이것이 '통일령$^{Act\ of\ uniformity}$'(1559년)입니다. 엘리자베스 또한 부모로부터 왕위를 물려받은 전제 군주였지만 스스로가 교양을 갖추고 있어 나라 안에 학문과 예술의 기운이 넘쳐흐르는 '엘리자베스 시대 르네상스'를 열었습니다. 셰익스피어(1564~1616년)는 이 시대의 대표적인 극작가입니다.

엘리자베스 여왕의 공적은 튜더 왕조 전제주의를 확립한 것도 있지만, 유럽의 3등 국가였던 영국을 1등 국가로 올려놓았다는 것이 가장 큽니다. 스페인과의 전쟁에서 승리를 거두고 난 뒤부터 영국은 전 세계로 힘차게 뻗어나갈 해양국가의 첫걸음을 뗐습니다. 다음 장에서 좀 더 자세히 이야기해보지요.

◇ 055 ◇
무적 함대의 격멸

→ 펠리페와 엘리자베스 ←

16세기 중반, 펠리페 2세가 통치하던 스페인은 최전성기를 누리고 있었습니다. 유럽에서는 네덜란드(지금의 네덜란드와 벨기에) 및 이탈리아 남부, 해외 식민지로는 서인도 제도, 멕시코, 페루, 필리핀을 차지한 '태양이 지지 않는' 강대국이었지요. 구교국의 챔피언을 자처하는 펠리페는 이 영토들을 모두 가톨릭으로 통일하려 했습니다. 황태자 시절 영국의 메리와 결혼한 데에는 영국으로 구교 세력을 뻗치려는 속셈도 있었지요.

  이 시대 왕가의 결혼은 대부분이 정치적 결혼으로, 작은 나라는 강대국과 연을 맺어 살아남으려 했습니다. 자그마한 섬나라 영국에게 스페인은 믿음직한 대국이었습니다. 메리가 사망하자 펠리페는 메리의 여동생 엘리자베스에게 자신과 결혼하자고 은근히 제안했습니다. 하지만 엘리자베스는 이에 대해 '나의 남편은 영국'이라며 단호하게 거절합니다. 또 스코틀랜드 여왕 메리 스튜어트(재위 1542~1567년)가 국내 반란을 피해 엘리자베스를 찾아왔을 때, 엘리자베스는 메리가 구교파와 엮여 있다는 이유로 그녀를 감금하고 나중에는 자신을 향한 암살 시도와 연루돼 있다며 처형했습니다(1587년). 더불어 네덜란드 내에서 신교파인 북부 네덜란드가 스페인에 맞서 독립 전쟁을 일으켰을 때 엘리자베스는 네덜란드를 도왔습니다. 이처럼 엘리자베스는 펠리페에게 사사건건 반反스페인적 태도를 보였습니다.

펠리페가 엘리자베스에게 앙심을 품은 이유는 또 있습니다. 영국의 항해 모험가들이 스페인 상선을 무자비할 만큼 양껏 약탈했기 때문입니다. 모험가라 하지만 사실상 해적이었습니다. 영국의 항구 도시 플리머스에는 호킨스라는 상인이 살고 있었는데, 해적 뺨치도록 악랄하게 장사를 했습니다. 첫 번째 항해를 마치니 플리머스의 부자가 되었고, 두 번째 항해를 마치니 영국 제일의 부자로 떠올랐을 정도입니다.

프랜시스 드레이크(1543년경~1596년)란 인물은 또 어떻고요. 그는 해적 그 자체였습니다. 개인 선박으로 서인도 제도에 들어가서 스페인 사람들의 마을과 배를 덮쳐 보물을 빼앗았습니다. 세계 일주를 한다면서 스페인 식민지를 그야말로 휩쓸고 다녔습니다. 펠리페는 엘리자베스 여왕에게 드레이크를 엄중히 처벌하라고 요구했습니다. 하지만 엘리자베스는 드레이크에게 처벌은커녕 기사 작위까지 수여했습니다. 마치 해적 행위를 장려하는 모양새였지요. 항해 모험가들에게 특별 허가를 내주어 그들의 개인 선박이 스페인 상선 무리를 덮치는 일을 묵인한 것입니다.

⇢ 무적 함대의 출격 ⇠

이대로 가다가는 스페인의 무역은 손해를 입을 게 뻔했습니다. 펠리페는 몇 번이고 엘리자베스와 담판을 지으려 했지만 엘리자베스는 응하지 않았습니다. 결국 인내심의 한계에 달한 펠리페는 일거에 영국에 상륙하기 위해 천하무적의 아르마다(스페인어로 아르마다란 해군력을 의미)를 영국 해협으로 보냈습니다.

 1588년 7월, 전함 130척, 육군 병사 19,000명, 선원 8,000명으로 구성된 무적 함대가 북상해 7월 29일에는 영국의 남단 콘월만에 모습을 드러냈습니다. 영국군은 콘월에서 런던까지 차례차례 횃불을 밝혀 플리머스항에 대기 중이던 영국 함대에 적의 출현을 알렸습니다. 7월 31일, 정규 함선 34척, 개인 선박 150척으로 구성된 영국 함대는 아르마다의 뒤로 돌아가 처음으로 공격을 시작했습니다.

 수적으로 보면 스페인이 분명 우세했습니다. 하지만 영국에서는 제독이 된 드레이크를 포함한 군인들이 용맹하게 싸웠습니다.

불 붙은 영국 배들이 돌진하며 화공을 가했습니다. 무적 함대는 뿔뿔이 흩어져 북해 방면으로 도주했습니다. 영국은 그곳에 포화를 퍼부었습니다. 마침 그때, 북해의 맹렬한 폭풍이 덮쳤습니다. 무적 함대는 전력의 3분의 2를 잃고 1만 명의 병사가 바다의 거품과 함께 사라져버렸습니다. 8월 10일 무렵, 대세는 결정되었습니다.

엘리자베스 시대

엘리자베스의 모습에 관해서는 여러 묘사가 있지만 확실한 건 매우 키가 크고 앙상한 체격이었다는 점입니다. 신경통, 두통 외에도 여러 가지 병으로 고생했습니다. 70세에 세상을 떠나기까지 단 하루도 정치 업무를 소홀히 하지 않았다고 합니다. 그녀의 정치적 재능은 발군이었습니다.

〈아르마다 초상화〉라는 여왕의 초상화가 있습니다. 화려하게 차려입은 엘리자베스 여왕의 뒤로 두 개의 그림이 걸려 있습니다. 왼쪽 그림은 무적 함대, 오른쪽 그림은 그들이 폭풍을 맞는 모습입니다. 승리를 거둔 여왕의 자랑스러운 모습은 영국의 앞날을 암시합니다.

실제로 엘리자베스 시대에 동인도 회사가 설립되었습니다(1600년). 동인도 회사는 동양의 향신료 등 고부가가치 상품을 독점적으로 교역하는 상업 회사입니다. 영국의 무역 수지를 증대시

〈아르마다 초상화〉

켰고 포르투갈에 이어 특히 네덜란드와 동양무역권을 놓고 치열하게 다투었습니다. 북아메리카에는 엘리자베스 여왕에게 헌정하는 식민지 '버지니아'(버진 퀸은 결혼하지 않은 엘리자베스 여왕의 별명)가 세워졌습니다. 월터 롤리라는 신하가 북아메리카 남동부 해안을 탐험하다 발견한 곳입니다. 버지니아는 이후 담배 재배업으로 성장하여 영국의 북아메리카 식민지 확장의 기반이 됩니다.

무적 함대를 격파한 것을 계기로 해상권은 스페인에서 네덜란드와 영국으로 넘어왔습니다. 16세기 말 '태양이 지지 않는 나라'를 호언한 스페인의 전성 시대가 막을 내렸습니다. 그리고 17세기 후반에는 네덜란드도 영국에 굴복하게 됩니다.

◇ 056 ◇

잔 다르크와
카트린 드 메디시스

→ 프랑스 왕권의 신장 ←

10세기 말 카롤링거 왕가가 후계 없이 단절되면서 위그 카페(재위 987~996년) 공작이 프랑스 왕위를 이어받아 카페 왕조를 세웠습니다. 귀족 중에서도 그 주변을 다스리던 가장 유력한 영주였기 때문에 왕으로 추대된 것입니다. 하지만 본인이 봉건 제후 중 한 명이었다는 배경으로 인해 다른 제후를 압도할 수 없었습니다. 여기에 플랜태저넷 왕조의 영국 왕이 가하는 압박도 있어서 초기에는 왕권이 힘을 쓰지 못했습니다.

하지만 루이 6세가 본격적으로 왕권 신장을 도모했고, 필리프 2세(재위 1180~1223년)는 영국 플랜태저넷 왕조의 왕들과 싸워 존 왕으로부터 프랑스 내 영국령이었던 노르망디 등 영토를 몰수했으며 13세기 말에는 남프랑스도 왕령으로 통합했습니다. 더 나아가 필리프 4세는 교황청을 자기 영향력 아래 두기 위해 '교황의 아비뇽 유수'를 일으켰습니다. 또한 1302년 최초의 삼부회를 소집했습니다. 삼부회란 프랑스 국민의 세 계층을 이루는 성직자, 귀족, 평민 대표들로 구성된 신분제 의회입니다. 삼부회를 통해 왕은 자신의 정책에 프랑스 사회의 공식적인 지지를 확보하고 교황과의 갈등에서도 유리한 위치에 설 수 있었습니다.

↣ 백년 전쟁과 잔 다르크 ↢

카페 왕조가 끊기자 방계인 발루아 백작 필리프 6세가 발루아 왕조(1328~1589년)를 열었습니다. 그러나 이때, 영국 왕 에드워드 3세가 카페 왕조의 계승권을 주장하고 나서며 백년 전쟁이 발발했습니다(1337년).

에드워드 3세는 필리프 4세의 딸 이자벨라의 아들이었습니다. 그래서 국왕의 외손자인 자기야말로 프랑스 왕위 계승자라고 주장했습니다. 하지만 프랑스 귀족들이 어머니를 통한 계승을 인정하지 않았기에 먼 친척인 발루아 가문에서 왕이 추대된 것이었지요.

이렇게 시작된 백년 전쟁에서 프랑스는 초반부터 연패를 거듭했습니다. 샤를 7세(재위 1422~1461년)가 왕위를 물려받을 즈음에는 프랑스 북부와 파리마저 빼앗기는 최대의 위기에 빠졌습니다.

이 위기에서 프랑스를 구한 영웅이 바로 잔 다르크(1412~1431년)입니다.

　잔은 로렌 지방 남부의 동레미라는 작은 마을의 농가에서 태어났습니다. 소녀 시절까지 평범하게 자란 잔은 13세의 여름 어느 날, 신의 계시를 들었습니다.

　"프랑스를 구하라! 영국군을 무찔러라!"

　잔은 1429년 샤를 7세를 만나 군대를 위임받고 영국군이 포위하던 오를레앙을 해방시켰습니다. 그다음 프랑스로 진격해 랭스에서 샤를이 정식으로 대관식을 올릴 수 있게 해주었습니다(17세). 하지만 국왕 샤를의 배반으로 실각한 그녀는 1430년 5월 콩피에뉴 전투 중 영국군에 넘겨졌습니다. 영국은 노르망디의 루앙에서 종교 재판을 열어 5개월에 걸친 심문 끝에 잔에게 이단이라는 판결을 내리고, 루앙 광장에서 그녀를 화형에 처했습니다(19세). 잔이 최후에 뱉은 말은 "예수님!"이었다고 합니다.

　백년 전쟁은 프랑스의 승리로 간신히 막을 내렸지만, 승리의 계기가 된 것은 잔의 영웅적인 행동이었습니다. 그래서 1456년에 명예가 회복되었으나 성인으로 추대된 것은 20세기가 되어서입니다. 잔의 생애와 행동에는 아직 명확하지 않은 점이 많지만, 조국애와 가톨릭 신앙의 상징이었다는 사실만은 분명합니다.

　발루아 왕조의 마지막 왕 샤를 8세(재위 1483~1498년)는 프랑스를 거의 통일했을 뿐만 아니라 나폴리 왕국의 계승권을 주장하며 이탈리아 원정을 계획했습니다. 그 뒤를 이은 방계 발루아 왕조의

잔 다르크

프랑수아 1세는 독일 황제 카를 5세와 이탈리아 전쟁을 벌였고 레오나르도 다빈치를 보호하여 '프랑스 르네상스의 아버지'라 불렸습니다. 이렇게 프랑스 왕권은 착실하게 힘을 키워갔지만, 두 번째 위기가 찾아옵니다. 바로 종교 전쟁입니다.

위그노 전쟁과 카트린 드 메디시스

프랑스에서는 신교파와 구교파의 갈등에 프랑스 왕가의 집안싸움까지 얽혀 세상에서 가장 처참한 종교 내란이 일어났습니다. 이것이 '위그노 전쟁'(1562~1598년)입니다. 위그노는 프랑스 신교파(주로 칼뱅주의)를 뜻합니다. 국왕 프랑수아 2세(재위 1559~1560년)와 모후 카트린 드 메디시스(1519~1589년)가 구교도와 손을 잡고 위그노를 압박했으며, 뒤를 이은 동생 샤를 9세(재위 1560~1574년) 역시 모후의 영향 아래에서 같은 기조를 이어갔습니다.

위그노 전쟁 중에는 1572년 8월 24일, 신교도 수천 명이 구교도에게 학살당하는 사건도 일어났습니다. 8월 24일은 기독교 성인 바르톨로메오를 기리는 날입니다. 박해받던 위그노들이지만 서로 결속을 다지고 축하하는 마음으로 한자리에 모여들었습니다.

특히 프랑스의 마르그리트 공주(카트린의 막내딸, 애칭 '마르고')와 나바르 왕국(현 프랑스와 스페인 국경 지역)의 신교도 왕자가 결혼식을 치르며 구교와 신교 간 화합 분위기가 조성되는 것 같던 시기였습니다. 그러나 구교도들은 신교도의 대규모 집합을 반대로 공격의 기회로 삼았습니다. 축일 아침부터 신교도들이 무참히 살해당하기 시작했습니다. 파리뿐만 아니라 프랑스 전역의 거리, 집, 피신처를 불문하고 몇 주간 위그노 학살이 이어졌습니다.

종교 전쟁은 더없이 격화되었습니다. 혼란이 극에 달하던 1589년, 샤를 9세를 이어 즉위한 앙리 3세가 암살되며 발루아 가문은 명맥이 끊겼습니다.

이 위그노 전쟁의 흑막은 다름 아닌 카트린 드 메디시스였습니다. 카트린, 본명 카테리나 데 메디치는 피렌체 명문 메디치 가 출신으로, 14세에 프랑수아 1세의 아들 앙리와 결혼했습니다. 앙리가 즉위해 앙리 2세(재위 1547~1559년)가 되면서 카트린은 왕비의 자리에 올랐습니다. 카트린이 낳은 세 아들 프랑수아 2세, 샤를 9세, 앙리 3세 모두 허약했기에 그녀는 섭정을 하며 실권을 쥐었습니다. 그리고 어떤 때는 구교파에, 또 어떤 때는 신교파에 서서 두 파를 대립시키는 가운데 캐스팅보트✦를 행사했습니다. 그리고 결국은 성 바르톨로메오 축일의 학살을 일으키며 프랑스를 대혼란에 빠트린 것입니다.

잔 다르크에게는 조국애와 가톨릭 신앙이 전부였는데, 카트린은 권세를 유지하는 일밖에는 안중에 없었습니다. 30년이 넘는 전란으로 국민이 얼마나 큰 고통을 겪든지 신경 쓰지 않았습니다.

✦ 두 파의 세력이 비슷할 때 승패를 결정 짓는 제3자의 표.

성 바르톨로메오 축일의 학살

잔에게 조국애와 신앙은 무엇과도 바꿀 수 없는 것이었지만 카트린은 구교파든 신교파든 상관없었습니다. 즉, 신앙은 정치의 도구였습니다. 관심이 종교에서 정치로 이동한 시대의 변화를 단적으로 나타내는 예입니다.

◇ 057 ◇
베르사유의 태양왕

⇥ 부르봉 왕조의 시작 ⇤

발루아 가문의 대가 끊기자 마르그리트 공주와 결혼한 나바르 왕국의 앙리 4세(재위 1589~1610년)는 부르봉 왕조를 열며 프랑스 왕위를 계승하게 됩니다. 앙리 4세는 프랑스 역사에 중요한 인물로서, 위그노였으나 왕위에 오르기 위해 가톨릭으로 개종하였습니다. 1598년에는 '낭트 칙령'을 선포하여 위그노에게 일정한 종교적 자유를 부여했습니다. 종교로 인한 내전을 종결시켜 나라가 안정을 찾는 데 기여한 것이지요. 그러나 드디어 절대왕정의 막을 올리려던 찰나에 암살당했습니다. 그의 아들 루이 13세(재위 1610~1643년)가 재상 리슐리외(1585~1642년)의 보좌를 받아 절대왕정의 기초를 쌓습니다.

절대왕정은 국가의 모든 권력이 왕에게 집중되는 체제입니다. 왕이 법, 군사, 세금, 외교를 아우르는 모든 영역에 절대 권한을 행사하며, 이 권한은 신이 부여한 것으로 간주됩니다. 루이 13세는 그 어느 때보다 강력한 중앙 집권적 통치로 나라의 안정을 꾀하려 했습니다. 병사한 그의 뒤를 이은 루이 14세(재위 1643~1715년)가 즉위 당시 다섯 살이었으므로 추기경 마자랭(1602~1661년)이 리슐리외의 방침을 이어받아 왕을 보좌합니다. 그는 절대왕정에 불만을 가진 귀족이 일으킨 '프롱드의 난'(1648~1653년)을 진압하고 왕권을 더욱 강화시키는 데 힘썼습니다. 마자랭의 죽음과 함께, 이제는 성인이 된 루이의 친정 시대가 시작되었습니다. 루이 14세야말로 절대주의 군주의 전형으로, '짐이 곧 국가다'라는 말이 널리 알려져 있습니다. 여기에서는 루이와 인연이 깊은 베르사유 궁전에 관한 이야기를 들려드리겠습니다.

⊶ 궁전의 건축 ⊷

처음에는 루이 13세가 베르사유에 작은 별장을 세웠습니다. 그리고 아들 루이 14세가 1662년(24세)에 이 거처를 대궁전으로 개축합니다. 돈을 아낌없이 써서 일류 건축가와 정원사를 채용했으며 작업 기간만 20년이 넘었습니다. 왕은 쭉 여기서 살았고 여기서 생을 마감했습니다.

루이가 베르사유 궁전을 평생 거처로 삼은 데에 이유가 없지는 않습니다. 루이가 어렸을 때, 귀족들은 프롱드의 난이라는 반란을 일으켰습니다. 거기엔 파리의 민중까지 가세했습니다. 그로 인해 루이는 부모와 함께 파리에서 피신해 여기저기 거처를 옮겨다녀야 했습니다. 이런 불행한 기억 때문인지 루이는 파리가 싫었습니다.

'태양왕'이라는 별칭에도 여러 설이 있습니다. 예를 들어 루이가 '이집트 파라오 못지않은 오만함'의 소유자였다거나 혹은 루이가 축제용 발레를 위한 의상을 지었는데 거기에 태양 디자인이 장식되어 있었다는 등의 설입니다. 이유가 어쨌건, '베르사유의 태양왕'만큼 루이 14세에게 잘 어울리는 이름은 없습니다.

⇥ 태양왕 루이 ⇤

세계사에 등장한 제왕은 수없이 많습니다. 하지만 5세에 즉위해서 77세에 세상을 떠날 때까지 현역으로 왕의 자리에 있었던 이는 루이 14세 말고는 없습니다.

그가 친정에 나선 것은 1661년(23세)부터였습니다. 그로부터 길었던, 아니 지나치게 길었던 치세 기간 동안 그의 행보 하나하나는 무언가 남달랐습니다.

루이는 '유일한 왕, 유일한 법, 유일한 종교'를 방침으로 삼아 정치·문화적 통일 정책을 펼쳤습니다. 그 일환으로 1685년에는 신앙의 자유를 약속한 낭트 칙령을 폐지하고 위그노를 탄압했습니다. 또한 '나는 전쟁이 좋다'고 말하며 여러 차례 다른 나라를 침략해 영토를 넓혔습니다. 해외(북아메리카와 인도)에도 광대한 식민지를 만들었습니다. 그 결과 프랑스는 유럽 제1의 강국이 되었습니다.

물론 전쟁이란 세금으로 충당되므로, 성직자와 귀족을 제외한 일반 국민에게 무거운 세금이 부과되었습니다. 하지만 루이는 태평했습니다. 베르사유 궁전에서는 비위를 맞추는 귀족들에게 둘러싸여 사치를 했습니다. 문학자와 예술가를 불러들여 성대한 연회를 열고 화려한 문화의 꽃을 피웠습니다.

이렇게 돈을 물처럼 쓰다 보면 아무리 많던 돈도 바닥을 드러내기 마련입니다. 실제로 그의 말년에 프랑스의 국고는 텅 비어버렸습니다.

루이는 '짐이 곧 국가다'라 말했다고 합니다. 아직 친정을 하지 않던 17세 소년 때의 일입니다. 귀족들이 어떤 법률에 반대하자, 루이는 "너희는 내가 낸 법률에 이의를 제기하고 있는 것 같군. 그러나 나를 떠나서는 국가란 없다. 국가, 그것은 곧 나다"라고 말했습니다. 즉위하자마자 중신에게 이렇게 선언했다지요.

"마자랭이 죽은 지금, 나 스스로 재상이 되기로 결심했다. 백성에게 왕을 내린 신은 백성이 왕을 신의 대리인으로 섬기기를 바라신다. 그러니 누구든 국민으로 태어난 자는 왕에게 절대적으로 복종해야 한다. 이것이야말로 신이 바라시는 바다."

이러한 사고방식을 '왕권신수설'이라 부릅니다.

그 시절에 77세까지 산다는 건 어려운 일입니다. 루이가 장수할 수 있던 이유는, 따지고 보면 몸이 건강했기 때문입니다. 하루에 16~18시간 동안 끊임없이 일할 수 있던 것도 몸이 건강해서였습니다. 게다가 루이는 의외로 규칙적인 생활을 했습니다. 어느 귀족은 이렇게 적었습니다. "달력과 시계만 있으면 300킬로미터 떨어져 있어도 왕이 지금 어디서 무엇을 하는지 알 수 있다."

제멋대로 살았을 것 같아도 꼭 그렇지만은 않았으며 사실 질서와 규율로 자신을 엄격하게 단속하고 있었습니다. 질서와 규율이 베르사유 궁정 생활을 일관되게 만들었습니다. 더 넓게 말하면, 이것은 프랑스 정신의 발현입니다. 자칫 향락과 격정의 온상으로만 여겨지기도 하는 베르사유 궁전 또한 설계에서부터 정연한 대칭을 추구했으며, 그 안에서의 생활도 세세한 규칙과 예법이 가득했습니다. 훗날 데카르트의 등장이나 계몽주의의 바람이 프랑스에서 일어난 것은 괜한 우연이 아닐 것입니다.

루이의 말년에는 하늘 높던 위세도 지는 해처럼 기울기 시작합니다. 황태자도, 손자도, 루이보다 먼저 죽었습니다. 뒤를 이어야 할 자손(루이 15세)은 막 네 살이 된 참이었습니다. 죽음을 기다리는 침상에서 루이 14세는 베르사유의 빛나던 날들을 '덧없는 꿈'이라 느꼈을까요?

루이 14세

◇ 058 ◇
네덜란드 수호신

⇝ 표착한 리프데호 ⇜

1598년 여름, 네덜란드의 동양 원정선 다섯 척이 로테르담을 출항했습니다. 대서양을 가로질러 이듬해 4월 마젤란 해협을 지났으나 태평양으로 나오자마자 네 척이 난파하고 모선인 리프데호만이 가까스로 살아남습니다. 리프데호는 흐르고 흘러 일본 규슈의 오이타에 도착했습니다. 1600년 4월 29일의 일입니다. 일본에 내항한 최초의 네덜란드선이지요.

칼뱅파 신교국인 네덜란드는 1581년 스페인에서 독립한 직후부터 활발하게 해외로 진출했습니다. 동양에는 네덜란드 동인도회사를 설립하고(1602년), 인도와 동남아시아 지역의 후추를 포함한 특산물을 유럽으로 들여와 큰돈을 벌었습니다. 또한 포르투갈인과 영국인을 몰아내고 동인도 섬들에 세력을 뻗쳤습니다. 인도네시아 자바섬에 바타비아(지금의 자카르타)시를 만들어 동양 무역의 근거지로 삼았고, 명나라 시대 중국과 에도 초기 일본과도 교역했습니다. 리프데호도 향신료 무역을 위해 원정대에 참가한 배였습니다.

리프데호의 항해사였던 영국인 윌리엄 애덤스(1564~1620년)는 쇼군(에도 막부의 수장) 도쿠가와 이에야스에게 초청받아 외교 고문으로 임명되었습니다. 그는 영토와 거처를 받으며 '미우라 안진'이라는 이름으로 불렸습니다. 또 다른 승무원이었던 네덜란드인 얀 요스텐(1556년경~1623년)도 이에야스에게 중용돼 일본에 정착한 뒤로 일본과 네덜란드 간의 무역에 힘을 쏟았습니다.

리프데호의 표착을 계기 삼아 신흥 강자 네덜란드·영국은 기존 해상 무역의 패자 포르투갈·스페인과 경쟁하며 일본과의 무역을 개시했습니다. 도쿠가와 이에야스의 개방적 외교와 무역 진흥 정책 때문에 일본 내 기독교 금지령은 명목만 남고 신자 수도 늘어나 큰 사회 세력이 되었습니다. 하지만 네덜란드와 영국이 '스페인과 포르투갈의 가톨릭 포교는 일본 침략을 위한 것'이라며 경고하자 일본은 결국 쇄국 정책을 취하게 됩니다(1639년).

⇥ 수호신의 정체 ⇤

리프데호는 원래 '에라스뮈스호'라고 불렸습니다. 에라스뮈스호의 선미에는 나무 조각상이 장식되어 있었습니다. 당시의 범선들은 뱃머리에 '선수상'을, 배의 뒷부분에 '선미상'을 두는 것이 일반적이었습니다. 선수상은 주로 동물을, 선미상은 위인을 조각해 두었습니다.

에라스뮈스호에도 선수상이 있었지만 태평양을 표류하던 중 없어져 버렸습니다. 하지만 선미상은 잘 붙어 있었습니다. 이 조각은 높이 약 1미터로, 큰 베레모 같은 것을 뒤집어쓰고 오른손에 두루마리를 든 인물이었습니다. 누구인지 짐작할 수 없었으나 일본에서는 이후 300년 동안 '네덜란드 수호신'이라 불리며 천연두의 신, 재앙 방지의 신으로 숭배받았습니다.

에라스뮈스^{Erasmus}는 고난에서 구해주는 가톨릭 성자의 이름입니다. 따라서 먼 동양으로의 항해가 무사하기를 기도하는 마음이 담겼을 수 있습니다. 또 로테르담은 르네상스 시대 네덜란드 최고의 인문학자 에라스뮈스(1465~1536년)가 태어난 곳입니다. 고향의 유명인사 덕을 입고 싶어서 배 이름에 붙였다고도 상상할 수 있습니다.

이런저런 추정 속에 네덜란드 수호신은 오랫동안 정체불명인 채로 남아 있었습니다. 그런데 지금으로부터 100여 년 전에야 드디어 그 주인공이 밝혀졌습니다. 머리에 쓴 것도 손에 든 두루마리

에라스뮈스 목상

도, 당대의 저명한 초상화가 홀바인이 그린 에라스뮈스의 목판화와 똑 닮아 있던 겁니다.

    목상은 그 후 도쿄 국립 박물관에 기탁되어 귀중한 문화재로 소중하게 보관되고 있습니다. 날 때부터 병약하고 예민한 성격이었던 에라스뮈스가 결국 자신의 분신인 조각상이라도 만 리 파도를 넘어 머나먼 동양에 발을 디딘 셈이니, 세상 일은 참 알 수 없는 법입니다.

◇ 059 ◇

효웅 발렌슈타인

⇥ 30년 전쟁과 발렌슈타인 ⇤

종교 전쟁의 마지막이자 최대 규모의 전쟁은 독일의 30년 전쟁(1618~1648년)입니다. 시작은 보헤미아(지금의 체코)에서 일어난 반란이었습니다.

보헤미아는 종교 개혁의 선구자 얀 후스가 태어난 곳으로 그의 가르침을 따르는 후스파의 뿌리가 깊은 곳입니다. 즉 신성 로마 제국 내에서도 신교의 우세가 뚜렷한 지역이었습니다. 그러나 신성 로마 황제 겸 보헤미아 국왕으로 즉위한 페르디난트 2세(재위 1617~1637년)는 신교를 탄압했습니다. 후스파는 여기에 반발해 반란을 일으켰으나(1618년) 빠르게 진압됩니다.

보헤미아 반란을 단순히 한 지역의 사건이 아닌 자유를 위한 투쟁으로 여긴 신교도들에게 그 실패는 위협으로 다가왔습니다. 신성 로마 제국 안의 신교 국가들은 생존을 위해 힘을 모을 필요를 느꼈습니다. 이때 덴마크 왕 크리스티안 4세(재위 1588~1648년)가 이 상황에 편승해 독일 신교파를 돕겠다는 명목으로 침입했습니다. 하지만 신성 로마 황제군의 용병대장 알브레히트 폰 발렌슈타인(1583~1634년)에게 패하고 말지요.

발렌슈타인은 보헤미아의 하급 귀족 출신이었지만 보헤미아 반란을 진압하며 페르디난트 2세의 신용을 얻었습니다. 황제의 요청을 받아 용병군을 조직한 그는 침략해 들어오는 덴마크군을 격파하고 덴마크 본국까지 쳐들어갑니다. 크리스티안 4세는 강화를 맺을 수밖에 없었습니다.

처음에 4~5만 명이었던 발렌슈타인 용병군은 이 시점에서 이미 10만 명으로 불어나 있었습니다. 대군을 유지하기 위해 비용의 일부는 발렌슈타인 본인이 부담했지만, 나머지는 금융업자에게 돈을 빌리거나 현지 징발로 약탈해 메꿨습니다. 당시 용병대의 급여 지불은 현지 징발이 일반적이었습니다.

⟼ 용병대장이란 ⟻

용병의 기원은 먼 옛날로 거슬러 올라갑니다. 그리스에서는 폴리스 붕괴 시기에, 로마에서는 공화정 말기에 등장합니다. 서로마 제국을 멸망시킨 게르만인 오도아케르도 원래는 로마의 용병대장이었습니다. 중세 말기에는 하급 귀족이나 기사가 중심이 되어 용병 군단을 만들었습니다.

특히, 르네상스 시대 이탈리아의 소도시 국가는 용병에게 전쟁을 맡겼습니다. 소국이 상시 군대를 유지하는 것은 부담이 너무 컸기 때문에 고용을 택한 것이지요. 이 용병대의 대장을 '콘도티에로^{Condottiero}'라고 합니다. 중세 이탈리아어 '콘도타^{Condotta}(계약)'에서 유래했습니다. 용병대의 대장인 콘도티에로는 군주나 도시와 계약을 맺고 계약 상대방이 원하는 것 즉 기병에서 보병, 대포까지 조달해주었습니다.

용병대장은 계약이 성립하면 모든 일을 맡았습니다. 보수가 목적이라 애국심도 충성심도 없고, 적과 싸울 때에도 굳이 전멸시키는 일은 없었습니다. 미리 짜고 하는 엉터리 승부도 많았으며 승세가 보이면 목적을 달성했다고 여겼습니다.

이탈리아에서는 용병대장을 하다가 한 나라의 주인이나 성주가 된 자도 꽤 있었습니다. 군대라고 하면 우리는 국민으로 구성된 군대를 생각하지만 국민군은 프랑스 혁명과 나폴레옹 전쟁 시기에 등장한 것입니다. 절대주의 시대가 되어서도 용병군은 존속했습니다. 다만 국왕에게 직속된 상비군으로 개편되었을 뿐이죠.

⇢ 강력한 용병대장 ⇠

같은 용병대장이라 하더라도, 발렌슈타인은 르네상스 시대 콘도티에로와는 격이 달랐습니다. 그는 콘도티에로의 위상을 몇 배나 키운 전쟁 전문가입니다. 발렌슈타인은 어떤 생활을 했을까요?

괴테(1749~1832년)와 어깨를 나란히 하는 문호 프리드리히 실러(1759~1805년)는 역사가이기도 했습니다. 실러가 쓴《30년 전쟁사》에 따르면 발렌슈타인의 프라하 궁전은 여섯 개의 성문을 갖췄고 정원을 만들기 위해 집 100채를 부쉈다고 합니다. 60명의 시종을 거느렸으며 50명의 친위병이 발렌슈타인을 지켰습니다. 식사로는 100접시의 요리가 나왔습니다. 그가 영지를 순방할 때는 164대의 마차가 뒤따랐습니다. 참 호화롭지 않나요?

발렌슈타인의 권세가 높아지자 제후들은 질투가 나서 황제에게 그의 파면을 요청했습니다. 발렌슈타인은 잠자코 보헤미아의 영지로 물러납니다. 신교파니 구교파니 어찌 되든 알 바 아니었습니다. 용병대장이 없는 황제군이 고전을 하든 말든 상관 없었습니다.

그러던 중 이번에는 스웨덴 국왕 구스타브 아돌프(재위 1611~1632년)가 신교군을 이끌고 진격해왔습니다. 너무나 버거운 적이었기 때문에 황제는 다시 발렌슈타인에게 출정을 요청했습니다. 하지만 발렌슈타인은 쉽게 응하지 않았습니다. 황제를 애태워 점점 값어치를 올렸고, 화전和戰의 결정권을 받아내고 나서야 비로소 일에 착수했습니다. 발렌슈타인은 프라하를 출발해 뤼첸(라이프치히 부근)에서 구스타브 아돌프와 승부를 겨뤘습니다. 이 전투에서 발렌슈타인은 처음으로 패배를 맛보았지만 스웨덴 국왕을 전사하게 했습니다.

패배한 발렌슈타인은 보헤미아로 돌아갔습니다. 황제가 출정을 아무리 재촉해도 응하지 않았습니다. 사실은 물밑에서 스웨덴과 몰래 평화 교섭을 진행하고 있었지요. 애매한 태도가 결국 황제의 의심을 불렀고 발렌슈타인은 다시 파면당했습니다. 이에 그는 반격을 꾀하다 황제가 보낸 자객에게 암살당합니다.

실러는 발렌슈타인을 비극적 영웅으로 묘사하고 있습니다. 그러나 제게는 명예욕과 물욕에 찬 전쟁광에 불과하다고 느껴집니다. 플랑드르의 유명한 화가 반 다이크(1599~1641년)는 발렌슈타인의 초상을 통해 효웅梟雄(잔인하고 용맹한 인물)의 면모를 전달하고 있습니다. 여러분은 알브레히트 폰 발렌슈타인이라는 인물에게 어떤 인상을 받으셨나요?

발렌슈타인
1629년 초상.

◇ 060 ◇
국제 회의의 유래

⇥ 베스트팔렌 회의 ⇤

30년 전쟁은 베스트팔렌 회의(1648년 10월)로 종결되었습니다. 독일 베스트팔렌 지방의 뮌스터와 오스나브뤼크라는 곳에서 베스트팔렌조약이 체결된 것입니다.

조약의 내용에는 깊이 들어가지 않겠지만, 베스트팔렌 회의는 한 세기에 걸친 종교 전란을 끝냈을 뿐만 아니라 프랑스 혁명(1789년)까지의 유럽 국제 질서를 정한 중대한 회의였다는 점을 강조하고 싶습니다. 관계국들이 한자리에 모이는 국제 회의는 유럽 역사를 통틀어 처음 있는 일이었습니다.

베스트팔렌 조약
1648년 뮌스터에서 조인하는 모습.

➝ '인터내셔널'의 의미 ⬅

요즘은 '인터내셔널 International(국제적)'이라는 말이 일상에서 흔히 사용되다 보니 다들 별다른 관심을 가지지 않지요. 아마 여러분 또한 그랬을 겁니다. 하지만 '인터(…사이의)'와 '내셔널'은 어떻게 합성되었을까요? 그 연유를 따져 보면 꽤 흥미로운 역사적 사실을 알 수 있습니다.

국제 회의는 국제 사회의 성립을 전제로 합니다. 유럽에서 주권 국가가 여럿 존재하고 그들 사이에 관계가 생겨날 때 비로소 국제 회의가 열렸습니다. 반대로 말하면, 국제 사회가 태어나지 않았던 중세에는 국제 회의를 열고 싶어도 열 수 없었습니다.

'주권'이라는 단어가 좀 어렵지요? 정치학에서는 '국가가 그 영토 내의 모든 집단과 개인에 대해 최고의 지배권을 가지는 상태'라 정의하고 있습니다. 이 주권이 국왕에게 속하는 시대도 있는가 하면 국민에게 속하는 시대도 있습니다. 근대 초반에는 국왕이 먼저 주권자가 되었습니다. 또한 '민족 국가'라는 말은 '민족을 단위로 한 국가'를 뜻합니다. 중세에 민족이나 영토의 개념이 명확하지 않았다는 사실은 지금까지 살펴본 백년 전쟁 때 영국과 프랑스의 관계에서도 알 수 있습니다. 그렇지만 일단 주권, 민족, 영토의 세 조건을 갖춘 근대 국가가 성립하고 나면 아무래도 서로의 이해관계에 마찰이나 충돌이 일어날 수밖에 없습니다. 이렇게 해서 '인터내셔널'한 관계가 생겨났습니다.

유럽 중세에는 신성 로마 황제가 보편적 제국을 대표했고, 중세의 보편주의를 신성 로마 황제와 나눠 가진 로마 교황이 기독교 사회를 통일하고 있었습니다. 하지만 중세 말기부터 르네상스 시대에 걸쳐 각 민족을 단위로 하는 새로운 주권국가가 발흥했습니다. 그 결과 국가와 국가 사이의 관계 즉 인터내셔널한 관계가 생겨났습니다. 종교 개혁으로 로마 교황이 관장하는 기독교 사회의 통일성이 깨졌다는 것은 다시 말할 필요 없겠지요.

독일과 프랑스가 이탈리아의 패권을 둘러싸고 일으킨 이탈리아 전쟁, 이탈리아 베네치아 대 로마 교황·독일(신성 로마 제국)·프랑스·스페인의 싸움(캉브레 동맹, 1508년), 프랑스 대 로마 교황·베네치아·스페인·잉글랜드·스위스의 싸움(신성 동맹, 1511년) 등에서 벌써 복잡한 국제 관계를 볼 수 있습니다. 하지만 아직 국제 회의를 여는 데는 이르지 못했습니다.

↣ 국제 전쟁으로서의 30년 전쟁 ↢

르네상스 시대에는 이탈리아가 국제 정치의 중심이었지만, 종교 전쟁 시대에는 이탈리아가 밖으로 밀려나고 서유럽 자체가 국제 분쟁의 무대가 되었습니다. 독일과 프랑스의 대립이 점점 분명해졌습니다. 독일과 스페인 양국에 걸친 합스부르크 가문은 부르봉 왕조 프랑스에게 두려운 적이었습니다. 30년 전쟁에서 프랑스가 구교 국가인데도 불구하고 신교 측에 선 것도 합스부르크 가문을 타도하기 위해서였습니다. 게다가 30년 전쟁에는 덴마크, 스웨덴, 네덜란드까지 개입했습니다. 글자 그대로 국제 전쟁입니다.

'서유럽 국가들이 절대주의 국가로 발전하는 도중에 종교라는 이름을 빌린 정치 분쟁'. 바로 30년 전쟁의 정체입니다. 이 국제적 규모의 정치 분쟁을 끝맺기 위해 최초의 국제 회의로 베스트팔렌 회의가 열리게 되었고요.

절대주의 시대에 이르면 국제 전쟁은 점점 더 빈번하게 일어납니다. 이때 각국은 모두 기를 쓰고 자국의 이익을 높이는 데 열중했습니다. 즉 '내셔널 인터레스트$^{National\ interest}$(국익)' 추구가 전쟁의 목적이자 대의명분이 되었습니다. 국익 추구야말로 근대 국가의 본질입니다.

국익이라는 말이 나온 김에, '레종 데타$^{Raison\ d'État}$(국가 이성)'라는 말도 알아둡시다. 국가는 국가 자체를 위해 존재한다는 사고를 바탕으로 국가를 어떻게 하면 유지하고 강화할지 강구하는 것을 가리킵니다. 여기서 이미 도덕이나 종교는 안중에 없습니다. 아니, 그 수단은 때로 반도덕적이고 반종교적이기조차 합니다.

르네상스 말기에 등장한 이탈리아인 마키아벨리(1469~1527년)는 국가 이성을 《군주론》(1513년)에 이론화해 놓았습니다. 절정의 문화를 꽃피웠던 피렌체가 안으로는 사분오열되고 밖으로는 침략을 받아 시민이 도탄에 빠지는 걸 본 마키아벨리였습니다. 국가가 안정된 공동체로 유지되지 못하면 결국 모두가 비참해진다고 생각한 그는 군주라면 필요에 따라 어려운 결정도 내려야 한다고 주장했습니다. "잔인함은 유익할 수 있다. 왜냐하면 그 잔인함은 전체 공동체를 질서 있게 유지하고 혼란을 막기 위한 수단으로 사용될 수 있기 때문이다."

    종교의 시대는 이제 정치의 시대로 옮겨갔습니다.

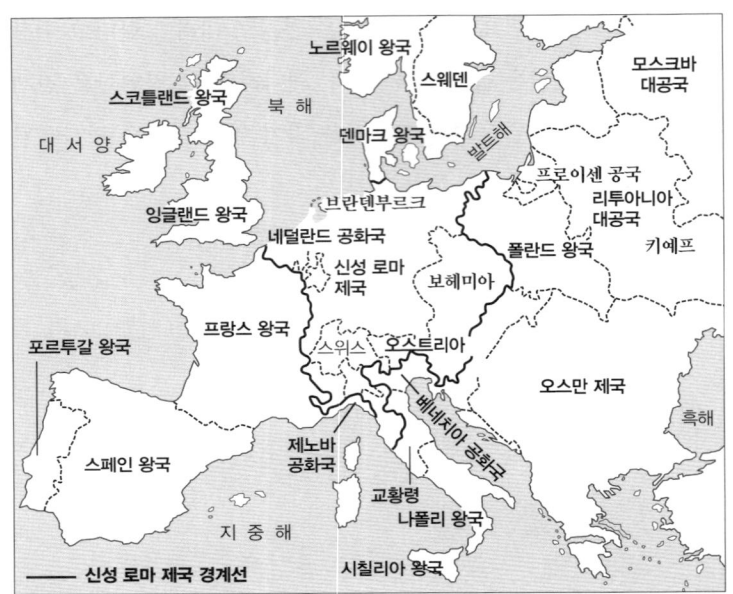

16세기 중반 유럽 지도

◇ 061 ◇
계몽 전제 군주

⤳ 프로이센의 기원 ⤴

30년 전쟁(1618~1648년)은 독일 신교파와 구교파의 전쟁이면서 동시에 덴마크, 스웨덴, 프랑스, 네덜란드가 개입한 국제 전쟁이기도 했습니다. 이 전쟁에서 독일 땅이 전쟁터가 되었기 때문에 독일은 완전히 황폐해졌습니다. 다만 엘베강 동쪽 지역들은 그다지 피해를 보지 않았습니다. 그 가운데서도 프로이센이 두각을 드러내게 됩니다.

제3차 십자군 원정 당시, 소아시아 지역에서 다친 병사들을 돌보기 위해 독일 기사단이 만들어졌습니다(1190년). 이 기사단은 원정이 끝난 후 고향으로 돌아와 독일 동북부부터 발트해 주변까지 식민지를 개척했습니다. 그들은 이 지역에 살던 슬라브족을 기독교로 개종시키는 데 중요한 역할을 했습니다. 활동의 중심은 바로 프로이센이라는 지역이었는데, 시간이 지나면서 독일 기사단이 다스리던 이 지역이 하나의 공국으로 발전했습니다. 기사단장도 이제는 종교적인 지도자가 아닌 일반 세속적인 영주로 바뀌게 되었습니다.

한편 발트해 남안을 차지하고 있던 호엔촐레른 가문은 1356년 금인 칙서(일곱 명의 선제후를 정하는 문서)를 받아 브란덴부르크 선제후로 임명되었습니다. 선제후란 신성 로마 황제를 뽑는 선거인단으로 봉건 제후들 중에서도 위치가 높은 존재입니다. 브란덴부르크 선제후는 가까운 프로이센 지역을 병합하여(1618년) 영토를 '프로이센 공국'이라 명명했으며, 이곳은 '브란덴부르크-프로이센'이라고도 불리게 되었습니다.

브란덴부르크 선제후 겸 프로이센 공작 프리드리히 빌헬름(재위 1640~1688년)은 신교도로서 30년 전쟁에 참여해 폴란드 왕에게 종속돼 있던 동프로이센을 해방시켰습니다. 그의 아들 프리드리히 3세(재위 1688~1701년) 때는 스페인 왕위 계승 전쟁(루이 14세가 일으킨 전쟁)에서 독일 황제 편에 선 공을 인정받아 공국이 왕국으로 격상됩니다. 이에 따라 프리드리히 3세는 '프로이센 왕국'의 초대 왕 프리드리히 1세로 즉위하여 베를린을 새로운 수도로 삼았습니다. 베를린은 13세기 중반 독일 기사단의 동방 식민 활동 중 건설된 도시였습니다.

군인왕

프리드리히 3세에 이어서 아들 프리드리히 빌헬름 1세(재위 1713~1740년)는 산업을 장려하고 군비를 확장했습니다. 20만 군대를 갖추었으며 국가 예산의 절반을 군비 유지 비용에 할당했다고 전해집니다. '군인왕'이라는 별명이 붙은 것도 그럴 만하지요? 이 군대와 함께 근면하고 충성스러운 관료들이 프로이센 절대주의의 기초가 되었습니다.

하지만 프로이센 왕국은 사회적으로는 뒤처져 있었습니다. 프로이센에서는 '융커Junker'라 불리는 지주 귀족을 우대했습니다. 융커는 엘베강 동쪽 토지의 소유자를 말합니다. 융커 일가는 장남이 농작인을 써서 농업을 경영하고 차남과 삼남은 군인이나 관료가 되는 식으로 보수 세력의 지반을 다졌습니다. 그들의 존재가 왕국의 안정에 중요한 역할을 하고 있었지만 동시에 사회의 유연성을 저해하기도 했습니다. 즉 왕의 재위 당시 프로이센은 아직 유럽의 일류 국가로 인정받기엔 부족했습니다. 그러한 격상은 아들 프리드리히 2세(재위 1740~1786년) 때에 일어납니다.

프리드리히 2세(대왕)

무인 기질에 거칠었던 부왕과 달리, 황태자 프리드리히는 프랑스 문화에 심취해 시를 짓고 플루트를 연주하는 풍류가였습니다. 아버지는 문약한 아들을 훈련시키려 했지만 아들은 말을 듣지 않았습니다. 아버지는 벌을 주기 위해 아들을 1년간 감금하기까지 했습니다. 이후 아버지의 용서를 받고 군대로 돌아온 프리드리히는 마치 딴 사람이 된 듯한 모습을 보였습니다. 그렇다고 프랑스에 대한 애정이 사라지지는 않았습니다. 그는 프랑스어로 책을 저술하고 프랑스의 문호 볼테르(1694~1778년)와 편지 연락을 주고받았으며 나중에는 상수시 궁전에서 함께 기거했습니다. 당시 루이 14세의 화려한 궁정 문화는 여러 군주의 모범과도 같았고 프랑스어는 당대의 국제어였습니다.

아버지가 운명한 뒤 1740년(28세) 왕위에 오른 프리드리히 2세는 그때부터 죽을 때까지 46년간 프로이센을 강국으로 만들기 위해 고군분투합니다. 프리드리히가 가장 먼저 직면한 문제는 국제 전쟁이었습니다.

첫 번째 국제 전쟁은 오스트리아 계승 전쟁(1740~1748년)입니다. 합스부르크 가문의 황녀 마리아 테레지아(재위 1740~1780년)가 오스트리아 여왕으로 즉위하려 하자 두세 개의 나라가 이를 인정하지 않았고 프랑스도 오스트리아의 반대편에 섰습니다. 이런 분란을 틈타 프리드리히 2세는 오스트리아의 풍요로운 슐레지엔 지방을 획득했습니다. 선전포고도 없던 기습 점령이었습니다.

쓰디쓴 눈물을 흘린 마리아 테레지아는 가문의 숙적 프랑스·러시아와 손을 잡고서라도 프리드리히에게 반격하고자 했습니다.

7년 전쟁(1756~1763년)이 시작된 것입니다. 그러자 프로이센은 영국과 동맹을 맺습니다. 7년 전쟁에서 프리드리히는 고전했지만 결국 승리를 쟁취하고 슐레지엔을 최종 획득합니다. 이로써 프로이센 왕국의 영토는 1.6배, 인구는 250만 명에서 540만 명으로 증가했습니다.

한편 7년 전쟁 때 영국과 프랑스는 북아메리카 대륙과 인도에서 식민지 전쟁을 벌였는데, 그 결과 프랑스보다 영국이 우위에 서게 되었습니다.

⤚ 계몽 전제 군주 ⤙

7년 전쟁을 치른 뒤 프리드리히는 청년 시절부터 자신이 감화받은 프랑스 계몽주의를 실제 정치에 적용하기 시작합니다. 행정, 사법, 교육 제도를 쇄신하고 산업 발달을 꾀했습니다. 루이 14세의 '짐은 곧 국가다'라는 말에 대비되는 '짐은 국가의 첫 번째 종이다'라는 주장을 하며 진취적이고 열려 있는 정치를 시행했습니다.

근본적으로는 절대주의의 영역을 넘지 못했다 해도, 분열과 후진성으로 고민한 독일에게는 프로이센이 독일의 장래를 책임질 희망의 별로 보였습니다.

◇ 062 ◇

북방의 패자

↠ 러시아의 로마노프 가문 ↞

노르만인은 러시아에 침입해 슬라브인을 정복하고 노브고로드 공국을 세웠습니다. 나중에는 중심을 남쪽 키예프로 옮겨 키예프 공국을 세웠습니다. 이것을 러시아의 기원으로 봅니다. 키예프 공국은 비잔틴 문화를 받아들이고 그리스 정교로 개종했습니다. 하지만 13세기 몽골인에게 습격당해 약 250년간 몽골 제국 중 하나인 킵차크 칸국의 지배를 받습니다.

몽골의 러시아 지배를 '타타르의 멍에'라 부릅니다. 키예프 공국은 힘을 잃고 노브고로드, 랴잔, 모스크바 등의 여러 공국들로 분열되었습니다. 이들은 서로 더 우위에 서기 위해 다툼을 계속했습니다. 그러던 중 15세기 말 모스크바 공국에 즉위한 이반 3세(재위

1462~1505년)가 주변 공국들을 차례차례로 병합해갑니다. 때마침 몽골이 내부로부터 약화되어 가는 사이에 모스크바 공국은 러시아 전 영토를 거의 통일하는 데 이르렀습니다.

마침내 우그라강을 사이에 둔 대치 상황에서 몽골군이 퇴각하며 러시아는 '타타르의 멍에'에서 벗어나 독립했습니다(1480년). 이반 3세는 마지막 비잔틴 황제의 조카딸과 결혼했기 때문에 비잔틴 제국이 멸망한 뒤 그 후계자가 되었고 자신을 '차르(황제)'라 칭했습니다. 동시에 그리스 정교회의 수장도 되었지요.

17세기 초 러시아의 귀족·성직자·장교 등이 소집된 전국 귀족 회의에서 귀족 가문 출신 미하일 로마노프가 황제로 선출돼 로마노프 왕조(1613~1917년)가 열립니다. 하지만 러시아는 유라시아의 아득히 광활한 땅에 수많은 민족이 살고 있는 특성상 결속을 이루기 어려웠습니다. 더구나 몽골의 지배 아래 돈과 자원을 막대하게 착취당한 데다 서유럽이 꽃피운 문화와 기술의 새바람으로부터 몇백 년간 고립돼 있었습니다. 당연히 서유럽식 도시나 상공업도 성장하지 못해 직업이라고 하면 99퍼센트가 농노였습니다. 르네상스, 종교 개혁 같은 근대 정신의 새싹도 보이지 않았습니다. '타타르의 멍에'는 러시아에 깊은 상흔을 남겼습니다.

이런 러시아를 선진국으로 끌어올리기 위해서는 과감한 개혁이 필요했습니다. 이때, 마치 두드리는 자에게 문이 열리듯이 표트르 1세(재위 1682~1725년)가 등장했습니다.

표트르는 소년 시절 궁정에서 멀리 떨어져 살았습니다. 음모가 소용돌이치고 허영과 장식으로 가득한 궁정 생활을 알지 못한 것은 표트르에게 행운이었습니다. 예법을 신경 쓰지 않는 야성, 관습에 얽매이지 않는 자유분방함, 비범한 에너지를 지닌 청년으로 자라났으니까요.

⇝ 표트르의 개혁 ⇜

표트르가 쏘아올린 개혁의 첫 번째 탄은 흑해 그리고 발트해에 진출하는 것이었습니다. 표트르는 오스만 제국과의 전투를 이기고 흑해로 나아갈 발판을 마련했습니다(1696년, 24세). 이어서 스웨덴과 북방 전쟁(1700~1721년, 28세~49세)을 벌여 고통스러운 싸움에서 승리하며 발트해로 진출합니다.

스웨덴은 구스타브 아돌프 왕이 독일 30년 전쟁에 개입한 것을 계기로 발트해 일대를 지배하게 된 강국이었습니다. 표트르는 그런 스웨덴의 왕 칼 12세에게서 최후의 승리를 거두고 많은 영토를 빼앗았습니다. 특히 발트해의 제해권을 쥐었다는 점은 중요했습니다.

표트르는 또한 시베리아를 차지해 다스리며 중국 청나라 강희제와 네르친스크조약(1689년)을 맺고 동쪽의 캄차카 반도를 점령합니다. 네르친스크는 러시아와 중국의 경계를 흐르는 흑룡강 지류의 마을 이름입니다. 이러한 남하·동진 정책은 이후 러시아 외교 정책의 기조를 이뤘습니다.

표트르 대제

개혁의 두 번째 탄은 러시아의 근대화, 즉 서구화입니다. 표트르는 250명으로 구성된 대규모 사절단을 유럽에 파견했습니다(1697~1698년). 2미터가 넘는 거구에 힘이 셌던 표트르는 네덜란드의 조선소에 가서 직접 망치를 두드렸습니다.

왕의 극단적인 서구화 정책에 관해 이런 에피소드도 있습니다. 유럽에서 돌아오기가 무섭게 표트르는 귀족들에게 턱수염을 자르게 했습니다. 야만적으로 보인다면서요. 귀족이 아닌 사람에게는 수염에 세금을 매겼습니다. 또한 파티에는 반드시 남녀 동반을 명했다고 합니다.

⇥ 서유럽으로 향하는 창 ⇤

개혁의 세 번째 탄은 상트페테르부르크 도시 건설이었습니다. 1328년에 모스크바 대공국의 수도가 된 모스크바는 서유럽에서 너무 멀었습니다. 북방 전쟁이 일어나고 얼마 지나지 않은 1703년(31세) 표트르는 요새와 항구를 겸하는 계획 도시를 만들기 시작했습니다.

이윽고 습지대에 홀연히 도시가 생겨났습니다. 바로 상트페테르부르크(독일어로 성 베드로의 마을이라는 뜻. 제1차 세계대전 이후 '페트로그라드', 레닌 사후 '레닌그라드', 1991년 11월에 원래의 '상트페테르부르크'로 개칭)입니다.

표트르는 이곳을 수도로 삼았습니다. 러시아의 위대한 시인 알렉산드르 푸시킨(1799~1837년)이 서사시《청동 기사》(표트르를 가리킵니다)에서 노래하듯 이제 페테르부르크는 '서구를 향한 창문'이 되었습니다.

표트르의 서구화 정책은 러시아를 근대화하기 위한 긴급 조치였습니다. 하지만 급속히 밀어붙인 조치는 자칫 문제를 낳게 되기 마련입니다. 아니나 다를까, 일부(상류층, 부유한 상인, 지주)는 어느 정도 근대화가 이루어졌지만 국민 대부분(농노)은 뒤에 그대로 남겨졌습니다.

러시아 사회의 부조리한 현실은 인텔리겐치아(지식인)들을 끊임없이 괴롭힌 문제입니다. 이러한 사회 모순은 표트르 자신이 가진 모순과 닮았을지도 모릅니다. 서구 문명을 지극히 동경하는 사람. 한편으로는 술고래에 호탕하고 쾌활한 데다가 숨막히는 궁정보다 통나무로 지은 오두막집이 더 좋은 토박이 러시아인. 그런 이질적인 인간이 공존하고 있었습니다.

그렇다 해도 못내 궁금증이 남는 건 어쩔 수 없습니다. 만약, 표트르가 52세라는 한창 일할 나이에 병사하지만 않았다면 러시아는 어떻게 되었을까…라고요.

두 여제

◆ 오스트리아 여제 ◆

마리아 테레지아(1717~1780년)가 오스트리아 황제로 즉위하려 했을 때 두세 개의 나라가 반대하며 오스트리아 계승 전쟁이 일어났다는 이야기를 했었지요. 이때 프로이센의 프리드리히 2세가 슐레지엔을 탈취한 비겁한 방식에 마리아 테레지아는 분개하여 7년 전쟁을 일으켰습니다. 이 여인은 마음이 따뜻한 모성적인 사람으로, 냉정한 국가 이성의 소유자인 프리드리히와는 상극이었습니다. 남편 로트링겐 공작(프란츠 1세)과 열여섯 명의 자녀를 두었을 정도로 부부 간의 애정은 도타웠습니다.

아홉째 딸 마리 앙투아네트(1755~1793년)가 프랑스 황태자와 결혼해 왕비가 되고 끝내는 프랑스 혁명으로 목숨을 잃을 때까지 마리아 테레지아는 셀 수 없이 많은 격려와 위로의 편지를 딸에게 보냈습니다. 단순히 애정과잉이었던 게 아니라 딸을 간곡히 타이르고 있었습니다. 침착한 마음을 위해 아침 기도를 하라, 권위는 친절과 배려를 동반할 때 더욱 빛난다며 속깊은 조언들을 전하려 했습니다. 쾌락을 좋아했던 마리 앙투아네트가 처형대에 향할 때 보인 의연한 태도는, 의외로 어머니를 닮았던 것 같습니다.

황제로서의 마리아 테레지아는 다양한 방면에서 정치를 개혁하고 교육 제도를 쇄신했습니다. 프리드리히 2세에게 속 쓰린 일을 당한 것도 당시의 국제 정세에서는 어쩔 수 없었을 겁니다.

다만 뒤를 이은 장남 요제프 2세(재위 1765~1790년)가 계몽주의에 빠져 급하게 일을 추진하려는 모습에는 찬성하지 않았습니다. 마리아 테레지아도 계몽 전제 군주 중 한 명이었지만 개혁은 점진적으로 이루어져야 한다고 생각했습니다.

다민족 국가인 오스트리아 제국은 분화구 위에 앉은 상태와 같아 언제 이민족의 불만이 폭발할지 몰랐습니다. 가능한 한 온건하게 일을 처리하려던 모습에서 마리아 테레지아의 천성이 드러난다고 볼 수 있습니다.

마리아 테레지아가 생의 마지막에 마리 앙투아네트에게 보낸 편지의 한 구절을 여기에 옮겨둡니다.

"앙투아네트, 사랑하는 내 딸아. 너를 내 생명보다 더 사랑한다는 것을 알아주렴. 내가 어디에 있든, 내 사랑이 너를 인도할 것이다."

⤙ 러시아 여제 ⤚

열두 살 아래인 러시아 제국의 예카테리나 2세(1729~1796년)를 보자면 같은 여제라도 이렇게 다를 수 있을까 놀라게 됩니다. 독일 귀족의 딸이니 영락없는 독일인이었습니다. 예카테리나는 재기가 넘쳤다기보다 야심이 컸던 사람으로, 하급 귀족의 딸이라는 신분에는 만족하지 못했습니다. 프리드리히 2세의 주선으로 러시아 여제 옐리자베타 페트로브나(표트르 1세의 딸)의 조카 표트르와 결혼했습니다(1745년). 표트르는 평소부터 프리드리히 2세의 숭배자였습니다. 그가 표트르 3세(재위 1762년)로 즉위하면서 예카테리나는 황후가 됐고 황태자도 낳았지만 부부 사이는 썩 좋지 않았습니다.

예카테리나는 자신한테 충성하는 신하라도 유용하지 않게 되면 거들떠 보지 않았습니다. 그렇게 가장 총애하는 신하를 차례로 갈아치우며 때를 기다렸습니다. 그리고 남편이 즉위하자 근위병과 결탁해 남편을 폐위하고 암살했습니다. 예카테리나는 스스로 황제 예카테리나 2세(재위 1762~1796년)가 되었습니다.

가정적인 면에서는 마리아 테레지아에 미치지 않을 수 있지만 정치가로서는 오스트리아 여제보다 스케일이 훨씬 컸습니다. 계몽주의자 볼테르 같은 인물들과 교류하며 계몽사상의 영향을 받아 여러 제도를 개혁합니다. 그래서 계몽 전제 군주를 대표하는 한 명이 되었지요. 하지만 앞서 보았듯 러시아의 근대화는 극소수 계급의 이야기일 뿐 일반 국민과는 거리가 멀었습니다. 어차피 위에서부터 강제된 개혁이었습니다. 예카테리나 역시도 농노제를 폐지하려다가 귀족의 맹렬한 반대에 부딪히자 손바닥 뒤집듯이 관두고 오히려 농노제를 강화했습니다. 게다가 농노제 폐지를 외친 카자크✦의 수장 푸가초프(1744~1775년)의 반란(1773~1775년)을 무자비하게 진압해 처형합니다.

대외적으로는 뛰어난 수완을 발휘해 영토를 확장했습니다. 유명한 예가 폴란드 분할입니다. 폴란드는 슬라브계 국가로서 야기에우워 왕조(1386~1572년) 시절에 번영했습니다. 그러나 귀족들이 활개 치며 외국의 간섭을 끊임없이 초래했습니다. 예카테리나 2세는 폴란드의 약세를 틈타 오스트리아와 프로이센과 함께 세 번에 걸쳐 폴란드를 분할해버렸습니다(1772, 1793, 1795년). 더구나 그 대부분은 러시아가 차지했습니다.

또한 오스만 제국과의 두 차례 전쟁에서 이기며 흑해 연안을 확보하고 세바스토폴 군항(군사적 목적의 항구)을 만들었습니다. 멀리 동쪽으로는 알래스카를 식민지로 삼고 쿠릴 열도를 차지하여 일본에 통상을 요구했습니다(1792년).

표트르가 시작한 사업을 완성한 것을 보면, 역시 예카테리나는 보기 드문 여걸이라 할 수 있겠습니다.

✦ 현재의 러시아와 우크라이나 지역에 거주했던 동슬라브계 민족 공동체로, 자유를 중시하고 자치적인 생활 방식을 유지했다.

마리아 테레지아

예카테리나 2세

◇ 064 ◇
영국 혁명

⇢ 청교도 혁명 ⇠

엘리자베스 여왕을 마지막으로 튜더 왕조가 끊기고 스코틀랜드 왕 제임스 6세(엘리자베스 여왕에게 처형당한 메리 스튜어트의 아들)가 영국 왕위에 올라 스튜어트 왕조 제임스 1세(재위 1603~1625)가 되었습니다. 왕은 왕권신수설을 신봉해 영국 의회와 심각하게 대립하는 한편 중산층에 많았던 퓨리턴^{Puritan}을 억압했습니다. 퓨리턴은 '청교도'라고도 하며 순수^{Pure}한 신앙과 엄격한 금욕주의를 추구한 영국의 칼뱅파를 가리킵니다.

제임스 1세의 아들 찰스 1세(재위 1625~1649년)도 전제 정치를 행하여 의회와 충돌합니다. 의회는 권리 청원$^{Petiton\ of\ rights}$(1628년)을 제출해 왕에게 승인받았습니다. 의회가 동의하지 않은 과세와 불법 체포는 불가하다는 내용이었습니다. 하지만 왕은 이를 지키지 않을 뿐만 아니라 11년 동안이나 의회를 열지 않았습니다. 왕이 스코틀랜드의 반란을 진압할 비용을 의회에 요구하자, 의회가 딱 잘라 거부하는 사건이 발생합니다. 이에 왕은 무력으로 의회를 탄압했고 결국 1642년 내란이 일어났습니다.

처음에는 왕당군이 우세했으나 하원의원이던 올리버 크롬웰(1599~1658년)이 의회군을 지휘하며 형세가 역전되었습니다. 의회군은 네이즈비 전투(1645년)에서 왕당군을 무찌르고 찰스 1세를 사로잡았습니다. 그런데 의회 내부에서 집안싸움이 벌어진 틈에 왕은 스코틀랜드로 도주해 태세를 바로잡고 의회군과 맞서게 됩니다. 다시 내란이 된 것입니다.

크롬웰은 의회 내부의 반대파를 제압한 뒤 찰스를 붙잡아 처형(1649년 1월)하고 공화정을 세웠습니다. 그때부터 크롬웰은 군사 독재 정치를 펼칩니다. 그는 항해 조례$^{\text{Navigation acts}}$(1651년)를 발포하고 긴장 관계였던 네덜란드와 전쟁을 벌였습니다(제1차 영국-네덜란드 전쟁, 1652~1654년). 이 조례는 영국 식민지 무역에 영국 배만 드나들 수 있게 한정하는 내용으로, 급성장하던 네덜란드 상인들의 중계 무역에 타격을 주었습니다. 전쟁에서 승리한 크롬웰은 네덜란드로 하여금 항해 조례를 받아들이고 해상에서 영국의 우위를 인정하게 만들었습니다. 또 크롬웰은 아일랜드와 스코틀랜드도 정복합니다.

하지만 정작 영국 내에서는 국민의 불만이 들끓고 있었습니다.

찰스 1세의 처형
유럽에서 최초로 왕에 대한 공개 재판과 처형이 이루어졌습니다.

크롬웰의 군사 중심의 독재와 엄격한 청교도적 강제가 힘들었던 것입니다. 정치적 반대자는 탄압했고 금욕주의에 어긋나는 연극, 술, 춤, 축제 등 오락을 금지함은 물론 옷차림과 행동거지도 제재했습니다. 그런 크롬웰이 병사하자, 왕당파와 장로파[4]는 찰스 1세의 아들을 불러들여 왕위에 올렸습니다(왕정복고, 1660년).

⇁ 명예혁명 ⇀

그런데 막상 왕이 된 찰스 2세(재위 1660~1685년)는 변함없이 전제 정치를 시행했습니다. 도리어 가톨릭을 부흥시키려고도 했습니다. 망명 기간 동안 프랑스에서 자란 그는 은밀히 가톨릭을 신봉했거든요.

왕의 의도에 반발한 의회는 심사율Test act(1673년)을 제출해 공직과 의원을 영국 국교회 신자에 한정할 것을 규정했습니다. 또한 인신보호율Habeas corpus act(1679년)로 정식 절차 없이 국민을 체포하고 감금하는 일을 금지했습니다.

찰스의 뒤를 이은 동생 제임스 2세(재위 1685~1688년)는 심사율을 무시하고 가톨릭을 다시 일으켰습니다. 이에 의회의 토리당(왕

✦ 목사뿐만 아니라 평신도 대표인 장로가 함께 이끄는 교회로 칼뱅주의의 한 분파이다. 청교도 혁명 때 의회파와 함께 왕당군과 맞서 싸웠으나, 국왕과의 화해를 주장하는 온건한 입장을 취해 크롬웰 지지파인 독립파와 갈등했다.

권과 영국 국교회에 친화적인 보수파)과 휘그당(의회 중심 정치와 비국교도·청교도 친화적인 진보파)은 공동 보조를 맞춰 제임스에 대항했습니다. 그들은 제임스의 딸 메리와 그 남편 오렌지 공작 윌리엄을 네덜란드에서 불러들여 메리 2세와 윌리엄 3세로 즉위시키고 영국을 공동 통치하게끔 했습니다.

이 사건은 피 흘리지 않은 혁명이었기에 '명예 혁명^{Glorious revolution}'(1688년)이라 불립니다. 이듬해인 1689년 의회는 '권리 장전^{Bill of rights}'을 반포했습니다. 권리 장전은 1215년 존 왕이 강요당해 서명한 대헌장(마그나 카르타) 이후 국민의 자유와 권리를 확인한 중요한 문서입니다.

↣ 의회 정치와 책임내각제 ↢

청교도 혁명과 명예 혁명으로 영국 절대주의는 끝을 맞이했습니다. 윌리엄 3세(재위 1689~1702년) 치하에서는 토리당과 휘그당의 대표자가 내각(국가 행정의 최고 합의 기관)을 조직했습니다. 17세기 말 휘그당의 로버트 월폴(1676~1745년)이 책임내각제의 초대 수장이 되었습니다. '책임내각제'란 의회 다수당의 당수(수상)가 내각을 꾸리고 정치적 책임을 의회에 묻는 제도입니다. 즉 내각이 내린 결정에 대해 국민을 대표하는 의회가 질문하고 비판하고 감시함으로써 정부가 마음대로 행동할 수 없게 됩니다.

월폴이 수상의 자리에 20년이나 있었기 때문에 책임내각제는 영국에 완전히 정착할 수 있었습니다. 이제 영국의 모습은 '왕은 군림하되 통치하지 않는다'입니다.

윌리엄과 메리에게는 아이가 없었습니다. 그래서 윌리엄 3세 사후에 제임스 2세의 딸이자 메리 2세의 여동생이 즉위해 앤 여왕(재위 1702~1714년)이 되었습니다. 여왕의 치세기에 잉글랜드와 스코틀랜드가 합병한 그레이트브리튼 왕국이 탄생했습니다(1707년). 영국은 스페인 왕위 계승 전쟁(1701~1714년)을 치르는 동시에 북아메리카와 서인도 제도에서 프랑스·스페인과 식민지 쟁탈 전쟁(앤 여왕 전쟁, 1702~1713년)을 벌였습니다.

앤 여왕이 사망하면서 스튜어트 왕조도 끝이 납니다. 혈연이 있는 독일 하노버 지역의 선제후가 왕위에 올라 하노버 왕조(지금의 윈저 왕조)의 조지 1세(재위 1714~1727년)가 되었습니다. 조지 1세는 독일인이었기 때문에 영어를 할 줄 몰랐습니다. 어쩔 수 없이 왕이 참석한 내각 회의에서는 라틴어로 대화했다는 재밌는 일화가 있습니다. 왕은 영국을 자주 비웠고 정치에 전혀 관심이 없었습니다. 그것이 오히려 득이 되어 책임내각제와 의회 정치가 확고히 자리를 잡을 수 있었지요.

영국은 18세기 말까지 대륙 국가와 마찬가지로 절대주의의 길을 걸었지만, 이렇게 두 번의 시민 혁명을 거쳐 절대주의와 결별하고 대륙 국가와는 다른 길을 걷게 됩니다.

18세기 중반 유럽 지도

◇ 065 ◇
청교도주의의 화신

⤞ 올리버 크롬웰 ⤝

청교도 혁명의 주역 올리버 크롬웰은 잉글랜드 동부에서 태어났습니다. 아버지는 젠트리 계급에 속한 열렬한 청교도였습니다. 젠트리^{Gentry}는 귀족보다는 아래에, 요먼^{Yeoman}(자영농)보다는 위에 자리한 계급입니다. 중산 계급이라 생각하면 되겠네요.

젠트리 계급은 농업 경영으로 부를 쌓고 정계에도 진출했습니다. 크롬웰은 케임브리지 대학교와 런던에서 법학 연구를 한 뒤 아버지의 사망으로 고향에 돌아가 농업 경영을 이어받았습니다. 그 후 선출되어 하원에 입성했지만(1628년) 처음엔 정치에 발을 깊게 들이지 않았습니다. 그러나 1642년 내란이 일어났고, 크롬웰은 의회군의 기병대장을 맡아 운명의 갈림길에 서게 됩니다.

의회군은 왕당군에게 연패하고 있었습니다. 크롬웰은 '오직 하나님을 두려워하고 양심이 시키는 대로 행동하는 자만이 나서라'는 구호로 청교도 자영농들 중 병사를 모집하여 용감무쌍한 철기병을 구성했습니다. 그는 의원보다 군인으로 더 높은 명성을 얻게 됩니다.

⇁ 찰스 1세의 처형 ↽

이렇게 크롬웰이 조직한 국민군, 이른바 '신모범군'은 엄격한 규율과 훈련으로 키워졌기 때문에 1645년 6월 네이즈비 전투에서 왕당군을 가루로 만들듯 압도했습니다. 그리고 1646년 5월 찰스 1세가 스코틀랜드군에게 항복하며 내전은 일단락됩니다. 하지만 그 뒤 의회 내에서는 장로파, 수평파, 독립파가 수면 위로 드러나며 왕을 어떻게 처분할지에 대한 의견이 나뉩니다.

장로파는 국교회 대신 장로교회 제도로 전국을 통일하려는 청교도파입니다. 런던의 대상인들과 지주들에게 지지받았으며 온건한 입헌군주제를 주장했습니다. 수평파는 소농민, 소상인, 수공업자들에게 지지받았고 의회군으로 싸운 병사들 가운데에서 세력을 넓혀 급진적인 민주 정치를 주장했습니다. 독립파는 젠트리 계급의 지지를 받아 공화정을 주장했습니다. 크롬웰은 독립파의 중심 인물이었습니다.

이러한 의회 내부의 대립을 이용해 왕당파가 다시 군사를 일으켰습니다. 독립파는 수평파와 힘을 합쳐 싸워 1648년 8월 제2차 내전에서도 승리합니다. 승리한 독립파는 왕당파에게 타협적이었던 장로파를 의회에서 추방하고, 귀족원의 반대를 무릅쓰고 찰스 1세를 재판에 회부했습니다. 그 결과 1649년 1월 30일 찰스는 '전제 군주, 반역자, 살인, 국민의 공공의 적'이라는 죄목으로 화이트홀 궁전의 앞뜰에 세운 단두대에 올랐습니다.

서리가 내리는 대단히 추운 아침이었습니다. 찰스는 '이 추위에 떤다면 구경꾼들은 내가 겁에 질려 떠는 것처럼 볼 것이다'라며 옷을 두껍게 입었습니다. 찰스는 마지막까지 침착한 태도를 유지했습니다. 크롬웰은 눈앞에 실려 온 찰스의 유해를 응시하고는 망연해 있었다고 합니다. 신하의 몸으로 국왕을 죽였다는 양심의 가책으로 괴로웠던 것일까요. 아니면 자신의 행위는 신에게 인정받았으니 한 점 부끄럼 없다고 느꼈을까요.

1649년 3월, 왕정과 귀족원이 공식적으로 폐지되고 영국은 공화국이 되었습니다. 하지만 크롬웰은 수평파를 탄압하고 1653년 4월 무력으로 의회를 해산했습니다. 또한 최고 통치권과 정부 행정권을 '호국경Lord Protector'에게 위임하는 통치 장전Instrument of government을 제정하고 스스로 호국경의 직위에 올라 군사 독재 정치를 펼쳤습니다. 항해 조례를 발포해 네덜란드의 무역에 타격을 입혀 해상권을 확보했습니다. 또한 스코틀랜드와 아일랜드를 정복한 일도 말씀드렸지요.

크롬웰의 금욕주의

크롬웰은 '청교도주의의 화신'이라 할 만한 사람이었습니다. 청교도주의는 칼뱅의 가르침을 그대로 물려받은 사상입니다. 칼뱅은 엄격한 금욕 윤리를 설파했습니다. 모든 것은 하나님의 영광을 위해 존재합니다. 서유럽과 북유럽의 중산 시민층은 그 윤리를 받아들였습니다.

크롬웰 역시 모든 인간 세상의 쾌락은 죄이며 연극이나 춤, 도박은 가당치도 않다고 믿었습니다. 위반한 사람에겐 처벌을 내렸습니다. 그가 펼친 정치는 군대를 동원한 무단 정치 외에 신정 정치도 특징으로 했습니다.

불과 반세기 전인 엘리자베스 시대는 국민의 의욕이 타오르고 무엇에든 명랑한 분위기였습니다. 반면 크롬웰의 시대는 가을 서리가 내린 것처럼 엄격하고 어둡고 침울했으며 국민에게 비좁은 생활을 강요했습니다. 하지만 금욕주의에 언제까지나 눌려 있을 수 없는 것이 바로 인간의 마음 아닐까요? 크롬웰을 향한 불평불만은 점점 늘어났습니다. 크롬웰이 사망한 후 아들 리처드가 호국경을 이어받았지만 결국 1660년에 왕정복고가 일어났습니다.

크롬웰의 말년은 어두웠습니다. 의회파의 반항, 왕당파의 음모, 청교도주의에 대한 국민의 불평은 늘 크롬웰을 괴롭혔습니다. 1658년 여름, 사랑하던 딸이 병으로 세상을 떠난 데 큰 충격을 받은 크롬웰은 말라리아에 걸려 그해 9월 3일 타계했습니다.

죽음에 이르기까지 전투와 고난의 연속인 생이었습니다. 크롬웰은 죽고 나서 웨스트민스터에 매장되었지만, 3년이 지난 후 발굴되어 다시 목이 잘렸다고 합니다. 국민의 솔직한 마음의 표현이었을지도 모릅니다.

◇ 066 ◇
영국 산업 혁명

⇥ 산업 혁명이란 무엇일까 ⇤

현대 문명의 특색 중 하나는 과학 기술 문명 또는 기계 문명이라는 점이 아닐지요. 공업 제품, 화학 제품, 의식주 용품까지 기계 생산에 의지하지 않는 것은 거의 없습니다. 만약 기계가 생산을 멈춘다면 우리의 생활도 뚝 끊길 것입니다.

그런데 이러한 기계 생산은 사실 지금으로부터 불과 200여 년 전에 처음 시작됐습니다. 인간이 오랫동안 사용해온 도구 대신 기계를 생산에 응용한 덕에 물건을 많이, 빠르게, 싸게 만들게 되었습니다. 산업뿐만이 아닙니다. 연쇄 반응으로 농업에도 교통과 통신에도 기계 생산이 응용됩니다. 이를 통틀어 '산업 혁명'이라 합니다.

'혁명'이라고 하면 보통 정치 혁명을 떠올립니다. 정치 혁명은 극단적인 경우 앞에서 본 청교도 혁명처럼 국왕의 목을 베거나 정치 체제를 전복합니다. 즉 누가 보더라도 분명하지요. 반면 산업 혁명이라는 변화는 물밑에서 깊숙이 조용하게 흐르기 때문에 당장은 사람들 눈에 띄지 않습니다. 그러나 결과적으로 사회의 구조까지도 바꿔버리는 거대한 변혁입니다. 그렇기에 정치 혁명보다 훨씬 영향이 큽니다.

⇥ 영국의 산업 혁명 ⇤

산업 혁명은 18세기 후반 먼저 영국에서 시작되어 19세기에는 유럽 국가들과 미국에 파급되었습니다. 도대체 왜, 영국이 선두였을까요?

   기계를 생산하려면 거액의 자본이 필요합니다. 영국은 엘리자베스 여왕 시대부터 해외에 식민지를 만들고 무역으로 부를 쌓았습니다. 그리고 민간에도 자본이 축적돼 있었습니다. 영국에서는 농촌을 중심으로 양모 산업이 활발했고 매뉴팩처(공장제 수공업. 공장에 모인 다수가 수공업으로 물건을 만들고 임금을 받는 방식)가 농가의 부업으로 보급되었습니다. 농업 자본가는 자기 땅에 울타리를 치고(이것을 '인클로저'라고 합니다) 대규모 농경지를 경영했습니다. 이때 농업에 기계 기술을 도입해 효율을 높였습니다. 그 결과 많은 중소 농민이 농업에서 멀어지고 임금 노동자로서 공업 노동력에 포함되었습니다. 이 농업 혁명은 공업 혁명과 나란히 일어났습니다. 영국에는 철이나 석탄 자원이 풍부했는데 마침 그 산지가 공업 지대에 가까워 입지 조건이 좋았습니다. 또한 발달한 자연과학은 발명에 도움을 주었습니다.

영국은 인도와 북아메리카를 둘러싸고 프랑스와 식민지 전쟁을 벌여 승리했습니다. 그 결과 인도와 북아메리카에서 다량의 원면(미가공의 원재료 솜)을 수입함으로써 먼저 면 제품을 만드는 산업이 활성화되었습니다.

면직물은 양모 제품이나 견직물과 달리 국민의 수요가 높았습니다. 양모^{Wool}는 양의 털을 깎은 섬유로 보온성이 높았지만 무거웠고, 견^{Silk}은 누에고치에서 뽑아낸 실로 매우 부드럽고 윤이 났지만 추출 과정이 까다로웠습니다. 하지만 면은 식물 씨앗에 난 솜털을 모으는 것이라 수확 과정이 수월한 데다 가볍고 세탁도 쉬웠습니다. 여기에 방직기가 발명되고 개량이 이어지며 빠른 대량 생산이 가능해졌습니다. 영국의 면 산업은 더욱 활발해졌지요.

그리고 스코틀랜드의 발명가 제임스 와트(1736~1819년)가 증기기관을 개량하는 데 성공하는 사건이 일어납니다. 1705년 처음 발명된 증기기관은 수증기의 열에너지로 기계에 동력을 공급했습니다. 하지만 열을 많이 쓰고 내는 힘은 약했는데, 와트가 별도로 열을 식히는 공간(응축기)을 둠으로써 열을 아끼면서도 더 강한 힘을 내게 됩니다.

개량된 증기기관은 이제 방직기뿐만 아니라 제철 공장과 여러 기계에 쉽게 달 수 있는 장치가 됐습니다. 이것을 '동력 혁명'이라 합니다. 동력 혁명도 대단히 큰 의의가 있습니다. 원료나 제품을 운반하는 기차와 선박 등의 운송 수단에 응용되었기 때문입니다. 이를 '운송 혁명'이라 합니다.

영국은 산업 혁명을 수행하며 '세계의 공장'이라 불릴 정도의 위치에 올랐고 공업 생산에서 세계의 왕좌를 차지하게 되었습니다.

⇢ 사회적 영향 ⇠

그러면 산업 혁명은 사회에 어떤 영향을 끼쳤을까요? 몇 가지를 들어보겠습니다.

첫째로, 공장제 기계 공업이 생산의 기본 형태가 되었습니다. 그동안의 도매식 가내 공업˙과 길드 제도는 무너졌습니다. 기계 공업이면 상품을 싼값에 대량으로 만들 수 있게 됐으니까요. 이미 근대 자본주의가 성립했다는 걸 알 수 있습니다.

둘째로, 인구가 도시에 모이면서 공업 대도시가 나타났습니다. 농민이 마을을 떠나는 현상은 인구 분포에 큰 변화를 가져왔습니다. 영국에서는 북부 공업지대의 맨체스터·리버풀·버밍엄과 같은

✦ 상인이나 상업 자본가가 가내 노동자에게 원료, 도구, 화폐를 빌려주고 집에서 물건을 만들게 함으로써 가내 공업을 지배하는 방식.

공업 도시가 부흥했고, 남부 농촌지대는 쇠퇴했습니다. 농촌의 인구가 공업 도시로 이동했기 때문입니다.

셋째로, 지주와 상업 자본가가 후퇴하고 산업 자본가가 득세했습니다. 상업 자본주의에서 산업 자본주의의 시대로 옮겨간 것입니다. 한편으로는 자신의 노동력을 파는 것 외에 생계 수단이 없는 무산 임금 노동자('프롤레타리아')와 생산 수단을 보유한 자본가('부르주아')가 분리되어 대립하기에 이릅니다.

넷째로, 사회 문제가 생겨났습니다. 산업 혁명 초기 노동자의 노동 조건은 심각했습니다. 여성과 어린이 노동자가 장시간 혹독히 일해야 했습니다. 노동자는 슬럼(빈민굴)을 형성했습니다. 주거 환경도, 더불어 그들이 일하는 공장의 환경도 극도로 열악했습니다.

게다가 자본주의 경제에서는 주기적으로 공황^{Panic}이 일어났습니다. 자본가는 이윤을 높이기 위해 생산을 늘리거나(근로 시간이나 강도 증가) 비용을 줄였습니다(임금 수준이나 고용 축소). 그래서 정작 구매자인 노동자는 물건을 살 여력이 없어졌습니다.

팔리지 않는 재고가 쌓이면 그 기업은 도산하고 기업에게 돈을 빌려준 은행도 도산하는 줄도산이 시작됩니다. 장기간 경기 침체에 돌입하는 것이지요. 그리고 그때마다 노동자는 직장을 잃었습니다. 당연히 갖가지 사회 문제들이 발생했습니다.

19세기 초반부터 사회주의 운동이 발전한 이유는 이러한 사정을 배경으로 합니다.

067 철학자의 세 가지 모습

↣ 베이컨 ↢

기계 문명이 일어난 배경에는 르네상스 시대부터 시작된 과학과 기술의 발전이 있었습니다. 하지만 여기서는 인문학 분야에서 새로운 판도를 연 세 명의 철학자에 관해 이야기하겠습니다. 어려운 철학 이야기를 하려는 건 아닙니다. 다만 여러분이 시대의 변천과 민족성의 차이를 이해하는 데에 도움이 될 것입니다.

먼저 영국의 프랜시스 베이컨(1561~1626년)은 런던의 훌륭한 가문 출신으로, 엘리자베스 여왕 말기에 정계에 입문했습니다. 하지만 좀처럼 출세하지 못하다가 제임스 1세가 즉위한 후 왕의 비위를 맞추며 순조롭게 출세 가도를 달렸습니다. 1618년에는 대법관이라는 상원의장 수준의 지위까지 올랐습니다. 그러나 불명예스럽

프랜시스 베이컨

게도 재직 중 부패 혐의로 기소되어 런던탑에 갇히게 되었습니다.

감옥에서 풀려난 뒤 그는 저술에 전념했습니다. 인격적으로는 좋게 볼 수 없는 면이 있었어도 학문 연구로는 당대 제일인자였습니다. 그는 영국 '경험론'의 선구자로 여겨집니다. 이 철학은 우리가 직접 보고 경험한 것을 통해서만 지식이 생긴다는 생각입니다. 절대적인 지식이 이미 있다고 전제하는 아리스토텔레스의 철학적 전통에 반해 '귀납법'이라는 새로운 방법론을 제창했지요. 귀납법은 하나하나의 개별적인 현상을 관찰하고 실험하여 일반적인 법칙을 도출하는 방식입니다.

베이컨은 '인간이 자연을 알면 자연을 정복할 수 있다'고 주장했습니다. 여기서 '아는 것(관찰과 실험으로 얻은 지식)이 힘이다' 같은 사고방식이 태어났습니다. 이렇게 귀납법이나 실제 경험을 중시하는 점에서 영국인의 현실적인 성격이 드러난다는 생각이 듭니다.

┅ 데카르트 ┅

다음으로, 프랑스의 르네 데카르트(1596~1650년)는 베이컨과 반대로 '연역법'을 주장했습니다. 연역법은 일반적인 명제에서 개별적인 명제를 이끌어내는 방법입니다. 데카르트는 인간은 누구나 태어나면서부터 합리적 이성을 갖추고 있다고 말했습니다. 그가 베이컨과 대척점에 선 근대 이성주의의 선구자라 불리는 이유입니다.

데카르트도 귀족 출신입니다. '세상이라는 큰 책'에서 배움을 얻기 위해 여행을 떠났고, 독일의 30년 전쟁에서 네덜란드 군대에 복무했으며, 도나우강 주변 마을에 살았습니다. 1619년 11월 10일 데카르트는 깊은 생각에 잠겨 있다가 갑자기 이런 생각이 떠올랐습니다.

이성(생각)으로 모든 것을 의심해보자. 이 이상 의심할 수 없을 때까지. 마지막에 남는 것이야말로 가장 확실한 진리가 아니겠는가? 어떤 것을 의심하기 시작하면 모든 게 미심쩍어진다. 그런데 그 순간마저도 의심을 하고 있는 나는 확실히 존재한다. 즉 '의심하는 나 자신이 존재한다'는 것만은 의심할 수 없다.

이렇게 그는 '나는 생각한다, 고로 존재한다'라는 궁극의 명제에 다다릅니다. 데카르트의 '방법적 회의'라고도 부르지요. 데카르트의 철학은 프랑스와 네덜란드 등 유럽 대륙에서 큰 반향을 일으켰습니다. 이 흐름으로 인해 사람들은 누군가 그렇다고 말해주는 것이나 정해주는 기준을 그대로 받아들이는 게 아니라 자신 스스로 의심(생각)하고 판단하는 것이 중요하다고 여기게 되었습니다. 18세기에 유럽을 휩쓴 계몽주의도 데카르트의 이론에 뿌리를 두었습니다. 계몽주의 역시 합리적 이성으로 세상을 이해하고 또 의심할 줄 아는 사고방식을 강조합니다.

16~17세기의 인물인 베이컨은 현실 정치에 관여했습니다. 데카르트도 검을 휘두르는 군인이었습니다. 그는 여러 나라를 떠돌던 끝에 스웨덴의 여왕 크리스티나(재위 1632~1654년)에게 초청을

르네 데카르트

받아 그 땅에서 병사했습니다. '철학자'라고 하면 막연히 떠오르는, 세상을 등지고 서재에 틀어박혀 있는 모습은 19세기 이후의 일입니다. 독일의 칸트가 그러했습니다.

⇾ 칸트 ⇽

임마누엘 칸트(1724~1804년)는 태어난 고향인 독일 북부의 쾨니히스베르크(현 러시아의 칼리닌그라드)에서 거의 한 발자국도 나간 적이 없습니다. 40년간 고향 쾨니히스베르크 대학교에서 평범한 대학 교수 생활을 했습니다.

새벽 5시에 일어나 아침으로 차 두 잔을 마시고 7시부터 9시까지 강의, 오후 1시까지 일, 1시에 점심식사, 3시 반에 산책을 합니다. 도장 찍듯이 똑같은 매일이었습니다. 다만 딱 한 번 규칙을 어긴 날이 있었습니다. 철학자 장자크 루소(1712~1778년)의 《에밀》이라는 책을 읽는 데 푹 빠졌기 때문이라고 합니다.

겉으로 보면 아무 변화 없는 생활이었지만 그 사람의 속은 어땠을까요? 영국의 경험론, 대륙의 이성론, 뉴턴(1643~1727년)의 물리학 등을 통합해 비판 철학을 수립하려는 악전고투를 벌이고 있었습니다. 그 성과가 《순수이성비판》이라는 제목의 대작입니다. 60세 가까이 되어서야 집필을 시작했습니다.

베이컨이 영국 정신을, 데카르트가 프랑스 정신을 나타냈다면 칸트는 독일 정신을 나타내고 있습니다. 어린 시절부터 루터의 프로테스탄티즘을 접한 경험은 그에게 종교적인 감정을 불어넣었습니다. 또한 프로이센 왕국의 프리드리히 2세 시대를 산 칸트는 프리드리히의 뜻을 새기며 인간으로서의 의무와 충심에 관한 철학적 기초를 지었습니다.

칸트는 경험론과 이성론을 넘어 19세기 철학에 길을 열었습니다. 칸트의 묘에는 이런 글귀가 새겨져 있습니다.

"나의 마음을 감탄과 존경으로 채우는 것이 두 가지 있다. 내 위에 있는 별이 빛나는 하늘 그리고 내 안에 있는 도덕 법칙."

정치나 사회 같은 외부 세계의 일이 아니라, 내면의 일에 오로지 몰입하는 독일인의 성향이 좋든 나쁘든 칸트에게서 나타나는 것 같지 않나요?

임마누엘 칸트

한눈에 보는 '유럽의 성립'

오늘날 유럽을 구성하는 세 가지 근본 요소는 '그리스·로마 고전 문명' '기독교' '게르만인'입니다. 셋은 서로 만나 충돌하다가 마침내 융합하며 유럽 세계를 형성했습니다.

시작점은 '게르만 민족의 대이동'이라고밖엔 달리 꼽을 수 없습니다. 그로부터 게르만 부족 국가들은 바쁘게 흥망을 거듭했고, 서유럽을 통일한 프랑크 왕국이 나타났다가 해체하고(이탈리아·독일·프랑스의 성립), 노르만인이 침입해 나라를 세우는 등의 역사가 이어졌습니다. 7세기 중반 이후 서쪽(이베리아 반도), 남쪽(북아프리카), 동쪽(중동) 세 방향을 이슬람 세력에게 포위당한 유럽은 좋든 싫든 독자적인 세계를 만들어야 했습니다.

4세기 게르만 민족의 대이동부터 14, 15세기까지의 천 년을 보통 '유럽 중세'라고 부릅니다. 하지만 고대 지중해 세계와 비교할 때 민족과 활동 무대가 달라진 것만이 변화는 아니었습니다. 정치 조직 면에서는 더 이상 고대 오리엔트나 로마 같은 대제국이 나타나지 않았고 봉건 제도에 기반한 지방 분권 체제였습니다. 사회 조직 면에서는 고전적인 고대 노예제 폴리스 사회가 아닌 농노제 봉건 사회였습니다. 정신 생활 면에서는 기독교가 널리 퍼져 교황의 권위가 높아졌습니다. 그와 함께 기독교 문화가 생겨났습니다.

이런 점들을 본다면, 중세가 암흑 시대였다는 것은 틀린 말입니다. 그러나 11~13세기에 완성된 유럽 중세는 십자군 원정이 끝날 때부터 동요하기 시작합니다. 여러 분야에서 지각 변동이 일어났습니다. 교황의 쇠퇴, 군주권의 신장, 시민 계급의 성장 같은 일들입니다.

여기서 유럽 중세는 근대로의 전환을 겪습니다. 그 계기가 된 것은 '르네상스' '대항해 시대의 개막' '종교 개혁' 세 가지였습니다.

르네상스는 그리스 · 로마 고전 문명의 단순한 부활이 아니라 광범위한 인간 생활의 혁신이었습니다.

대항해 시대의 개막은 항해 기술이 발전한 결과이지만, 근본적으로는 오랜 세월을 폐쇄 상태에 놓였던 중세 유럽인이 바깥 세계로 뛰쳐나간 사건입니다. 대항해 시대는 유럽 세계를 단숨에 확장시켰고, 정치 · 경제적으로도 유럽 자체에 그리고 세계에 중대한 영향을 끼쳤습니다.

종교 개혁은 로마 교황권을 부정한 점에서 중세를 부정했다고 볼 수 있으며, 르네상스 문화 혁신보다도 더 큰 사회적 영향을 불러일으켰습니다. 그 결과 신교파와 구교파가 격돌해 서유럽 국가들에서 처참한 종교 전쟁이 일어났습니다.

종교 전쟁이 끝난 17세기 중반에는 절대주의 국가가 뚜렷하게 모습을 드러냅니다. 그렇다곤 해도 17, 18세기에는 여전히 중세적인 제도가 남아 있었으므로 과도기의 정치 형태라고 봐야 할 것입니다.

절대주의 시대에 군주권은 현저하게 신장되었습니다. 영국의 튜더 왕조와 스튜어트 왕조, 특히 프랑스의 부르봉 왕조가 전형적인 절대주의 국가입니다. 하지만 프로이센처럼 계몽주의를 받아들여 전제 정치를 행한 나라도 있습니다. 로마노프 왕조의 러시아가 흥기하고 동서로 팽창한 일도 주목해야 할 점입니다. 중세 말기 이래 성장을 거듭한 시민 계급은 언제까지고 군주의 압제를 견디고만 있을 수 없었습니다. 영국, 미국 내 영국 식민지 그리고 프랑스에서 일어난 시민 혁명은 마침내 절대주의를 타파하고 근대 시민 사회로의 길을 열어줍니다.

본 장에서는 5세기부터 18세기까지 유럽 세계가 어떻게 성립되었고 발전했는지 들려드렸습니다. 2부 동아시아, 3부 서남아시아 이야기와 비교 대조해보길 권합니다.

V
19세기 세계 이야기

◇ 068 ◇

미국 독립 전쟁

⇢ 식민지 13주 ⇠

영국 스튜어트 왕조 아래에서 억압받았던 청교도의 한 무리가 1620년 12월, 자유의 신세계를 찾아 북아메리카로 건너갑니다. 그곳에서 청교도들은 뉴잉글랜드를 개척했습니다. 메이플라워호 배에 탑승한 이들이 새로운 사회를 만들어보자고 맹세했기 때문에 '메이플라워 서약'이라 부릅니다. 이어서 많은 비국교도(국교회의 의식에 따르지 않는 청교도 포함 개신교 신자들)가 건너왔습니다. 새로운 땅 중에서 북부로는 청교도가 많이 갔고 상공업과 농업에 종사했습니다. 남부로 간 이들은 엘리자베스 여왕 시대의 버지니아 식민 이후 이어져온 대농장(담배, 쌀, 면화 등을 재배)을 주로 운영했습니다. 이렇게 1732년까지 대서양 연안에 열세 개 주의 식민지가 만들어졌습니다.

그런데 이 사이 영국은 식민지를 조금도 도와주지 않았습니다. 본국 상품을 판매할 시장이나 원료 공급지 정도로밖에 보지 않았던 것이지요. 그런데도 식민지가 감히 반항하지 못한 이유는, 13주의 성립 배경이나 경제 사정이 모두 다르고 북아메리카에서 프랑스와 벌어진 전쟁 때문에 영국 본국의 원조가 필요했기 때문입니다.

7년 전쟁에서 영국은 프로이센 편을 들어 오스트리아·프랑스·러시아에 대항하느라 재정이 곤란해졌습니다. 그래서 별안간 식민지에 세금을 매기거나 식민지의 산업을 통제하는 등의 수를 썼습니다. 새로 매겨진 세금은 설탕 조례$^{Sugar\ act}$(1764년)와 인지 조례$^{Stamp\ act}$(1765년) 등이었습니다. 영국산을 제외하고 식민지로 들어오는 외국 설탕과 당밀에 관세를 매겼고, 문서·신문·카드 가릴 것 없이 모든 인쇄물에 스탬프(인지) 부착을 의무화하여 강제로 스탬프를 구입하게 했습니다.

식민지는 모여서 회의를 열고 '대표가 없이는 과세도 없다'라는 구호로 기세를 올렸습니다. 식민지 사람들의 대표가 의회에 참석하지 못하는 상황에서 세금을 부과할 정당성이 없다는 주장이었습니다. 결국 영국은 이 조례들을 폐지합니다.

그러나 영국 정부는 1773년 차 조례$^{Tea\ act}$를 정하며 과세의 권한이 있다고 공포했습니다. 본국 동인도 회사가 영국산 차를 식민지에 수출할 수 있는 독점권을 갖고 그 관세도 면제한다는 내용이었습니다. 밀수되던 네덜란드산 차보다 영국산 차를 더 저렴하게 만들어 식민지 사람들이 영국산 차를 구입하게 유도한 것입니다.

　이런 와중에 인디언으로 분장한 보스턴의 어느 급진 분자가 입항하던 동인도 회사 선박을 습격해 배에 실린 차 1만 5,000파운드를 바다에 버리는, 이른바 '보스턴 차 사건'이 일어났습니다 (1773년). 영국은 보스턴항을 폐쇄하고 매사추세츠주의 자치권을 빼앗았습니다. 13주의 대표는 필라델피아에서 제1차 대륙회의를 열고 식민지인의 권리와 자유, 상품의 불매 운동을 결정했습니다.

　1775년 보스턴 근처의 렉싱턴과 콩코드에서 영국군과 식민지군은 무력 충돌했습니다. 이로써 미국 독립 전쟁의 막이 오르게 됩니다.

독립 전쟁

아메리카 식민지가 독립을 위해 일어선 이유로는 프랑스와의 식민지 전쟁에서 이기며 자신감을 얻은 것, 프랑스 세력을 물리치고 나서 더 이상 영국 본국에 의지할 필요가 없어진 것, 계몽사상의 영향을 받은 것 등이 있습니다. 또한 영국 출생으로 아메리카에 건너온 사상가 토머스 페인(1737~1809년)이 저술한 《상식》(1776년)은 독립 공화국을 세우는 편이 아메리카에게 유리하다고 주장하며 큰 영향을 미쳤습니다.

　식민지 대표들이 다시 모인 제2차 대륙회의는 장군 조지 워싱턴(1732~1799년)을 총사령관으로 임명했습니다. 버지니아 식민지 대표 토머스 제퍼슨(1743~1826년) 등이 '독립 선언'(1776년 7월 4일)을 발표했고, 펜실베이니아 식민지 대표였던 벤저민 프랭클린(1706~1790년)은 프랑스로 가서 식민지의 입장을 호소하며 유럽 국가들의 동정을 모으는 데 성공했습니다.

독립군은 처음에는 고전했지만 마침내 전세가 호전되어 영국군을 격파할 수 있었습니다. 그뿐만 아니라 프랑스와 스페인이 참전했고, 네덜란드는 아메리카 편에 섰으며, 러시아와 프로이센은 무장중립동맹을 결성했습니다. 영국은 국제적으로 고립되었습니다.

1781년 버지니아의 마을 요크타운의 함락으로 영국의 패배가 결정 났습니다. 파리조약(1783년)에서 영국은 13주의 독립을 인정하고 미시시피강 동쪽의 땅도 아메리카에 넘겨주었습니다.

↣ 합중국 헌법의 제정 ↢

로드아일랜드를 제외한 각 주 대표가 중앙정부를 만들기 위해 필라델피아에 모여 '합중국 헌법'을 제정했습니다(1787년). 초대 대통령으로 조지 워싱턴을 선출하고 수도를 워싱턴으로 옮겼습니다(1800년).

합중국 合衆國 United States 은 공화정에 근거한 연방 聯邦 Federation✦ 국가로,

✦ 자치권을 지닌 여러 지역이 모여서 하나의 중앙 정부를 이루는 정치 체제.

독립 선언 서명
독립 선언은 1776년 제2차 대륙회의에서 7월 2일 채택되어 4일 공포됐습니다. 그림은 독립 선언에 서명하는 '건국의 아버지들'을 그린 것으로, 56명 전체가 서명했습니다.

조지 워싱턴
아메리카합중국 초대 대통령.

합중국 헌법은 민주주의에 따라 삼권 분립, 이원제, 대통령제를 규정하고 있습니다. 법을 만드는 입법부, 실행하는 행정부, 해석·판단하는 사법부 세 가지로 권력을 나누고, 입법부는 모든 주에서 똑같이 두 명씩 선출된 상원과 주별 인구수에 비례해 선출된 하원으로 다시 나뉩니다. 행정부 수장인 대통령은 국민의 선거로 선출되어 국가 전체의 이익을 대표하는 역할을 맡되, 입법과 사법의 감시를 받습니다. 권력을 철저히 분산시키고 서로 견제하게 하여 전제 정치의 위험을 차단한 것이지요.

그렇지만 합중국 앞에는 중대한 난관이 놓여 있었습니다. 바로 각 주의 자치권을 어느 정도 억제하고 중앙 집권을 도모하려는 연방파와 이에 반대하는 공화파(주권파) 간의 정치적 대립 그리고 북부의 상공업과 남부의 노예제 농업 간의 경제적 대립이었습니다. 어떻게 이 대립을 극복하고 합중국 국민을 한몸으로 똘똘 뭉치게 할지가 미래의 과제였습니다. 이 과제가 해결되기까지는 19세기 중반이 넘도록 기다려야 했습니다.

아메리카 독립 선언은 근대 민주 정치의 출발점이 된 중요한 문서입니다. 문서에는 영국의 존 로크(1632~1704년)와 프랑스의 계몽사상가들이 주장한 인간의 자유와 평등, 인민 주권, 인민의 저항권 등의 사상이 분명하게 적혀 있습니다. 그러한 사상이 결코 꿈이 아님을 실제로 증명해낸 것입니다. 아메리카 독립 혁명이 끼친 영향은 매우 컸습니다. 십수 년 후, 절대주의의 본고장인 프랑스에서 혁명이 발발합니다.

◇ 069 ◇
프랑스 혁명

⇥ 앙시앵 레짐 ⇤

혁명 전 프랑스에는 '앙시앵 레짐$^{Ancien\ Régime}$(구 체제)'이라 불리는 정치·경제·사회 체제가 존재했습니다. 제1신분인 성직자와 제2신분인 귀족은 광대한 토지와 주민 지배권을 가지고 중요한 관직을 차지했으며 면세 특권을 인정받았습니다. 제3신분인 시민과 농민은 당시 2,500만 명 정도로, 전체 인구의 대부분을 차지하고 있음에도 불구하고 어떠한 정치적 권리도 없이 한없이 무거운 세금에 허덕일 뿐이었습니다. 그러나 85퍼센트를 차지하는 농민에게는 구 체제를 깨부술 만한 힘이 없었습니다. 계몽사상의 세례를 받아 프랑스 사회의 불합리와 불평등을 절감하고 아메리카합중국의 독립 혁명을 지켜보며 해방을 바라게 된 상류·중류 시민층만이 그럴 힘을 가지고 있었습니다. 프랑스 혁명이 고전적인 부르주아 혁명(시민혁명)이라 불리는 이유입니다.

⇥ 혁명의 발발 ⇤

당시의 국왕 루이 16세(재위 1774~1792년)는 재정을 개혁하려 했으나 실패했습니다. 그래서 최후의 카드로 175년 동안이나 열리지 않았던 삼부회를 베르사유 궁전에 소집합니다.

삼부회는 1302년 카페 왕조의 필리프 4세가 로마 황제와 항쟁 중 국민의 지지와 세원稅源을 확보하기 위해 고위 성직자, 귀족 대표에 더해 제3신분으로서 유력 도시의 시민 계급 대표를 소집한 의회였습니다. 하지만 부르봉 왕권이 강대해짐에 따라 오랜 세월 열리지 않았지요.

루이 16세가 소집한 삼부회는 처음부터 분열을 일으켰고, 제3신분은 단독으로 국민의회Assemblée nationale를 열었습니다. 조만간 이 국민의회가 혁명을 추진하게 됩니다. 국왕이 무력으로 국민의회를 탄압할 것이라는 소문이 퍼지자 분노한 파리 민중은 바스티유 감옥을 습격했습니다(1789년 7월 14일). 혁명은 순식간에 지방으로 퍼져나갔습니다.

그 후의 10년 동안 정국은 마치 고양이 눈 변하듯 시시각각 뒤바뀌었습니다. 이듬해 8월 봉건적 특권의 폐지가 선언되고 국민의

인권 선언

정식 명칭은 '인간 및 시민의 권리 선언'. 1789년 8월 26일 국민의회에서 채택되어 1791년 헌법의 전문이 되었습니다. 인간의 자유, 권리의 평등, 국민주권 등을 17조에 걸쳐 명시했으며 근대 시민 사회의 원리를 나타내고 있습니다.

회(헌법제정의회)는 '인권 선언'을 채택합니다.

10월 파리 민중은 "빵을 달라!"며 베르사유로 행진하여 국왕이 인권 선언을 승인하게 만들고 국왕 일가를 파리로 데려옵니다. 두려움을 느낀 루이 16세는 왕비 마리 앙투아네트와 함께 변장하고 오스트리아로 도망하려 했으나 국경 근처에서 발각되었습니다(1791년 6월).

이 사건으로, 왕에 대한 국민의 신뢰는 흔적도 없이 사라지고 말았습니다. 왕 일가는 파리에서 옥에 갇힌 신세가 되었습니다.

↠ 공화정과 국왕 처형 ↞

여기서 국민의회는 해산하고 입법의회$^{Assemblée\ nationale\ législative}$가 성립(1791년 10월)하지만 입법의회는 곧 세 파로 나뉘어 엎치락뒤치락 권력 투쟁을 벌였습니다. 원래는 모두 다양한 정치 사상을 가진 사람들의 모임 '자코뱅 클럽$^{Club\ des\ jacobins}$'(정식 명칭은 '자유와 평등의 벗, 자코뱅회')에 속해 있었으나 혁명을 추진하는 과정에서 입장에 따라 분리되었습니다.

하나는 '푀양파'로, 헌법에 입각하되 왕권의 신성함을 인정하자는 온건파입니다. 다른 하나는 '지롱드파'로, 공화정을 주장하는 자코뱅 내의 우파입니다. 나머지 하나는 '산악파'로, 가장 급진적인 자코뱅 좌파였습니다.

먼저 푀양파가 실각하고 지롱드파가 정권을 쥐었습니다. 그러자 프랑스 혁명에 간섭하지 않겠다는 태도를 취하던 오스트리아와 프로이센이 이제는 혁명 간섭과 루이 지원을 표명합니다. 이에 지롱드파는 왕에게 강요하여 오스트리아에 선전포고(1792년 6월)를 했습니다. 이로써 대외 전쟁과 국내 혁명이 병행됩니다. 조국을 지키고 혁명을 수행하기 위해 마르세유 등지에서 의용병들이 모여 대외 전쟁에 나섰습니다. 오늘날 프랑스 국가國歌가 된 유명한 마르세유 행진곡이 태어난 것도 이때입니다.

날이 갈수록 과격해진 혁명은 마침내는 왕권을 정지시켰고 (1792년 8월) 입법의회 다음으로 국민공회Convention nationale가 성립했습니다. 지롱드파를 추방한 산악파가 권력을 쥐고 왕정 폐지와 공화정 수립을 선언하며 루이 16세를 처형했습니다(1793년 1월). 이어 마리 앙투아네트와 다른 많은 반혁명 귀족이 기요틴(프랑스 혁명에서 사용된 단두대)의 이슬로 사라졌습니다.

깜짝 놀란 영국 등 다른 나라들은 제1차 대對프랑스 동맹을 맺습니다. 국내외 위기에 직면한 산악파는 독재 권력을 휘둘렀습니다. 이를 '공포 정치 시대'(1793년 6월~1794년 7월)라 부릅니다. 당내에서도 다툼이 계속되었고 마지막에 남은 로베스피에르(1758~1794년)가 독재할 때 공포 정치는 정점에 달했습니다. 하지만 부르주아도, 토지를 받아 보수적이 된 농민도, 로베스피에르식의 과격한 혁명 추진을 더 이상 반기지 않았습니다. 로베스피에르 자신이 기요틴에 오르며 공포 정치 시대는 끝을 맞이했습니다

(1794년 7월). 이를 '테르미도르의 반동'(테르미도르는 혁명정부가 만든 혁명력의 7월)이라 부릅니다.

이후 부르주아 공화정인 총재정부^{Directory}가 성립했습니다(1795년 10월). 이들은 급진성을 멀리하고 온건한 공화정을 지향했지만 어디까지나 부르주아 이익을 우선시함으로써 불만을 낳았습니다. 왕당파가 반란을 일으켰고, 자코뱅의 잔당도 움직였으며, 가장 극단적 급진파의 프랑수알노엘 바뵈프(1760~1797년)는 총재정부를 타도하려는 음모를 꾸몄습니다. 정국이 안정되지 않는 데 더해 경제적으로는 물가가 오르고 식량난이 발생했습니다. 총재정부는 국민의 불만을 딴 데로 돌리기 위해 대외 전쟁을 일으켰습니다. 그 임무를 맡은 사람이 나폴레옹 보나파르트(1769~1821년)입니다.

프랑스 혁명의 세계사적 의의에 대해서는 많은 말을 할 필요는 없겠지요. 근대 시민 사회의 기본 원칙은 프랑스 혁명에 의해 확립되었습니다.

◇ 070 ◇
바스티유 점령

⇥ 바스티유 감옥 ⇤

 프랑스 혁명의 도화선을 당긴 바스티유 감옥 습격을 다시 한 번 살펴보겠습니다. 원래 바스티유^{Bastille}는 '요새'를 의미합니다. 특히 파리 동쪽 끝에 있는 요새였지요. 백년 전쟁 때 파리를 지키기 위해 세워졌습니다. 그 후엔 군사적인 요새가 아닌 감옥으로 사용되면서 부르봉 왕조의 절대주의를 비판하는 귀족이나 문필가 등 정치사범을 수감했습니다.
 혹자의 책에 따르면, 바스티유 감옥은 폭 25미터의 해자를 둘러서 물을 가득 채웠고 높이 30미터의 벽이 에워싸고 있었다 합니다. 요새 그 자체는 견고했지만 혁명군이 바스티유 감옥을 덮쳤을 때는 몸이 성치 않은 80명의 병사와 스위스인 수비병 30명이 있었고 화약도 식량 비축분도 충분치 않았으며 정치사범도 일곱 명뿐이었다는 거짓말 같은 진짜 이야기가 있습니다. 일반 범죄자를 가두는 감옥만큼 열악하지는 않았던 것 같지만, 문필가들은 매우 참혹한 곳이었다는 글을 썼습니다. 그 때문에 바스티유 감옥은 부르봉 왕조 절대주의의 상징처럼 여겨져 공격의 표적이 되었지요.

⇥ 혁명의 발단 ⇤

1789년 7월 14일 오전 7시경. 7,000~8,000명의 파리 군중이 군병원을 덮쳐 소총 3만 3,000정과 대포 5문을 빼앗았습니다. 그러나 화약이 부족했습니다. 바스티유가 화약을 비축하고 있다는 소문이 돌아 군중은 바스티유로 밀고 들어갔습니다.

사령관 드 뢰네가 군중의 대표와 만났습니다. 처음에는 비교적 온건하게 무기 인도 협상이 진행됐지만 실랑이로 결론이 나지 않자 기다림에 지친 군중은 빼앗은 대포 3문을 요새 앞에 두고 위협했습니다. 군중이 중정까지 들어갔을 때 수비병이 발포를 했고 군중도 포격을 시작했습니다. 오후 2시경의 일입니다.

저녁 무렵, 바스티유는 완전히 점거당했습니다. 지하 감옥에서 죄수가 해방되는 모습을 그린 당시 그림도 있는데 다분히 전설에 가깝습니다. 바스티유 공방전에서 민중 쪽 사상자는 약 180명, 수비 쪽은 사망자 한 명이라 전해지니 그다지 격전은 아니었을 것입니다. 프랑스 혁명을 찬미하는 역사가는 마치 대격전처럼 이 사건을 묘사했는데, 그 편이 이야기가 재밌기는 했겠지요.

사령관 드 뢰네는 시청에 연행되던 중 살해되었습니다. 민중은 그의 머리를 창끝에 꽂아 춤을 추었습니다. 바스티유 점령 소식은 금방 파리 전역에 퍼졌습니다. 파리는 벌집을 쑤신 듯한 난장판이 되었고 시 당국은 기능을 상실했습니다. 그래서 일단 400명이 선출되어 시정을 수행하게 됩니다. 군 지휘관으로는 라파예트(1757~1834)가 뽑혔습니다. 라파예트는 인권 선언의 초안을 쓴 자유주의 귀족의 중심 인물이었습니다.

"폐하, 혁명입니다."

이날, 루이 16세는 무얼 하고 있었을까요? 왕은 1793년 1월 국민에 대한 반역이라는 죄목으로 기요틴에서 목이 잘렸습니다. 그렇기 때문에 많은 매체에서 어쨌든 악당 취급을 받습니다. 하지만 사료들을 살펴보면 본디 선량한 사람이었던 것 같아요. 다만 위기를 극복할 지혜와 결단력이 부족했습니다. 황태자가 된 때가 11세, 마리 앙투아네트와 결혼한 때가 16세, 즉위한 때가 20세였으니 세상 모르는 도련님이었지요. 루이의 취미라 하면 자물쇠를 만지작거리는 것과 사냥이었습니다.

왕비 마리 앙투아네트도 악녀로 취급받습니다. 분명 재정의 궁핍은 아랑곳 않고 베르사유 궁전에서 사치에 빠져 무분별한 행동을 한 것은 사실입니다. 또한 반혁명적인 태도를 보인 것도 사실입니다. 하지만 순전히 정치적 동기의 결혼에 의해 알지 못하는 루이의 아내가 되어 타국에서 살아남아야만 했습니다. 그녀에게 전혀 동정의 여지가 없었던 것은 아닙니다.

7월 14일, 루이는 온종일 사냥을 하고 궁전에 돌아와서 일기에 "없음"이라고 적었습니다. 없음이란 특별한 일이 없었다는 게 아니라 사냥 결과물이 없었다는 의미입니다. 그 시간에 파리에서 일대 사건이 일어나고 있다는 건 꿈에도 몰랐습니다. 사냥하느라 피곤했기 때문에 일찍 잠자리에 들었습니다. 시종은 바스티유 사건을 알리기 위해 왕의 침실에 들어가 보고했습니다. 왕이 "그건 폭동이지 않느냐"라고 하자 시종은 말했습니다.

"폐하, 혁명입니다."

오늘날 바스티유 광장에는 1830년 7월 혁명을 기념하는 둥근 탑이 하나 서 있을 뿐입니다. 감옥은 바스티유 점령 직후 곧 철거됐습니다. 파리 시내에서 역사 기념물을 찾아보고 느낀 점은, 나폴레옹과 관련된 것은 꽤 많지만 프랑스 혁명과 관련된 것은 거의 없다는 점이었습니다. 불미스러운 기억을 빨리 잊고 싶었던 것인지 이유는 알 수 없지만요. 하지만 7월 14일 그 자체는 바스티유 점령의 날이자 오늘날 프랑스 국민의 국경일이 되었으니 변혁의 상징이라는 점은 분명합니다.

◇ 071 ◇
풍운아 나폴레옹

↠ 브뤼메르 쿠데타 ↞

나폴레옹은 이탈리아 코르시카섬의 가난한 귀족 집안에서 태어났습니다. 파리 사관학교를 졸업하고 나서 자코뱅 정부에 기용되며 빠르게 군사적 재능을 발휘했습니다.

로베스피에르가 몰락하자 잠시 은둔하게 되었지만 총재정부에 복귀하여 망명 귀족의 반란, 이른바 '방데미에르 반란'(방데미에르는 혁명력 10월을 의미)을 진압했습니다. 이어서 이탈리아 원정(1796년)과 이집트 원정(1798~1799년)을 나갔습니다. 이때 로제타석이 발견되면서 이집트학의 기초가 놓였습니다.

유럽의 대프랑스 동맹국이 전쟁을 일으키자 나폴레옹은 급히 이집트에서 파리로 돌아와 총재정부를 무너뜨렸습니다.

피라미드 전투
1798년 영국과 인도의 연결을 끊기 위해 나폴레옹은 이집트로 원정을 떠났습니다.

1799년 11월 9일에 일어난 이 '브뤼메르 쿠데타'(브뤼메르는 혁명력 11월)는 군대와 은행가의 지지를 얻었을 뿐만 아니라 정치가 안정되기를 바라는 민중들로부터도 환영받았습니다. 나폴레옹은 통령정부^{Consulat}를 세우고 스스로 제1통령에 취임해 독재 권력을 쥐었습니다.

이것을 프랑스 혁명의 종언이라 볼 수 있습니다.

⟶ 제1제정 ⟵

1804년에는 황제 자리에 올라 나폴레옹 1세라 칭했습니다(제1제정). 대외 원정으로는 오스트리아를 깨부수었고 아미앵에서 영국과 화약을 맺어 제2차 대프랑스 동맹을 해산시켰습니다.

나폴레옹이 프랑스 혁명의 성과를 받아들였다는 점은 나폴레옹 법전(1804년)에 명확히 나와 있습니다. 혁명이 강조한 평등, 자유, 인권과 같은 가치를 법률로 반영했지요. 그는 "나의 영광은 40차례의 전투 승리가 아니라 민법전을 남긴 것이다"라고 호언했는데 실제로 프랑스를 포함한 근대 국가들의 민법전은 나폴레옹 법전을 골자로 하고 있습니다.

평화가 지속되는 동안 나폴레옹은 프랑스의 산업, 행정, 학제를 개혁하는 등 눈부신 업적을 이뤄내며 부르주아의 뜻에 부응했습니다. 농민들도 나폴레옹의 영광에 도취되었습니다.

나폴레옹 제국

그러면 나폴레옹은 오래도록 평화의 황제로 남았을까요?

유럽 제패의 야망을 품은 나폴레옹은 1805년 지나서는 전쟁 황제로 일변합니다. 곧 영국이 앞장서서 제3차 대프랑스 동맹(1805년)을 결성했습니다. 나폴레옹은 영국 상륙을 목적으로 프랑스·스페인 연합 함대를 보냈습니다. 넬슨(1758~1805년)이 이끄는 영국 함대에게 패배하며 실패(트라팔가르 해전, 1805년)했지만 육지전에서는 오스트리아·러시아군을 무너뜨리며 제3차 대프랑스 동맹을 와해시켰습니다. 1806년에는 독일 남서부 국가들을 통합해 라인 연방을 만들고 신성 로마 제국을 마침내 해체시켰습니다. 프로이센에는 굴욕적인 화약을 강요해 그들을 종속시키고, 베를린 칙령(대륙 봉쇄령, 1806년)을 발포해 영국의 경제를 봉쇄했습니다. 대륙 전역에서 영국 제품의 수입을 금지하는 조치였습니다.

1810년 전후는 나폴레옹의 전성기였습니다. 자신의 권위를 높이기 위해 오스트리아 공주 마리 루이즈를 황후로 맞이했습니다. 형을 나폴리와 스페인 왕으로, 동생을 네덜란드 왕으로 봉하고 영국과 러시아를 제외한 유럽 여러 국가를 지배했습니다.

나폴레옹의 몰락

그러나 이런 지배는 영원할 수 없습니다. 변덕스러운 권력의 마신은 권력자를 한순간 황홀하게 띄워 올렸다가 이내 파멸의 나락으로 내팽개칩니다.

나폴레옹은 피정복 민족에게 강한 민족의식을 불러일으켰습니다. 프로이센은 개혁을 단행해 나폴레옹을 타도할 기회를 노렸습니다. 스페인은 게릴라전으로 프랑스군을 상당히 애먹였습니다. 러시아도 대륙 봉쇄령을 지키지 않고 밀무역을 실시했습니다. 이에 의지를 다진 나폴레옹은 1812년 러시아 원정을 단행했는데, 이것이 대실패로 끝나면서 나폴레옹의 명을 단축시켰습니다.

억압받던 여러 국민들은 절호의 기회라며 일제히 일어섰고 프로이센, 러시아, 오스트리아, 영국 등이 제4차 대프랑스 동맹을 결성했습니다. 동맹군은 라이프치히 전투에서 나폴레옹을 무찌르고(해방 전쟁, 1813년) 이듬해 파리를 점령한 뒤 나폴레옹을 엘바섬으로 유배 보냈습니다(1814년 5월).

프랑스 혁명이 약 10년, 나폴레옹 전쟁이 약 10년 이어졌습니다. 유럽은 혼란에 빠졌습니다. 그래서 유럽은 재건을 위해 오스트리아의 수도 빈에 모여 빈 회의를 열었습니다. 하지만 여러 나라의 이해가 일치하지 않아 헛되이 시간을 낭비합니다. 풍문으로 이 상황을 알게 된 나폴레옹은 엘바섬을 탈출해 파리로 돌아왔고 다시 황제 자리에 올랐습니다.

놀란 각국이 제5차 대프랑스 대동맹을 결성했습니다. 워털루 전투가 천하의 운명을 가르는 전투였습니다(1815년 6월). 나폴레옹이 영국·프로이센군에 완패하면서 백일천하가 막을 내렸습니다. 그는 남대서양의 외딴 섬 세인트헬레나섬으로 유배되었습니다. 영국의 엄격한 감시를 받던 중 한 시대의 풍운아는 1821년, 파란만장한 52년 동안의 생애를 마감했습니다.

나폴레옹의 독재는 언뜻 프랑스 혁명의 이념에 반하는 것처럼 보입니다. 그러나 혁명 사업을 이어받아 유럽에 혁명 사상을 널리 퍼뜨린 점에서 분명 그는 프랑스 혁명이 낳은 자식이었습니다.

모스크바의 화염

~ 나폴레옹 전술의 비결 ~

 군인, 정치가, 입법자, 문인. 나폴레옹처럼 많은 이야기가 회자된 사람은 없을 것입니다. 나폴레옹은 지난날을 돌아보며 "얼마나 낭만적인 생인가!"라고 말했습니다. 여기서는 나폴레옹의 생애 최대의 드라마, 러시아 원정 이야기를 들려드리겠습니다.

 1812년 5월, 나폴레옹은 프랑스군과 동맹국군을 합쳐 60만 병력을 이끌고 원정길에 나섰습니다. 나폴레옹의 러시아 원정에 대해서는 러시아 문호 톨스토이(1828~1910년)가 《전쟁과 평화》(1869년)에서 자세히 서술하고 있습니다.

 과연 나폴레옹 전술의 비결은 무엇이었을까요? 기병, 포병(나폴레옹은 포병 출신), 보병을 일체화한 군사 운용의 묘 그리고 재빠른 기동성이었습니다. 또한 대군을 투입해 단숨에 승패를 가르는 단기 결전이 특기였지요. 이탈리아 북부의 마렝고(오스트리아군에게 승리, 1800년), 체코의 아우스터리츠(오스트리아·러시아군에게 승리, 1805년), 독일의 예나-아우어슈테트(프로이센군에게 승리, 1806년), 빈 근교의 바그람(오스트리아군에게 승리, 1809년), 이 전투들이 모두 단기전입니다.

아우스터리츠 전투에서 나폴레옹은 병사에게 이렇게 외쳤습니다. "러시아와 오스트리아 두 황제가 지휘하는 십만 군은 4시간도 안 돼서 퇴로를 막히고 뿔뿔이 도망쳤다. 병사들이여, 너희의 용감함에 대한 기대는 너희가 증명해주었다!" "나의 권력은 나의 영광에 달려 있다. 그리고 나의 영광은 수많은 승리에 달려 있다."

하지만 반대로 말하면, 장기전에는 약했습니다.

⇢ 러시아 원정 ⇠

러시아 원정에서는 그런 나폴레옹 전술의 결점이 드러났습니다. 나폴레옹은 이 정도 대군을 쏟아붓는다면 러시아가 쉽게 항복하리라 생각했습니다. 하지만 1812년 8월 18일, 스몰렌스크에 도착하니 마을은 전부 불타 있었고 러시아 병사의 모습은 보이지 않았습니다. 러시아군은 마을을 넘겨주고 철수하는 작전을 쓰고 있었습니다.

9월 5~7일, 모스크바 전방에서 러시아군과 벌인 보로디노 전투가 단 한 번의 조우였습니다. 프랑스군은 3만, 러시아군은 5만 8,000명의 병력을 잃었습니다. 승패는 정해지지 않았지만 러시아 장군 미하일 쿠투조프(1745~1813년)는 빠르게 퇴각했습니다.

9월 14일 나폴레옹은 저항다운 저항도 받지 않고 모스크바에 입성해 크렘린궁에서 진을 쳤습니다. 하지만 모스크바 시민은 없었습니다. 마치 죽은 자들의 도시 같았지요. 그날 밤, 화재가 발생했습니다. 도시는 나흘간 화염 속에 타들어가 4분의 3이 황폐해져 버렸습니다.

이 화재는 당시 모스크바 총독이 명한 것이라고도 하고 프랑스 병사가 약탈 중에 일으켰다는 설도 있지만 진상은 지금도 불분명합니다. 이젠 병사가 묵을 숙소도 없고 식량도 부족했습니다. 더구나 동장군이 서서히 다가오고 있었습니다. 난감해진 나폴레옹은 러시아 황제 알렉산드르 1세(재위 1801~1825년)에게 평화의 편지를 보냈지만 답신이 오지 않았습니다.

그 대단한 백전불패의 나폴레옹도 10월 19일, 모스크바에서 철수할 수밖에 없었습니다. 그때에는 이미 60만 명의 병사가 10만 명으로 줄어 있었습니다. 러시아의 지구전에 보기 좋게 허를 찔린 것입니다. 퇴각하는 나폴레옹 군을 쿠투조프가 추격했습니다. 카자크 기병과 러시아 농민도 게릴라전을 벌이며 공격했습니다.

1월 26일, 네만강을 건널 때쯤에는 이미 죽을 각오로 퇴각하고 있었습니다. 단 3만의 병사만이 살아남아 있었으니까요.

모스크바 퇴각

나폴레옹이 펜을 든 전보가 남아 있습니다. 1812년 12월 3일 지금의 벨라루스에 위치한 말라제치나에서 쓴 것입니다.

"11월 6일까지는 날씨가 더할 나위 없었다. 추위는 7일에 시작되었다. 이때부터 우리는 매일 밤 수백 마리의 말을 잃었다. 스몰렌스크에 도착한 때에는 기병과 포병, 다수의 말을 잃은 상태였다. 14일부터 16일에 걸쳐 온도계가 영하 16도 내지 18도를 가리켰다. 3만 마리 이상의 말이 불과 며칠 만에 쓰러져버려서 기병은 모두 걸어야만 했다. 기병 없이는 전투의 위험을 감수할 수 없었다."

그 상황에도 사실을 얼버무리지 않는 냉정한 보고에는 '역시!'란 생각이 듭니다. 나폴레옹은 12월 18일 파리에 간신히 살아 돌아왔습니다. 수행원은 세 명뿐이었다고 합니다.

생각지도 못한 패배. 그에게 이 이상의 좌절감은 없었을 것입니다. 퇴각 도중 나폴레옹은 이렇게 말했다고 합니다. "장엄함에서 우스움까지의 거리는 단 한 발짝이었구나." 다른 책에서는 이렇게 써 있습니다. "화려한 승리와 몰락의 차이는 단 한 걸음이다. 정말 중대한 상황에서는 커다란 사건이 아주 사소한 일로 결정되는 것을 나는 봐왔다."

나폴레옹의 '내 사전에 불가능이란 없다'라는 말이 전해지지만, 역사는 그에게도 불가능이란 단어를 제외하지 않았던 것 같습니다.

◇ 073 ◇

회의는 춤춘다

➤ 빈 회의 ◄

프랑스 혁명과 나폴레옹 전쟁 이후 유럽의 질서를 회복하기 위해 '빈 회의'(1814년 9월~1815년 6월)가 열렸습니다. 오스만 제국을 제외한 유럽 여러 나라의 군주와 정치가가 한자리에 모였습니다. 오스트리아의 외무 장관 클레멘스 폰 메테르니히(1773~1859년)가 의장이 되어 회의를 진행했지만 각국의 이해관계가 얽혀 난항을 겪었습니다.

회의에 참여한 오스트리아의 노老공작 리뉴(1735~1814년)는 "회의는 춤춘다. 하지만 진전되지 않는다"라고 꼬집었는데, 그것이야말로 메테르니히의 속셈 그대로였습니다.

메테르니히는 소국의 대표자들은 춤추고 취하게 만든 다음 영국, 러시아, 프로이센, 프랑스 등 대국과만 협의를 진행했습니다. 그런데 기묘하지 않나요? 패전국 프랑스가 참여했다니 말이죠. 프랑스 대표 탈레랑(1754~1838년)이 보통내기가 아니다 보니 분란을 틈타 회의에 편승한 것이었습니다.

그런데 회의 도중 나폴레옹이 재기했다는 소식이 들어옵니다. 모든 나라가 타협하여 '빈 협정서'를 작성했습니다. 기본 골자는 대국 중심의 복고주의와 정통주의입니다. 즉, 프랑스 혁명 전에 군림하던 군주를 그 영토의 정통 주권자로 간주하고 혁명을 없었던 일로 한다는 내용입니다.

이 원칙에 따라 각국은 자유주의 운동을 억압하기로 합의했습니다. 사국동맹(1815년 11월)과 오국동맹(1818년 9월, 영국·러시아·오스트리아·프로이센에 프랑스가 추가됩니다)이 그 실행 기관이었습니다. 이렇게 생겨난 국제 체제를 '빈 체제' 또는 '메테르니히 체제'라 부릅니다.

본서의 60장에서 살폈듯 1648년의 베스트팔렌 회의가 30년 전쟁 이후 유럽의 국제 관계를 규정하고 있었습니다. 19세기에 이르러서는 그 역할을 빈 체제가 대신합니다. 정치 변화와 혁신, 개혁의 물결을 모두 기존 권력 구조와 사회 질서로 돌려놓으려는 반동 체제였지요. 자유주의 및 민족주의 운동으로 흔들리기도 했지만 그럼에도 불구하고 빈 체제는 제1차 세계 대전 이후 베르사유조약이 있기까지 100년 동안 유럽의 국제 관계, 특히 영토 관계를 규정하게 됩니다.

빈 회의
나폴레옹이 퇴위하고 나서 5개월 후인 1814년 9월부터
1815년 6월 9일 최종 협정서 조인까지 회의가 이어졌습니다.

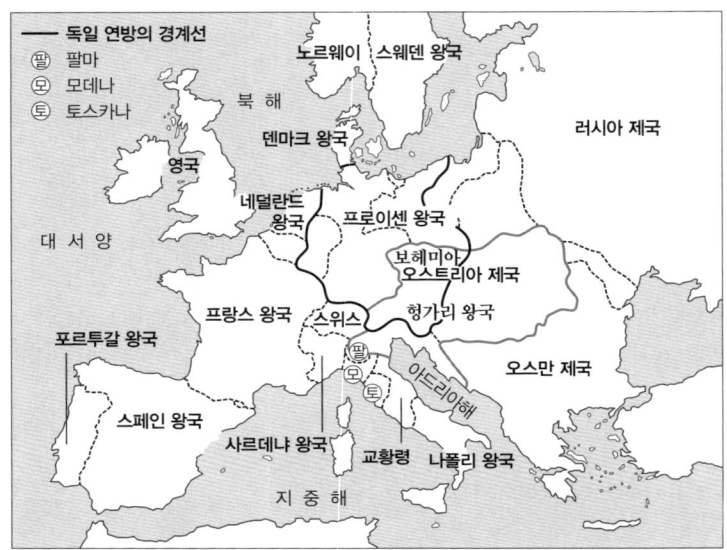

빈 체제 아래의 유럽 지도

메테르니히의 외교

반동 체제의 두목은 메테르니히입니다. 메테르니히는 독일 라인 지방의 귀족 가문에서 태어났습니다. 오스트리아 귀족의 딸과 결혼한 후 오스트리아 궁정과 연줄이 생겨 작센 공사^{公使}(외교 사절)로 첫 발을 내딛습니다. 그는 베를린 공사를 거쳐 1806년(33세)에 프랑스 주재 대사가 되었습니다.

나폴레옹 1세가 전성기를 맞이했을 때였습니다. 나폴레옹의 위협에서 오스트리아를 어떻게 지킬지가 메테르니히의 최대 과제였습니다. 1806년부터 나폴레옹이 몰락하는 1814년까지의 유럽 외교는 나폴레옹과 메테르니히 간의 허허실실한 수싸움이었습니다. 프랑스 대사 시절부터 메테르니히는 나폴레옹을 꿰뚫어 보고 프랑스 혁명에서도 교훈을 얻었습니다.

오스트리아 황녀와 나폴레옹의 결혼을 알선하고, 1812년에는 나폴레옹과 동맹을 맺으며, 1813년에는 중립을 지키고, 이어서 프로이센 및 러시아와 연합해 프랑스에 선전포고를 한다…. 일견 모순되는 메테르니히의 정책은 '나폴레옹의 위세'와 '오스트리아의 안전' 사이의 저울질이 본질입니다. 나폴레옹 같은 전쟁광은 사절이지만 그렇다고 유럽의 구세주를 자처하는 러시아의 알렉산드르 1세 같은 공상가도 싫었던 겁니다.

메테르니히는 냉철한 국가 이성의 소유자였습니다. 지금 세대의 입장에서 보면 메테르니히는 분명 반동 체제의 우두머리입니다.

본인은 새로운 국제 질서를 만들려고 했겠지만 실제로는 강대국의 이기주의를 조정했을 뿐 소국의 이익 따위 쳐다도 보지 않았습니다. 이탈리아를 분할한 이유에 대해 그가 한 유명한 말이 있는데, '이탈리아란 그냥 지리적 명칭에 불과하니까'였습니다.

후세가 메테르니히를 비판하는 건 타당합니다. 하지만 미증유의 혼란기에 메테르니히보다 노련한 외교 수완과 현실 인식과 유럽 재건 방책을 가진 자가 누가 있었을까요.

메테르니히의 망명

여러 국가에서 자유주의 운동이 활발하게 일어나고 프랑스의 2월 혁명과 오스트리아의 3월 혁명(1848년)이 일어나면서, 메테르니히의 시대는 져버렸습니다.

3월 혁명 직후 그는 런던으로 망명합니다. 시대의 흐름을 더는 막을 수 없었습니다. 메테르니히 체제는 붕괴할 만해서 붕괴한 것입니다. 현실을 인식하던 정치가는 현실에 의해 똑같이 보복 받게 되었습니다.

3년간의 망명 후 메테르니히는 고향에 돌아옵니다. 1851년 비로소 허가를 받아 빈 땅을 밟을 수 있었습니다. 그때쯤엔 더 이상 오스트리아 정부와의 교류는 없었습니다. 한때 보수 반동주의 대장의 존재 같은 건 오스트리아 사람들에게 잊혀졌는지도 모릅니다.

아무 일도, 아무 말도 없는 시간 속에서 메테르니히는 무슨 생각을 했을까요. 나폴레옹, 알렉산드르 1세, 탈레랑 모두 세상에 없었습니다. 메테르니히 역시 1859년 6월, 86세에 고목 한 그루가 쓰러지듯 눈을 감았습니다. '회의가 춤추는' 화려한 광경은 꿈 속 환상과도 같은 것이었습니다. 하지만 죽음 직전, 빈 회의를 손바닥 위에서 굴리던 자부심을 그는 잠시 떠올렸을 것입니다.

클레멘스 폰 메테르니히

◇ 074 ◇

1848년의
파리, 빈, 베를린

빈 체제의 동요

독일의 자유와 통일을 요구하는 '부르셴샤프트Burschenschaft'(전 독일의 학생 동맹. 1817년 루터의 종교 개혁 300주년을 맞이하여 나폴레옹에 대한 해방 전쟁의 승리를 기념하기 위해 결성), 이탈리아의 비밀결사 '카르보나리Carbonari'(원래는 반나폴레옹 운동이었지만 나폴레옹 몰락 후에는 반오스트리아 운동과 이탈리아 통일 운동을 주장), 러시아 청년 귀족들이 일으킨 '데카브리스트의 난'(데카브리란 러시아어로 12월을 의미. 12월당의 당원이 1825년 12월, 니콜라이 1세 즉위일에 차르의 전제 정치에 반대하며 일으킨 반란)을 포함한 자유주의 운동들은 빈 체제 아래 모조리 진압되었습니다. 하지만 스페인과 포르투갈로부터 라틴 아메리카 국가들이 독립하고(1810년~) 오스만 제국의 압제를 견디던 그리스가 독립하면서(1829년) 빈 체제는 동요하기 시작했습니다. 1830년 7월 프랑스에서 일어난 '7월 혁명'으로 흔들림은 더욱 심해졌습니다.

빈 회의의 결정에 따라 프랑스에는 부르봉 왕가가 복위했는데 루이 18세(재위 1814~1824년)와 그 동생 샤를 10세(재위 1824~1830년)의 반동 정치는 아예 더 이전의 절대왕정 시절로 역행하는 모습을 보였습니다. 특권층을 대폭 지원하고 언론의 자유를 억압하고 의회를 해산하려고도 했습니다. 이에 소시민, 노동자, 학생들은 1830년 7월 파리에서 폭동을 일으켜 정부군을 공격합니다. 그 결과, 오를레앙 가(부르봉 가문의 분가) 출신이지만 자유주의적 인물인 루이 필리프(별칭 '시민왕', 재위 1830~1848년)가 왕에 추대되었습니다. 여기에는 프랑스에서도 급속도로 진행되던 산업 혁명의 영향이 작용했습니다.

이러한 7월 혁명에 자극을 받은 벨기에가 독립했습니다(1830년). 하지만 러시아에 대한 폴란드의 반란은 진압되고 헝가리와 독일의 폭동도 실패로 끝났습니다. 또한 카르보나리의 뒤를 이어 주세페 마치니(1805~1872년)가 비밀결사 '청년 이탈리아당'을 결성하고 이탈리아 독립운동을 시도했지만 좌절을 겪었습니다.

사회주의의 등장

이에 반해 영국에서는 자유주의적 개혁이 쏜살같은 속도로 이루어졌습니다. 당시 영국에서는 산업 혁명의 결과로 농촌 인구가 북부 공업도시로 이동하며 인구 분포에 큰 변화가 일어났습니다. 하지만 선거구 제도는 변하지 않아 유권자가 거의 없는 '부패 선거구'가 다수 발생했습니다. 인구가 없어 소수 귀족이나 지주 뜻대로 휘둘리게 된 지역들이지요.

1832년 휘그당이 제출한 선거법 개정안이 상원을 통과하며 부패 선거구가 폐지되고 신흥도시가 새롭게 선거구로 인정받았습니다. 신흥 시민계급은 참정권을 얻게 되었지요(제1차. 영국에서 참정권은 이후 여러 차례에 걸쳐 확대됩니다). 게다가 1846년에는 곡물법* 폐지, 1849년에는 항해 조례 폐지가 잇따르며 영국의 자유무역이 실현되었습니다.

주목할 만한 점은 이 시기에 영국의 로버트 오언(1771~1858년)과 프랑스의 생시몽(1760~1825년)이 사회주의를 주장했다는 점입니다. 본서 66장에서 산업 혁명 초기의 노동자들이 몹시 가혹한 조건에 처한 상황을 말씀드렸습니다. 그 정도로 혹독하게 일하는데도 노동자는 계속 가난하고 소수 자본가만 점점 부를 쌓았습니다. 이러한 현상에 대한 문제의식이 생겨나 사회주의 사상이 대두된

✦ 영국 자국 농업 보호를 위해 곡물 수입을 제한하는 내용.

것입니다.

사회주의란 자본을 사적으로 소유하지 않고 모두 함께 공유하여 빈부 격차 없는 평등한 사회(이것을 '공산주의'라 합니다)를 지향하는 체제이자 공산주의로 가는 하나의 단계를 말합니다.

다만 오언과 생시몽이 교육 및 기술의 발전, 서로의 협동으로 노동 환경이 자연스레 나아지리라는 유토피아적 사회주의를 내세웠다면, 독일에서 등장한 칼 마르크스(1818~1883년)와 엥겔스(1820~1895년)는 과학적 사회주의를 주장합니다. 이들은 자본주의를 과학적으로 분석하여 자본주의 붕괴의 필연성을 예언했습니다. 핵심적인 내용은 이렇습니다.

자본주의에서 '자본가'는 생산수단을 소유한 사람, '노동자'는 생존을 위해 노동력을 판매하는 사람입니다. 자본가는 더 값싼 노동자를 선택할 수 있는 위치에 있으므로 노동자는 경쟁적으로 몸값을 낮출 수밖에 없습니다. 결과적으로 노동자는 자신이 창출한 가치만큼의 보답을 받지 못하며, 자본가는 그 차액인 '잉여가치'를 축적합니다. 이렇게 축적된 잉여가치를 다시 자본으로 투입한 자본가는 더욱 부유해지는 반면 노동자는 임금이 억제된 채 착취당하는 불평등한 구조가 형성됩니다.

마르크스와 엥겔스는 이 같은 자본주의의 모순이 결국 노동자 계급의 혁명으로 이어질 것이라고 예측했습니다.

프랑스 2월 혁명

처음에 '시민왕'을 자칭했던 루이 필리프는 점차 반동적으로 변해 갔습니다. 그래서 자본가와 노동자 양쪽으로부터 공격을 받게 되었고 1848년 2월에 일어난 '2월 혁명'으로 왕은 망명합니다.

7월 혁명과 2월 혁명을 비교해보면 차이가 분명합니다. 혁명의 주요 세력이 부르주아지(부르주아 계급)에서 공화주의 시민, 사회주의자, 노동자로 이동했다는 것입니다. 자유주의 개혁 외에 사회주의적 요구도 드러나고 있습니다. 다만 프랑스에서는 사회주의자와 노동자들은 탄압당했습니다.

2월 혁명은 7월 혁명 이상으로 큰 영향을 미쳤습니다. 오스트리아 빈에서 3월 혁명이 일어나면서 드디어 메테르니히가 실각하고 4월에 새로운 헌법 초안이 발표되었습니다. 프로이센에서는 베를린에 폭동이 일어나 유혈 참사가 발생했고, 그 결과 자유주의 내각이 설립돼 새 헌법 초안이 만들어졌습니다. 그러나 다른 헝가리, 보헤미아, 폴란드의 민족 운동과 이탈리아의 통일 운동은 또다시 실패로 끝났습니다.

2월 혁명으로 빈 체제는 붕괴했습니다. 부르주아지는 정치상의 자유와 권리를 얻어 정치의 주역이 됩니다. 영국에서도 귀족과 지주 계급은 실권을 잃었습니다. 하지만 소농민, 소시민, 노동자 즉 제4계급은 거기까지 이르지 못했습니다.

마르크스와 엥겔스는 2월 혁명 직전 《공산당 선언》을 발표하고

"만국의 노동자여, 단결하라!"라고 부르짖었습니다. 그 외침에 응해 1864년 런던에서 '제1인터내셔널(국제노동자협회)'이 창립되었습니다. 다만, 사회주의 혁명이 실제로 일어나는 건 훨씬 뒤의 일입니다.

통틀어 보면 1848년은 유럽 역사의 분기점이 되는 해였습니다.

2월 혁명
1848년 2월 24일. 파리 민중은 봉기해 국왕의 군대와 충돌했고 격렬한 시가전을 벌였습니다.

◇ 075 ◇
카보우르와 비스마르크

⇥ 국민주의의 의미 ⇤

유럽 19세기 전반은 자유주의와 반동주의의 대립으로 시종일관했지만 2월 혁명으로 자유주의의 승리가 거의 확정되었습니다. 그래서 후반에는 초점이 '국민주의'로 옮겨갑니다.

국민주의란 민족, 역사, 전통, 언어가 같은데도 불구하고 아직 국민적 통일을 이루지 못한 민족이 통일을 위해 일어섰을 때의 주장이라고 알고 계시면 충분합니다. 이탈리아와 독일이 좋은 예입니다.

르네상스 시대 이탈리아는 근대 문화의 모태가 되었습니다. 독일은 18세기 말부터 19세기 초반까지 철학(칸트, 헤겔, 쇼펜하우어), 문학(괴테, 실러, 하이네), 음악(베토벤, 슈베르트) 방면에서 세계 일류의 작품을 낳았습니다. 그러나 문화 국가이긴 해도 국민 국가가 아니었습니다.

⇢ 카보우르의 활약 ⇠

이탈리아는 빈 회의 결과 여러 소국으로 분할된 상태였습니다. 특히 북부의 롬바르디아와 베네치아를 오스트리아가 차지하고 있는 점이 통일의 걸림돌이었습니다. 따라서 이탈리아의 당면 목표는 오스트리아 세력을 내쫓는 것이었습니다.

이탈리아 북서부에서 일어난 사르데냐 왕국의 카를로 알베르토(재위 1831~1849년)가 싸워보았지만 오스트리아에게 패했습니다. 그의 아들 비토리오 에마누엘레 2세(재위 1849~1861년)는 수상 카밀로 디 카보우르(1810~1861년)를 기용해 개혁을 하고 국력을 충실히 다지는 데 집중했습니다. 그때 마침 일어난 크림 전쟁(1853~1856년, 크림 반도에서 벌어진 러시아 대 오스만·영국·프랑스의 전쟁)에서 에마누엘레 2세는 영국과 프랑스 편에 붙어 환심을 사며 사르데냐 왕국의 국제적 지위를 높였습니다.

프랑스에서는 2월 혁명 후 나폴레옹 황제의 조카 루이 나폴레옹이 국민 투표로 제2공화정의 대통령이 됩니다. 그는 1851년에 친위 쿠데타'를 일으켜 종신 대통령에 오르고 이듬해에는 제2제정을 열며 황제 나폴레옹 3세(재위 1852~1870년)에 즉위했습니다. 루이 나폴레옹은 나폴레옹 황제의 후광을 적극적으로 활용해 자본가 계급과 노동자 계급 간의 세력 균형 위에 선 이른바 '보나파르티즘Bonapartism'++을 행한 야심가였지요.

사르데냐는 이 나폴레옹 3세와 밀약을 맺고 오스트리아에 선전포고를 했습니다(1859년). 나폴레옹 3세가 사르데냐를 배신해 통일 사업이 일시적으로 중단되지만 사르데냐 왕국은 자력으로 중부 이탈리아를 병합했습니다. 또한 장군 주세페 가리발디(1807~1882년)가 이끈 '붉은 셔츠대'(유니폼 대신 붉은 셔츠를 착용)는 나폴리와 시칠리아 왕국을 정복해 에마누엘레 2세에게 헌상했습니다. 베네치아(오스트리아령)와 로마 교황령을 제외하고 전 이탈리아가 통일된 '이탈리아 왕국'이 성립합니다. 카보우르가 초대 수상이 되었습니다. 그러나 이제부터 시작이라 할 수 있는 그때, 인플루엔자로 인한 죽음이 그를 덮쳤습니다(1861년).

⇥ 대독일주의와 소독일주의 ⇤

독일은 18세기가 되어서도 300개 이상의 소국이 분립해 있었습니다.

✦ 합법적으로 국가 지도자가 된 인물이 무력으로 의회를 해체하거나 헌법을 무효화하여 절대 권력을 쥐는 체제 전복 행위.
✦✦ 자본가 계급에게는 경제 성장 정책을, 노동자에게는 공정한 분배를 약속하며 서로 대립하는 두 계층의 지지를 얻는 동시에 이들의 세력 균형을 맞추려 했다.

통일 직전의 이탈리아 지도

카보우르
토리노의 귀족 출신. 사르데냐 왕국의 하원 의원. 재무상 등을 역임했고 1852년 수상이 되었습니다. 내정의 근대화를 추진하는 동시에 교묘한 외교 수완으로 오스트리아에 대항, 이탈리아의 통일을 달성했습니다.

빈 회의에서 독일 연방이 창설돼 통일하자는 방향으로 이야기가 진전을 보였습니다. 이를 강력히 추진한 나라가 프로이센입니다. 프로이센은 먼저 관세동맹*(1833년)을 결성하여 독일의 경제적 통일을 꾀했습니다. 1848년 3월 혁명 이후 독일의 자유주의자들이 프랑크푸르트에 모여 통일을 의논했습니다('프랑크푸르트 국민회의'). 이런 전국적인 회의는 독일에서 처음 있는 일이었습니다.

이 회의에서 프로이센을 맹주로 하자는 안(소독일주의)과 오스트리아를 맹주로 하자는 안(대독일주의)이 대립하였으며, 소독일주의가 통과되어 프로이센 국왕을 독일 황제로 추대했습니다. 하지만 프로이센 국왕 프리드리히 빌헬름 4세는 이를 거부했습니다. 군주의 권력은 신으로부터 나온다고 믿는 그는 자신이 폭도라 여기는 이들이 제안한 왕관의 정통성을 인정하지 않았습니다.

이렇게 독일 통일안은 무산되었습니다. 다만 프로이센이 장차 통일에 역할을 하리라는 암묵적인 이해는 얻었지요.

⇌ 비스마르크의 권력 정책 ⇋

19세기의 보기 드문 정치가 오토 폰 비스마르크(1815~1898년)는

✦ 독일 여러 국가들의 관세를 통일하고 상호 간의 무역을 자유롭게 하여 경제적 효율성을 높이고자 한 경제 동맹.

프로이센 수상에 오르자 군비를 확장하고 권모술수 수준의 외교 수완을 발휘했습니다. '현재의 문제는 연설이나 다수결이 아니라 철과 피에 의해서만 해결할 수 있다'고 말한 의회 연설에서 비스마르크는 '철혈 재상'이라는 별명을 얻었습니다.

그는 우선 오스트리아를 도발하여 전쟁의 포문을 열고 7주 만에 오스트리아를 무너뜨렸습니다(1866년). 그 결과 오스트리아가 몸통이었던 독일 연방은 해체됩니다. 오스트리아를 제외한 북독일 연방이 만들어져 프로이센이 주도권을 쥐었습니다.

이어서 비스마르크는 술책을 부려 프랑스의 나폴레옹 3세에게 싸움을 걸었습니다. 나폴레옹 3세를 스당 지역에서 포로로 잡은 프로이센이 전쟁의 승리를 거두었습니다(보불 전쟁, 1870년). 프랑스 제2제정의 허무한 막이 내렸습니다.

이렇게 비스마르크는 남독일 국가들을 북독일 연방에 편입시키고 오스트리아를 제외한 전 독일을 통일했습니다. 프리드리히 빌헬름 4세의 동생이자 그 뒤를 이은 프로이센의 빌헬름 1세는 이듬해인 1871년, 베르사유 궁전에서 독일 황제로서의 빌헬름 1세(재위 1871~1888년) 대관식을 거행했고 독일 제국이 탄생했습니다.

하지만 그 앞에는 어려운 문제가 산적해 있었습니다. 연방 제도를 취하긴 했어도 프로이센이 군국주의와 국가주의에 바탕해서 강제로 통일한 것이었습니다. 융커(지주 귀족. 비스마르크는 융커 출신) 같은 봉건적인 요소도 남아 있습니다. 프랑스는 프로이센에 대한 복수심에 불타고 있습니다. 동쪽 러시아도 방심할 수 없었지요.

비스마르크
1848년 3월 혁명에서는 왕제파(군주제 지지)를 옹호했습니다. 이후 프랑크푸르트 연방 의회에서 프로이센 대표, 주 러시아 대사, 주 프랑스 대사를 역임하고 1862년 빌헬름 1세에게 수상으로 임명됩니다.

오스트리아와의 관계는 또 어떻게 회복해야 할까요.
비스마르크의 교묘한, 사실은 위험천만한 줄타기 같은 외교 정책으로 유럽은 잠시간 평화를 유지했습니다.

◇ 076 ◇
미국의 발흥

⇥ 영토의 팽창 ⇤

독립 후의 아메리카합중국(미국)에서는 두 개의 파가 대립했습니다. 북부 상공업자에게 지지받으며 중앙 집권을 추구하는 연방파와 남·서부의 대농장주('플랜터')에게 지지받으며 주의 자치권을 주장하는 주권파입니다. 연방파는 보호관세 정책을, 주권파는 자유무역 정책을 내세웠습니다. 남북 전쟁의 씨앗은 이미 건국 초기부터 뿌려져 있었던 것입니다.

이러한 대립의 와중에도 미국의 영토는 팽창하고 또 팽창했습니다. 프랑스에게서 미시시피강 서쪽의 루이지애나를 매입(1803년)해 넓은 서부가 해방되면서 개척 운동의 계기가 마련되었습니다. 서부 개척은 사회가 고착되는 것을 막고, 무엇보다도 넓은 시장을 만들어내어 자본주의를 발달시키는 효과를 보였습니다. 스페인으로부터 플로리다 매입(1819년), 텍사스 병합(1845년), 오리건 병합(1846년), 멕시코로부터 캘리포니아 양수(1848년), 러시아로부터 알래스카 매입(1876년)이 잇따랐습니다. 이렇게 19세기 중반까지 미국은 대서양과 태평양에 걸친 대륙 국가로 발전합니다.

그 사이 대통령 중에도 인재가 나왔습니다. 제3대 대통령 토머스 제퍼슨(재임 1801~1809년)은 건국에 공을 세운 인물입니다. 제5대 제임스 먼로(재임 1817~1825년)는 라틴 아메리카 국가들이 스페인과 포르투갈에서 독립했을 때 빈 체제 국가들의 간섭을 배제하는 이른바 '먼로 선언'(1823년)을 발포했습니다. 이것은 미국 외교의 기본 원칙이 됩니다. 제7대 대통령 앤드류 잭슨(재임 1829~1837년)은 최초의 서부 출신 대통령으로, 소농민과 소시민의 이익을 돌보고 연방제를 지지했으며 금융 독점에 반대*했습니다. 이때의 시책은 '잭슨 민주주의Jacksonian democracy'라 불리고 있습니다. 한 가지 덧붙이자면 유럽에서는 많은 이민자가, 아프리카에서는 흑인 노예들이 들어왔습니다. 마치 인종의 용광로처럼요. 이는 장래 정치 문제, 사회 문제가 되었습니다.

✦ 제2미국은행(Second Bank of the United States)에 집중된 경제 권력을 문제시했다. 특정 은행에 독점적인 권한과 책임을 부여하는 것은 도덕적 결함의 위험이 있으며, 일반 시민과 농민의 이익에 반한다고 보았다. 이에 따라 잭슨 대통령은 제2미국은행에 예탁되어 있던 연방 정부의 자금을 다른 지방 공인 은행으로 이전하는 정책을 추진했다.

남북 전쟁

이렇게 미국의 영토가 팽창하고 자본주의가 발달하면서 독립 당초부터 존재했던 대립이 점점 심해졌습니다. '미주리 타협'(1820년)으로 일단 정면충돌은 피했지만요. 미주리주를 만들 때 자유주(노예를 금지하는 주)로 할지, 노예주(남부에서는 노예를 써서 담배, 쌀, 채소 등을 생산했습니다. 이를 '플랜테이션'이라고 합니다)로 할지 설왕설래가 있었습니다. 그래서 미주리주는 노예주로 정하되, 그 남쪽 경계부터 위쪽의 루이지애나 매입지는 자유주로 한다고 결정한 것이 미주리 타협입니다.

그런데 스토 부인(해리엇 비처 스토, 1811~1896년)의 소설《톰 아저씨의 오두막》(1852년)이 노예의 비참한 처지를 묘사하며 세간에 깊은 감동을 주었습니다. 1854년에는 북부 상공업자들이 노예제에 반대하는 전국 조직으로 공화당을 결성했습니다. 이에 대응하여 남부 대농장주들은 민주당을 만들었습니다. 1860년 공화당의 에이브러햄 링컨(재임 1861~1865년)이 제16대 대통령으로 선출되었습니다. 남부의 11주는 '아메리카연합국'을 만들고 (1861년) 제퍼슨 데이비스(1808~1889년)를 대통령으로 세웠습니다. 1861년 남북 양군은 무력 충돌했습니다. 5년에 걸친 남북 전쟁(1861~1865년)의 포문이 열린 것입니다.

결국 북군이 남부연합의 수도 리치몬드를 점령하고 남군을 무너뜨렸습니다. 남북 전쟁은 미국의 역사가 시작된 이래 최대의

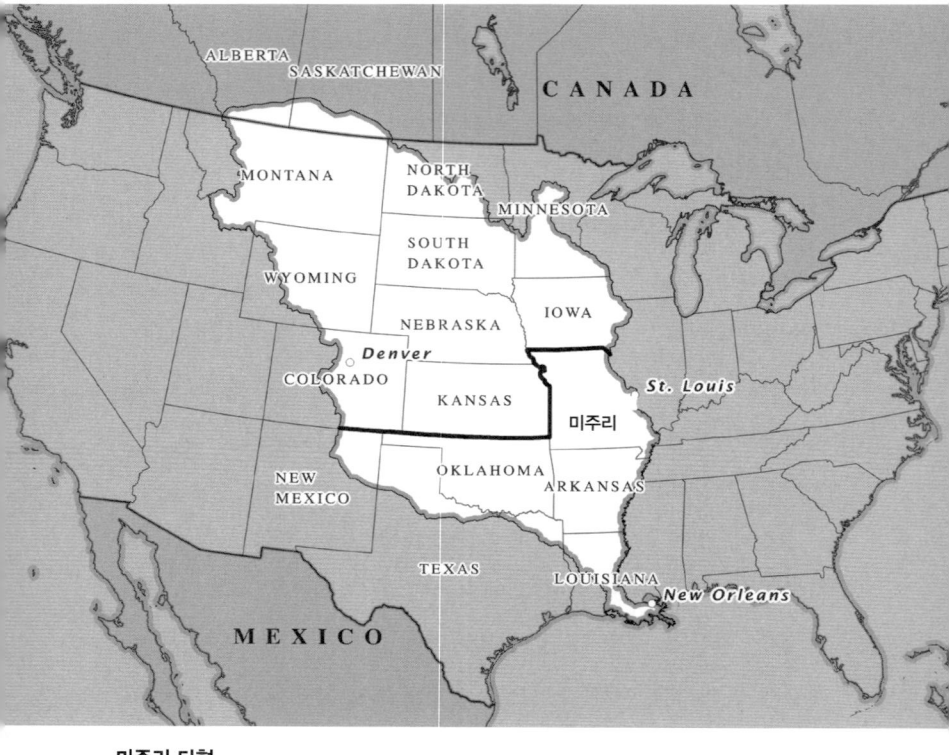

미주리 타협

1820년, 루이지애나 매입지(흰색 영역) 중 미주리를 노예주로, 그 남쪽 경계부터 위쪽을 자유주로 정했습니다. ⓒ Wikipedia.org

내전이었습니다. 하지만 '비 온 뒤 땅이 굳는다'는 속담처럼, 전쟁이 끝난 후에는 연방 제도가 굳어지고 민주주의는 전진했으며 경제도 눈부신 발전을 이루었습니다.

남부의 플랜터들은 몰락했습니다. 대신 링컨이 발표한 자영농지법*으로 서부에 이주해 농지를 경작하는 많은 자작농이 생겨났습니다. 대서양과 태평양을 잇는 대륙 횡단 철도가 1869년 개통되어 물자와 사람의 이동이 활발해졌습니다. 특히 금, 은, 철광석, 구리 등 천연 원자재가 풍부했던 서부는 공업에 있어서는 다시 없을 국내 시장을 만들어냈습니다. 이렇게 해서 서부의 미개척지는 거의 없어지다시피 했기 때문에 이른바 '프론티어(개척된 지역과 미개척 지역의 경계)'도 1890년대에 소멸합니다.

⇌ 국민주의의 성취 ⇌

지금까지 1860년대부터 1870년대에 걸친 국민주의의 성취를 따라가 보았습니다.

이탈리아와 독일은 중세 이래 민족의 숙원을 마침내 달성했습니다. 영국은 빅토리아 여왕 시대(1837~1901년)에 전무후무한 번

✦ 서부의 미개척 공공 토지를 저렴한 비용으로 제공한 법. 신청 후 5년간 그 땅을 개척·경작하면 160에이커(약 20만 평)의 땅을 소유할 수 있었다.

영을 자랑했습니다. 세계 최고의 공업 실력에 더해 해군력을 갖춰 세계 7대 바다를 지배했지요. 프랑스는 나폴레옹 3세의 제2제정(1852~1870년)이 끝나고 제3공화정(1870~1940년)이 시작되었습니다. 정국은 안정되지 않았지만, 국력은 증대했습니다.

러시아는 아직 농노제가 살아 있고 황제의 차리즘^{Tsarism}(전제주의)이 이어졌습니다. 크림 전쟁이 하나의 전환점이 되었습니다. 오스만·프랑스·영국을 상대해본 차르는 근본적 변화 없이 러시아가 살아남기 어렵다는 걸 깨달았습니다. 국민 대다수가 농노이고 이들의 자유가 제한되어 있는 한 사회 발전은 요원했지요. 알렉산드르 2세(1855~1881년)는 1861년 드디어 농노 해방령을 내렸습니다.

이와 같은 열강들에 이제 미국까지 더해지면서, 그 후의 세계 정국을 움직이는 주역들이 총출연했다는 느낌이 있습니다.

◇ 077 ◇
대통령의 수염

⇢ 링컨의 풍모 ⇠

190센티미터의 큰 키, 길고 가는 손발, 마른 몸, 슬퍼 보이지만 진심 어린 눈빛 그리고 턱수염. 링컨의 용모는 한번 보면 잊을 수 없습니다. 그의 턱수염에 관해서는 다음과 같은 일화가 전해집니다.

대통령 선거가 한창인 어느 날, 링컨은 한 소녀에게 편지를 받았습니다. "아저씨의 얼굴은 너무 말라 보여요. 만약 턱수염을 기른다면 좀 더 근사할 거예요. 그럼 부인들이 남편한테 아저씨를 찍으라고 조를걸요?"

이 편지를 읽은 링컨은 당선하고 나서 턱수염을 기르기 시작했습니다. 감사 인사로 소녀를 만나러 갔을 때는 아주 멋들어진 턱수염이 되어 있었지요.

링컨은 켄터키주 시골에서 가난한 농부의 아들로 태어났습니다. 가난과 고독을 견디고 정치가로서는 가시밭길을 걸은 끝에 대통령에 선출됩니다. 링컨이 존경받는 이유는 미국인이 좋아하는 성공 스토리 때문이라기보다 정직, 용기, 신을 경외하는 마음, 민주주의 정신의 소유자 즉 가장 좋은 의미에서의 전형적인 미국인이라 생각되기 때문일 것입니다.

⊷ 노예 문제 ⊷

링컨은 변호사가 되고 나서 정계에 입문했습니다. 공화당에 입당하였고, 대통령으로 선출되었습니다. 이에 대해 남부 11주가 반대하여 남북 전쟁이 발발했습니다.

방아쇠가 된 것은 노예 문제였습니다. 아프리카 서쪽 해안에서 붙잡힌 노예들은 미국으로 보내져 남부 대농장에서 일했습니다. 영국이나 프랑스에서는 19세기 전반에 노예 노동이 금지되었는데 미국에서는 버젓이 성행되고 있었지요.

스토 부인의 소설은 흑인 노예의 비참한 실상을 그려내며 사람들의 마음에 동요를 불러일으켰습니다. 1852년 여름에 출간된 책이 겨울까지 30만 부나 팔렸다고 합니다.

스토 부인을 만난 링컨은 스토 부인의 오른손을 꼭 쥐고 이렇게 말했습니다.

링컨 대통령
아메리카합중국 제16대 대통령.

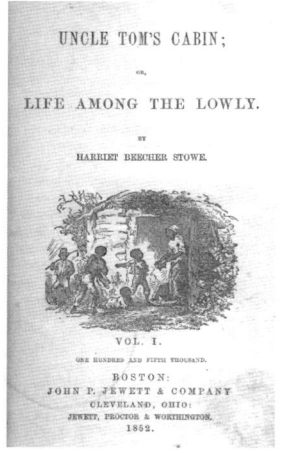

스토 부인과 《톰 아저씨의 오두막》
출판사 존 P. 주엣 앤 컴퍼니에서 출간된 1852년 초판 표지입니다. 주엣의 아내가 그에게 이 책이 잘 팔릴 것이라고 강력히 권하여 출판권을 샀다는 일화가 있습니다.

"이 큰 전쟁이 일어나게 된 책을 쓴 분이, 바로 이 작은 부인이십니까?"

링컨도 물론 노예 제도에 찬성하지 않았습니다. 북부의 상공업자나 자영농민은 노예 노동자가 필요하지 않았습니다. 하지만 링컨은 노예를 해방하기 위해 남북 전쟁을 치른 것이 아니라 남북 전쟁을 치르는 데에 이유를 붙인 것이었습니다. 남북 전쟁이 한창이던 1863년 1월 1일 노예 해방을 선언하고 310만 명을 사실상 해방시켰지만 링컨이 가장 우려한 점은 미국이 남북으로 분열되는 것이었습니다. 일리노이주 공화당 대회에서 링컨은 연설대에 올라 말했습니다.

"안에서 갈라진 집은 서 있을 수 없습니다. 저는 이 나라가 영원히 반 노예, 반 자유인 상태로는 지속될 수 없다고 믿습니다."

➝ 게티즈버그 연설 ⬅

60만 명의 전사자를 낸 남북 전쟁은 처참했습니다. 워싱턴시 북서쪽에 위치한 게티즈버그에서의 승리(남북 양쪽 군에서 4분의 1에 해당하는 사상자가 나올 정도의 치열한 전투)가 결정적이었습니다.

이 게티즈버그에서는 북군의 전사자 묘지를 세우는 의식(1863년 11월)이 치뤄졌습니다. 그 자리에서 링컨이 한 연설은 너무나 유명합니다. 단 2분 동안의 짧은 내용이었습니다.

"87년 전, 우리의 선조는 자유를 가슴에 품고 모든 사람은 평등하게 창조되었다는 신조를 몸에 새겨 이 대륙에 새 국가를 세웠습니다. 현재 우리는 일대 내전을 치르는 중입니다. 조국이 영속할 수 있을지 시험을 받고 있습니다. 전사자의 죽음이 헛되지 않도록 우리는 굳게 결의해야 합니다. 이 나라가 신의 가호 아래 새로운 자유를 탄생시키고 국민의, 국민에 의한, 국민을 위한 정치가 이 지상에서 사라지지 않도록 하기 위함입니다."

민주주의의 진수를 가리키는 말이지요.

링컨 암살

남군이 항복한 후 1865년 4월 14일에 링컨 부부는 연극을 보러 워싱턴으로 갔습니다.

그때 열광적인 남부 지지자 부스라는 남자가 관람석으로 들어왔습니다. 그리고 링컨의 머리를 겨냥하여 뒤에서 권총을 쏘았습니다. 카이사르를 암살한 브루투스처럼 "폭군은 이렇게 된다!"라고 외쳤다고 합니다. 부스는 배우였습니다. 다음 날 아침, 링컨은 56년의 생애를 마감했습니다.

미국의 시인 휘트먼(1819~1892년)은 가난한 농부 집안에서 태어나 민주주의적 평등과 인간애를 노래했습니다. 링컨의 죽음을 듣고 휘트먼은 이렇게 탄식했습니다.

"오 선장이여! 나의 선장이여! 우리의 두려운 항해는 끝났습니다. O Captain! my captain! Our fearful trip is done"

링컨이야말로 미국이라는 거대한 배를 이끌 수 있는 선장이건만 이런 최후를 맞이하다니. 태어나 자란 배경이 링컨과 닮아 있는 휘트먼은 비탄에 잠길 수밖에 없었습니다. 그러나 링컨의 죽음은 민주주의 정신을 후세의 미국 국민들에게 전해주었습니다.

◇ 078 ◇

제국주의 시대

↠ 제2차 산업 혁명과 고도의 자본주의 ↞

유럽에서 국민주의 운동은 1870년대에 일단락되었습니다. 1880년대부터는 제국주의 단계에 들어갑니다. 제국주의란 단순히 강대국이 약소국을 지배하고 합병하는 것이 아닙니다. 19세기 말의 제국주의는 경제 발전과 밀접하게 관련되어 있습니다. 즉, 고도로 발달한 자본주의를 배경으로 하고 있습니다. 그 점에서 예컨대 고대 로마 제국 같은 정치·군사적 팽창 정책과는 근본적으로 구별되어야 합니다.

산업 혁명은 18세기 후반 영국이 선두에 섰습니다. 먼저 면 산업이 일어났고 기술 혁신이 차례차례 일어나 동력 혁명으로 이어졌습니다. 다른 나라들은 영국의 사례를 배웠습니다. 그로부터 거의

100년이 흐르는 동안 산업 혁명은 멈추지 않고 진전을 계속합니다. 하지만 19세기 후반의 제2차 산업 혁명은 제1차 산업 혁명과 질적으로 다릅니다. 제1차 산업 혁명은 면직물을 짜는 등의 경공업이 중심이었습니다. 제2차에는 화학 공업, 금속 공업, 전기 공업 같은 중공업이 중심이 됩니다.

이런 중공업은 큰 자본을 필요로 하고 규모도 훨씬 커서 생산력이 늘어나면 제품을 과잉 생산할 위험이 있습니다. 그런데 자유경쟁 환경에서는 자본가끼리 시장 점유율이나 더 높은 이윤 확보를 위해 경쟁적으로 생산을 증가시키는 경향이 있고, 그러다 너무 많이 생산하면 재고가 남아 물건 가격이 하락하는 등 다 같이 무너져 버리게 됩니다.

자본가 입장에선 그렇게 되지 않도록 통제를 해야 했습니다. 그래서 큰 자본이 중소 자본을, 대기업이 중소기업을 차례로 합병합니다. 그 결과가 '카르텔(기업 연합)' 또는 '트러스트(기업 합동)' 또는 '콘체른(재벌)'이지요. 이렇게 하면 경쟁자가 줄면서 시장을 더 많이 차지할 수 있습니다. 생산량이 많아질수록 단가가 낮아지는 '규모의 경제'로 인해 비용이 절감됩니다. 또 한 기업의 손해를 다른 기업의 이익으로 메울 수 있다는 이점도 있습니다.

자본가들은 경쟁을 줄이고 자본을 집중시키는 방식으로 시장에서 독점적인 지위를 확보했습니다. 즉 제1차 산업 혁명으로 일어난 산업 자본주의가 이제는 제2차 산업 혁명에 따라 독점 자본주의로 변하게 된 것입니다.

독점 자본주의

기업의 집중과 독점이 일어나면 은행 자본(은행이 모은 예금)과 산업 자본(기업이 생산에 사용하는 자본)이 결합한 '금융 자본'이 형성됩니다. 은행은 장기 대출과 투자로 독점 기업에 대규모 생산 자금을 제공합니다. 기업이 성장할수록 은행 자본 또한 커지게 되지요. 이 금융 자본의 확대를 통해 자본주의는 더 고도로 발달합니다.

그런데 대량 생산이 주 전략인 독점 자본주의에 있어 소비자 수가 한정된 국내 시장은 좁아도 너무 좁습니다. 반드시 해외에서 시장을 찾아야 합니다. 그러다 보니 '식민지'라는 존재가 중대한 역할을 맡게 되었습니다. 식민지는 원료 공급지일 뿐만 아니라 해외 시장도 되기 때문입니다.

식민지 중에서도 특히 중요한 곳은 낙후 지역입니다. 노동력을 싸게 얻을 수 있고 자원도 풍부하니까요. 그래서 대국은 남는 자본을 낙후 지역에 투하해 철도를 깔거나 항구를 짓습니다. 표면상으로는 경제 개발이지만 실질적으로는 정치적 지배입니다.

결론을 말하면, 이렇게 독점 자본주의와 밀착해서 대외적으로 펼치는 적극적인 국가 활동이 바로 '제국주의'인 것입니다.

⇥ 유럽 열강의 세계 정책 ⇤

유럽 열강과 미국은 19세기 말부터 일제히 제국주의 정책을 취하기 시작합니다. 이로 인해 자본주의 국가들의 경쟁과 대립이 치열해졌다는 것은 불 보듯 훤한 일이지요.

영국은 먼저 이집트에 진출했습니다. 수에즈 운하의 주식 매수(1875년)를 계기로 이집트를 보호국으로 만들었습니다(1882년). 그리고 남아프리카 케이프타운에서 네덜란드계 이민자의 후손인 보어인을 내쫓고 케이프 식민지를 만듭니다. 또한 그 케이프 식민지를 근거지로 삼아 보어 전쟁(1899~1902년)을 일으키고 트란스발 공화국과 오렌지 자유국을 정복했습니다. 프랑스는 아프리카의 알제리와 서아프리카를 점령하고 보호국으로 만들었습니다.

독일은 산업 혁명이 영국과 프랑스보다 늦었습니다. 하지만 비스마르크가 실시한 보호 무역 정책*이 효과를 보여 경제가 눈부시게 발전합니다. 그러자 자본가들은 비스마르크의 소극적인 대외 정책에 불만을 품었고, 결국 비스마르크는 은퇴를 종용당했습니다(1890년).

새로운 황제 빌헬름 2세(재위 1888~1918년)는 기백이 넘치는 황제였습니다. '독일의 미래는 해상에 있다'고 선언하며 아프리카와

✦ 자국 산업을 보호하려는 조치. 수입 제품에 고율 관세를 부과하는 등 외국 제품의 시장 침투를 제한하는 정책이다.

태평양 그리고 중동 지역으로 진출했습니다. 이를 '신항로 정책'이라 부릅니다.

미국도 남북 전쟁 후에는 자본주의가 눈부시게 발달했습니다. 이는 기업의 독점과 집중이 현저해졌다는 뜻도 됩니다. 유럽과 미 대륙 간의 상호 불간섭을 천명한 먼로 선언의 고립주의를 버리고 적극적으로 해외 진출을 꾀하지 않을 수 없게 됩니다. 스페인령 쿠바의 독립을 둘러싸고 일어난 미국-스페인 전쟁(1898년) 결과, 스페인에게 필리핀 제도와 괌섬을 얻어내고 태평양에 위치한 하와이 제도도 합병했습니다.

이러한 제국주의적인 대외 정책을 '세계 정책^{Weltpolitik}'이라 부릅니다. 비스마르크가 전개한 현상 유지와 소극적 대외 활동 중심의 '현실 정책^{Realpolitik}'과 대비되는 말이지요. 세계 정책은 1890년대부터 개시되었다고 보입니다. '세계의 재분할'이라고도 합니다. 그 결과 아프리카, 태평양 지역, 중앙·서아시아, 라틴 아메리카 지역은 구미(유럽과 미국) 열강의 식민지가 되거나 반식민지화 되었습니다. 제국주의 열강의 충돌은 유럽에서 세계로 확산되었습니다.

제국주의 입장에서 봤을 때 아프리카와 오세아니아처럼 미개발 혹은 저개발된 지역이라면 분할하거나 식민지로 만들기 쉬웠습니다. 하지만 아시아로 진출하려 했을 때는 일이 그렇게 간단하지 않았습니다. 청나라를 비롯해 오랜 역사와 문화를 지닌 나라들이 있어, 그곳 주민들의 저항을 반드시 마주쳐야 했기 때문입니다.

◇ 079 ◇
열강의 아시아 침략

⇥ 동인도 회사의 인도 진출 ⇤

인도에서는 아크바르 황제부터 아우랑제브 황제에 달하는 150년 동안이 무굴 제국의 전성기였습니다. 그런데 인도 서부의 라지푸트족과 데칸 고원 서부의 마라타족 등 힌두교도가 때때로 반란을 일으켰습니다. 17세기 중반에는 마라타 제후들이 마라타 동맹을 결성하고 이슬람교도와 시종 싸움을 벌였습니다.

이런 내분에 편승해 영국과 프랑스는 각각 동인도 회사를 중심으로 인도에 세력을 뻗쳐갔습니다. 인도 내 양국의 식민지가 인접해 있었기 때문에 유럽과 북아메리카에서 두 나라가 전투를 할 때마다 인도에서도 싸움이 일어났습니다. 결국 프랑스가 영국에게 패하게 됩니다.

로버트 클라이브(1725~1774년)는 원래 동인도 회사의 서기로 일하던 남자였습니다. 그는 플라시 전투(1757년)에서 동인도 회사 군대를 지휘하여 프랑스군과 벵골 토후±侯(지방 통치자) 연합군에게 대승을 거뒀고, 영국이 인도를 지배하는 데 기초를 다졌습니다. 나아가 동인도 회사는 마라타 동맹군과의 마라타 전쟁(1775~1818년)에서 승리해 인도 중부 지방을, 북서 인도의 시크교도(힌두교의 개혁파)를 무찌르고 펀자브 지방을 병합했습니다(1849년). 이렇게 영국은 인도 전역을 지배하게 되었습니다.

~ 인도 제국의 성립 ~

영국의 산업 혁명은 인도 경제에 심각한 타격을 주었습니다. 자유 무역(이는 동인도 회사의 무역 독점권을 폐지시킵니다) 실시로 영국 면제품이 대량으로 인도에 유입되었고 인도의 전통적인 면직물 산업이 궤멸하며 농촌이 피폐해졌기 때문입니다. 철도와 전신이 설치된 일도 폐쇄적인 인도 사회에 극심한 충격을 주었습니다. 이러했기 때문에 인도의 반영 운동이 활발해지기 시작합니다.

동인도 회사에서는 농민이나 하층 계급에서 동인도 회사군에 복무할 인도인을 고용했는데, 이 고용병을 '세포이'라 부릅니다. 그런데 1857년 한 세포이가 영국이 인도의 관습을 무시했다며 반란을 일으킵니다. 2년간 이어진 이 반란의 여파는 인도 전역으로 파급되었습니다. 그 과정에서 무굴 제국은 멸망했습니다(1858년).

　세포이의 반란은 인도 민족 운동의 선구적 사건이라는 점에서 중요합니다. 동인도 회사는 해산(1858년)되고 인도는 영국의 직할 통치에 들어갔으며 1877년에는 빅토리아 여왕이 인도 여제 직책을 겸했습니다. 영국은 힌두교와 이슬람 양 교도의 반목과 카스트 제도 등을 이용해 교묘한 분할 통치를 했습니다. 나아가 영국은 인도 주변 지역인 실론, 버마, 싱가포르, 말라카도 병합했습니다.

↣ 동남아시아의 식민지화 ↢

영국에게 인도의 패권을 빼앗긴 프랑스는 인도차이나를 공략하기로 방향을 바꿨습니다. 1802년 응우옌푹아인이 베트남을 세울 때 프랑스는 그를 도와주었습니다. 그 후 프랑스의 선교사와 상인이 박해받은 일을 구실로 나폴레옹 3세는 프랑스-베트남 전쟁(1857~1862년, 1874~1883년)을 일으키고 베트남을 보호국으로 삼았습니다.

　이에 대해 청나라는 베트남의 종주권宗主權을 주장하고 나섰습니다. 역사적으로 여러 중국 왕조들의 지배를 받았으며 중국 문화와 제도를 반영한 베트남에 대해 청나라의 권한이 있다는 것입니다. 이에 청-프랑스 전쟁(1884~1885년)이 일어났고, 청나라는 졌습니다. 나아가 프랑스는 프랑스령 인도차이나 연방(코친차이나, 안남, 통킹, 캄보디아)을 구성(1887년)하고 라오스를 시암(지금의 타이)에게서 빼앗아 연방에 추가했습니다(1893년).

네덜란드는 동인도에서 영국과 싸웠는데, 향료 제도(말루쿠 제도)의 거점인 암보이나(지금의 암본)에서 영국 상점의 수장을 살해하며 우위를 점합니다(1623년). 기존에 동인도 회사를 통해 인도네시아를 경영해온 네덜란드는 이제 회사를 해산(1799년)하고 직접 통치합니다. 자바 주변의 섬들까지 합치면서 네덜란드령 동인도가 성립했습니다(1904년). 하지만 네덜란드가 강제 재배 제도(커피, 사탕수수, 쪽 등을 강제로 재배하게 한 뒤 그 작물을 네덜란드가 싼값에 구매)를 강행했기 때문에 네덜란드령 동인도의 농민은 가난해졌고 잦은 반란을 일으켰습니다.

러시아의 진출

북아시아에서는 러시아의 진출이 두드러집니다. 표트르 1세는 청나라의 강희제와 네르친스크조약을 맺고 스타노보이 산맥을 국경으로 정했습니다. 그 후 캬흐타조약(1727년)으로 외몽골과 시베리아의 국경을 정했습니다. 이어 탐험가 비투스 베링(1681~1741년)에게 캄차카 반도와 베링 해협을 탐험하게 하고 쿠릴 열도에도 러시아인을 이주 정착시켰습니다.

그런데 왜 러시아는 아시아 침략을 추진했을까요?

표트르 1세 이래로 추진된 남하 정책이 크림 전쟁의 패배에서 봤듯 영국이나 프랑스의 반대에 부딪혀 저지당했기 때문입니다. 하지만 이 패배를 계기로 1861년에 농노 해방령이 발표되었고 차리즘과 농노제로 인해 지체되었던 러시아의 자본주의도 마침내 발전의 길이 열립니다. 프랑스에서 자본이 유입되면서 1890년대에는 중공업도 일어나게 됩니다.

늦게 개시되기는 했지만 자본주의가 발달하면서 러시아도 새로운 대외 정책을 취하게 되었고, 그 방향이 아시아로 향했다고 할 수 있습니다. 1891년 착공해 1905년 완공된 시베리아 철도도 그 발로였습니다.

080
아편 전쟁과 태평천국의 난

─→ 아편의 재앙 ←─

제4대 강희제부터 제6대 건륭제까지의 치세는 청나라의 전성기였습니다. 그러나 제8대 황제 도광제(재위 1820~1850년) 때에 일대 사건이 일어나면서 청나라의 앞날에 암운이 드리우기 시작합니다.

18세기 중반에 영국은 동인도 회사를 통해 중국으로부터 차, 비단, 도자기 등을 수입하고 신대륙에서 조달한 은을 중국으로 운반하고 있었습니다. 18세기 말이 되자, 영국은 은 대신 인도산 아편을 중국에 밀수출해 이익을 챙겼습니다. 19세기에는 중국의 차를 영국 본국에, 본국의 제품을 인도에, 인도의 아편을 중국에 운반하는 이른바 삼각 무역을 통해 반대로 다량의 은이 영국으로 돌아오게 되었습니다. 영국이 자유무역 정책을 펼치기 시작하면서 동인도 회사의 중국 무역 독점권이 폐지되었습니다. 그러자 전에는 중국과 거래할 수 없었던 영국 일반 상인들까지 광동으로 몰려들어 아편의 밀수가 더욱 늘어났습니다.

아편 전쟁

인도산 아편의 밀수가 급격히 늘면서 1837년에는 200만 명이 넘는 아편 흡연자가 생겨났습니다. 아편의 해악을 막기 위해 청나라 왕조도 여러 차례 아편 밀수 금지령을 내렸지만 부패한 관료 기구에 막혀 효과를 보지 못했습니다. 또한 은의 유출로 인해 청나라 왕조의 재정과 경제에도 위기가 찾아오기 시작했습니다. 도광제는 충신 임칙서^{林則徐}(1785~1850년)를 광동으로 파견해 아편을 몰수했습니다. 중국인 밀무역자를 처벌하고 영국 상관구(영국 상인들이 머무는 구역)도 봉쇄했습니다(1839년).

이를 부당하다 생각한 영국은 자유 무역 침해를 명분으로 공격 함대를 보냅니다. 광동을 포함한 항구들을 봉쇄하고 남경(난징)^{南京}에 육박했습니다. 이것이 '아편 전쟁'(1840~1842년)입니다.

청나라는 굴복하여 난징조약(1842년)을 체결했습니다. 홍콩을 떼어주고('할양') 광동을 포함한 다섯 개 항구를 개방하는 등 중국에 불리한 조항들을 약속했습니다. 쟁점이었던 아편 밀수에 대해서는 정작 아무것도 정해지지 않아 공공연하게 밀수가 계속됐습니다.

아편 전쟁
증기로 달리는 군함 네메시스호가 청나라 군대의 범선 군함을 대파하는 모습.

아편 전쟁은 청나라에 개방을 강제하고 동시에 중국을 반식민지화하는 첫 단추가 되었습니다. 일단 청나라의 허약한 실상이 만천하에 밝혀지자, 열강은 빠른 사람이 임자란 식으로 중국으로 쇄도합니다. 중국은 영국 외에도 같은 내용의 조약을 프랑스, 미국과도 맺어야 했습니다.

아편 전쟁은 중국 민족(한족)의 잠재돼 있던 반감에 불을 지폈습니다. 애초에 청나라 왕조를 세운 만주족에 대한 미움이 폭발한 것입니다. 한족 사이에서는 만주 민족을 타도하자는 기운이 들불처럼 번져갔습니다.

애로호 사건과 톈진조약

난징조약이 체결되고부터 14년 후, 애로호 사건이 일어났습니다. 청나라 관리가 광주 항외에 있던 영국 범선 애로호를 임검臨檢(선박의 범죄 관련성을 조사)하고 중국인 선원들을 해적으로 의심해 체포한 일이 있었습니다. 이때 영국은 청나라 관리가 영국 배에 들어와 영국 국기를 끌어내렸다며 트집을 잡고 출병합니다. 같은 시기 광서성에서 프랑스 선교사가 청나라 관리에게 살해당하는 사건이 일어났습니다. 프랑스는 이를 전쟁 개시의 구실로 삼아 영국과 손을 잡았습니다.

영국·프랑스군은 광동을 점령한 후 천진(톈진)天津을 바짝 압박합니다. 이것이 '애로호 사건'(제2차 아편 전쟁, 1856~1860년)입니다.

청나라는 어쩔 수 없이 더 많은 항구를 개방하고 배상금을 지불하는 내용의 톈진조약(1858년)을 맺습니다. 거기에다가 조정에 나선 미국과 러시아와도 같은 조약을 맺었습니다. 그런데 톈진조약을 체결하러 오던 사절이 청나라군에게 포격을 받는 바람에 전쟁이 재발했습니다. 영국·프랑스 연합군은 북경(베이징)을 점령합니다. 청나라는 다시 굴복하여 베이징조약(1860년)을 맺었습니다. 이 조약에 따라 영국은 난징조약 때 영국령이 된 홍콩섬의 맞은편, 구룽九龍 반도를 차지했습니다. 그리고 연해주를 획득한 러시아는 블라디보스토크를 건설하여 극동(러시아의 동쪽 끝과 동아시아) 진출의 거점으로 삼았습니다.

⤙ 태평천국의 난 ⤚

이 같은 바깥의 침략에 안으로는 우환이 겹쳤습니다. 광동성 출신의 홍수전洪秀全(1813~1864년)이라는 인물이 '상제회'라는 기독교 종교 단체를 만들었습니다. 과거 시험에 세 번째 낙방한 충격으로 앓아누운 그는 꿈에서 상제(야훼)의 계시를 듣고 세상을 구원하리란 사명감을 갖게 되었습니다.

홍수전은 멸만흥한滅滿興漢(만주족을 멸하고 한족을 부흥시키자라는 뜻)을 제창하며 광서에서 병사를 일으켰습니다. 여기에 빈농과 유랑민이 합류하여 남경을 점령합니다. 홍수전은 그곳을 '태평천국太平天國'이라 칭했습니다. 그래서 이 사건을 '태평천국의 난'(1851~1864년)이라고 합니다.

청나라의 정규군인 만주 팔기군은 더 이상 반란을 억제할 힘이 없었습니다. 청나라가 한창 정복 활동을 벌일 때의 공적으로 대부분 귀족이 되었고 그 직책이 세습돼 내려오면서 전투력도 약해져 있었습니다.

이에 '향용鄕勇'이라는 임시 소집된 지방 의용군이 반란군을 상대하는 한편 영국에서는 군인 고든(1833~1885년)이 파견되어 반란군을 토벌했습니다. 이어서 지방 관리 증국번曾國藩(1811~1872)이 호남湖南성에서 의용군 '상용湘勇'을 조직해 남경을 함락시켰습니다. 홍수전은 자결했습니다. 14년간 이어진 태평천국의 난은 청나라에 대한 민족 운동임과 동시에, 유럽과 미국의 제국주의적 침략에 대한 최초의 저항 운동이었다는 점을 주목해주세요.

태평천국의 난은 불에 기름을 붓는 형국으로 중국인의 반만 감정을 타오르게 했습니다. 청나라 왕조도 조속히 대책을 강구해야만 했지요. 그 일환으로 제10대 황제 동치제(재위 1861~1875년)는 태평천국의 난 진압에 혁혁한 공을 세운 증국번이나 이홍장李鴻章(1823~1901년) 같은 한인 관료를 등용해 정치 개혁을 맡겼습니다. 문명개화를 시작한 일본의 메이지유신에 자극 받아 외국과의 화친에 힘쓰고 내정과 재정의 개혁, 산업 개발에도 노력합니다('양무운동'). 그 결과 청나라 왕조는 잠시나마 위기를 면할 수 있었습니다.

이를 '동치중흥同治中興'이라 부릅니다.

그러나 이러한 개혁들도, 어차피 청나라의 일시적인 수명 연장에 지나지 않았습니다.

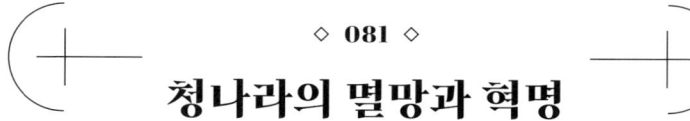

청나라의 멸망과 혁명

┅ 일본의 중국 침략 ┅

일본은 19세기 말까지 세계의 정책 향방과 거의 관련이 없었습니다. 하지만 메이지 신정부부터는 부국강병을 추진하며 근대화를 꾀합니다. 근대화란 단적으로 말해 서양 문명화, 탈脫아시아를 위한 노력입니다. 국력이 충실해지자 이어서 적극적인 외교 정책으로 방향을 전환합니다. 그동안의 외교적 고립에서 벗어나 국제적 영향력을 확보하려는 것이었죠.

  일본은 우선 조선에 개국을 강요해 강화도조약(1876년)을 맺습니다. 이는 조선 내정에 간섭할 발판이 되었는데, 당시 조선은 청나라의 외교·군사적 영향력 아래 있었기 때문에 일본의 조선 진출은 청나라에 대한 도전으로 비쳤습니다.

1884년 갑신정변*을 계기로 청나라와 일본 사이의 갈등이 격화되자 군사적 긴장을 누그러뜨리기 위한 톈진조약(1885년)이 체결됩니다. 조선에서 철수하고 군사 개입시 서로 통보하기로 하는 내용이었습니다. 그러나 1894년, 동학 농민 운동**이 일어나 혼란해진 조선의 왕실은 청나라에게 파병을 요청합니다. 청나라의 무통보 개입이 톈진조약에 어긋난다는 빌미로 일본 역시 조선에 파병하면서 청일 전쟁(1894~1895년)이 일어났습니다.

청나라는 이 전쟁에 패했습니다. 요동 반도, 대만 등을 일본에 내주고 조선에 대한 권한을 포기하는 시모노세키조약이 체결됐습니다. 하지만 일본의 움직임을 견제하던 러시아·독일·프랑스 삼국의 간섭이 들어옵니다. 요동 반도를 청나라에 반환하라고 요구했지요. 일본은 하는 수 없이 받아들였습니다(1895년).

이후 러시아는 요동 반도(1898년)를, 독일은 교주膠州만(1898년)을, 영국은 위해威海(1898년)를, 프랑스는 광주廣州만(1899년)을 각각 조차租借(영토의 일부를 빌려 일정 기간 통치)했습니다. 미국은 중국 분할에 뒤늦게 뛰어들었기 때문에, 국무장관 헤이는 문호 개방 선언(1899년)을 발표하며 열강을 견제하고 중국에 경제적으로 진출하려 했습니다.

✦ 조선의 개화파가 일본의 지원을 받아 서구식 근대화 등 급진적인 개혁을 추진하려 했으나 청나라 군대가 조선에 개입하면서 실패한 사건.
✦✦ 조선 봉건 사회의 부정부패, 사회적 불평등, 외세의 간섭에 저항하는 농민 주도의 대규모 민중 항쟁. 동학이라는 신흥 종교의 영향을 받았다.

중국·동남아시아의 식민지화 지도

⇥ 의화단의 난 ⇤

청일 전쟁 후 유럽과 미국 열강(이후에는 일본도 가세)의 중국 침략은 노골적으로 바뀌었습니다. 중국 민중의 배외·반제 감정은 점점 커졌지요. 바로 그때, 백련교를 모태로 한 '의화단'이라는 종교 비밀 결사가 산동성에서 기독교 박멸과 외국인 배척을 주장하며 봉기했습니다(1899년). 러시아·독일·프랑스·영국·미국·일본 등의 열강은 연합군을 만들어 이를 토벌했습니다. 그리고 의화단을 비밀리에 도운 청나라 왕조에게 베이징 의정서(1901년)를 강제해 배상금과 기타 혜택을 약속받습니다.

그런데 청나라에 들어와 있던 러시아가 만주를 점령한 채로 병사를 물리지 않습니다. 이에 조선을 뺏길 위험을 느낀 일본은 러시아와 대립했습니다. 일본이 영국과 영일 동맹(1902년)을 맺고 대항하면서 결국 러일 전쟁이 벌어졌습니다(1904~1905년).

러시아에 승리한 일본은 조선을 식민지로 만들고(1910년) 대륙 진출의 발판으로 삼습니다. 이와 같이, 동아시아에서도 제국주의 국가들의 경쟁과 침략은 멈출 줄을 몰랐습니다.

⇥ 무술변법 ⇤

보수적인 청나라 왕조도 진지하게 반성하지 않을 수 없었습니다.

혁신에 열려 있는 관료 강유위^{康有爲}(1858~1927년)와 양계초^{梁啓超}(1873~1929년)는 서양의 기술만이 아닌 정치 제도도 함께 도입해야 한다고 주장했습니다. 입헌군주정 체제로의 변경, 과거제와 조세제 등 제도 개혁, 탐관오리 척결, 경제 개혁 등 사회 전반의 근본적인 개혁안을 제시했지요.('변법자강운동').

제11대 황제 광서제(재위 1874~1908년)는 여기에 찬성해 실행에 옮기려 했고, 일부가 정말 시행되기도 했습니다. 이 해가 무술년이었기 때문에 '무술변법'(1898년)이라고 부릅니다. 하지만 변법에 반대하는 보수파가 광서제의 숙모인 서태후(1835~1908년)를 앞세운 쿠데타를 일으켜 변법자강운동은 100일 만에 실패로 돌아갔습니다.

이후 서태후가 독재 정치를 펼쳤습니다. 그러나 의화단을 도운 일로 열강에게 베이징 의정서를 강요받고 굴복해야 했습니다. 의화단 사건 후 보수파가 물러나며 청나라 왕조는 다시 한 번 개혁을 일으키려 했습니다. 하지만 이미 때는 늦었습니다.

↠ 좌절된 신해혁명 ↞

청나라 왕조를 무너뜨리려는 혁명 세력이 일어나기 시작합니다. 처음부터 통일된 형태는 아니었지만, 중심에 쑨원^{孫文}(1866~1925년)이 섰습니다.

1911년(신해년), 청 왕조가 외국 자본을 빌려 사천성의 철도를 국유화하려 하자 호남, 호북, 광동 등지에서 반대 운동이 일어났고 사천에서는 대규모 무장 투쟁으로 발전합니다. 혁명파는 10월 10일 무창武昌에서 봉기해 중화민국 군정부를 설치하고 혁명의 도화선을 당겼습니다. 이에 응하는 물결이 순식간에 전국으로 퍼지며 기세를 얻은 혁명군은 남경에 임시정부를 세웠습니다(1912년 1월). 군정부는 쑨원을 임시 대총통으로 추대하고 중화민국의 건국을 선언했습니다. 이것이 '신해혁명'(제1혁명)입니다.

　청 왕조는 혁명군을 진압하려고 군벌의 수령 위안스카이袁世凱(1859~1916년)를 수상으로 임명하지만, 그는 도리어 혁명 정부와 거래를 했습니다. 본인이 임시 대총통 자리에 오르는 조건으로 청 왕조를 무너뜨리겠다는 밀약이었지요.

　위안스카이가 무력으로 청 왕조 마지막 황제 선통제(본명 푸이, 재위 1908~1912년)를 퇴위시킴으로써 청 왕조는 1912년 2월 멸망합니다. 위안스카이가 임시 대총통이 된 후 임시정부를 북경으로 옮기고 이듬해 정식으로 대총통에 취임했지만, 독재 정치를 하며 쑨원이 이끄는 중국혁명동맹회의 해산을 명하고 국회를 정지시켰습니다(제2혁명, 1913년). 나아가 위안스카이는 제정을 선언(1915년)했는데, 역시나 안팎에서 반대의 목소리가 날아들어 제위를 취소하게 됩니다(제3혁명, 1916년). 그리고 얼마 안 가 위안스카이는 병사했습니다.

　중국 혁명은 얼마나 더 지그재그 길을 걸어야 할까요?

위안스카이가 죽은 뒤 각지의 군벌들이 서로 싸움을 벌였습니다. '군벌'이란 군인이 사병을 거느리고 그 힘으로 지방에서 전제 정치를 펴면서 민중을 수탈하는 지방 군사 세력을 말합니다. 옛날부터 중국에 존재했지만, 가장 세력이 강성했던 시기는 청 말기부터 중화민국 초기까지입니다. 위안스카이의 북양 군벌과 장쭤린張作霖(1873~1927년)의 봉천 군벌 등이 유명했지요.

이러한 군벌은 제국주의 열강에게 부추김 받으며 중국의 통일을 방해했습니다. 중국에 국민당 정부가 수립되고 나서 먼저 북벌(1926~1928년)을 행해 북방의 군벌을 토벌한 것은 그 때문입니다.

푸이 부부

청나라 마지막 황제 선통제는 1912년 퇴위했습니다. 1932년 일본에 의해 만주국 원수라는 지위에 올랐지만 이름뿐이었지요. 그의 이야기를 다룬 베르톨루치 감독의 영화 〈마지막 황제〉(1987년)는 아카데미에서 여러 상을 수상했습니다. 자금성에서의 촬영이 최초로 허락된 영화로도 유명합니다.

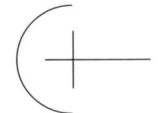

◇ 082 ◇

아직 못다 한 혁명

┅ 혁명가 쑨원 ┅

중국 혁명의 선구자 쑨원은 광동성에서 태어났습니다. 몸이 작은 데도 골목대장이었다고 합니다. 어릴 때부터 이미 사람을 이끄는 소질이 있었던 걸까요? 쑨원은 하와이에서 성공한 형을 따라가 (1878년, 12세) 미국식 교육을 받았습니다. 18세에 귀국해 영국령 홍콩에서 세례를 받고, 반청복민反淸復民(청 왕조에 반대하고 한족 정부를 복원하자는 뜻)을 외치는 삼합회三合會*의 주요 인물 정스량鄭士良을 만나게 됩니다.

✦ 19세기 중반에 결성된 중국의 비밀 결사. 초기에는 주로 범죄와 폭력 활동과 관련된 조직이었으나 이후 반청 혁명에 적극적으로 참여하게 된다. 쑨원 등 혁명가들과 연계하며 저항 운동을 전개해 신해혁명에 기여하였다.

쑨원은 홍콩의 서의서원(세계 명문으로 꼽히는 현 홍콩대학의 전신)에서 의학을 배우는 한편 혁명에 뜻을 둔 채 1892년 마카오와 광주에서 개업의로 생활하다가 본격적인 반청 운동에 돌입했습니다. 하와이, 미국, 일본, 유럽으로 망명하며 동지들도 얻었습니다. 청에 대한 모반자로 지목되어 목에 상금까지 걸려 있었습니다. 런던에서는 청나라 공사관에 감금되어 위험한 고비를 넘긴 적도 있습니다.

쑨원이 소년 시절부터 외국인과 사귀며 서양 사상을 익힌 일은 중요했습니다. 열강의 만족할 줄 모르는 침략과 민중의 비참한 처지를 보고 분개하는 건 모든 사람이 당연하게 할 수 있는 일입니다. 하지만 쑨원은 외골수 민족주의자의 길을 가지 않고 늘 세계로 눈을 향하는 국제적인 감각을 가지고 있었습니다. 그렇지 않았다면 위대한 혁명가로 성장할 수 없었겠지요.

⊶ 삼민주의 ⊷

혁명의 목적은 두 가지였습니다.

첫째, 만주족의 청나라를 무너뜨리고 중국을 중국인의 손에 돌려놓는 것. 청 왕조가 정치 개혁을 시도하지 않은 건 아니지만 성공하지는 못했습니다. 더 이상 중국의 운명을 청나라에 맡겨둘 수 없었습니다. 둘째, 청나라의 약세를 기회 삼아 침략이 드세어진 열강에 저항하고 중국에서 그들의 세력을 축출하는 것입니다. 이 두 가지 목적은 뗄레야 뗄 수 없이 연결된 것이었습니다.

19세기 말부터 20세기 초, 혁명 운동은 점점 활발해집니다. 쑨원은 흥중회(1894년, 28세)를 조직해 광동에서 병사를 일으켰다가 실패하고 일본으로 망명했습니다. 그곳에서 러일 전쟁의 상황을 지켜본 쑨원은 혁명을 성공시키려면 반드시 단결이 필요하다는 것을 통감합니다. 그래서 따로따로 움직이던 혁명 세력들을 하나로 모아 도쿄에서 중국동맹회를 결성하였습니다(1905년, 39세).

이때 쑨원이 설파한 것이 유명한 '삼민주의'입니다. 민족주의(만주족의 청나라를 무너뜨리고 한족의 나라를 만든다), 민권주의(군주제를 없애고 공화제를 채택한다), 민생주의(민중의 생활을 안정시킨다)라는 세 가지 강령이지요. 쑨원은 열렬한 독서광에 책도 많이 썼는데, 《삼민주의》가 그 대표작입니다.

예로부터 중국에는 '역성혁명'이라는 사고방식이 있었습니다. 이것이 왕조 교체를 설명하는 이론처럼 자리 잡고 있었지요. 하늘이 새롭게 명을 내려 다른 성씨의 덕 있는 자로 하여금 나라를 다스리게 한다는 내용입니다. 하지만 바로 이러한 생각이, 중국 정치가 한자리를 맴돌며 시작부터 끝까지 전제 정치로만 흐르게 된 원인이기도 했습니다. 쑨원은 그것을 타파했습니다. 수천 년 동안 이어져 온 중국인의 의식에 혁명을 일으킨 것입니다.

↠ 중국국민당 ↞

그런 의미에서 1911년(쑨원 46세)에 일어난 제1혁명은 쑨원에게는 매우 불만족스러운 혁명이었습니다. 무력도 자금도 부족했던 쑨원이 위안스카이에게 당했기 때문입니다. 그래서 위안스카이에 대한 토벌군을 일으켰지만, 이마저도 실패하여 일본으로 망명하지 않을 수 없었습니다.

위안이 병사함으로써 드디어 쑨원의 차례가 돌아왔습니다. 쑨원은 일본 망명 중에 만든 중화혁명당을 1919년 '중국국민당'으로 개명한 후 1921년 광동 국민정부의 총통이 되었습니다(55세).

이 무렵 쑨원은 소련에 접근하여 교섭하였습니다. 중국은 군벌 세력이 제국주의 열강의 앞잡이가 되어 통일에 훼방을 놓고 있었습니다. 소련은 사회주의를 확산시키기 위해 중국 내 외세 축출과 혁명 성공이 필요했습니다. 이해가 일치한다고 본 소련은 지원을 약속합니다.

소련의 협력에 힘입어 1924년 1월 쑨원의 중국국민당은 중국공산당(1921년 결성)과 연합하였습니다('국공합작'). 이어 11월에는 군벌 세력을 저지해 혁명을 완성하겠다는 '북상 선언'을 발표하고 남쪽의 광동을 떠나 북쪽으로 향하는 길에 올랐습니다.

쑨원은 북경에 향하는 도중 여러 지역을 시찰했는데, 그중 일본 고베에서 '대아시아주의'라는 제목의 연설을 합니다. 무력으로 압제하는 서양의 패도霸道에 맞서 동양의 아시아 국가들이 단결해 도덕 중심의 왕도王道를 추구하자는 내용이었습니다. 열강을 본떠 패도가 되어가는 일본에게도 평화를 위한 역할을 촉구했습니다.

그러나 이러한 시찰 중 이미 그의 몸에 암이 번지고 있었습니다. 국민회의가 열리는 북경까지 도착하였으나 1925년 3월 12일, 병세가 깊어져 사망했습니다.

두 통의 유서 중 하나에서 쑨원은 이렇게 적고 있습니다.

"나는 국민혁명에 40년을 바쳤다. 그 목적은 중국의 자유와 평등이었다. 이 목적을 달성하려면 민중을 깨우고 세계에서 우리를 평등하게 대하는 민족들과 연합해야 한다. 현재 혁명은 아직 이뤄지지 않았다."

이 얼마나 비통한 말인가요.

쑨원만큼 중국 혁명을 위해 일생을 바친 사람은 없습니다. 그는 실천가일 뿐만 아니라 이론가이기도 했습니다. 몇 번이나 좌절을 겪었음에도 불사조처럼 다시 일어섰습니다. 그는 지금 남경 교외의 중산릉에 조용히 잠들어 있습니다.

중화인민공화국(현 중국, 1949년 10월 건국)은 세계 최대의 인구와 아시아 최대이자 세계 3위의 면적(960만 제곱킬로미터)을 자랑합니다. 중국은 지금도 격동하고 있습니다. 이러한 시련을 극복했을 때야말로 쑨원은 "혁명, 해냈구나"라는 미소를 빙긋이 띄울 것입니다.

쑨원
'민족' '민권' '민생'이라는 세 가지 기본 원칙을 담은 새로운 중국의 비전을 제시하였습니다.

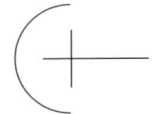 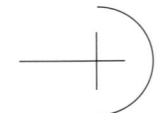

◇ 083 ◇

늦었어, 스콧

→• 남극 탐험 •←

19세기 문명을 특징짓는 것은 자연과학과 기술 개발입니다. 이 두 가지가 없었다면 산업 혁명도 이뤄지지 않았습니다. 산업 혁명만큼 우리 생활에 직접 영향을 미치지 않을진 몰라도, 학술적 관점에서 보자면 '탐험'은 매우 중요합니다.

20세기에 오면 아프리카와 아시아는 대부분 탐사되었습니다. 그러나 거대한 남극 대륙만큼은 지구상에서 마지막 신비한 문을 굳게 닫고 있었습니다. 남극 대륙까지 처음 배를 닿은 것은 1772년부터 1775년에 걸친 영국 탐험가 쿡(1728~1779년)의 두 번째 항해 때였습니다. 이후 남극은 조금씩 모습을 드러냈지만 극지에 도달하는 것은 불가능해 보였습니다. 그러나 그 일을 가능하게 한 두 탐험가가 20세기 초에 나타납니다.

한 사람은 노르웨이의 로알 아문센(1872~1928년)입니다. 1910년 남극 탐험을 떠나 1911년 12월 14일, 인류 최초로 남극점에 섰습니다. 그런데 두 번째 선수가 있었습니다. 영국의 해군 대령 로버트 스콧(1868~1912년)입니다. 영국인에게서 많이 보이는 풍의, 이렇다 할 특징 없는 냉정하고 의지 강한 성격의 남자였습니다.

↠ 스콧의 탐험 ↞

스콧도 첫 번째 탐험을 이미 1901년부터 4년에 걸쳐 진행하고 있었습니다. 이번에야말로 어떻게든 성공해 보이고 싶었습니다. 스콧을 대장으로 한 탐험선 테라노바호가 1910년 6월 1일 영국을 출발했습니다. 10월에 호주 멜버른에 도착했는데, 이때 한 전보를 받습니다. "마데이라섬에서, 아문센, 지금부터 남극으로 향한다." 스콧은 두려워할 만한 라이벌이 나타났다는 것을 깨달았습니다.

하지만 아문센을 기선 제압하기에 앞서 우선 남극 대륙의 대자연부터 제어해야 했습니다. 스콧 탐험대가 남극 대륙에 도착해 기지를 세우기까지의 이루 말할 수 없는 고단한 행진에 대해서는 모두 생략하겠습니다. 1912년 1월 4일, 스콧 이하 네 명의 돌격대는 기지의 주둔부대에게 작별을 고하고 240킬로미터 떨어진 남극점을 목표로 출발합니다.

⇝ 스콧의 조난 ⇜

1912년 1월 18일. 악천후와 추위, 피로와 싸운 끝에 다섯 명은 마침내 남극점에 도달했습니다. 그리고 영국의 국기를 꽂았습니다. 그런데 극점에서 조금 떨어진 곳에 작은 텐트가 보이고 정상에는 노르웨이 국기가 펄럭이고 있는 게 아니겠습니까?

텐트를 열어보니 노르웨이 국왕 앞으로 보내는 아문센의 편지가 놓여 있었습니다. 그리고 이 편지를 국왕께 전달해주길 부탁한다는 내용도 적혀 있었지요. 더 이상 의심의 여지가 없었습니다. 아문센은 스콧보다도 한 달 일찍 도착했던 것입니다.

두 달 반, 고된 행진 끝에 기지로부터 1,500킬로미터를 떠나온 모든 노력이 물거품이 되었습니다. 스콧이 느낀 실망과 낙담은 상상할 수 없을 정도였습니다.

돌아가는 길이 얼마나 힘들었을까요. 스콧이 남긴 일기가 그때의 상황을 생생히 전달하고 있습니다.

"날씨가 나빠진다. 물자가 떨어져간다. 특히 연료 부족이 문제."

영하 40도의 혹한에서 연료 없이 살아남는 건 불가능합니다. 무슨 일이 있더라도 행진해서 기지로 돌아가야 했습니다. 하지만 날이 갈수록 상황은 악화되었습니다. 도중에 대원 한 명이 쇠약해져 사망했고, 다른 한 명은 동료를 구하기 위해 스스로 죽음을 택하며 눈보라 속으로 사라졌습니다. 3월 21일 일기에는 "눈보라가 심하다. 연료 없음. 식료는 1, 2회분"이라 적혀 있습니다. 3월 29일이 마지막 일기입니다.

"몸이 약해졌다. 더 이상 쓸 수 없다."

한편, 기지의 주둔부대는 아무리 기다려도 탐험대가 돌아오지 않자 불안을 느끼고 수색을 시작합니다. 1년 후인 1913년 11월 12일, 마지막 캠프지로부터 20킬로미터 떨어진 장소에서 스콧과 다른 두 명의 유해 그리고 스콧의 일기장이 발견되었습니다. 이를 통해 '세계 최악의 여행'의 자세한 사연이 알려졌습니다.

과학 기술은 나날이 발전하고 있습니다. 그만큼 경쟁도 치열합니다. 경쟁은 발전의 필수불가결한 조건이겠지만, 그 뒤에는 종종 이렇게 비극이 숨겨져 있는 법입니다.

한눈에 보는 '19세기 세계'

영국의 청교도 혁명과 명예 혁명은 영국 절대주의에 대한 부르주아지의 승리였다는 점에서, 시민 혁명의 선구적 사건으로 보아야 합니다. 이후 영국은 입헌 정치·의회 정치의 길을 걷게 됩니다.

절대주의에 최후의 일격을 가한 것은 미국 독립 혁명과 프랑스 혁명이었습니다. 전자는 영국의 아메리카 식민지 13주가 본국에 대해 벌인 저항이고, 후자는 부르봉 왕조 아래 많은 폐해를 낳은 구 제도를 타파한 전형적인 시민 혁명입니다.

10년에 걸친 프랑스 혁명의 혼란을 수습한 나폴레옹은 군사적 독재 정치를 행하다 끝내 나폴레옹 전쟁을 벌였습니다. 그렇지만 나폴레옹은 혁명 정신을 내부 정치에 살려 근대 시민사회의 방향을 정했습니다. 또한 나폴레옹이 유럽을 제패한 일은 혁명 사상이 외국에 퍼져나간 계기가 된 한편, 각국에 강한 민족의식을 불러일으켜 나폴레옹 타도의 원동력으로 돌아오기도 했습니다.

이보다 앞서, 영국에서는 산업 혁명이 일어나 기계 기술·동력 혁명·생산 양식의 변화 등으로 근대 자본주의가 성립했습니다. 상업을 넘어선 산업 부르주아지가 경제적으로 약진합니다. 당연히 그들은 정치적 권리와 자유를 요구했습니다. 이것이 자유주의 운동의 정체입니다.

나폴레옹 전쟁의 전후 처리를 위해 새로운 국제 질서를 만들고자 소집된 1815년 빈 회의는, 개혁의 결과들을 모두 옛날로 되돌리는 보수 반동주의를 원칙으로 삼았습니다. 그래서 자유주의 운동과 충돌했고 1830년과 1848년에 프랑스에서 다시 혁명이 일어나며 타국으로도 혁명의 기운이 퍼졌습니다. 1848년을 기점으로 빈 체제는 종말을 고하고 자유주의의 승리가 거의 확정되었습니다.

자유주의 운동이 일단락된 국면에서, 이번에는 국민주의가 역사의 타임라인에 떠오릅니다. 이탈리아와 독일은 오랜 숙원이었던 통일 국가 건설을 이루었습니다. 아메리카합중국도 남북 전쟁의 시련을 거쳐 국민적 통일을 향해 나아갔습니다. 동양에서는 메이지유신을 단행한 일본이 근대 국가의 요소를 갖추게 됩니다. 19세기 유럽 문화는 이 같은 시대상을 여실히 반영하고 있습니다. 18세기까지 꽃폈던 귀족 문화가 기울고, 부르주아 중심의 문화가 번영했습니다. 산업 혁명으로 미증유의 물질문명이 발달한 반면, 다양한 사회 문제가 발생했습니다.

그런데 1880년대부터 새로운 국면이 전개됩니다. 중공업 중심의 제2차 산업 혁명이 일어나며 자본주의가 고도로 발달하게 된 겁니다. 독점 자본주의와 결합한 유럽 열강은 외부 세계에서 적극적인 국가 활동을 시작했습니다. 이것이 제국주의입니다.

열강은 이미 17~18세기(경제사에서는 중상주의 시대. 중상주의란 '국가의 부 = 화폐의 양'이라 생각하여 화폐 획득을 위해 무역수지 흑자를 추구하는 경제 정책입니다)에 치열한 식민지 쟁탈전을 벌였습니다. 하지만 당시에는 상업 무역이 주요 목표였습니다. 산업 혁명이 일어나고 나면, 식민지는 단순히 원료와 식량의 공급지가 아니라 공업 제품의 수출 시장이라는 성격을 띠었습니다. 그래서 열강은 세계의 미개발 지역(아프리카와 태평양 지역)을 침략하고, 매우 손쉽게 식민지로 만들어버렸습니다. 세계가 재분할된 것입니다. 다만 그리 간단히 식민지가 되지 않은 나라도 있었습니다. 중화제국인 청나라가 그랬습니다.

아편 전쟁을 일으킨 영국은 중국에게 승리를 거두며 반식민지화의 첫 쐐기를 박았습니다. 프랑스, 러시아, 독일 등이 영국의 뒤를 쫓았습니다. 아편 전쟁에 이어 애로호 사건, 태평천국의 난, 의화단 사건 등에서는 중국 민중의 민족주의·반제국주의가 선명히 드러납니다. 청나라는 이런 내우외환 속에서 차츰 쇠퇴했고, 결국 1911년 신해혁명으로 무너져버렸습니다. 중국 민족은 국가 건설을 향해 나아갑니다.

이렇게 19세기에는 동서양을 막론하고 동란이 일어났습니다. 동란이 수습될지, 아니면 더욱 심해질지는 20세기에서 살펴보지요.

VI
20세기 세계 이야기

◇ 084 ◇
삼국동맹과 3B 정책

┅ 삼국동맹과 삼국협상 ┅

1871년 보불 전쟁에서 승리한 프로이센의 비스마르크는 프랑스로부터 알자스와 로렌 지방을 획득하며 독일 제국을 건설하였습니다. 비스마르크는 국가를 통일시키고 경제가 발전하려면 유럽이 평화 상태를 유지해야 한다고 생각했습니다. 하지만 굴욕을 당한 프랑스의 복수가 두려웠습니다. 그래서 미리부터 프랑스를 국제적으로 고립시키려 했습니다. 비스마르크는 삼제동맹(1873년) 즉 독일 빌헬름 1세·오스트리아 프란츠 요제프 1세·러시아 알렉산드르 2세 이렇게 세 황제 간의 동맹을 추진했습니다.

그런데 러시아가 독일에 불만을 품게 되는 사건이 벌어집니다. 1878년 독일 베를린에서는 러시아와 오스만 제국의 강화조약을 수정하는 회의가 열렸습니다('베를린 회의'). 오스만 제국과의 전쟁 (1877~1878년)에서 압승한 러시아가 그 혜택으로 발칸 반도 전역에 영향력을 갖게 되자, 영국과 프랑스 등이 여기에 반발해 승전국 혜택을 줄여야 한다고 나선 것입니다. 여기서 비스마르크가 영국과 프랑스 편을 들어주었고, 러시아는 독일에게 불신을 느끼게 되면서 양국 관계가 냉랭해졌습니다.

삼제동맹에 의지하면 안 되겠다고 생각한 비스마르크는 프랑스와 러시아에 대항하기 위해 독일·오스트리아·이탈리아 간 군사 비밀동맹 '삼국동맹Triple alliance'(1882년)을 맺었습니다. 나아가 프랑스와 러시아가 가까워지는 것을 경계해 러시아와도 재보장조약(1887년)을 체결합니다. 머리를 쓴 거라면 썼다고도 할 수 있지만 사실은 호랑이 꼬리를 밟고 선 듯한 위험한 곡예였습니다.

⇁ 3B 정책과 3C 정책 ⇀

비스마르크 퇴임 후 빌헬름 2세가 친정을 시작했습니다. 그런데 황제는 비스마르크와는 완전히 다른 공격적·팽창적 외교 정책으로 방향을 틀어 곧바로 러시아, 영국, 프랑스와 대립하게 됩니다. 그러자 오랫동안 고립되어 있던 프랑스는 러시아에 접근해 군사 동맹인 러불 동맹(1891~1894년)을 체결했습니다.

한편 빌헬름 2세는 오스만 제국과 친선 관계를 맺고 바그다드

철도 부설(설치)권을 따냈습니다. 미완성에 그쳤지만, 베를린-비잔티움-바그다드✦를 연결하는 3B 정책은 독일이 어떤 세계 정책을 꿈꾸고 있는가를 나타낸 것이었습니다.

여기에 심각한 위협을 느낀 영국은 케이프타운-카이로-캘커타✦✦를 잇는 3C 정책을 세워 3B 정책에 대항했습니다. 독일이 바그다드까지 철도를 놓는다면 중동 지역에 독일의 영향력이 커집니다. 그 경우 아시아 식민지로 가는 영국 통상로에 분명 방해가 되리라 판단한 것입니다.

영국은 그동안 외교 정책의 기본 방향이었던 '영광스러운 고립$^{Splendid\ isolation}$'을 버리고 프랑스와 영불협상(1904년)을, 러시아와 영러협상(1907년)을 진행합니다. 어제의 적이 오늘의 친구가 되었지요. 그 결과 1907년, 독일을 포위하는 형세로 영국·프랑스·러시아 간 '삼국협상$^{Triple\ entente}$'이 성립했습니다.

유럽은 평화 속에 위기를 품은 채 삼국동맹과 삼국협상의 세력 균형으로 유지되었습니다. 그러나 다른 한편으로는 전쟁에 대비해 저마다 군비 확장에 열을 올렸기 때문에, 이 상황을 '무장 평화$^{Armed\ peace}$'라고 부릅니다.

✦ 각각 독일-오스만 제국(튀르키예)-이라크의 도시.
✦✦ 각각 남아프리카 공화국-이집트-인도의 도시.

유럽의 화약고

그렇잖아도 아슬아슬한 무장 평화의 상황을 더욱 긴박하게 만든 것은 발칸 문제였습니다. 한때 오스만 제국은 쉴레이만 1세 시절 세 대륙에 걸친 영토를 보유하며 최고의 전성기를 맞이했습니다. 하지만 17세기 말 헝가리를 오스트리아에, 18세기 후반에는 흑해 연안을 러시아에 빼앗겼습니다. 1877~1878년에 벌어진 러시아와의 전쟁에서 오스만 제국은 그야말로 대패했고 유럽 내 영토 대부분을 잃었습니다.

이런 오스만 제국의 쇠퇴와 함께 발칸 반도의 슬라브계 민족들이 러시아를 등에 업고 오스만 제국에서 독립하려 했습니다. 게르만계 민족에게는 독일과 오스트리아가 뒷배가 돼주었습니다. 러시아는 슬라브계 민족이 문화적·정치적으로 뭉쳐야 한다는 범슬라브주의를 주장하고, 독일은 범게르만주의를 주장하며 양측이 첨예하게 대립합니다.

이렇게 발칸 반도에서는 슬라브계와 게르만계 민족이 뒤섞여 있고 배후에 러시아, 독일, 오스트리아가 있었기 때문에 상황이 아주 복잡했습니다. 물론 영국과 프랑스도 관심이 없을 리 없었고요.

제1차 발칸 전쟁(1912년)이 일어나 범슬라브주의 입장의 세르비아·그리스·불가리아·몬테네그로가 독립을 목표로 오스만 제국과 싸웠습니다. 그런데 제2차 발칸 전쟁(1913년)에서는 세르비아·그리스·몬테네그로·루마니아·오스만 제국이 불가리아와 싸우는 복잡하고 기묘한 사태가 벌어집니다. 발칸 국가들의 싸움뿐만 아니라 배후에 있는 러시아, 독일, 오스트리아도 언제 어느 때고 끌려들어갈 여지가 있었습니다. 발칸이 '유럽의 화약고'라 불린 이유입니다.

문제는 누가, 언제, 화약고에 불을 붙이느냐는 것이었습니다. 열강은 숨을 죽이며 지켜봤습니다. 위기가 시시각각 다가오고 있다는 것은 누가 봐도 명백했습니다.

위기는 유럽에만 국한되지 않았습니다. 인도에서는 1885년에 결성된 국민회의파가 반영국 투쟁을 시작하며 스와데시(국산품 애용), 스와라지(자치·독립)를 외쳤습니다. 규모는 작았지만 동남아시아에서도 반제국주의 폭동이 빈번하게 일어났습니다. 조선 또한 일본의 제국주의에 반대하는 운동을 시작했습니다. 안중근(1879~1910년)이 초대 통감 이토 히로부미를 하얼빈에서 암살한 것은 제1차 세계대전이 발발하기 5년 전입니다(1909년 10월). 세계는 천하 대동란의 전야에 놓여 있었습니다.

◇ 085 ◇
운명의 한 발

┅ 페르디난트 황태자 ┅

1914년 6월 28일, 보스니아(당시에는 오스트리아령)의 중심도시 사라예보에서 오스트리아 황태자 프란츠 페르디난트(1863~1914년)와 황태자비 조피 초테크 폰 초트코프(1868~1914년)가 세르비아의 한 청년에게 저격당했습니다.

부부는 어두운 운명을 짊어지고 있었습니다. 당시 오스트리아 제국 황제 프란츠 요제프 1세(재위 1848~1916년)의 황후는 이탈리아 무정부주의자에게 암살되었습니다. 외동아들은 한 여성과 함께 자살했고, 동생은 멕시코에서 객사, 그 아래 동생도 병사했기 때문에 80세를 넘긴 노령의 황제만 남았습니다. 제위를 이을 후계자가 없어서 병사한 동생의 아들인 프란츠 페르디난트가 제위를 물려받기로 한 것입니다.

그런데 페르디난트는 신경질적이고 제멋대로인 성격이었습니다. 국민에게 인기가 없었지요. 게다가 황태자비 조피는 신분이 높지 않은 가문 출신이었기 때문에 빈 궁정에서 쌀쌀맞게 무시당하곤 했습니다. 여러 반대를 무릅쓰고 황태자 부부는 1900년 6월 28일(신기하게도 암살된 날짜와 같은 날)에 결혼했습니다. 대신, 부부 사이에서 태어난 세 아이에게는 황위 계승권을 인정하지 않기로 했습니다.

황태자 부부의 보스니아 방문에는 불길한 예감이 감돌고 있었습니다. 보스니아에서 슬라브인에 대한 무력시위 겸 육군 훈련이 시행됐는데, 황태자는 그 열병식에 참여하러 가던 길이었지요.

본디 보스니아는 헤르체고비나와 함께 오스만 제국의 영토이지만 이 두 개 주의 관리권은 1878년 베를린 회의 결과로 오스트리아가 쥐고 있었습니다. 그런데 1908년, 오스만 제국의 청년튀르크당이 강력한 중앙집권화를 주장하며 혁명을 일으켰습니다. 만약 그대로 된다면 오스만 제국이 다시 강성해질지도 모릅니다. 이에 오스트리아는 통제의 고삐를 조였습니다. 관리하던 보스니아와 헤르체고비나를 아예 자국 영토로 공식 병합해버린 것이죠.

이웃 보스니아가 게르만계 오스트리아에 병합되자 슬라브계 국가 세르비아는 강한 반감과 위협을 느꼈습니다. 보스니아의 뒤에는 오스트리아와 독일이, 세르비아의 뒤에는 러시아가 있었습니다. 앞장에서 언급한 범슬라브주의와 범게르만주의가 충돌하는 지점이 사라예보였다고도 할 수 있겠습니다.

부부의 보스니아 방문에 즈음하여 중대 사건이 일어날 위험은 충분히 있었습니다. 황태자 역시 그런 위험을 알고도 남았을 겁니다. 하지만 오스트리아의 황태자, 차기 황제로서의 위엄을 보여줄 다시 없을 기회였습니다. 빈 궁정에서 푸대접 받고 있는 황태자비 조피에게 '환호 받는 벅찬 기분을 느끼게 해주고 싶다'는 마음도 있었습니다. 이 마음이 불안을 이긴 것일 테지요.

⇾ 저격자 프린치프 ⇽

그날이 왔습니다. 맑게 갠 일요일이었습니다. 육군 훈련을 참관하고 나서 부부는 10시경 사라예보 역에 내렸습니다. 마중 나온 장군들과 함께 사라예보를 흐르는 밀랴츠카강의 아펠 부두를 따라 환영식이 열리는 시청사까지 오픈카를 타고 이동합니다.

일행이 라틴교 근처까지 왔을 때, 차브리노비치라는 이름의 젊은 남자가 군중을 헤치고 수류탄을 던졌습니다. 황태자 부부가 탄 차에는 명중하지 않았지만 뒤따르던 차량 쪽에 터지며 십여 명이 부상을 입었습니다.

예상보다 더 험악한 상황이었습니다. 시청에서의 환영식도 하는 둥 마는 둥 하고 돌아가는 경로는 예정을 변경하여 아펠 부두 길을 전속력으로 달려 빠져나가기로 했습니다.

그러나 코스 변경이 운전사에게 전해지지 않았습니다. 1호차는 애초 계획대로 아펠 부두에서 우회전해서 모리츠 실러 카페로부터 프란츠 요제프 거리로 방향을 틀었습니다. 황태자 부부와 함께 2호차에 타고 있던 장군은 당황해서 "아냐, 부두 길을 직진해!"라 명했고 이에 운전사가 후진하려다 한순간 틈이 생겼습니다. 바로 그때 실러 카페 앞에 있던 프린치프가 권총을 난사했습니다.

프린치프는 열아홉 살 세르비아 대학생이었습니다. 차브리노비치처럼 열성적인 세르비아 민족주의자였지요. 총알은 부부에게 명중했습니다. 황태자비가 쓰러졌습니다.

"조피! 아이들을 위해서라도 제발 살아줘!"

황태자는 이렇게 절규했습니다. 하지만 병원에 도착하고 얼마 후 두 사람은 숨을 거두었습니다(황태자 52세, 황태자비 43세). 20분도 채 걸리지 않은, 황망한 비극이었습니다.

⇥ 선전포고 ⇤

오스트리아 황태자 부부가 암살당했다는 소식에 유럽 사회는 경악했습니다. 오스트리아와 세르비아 양국 정부가 받은 충격은 각별히 컸지요. 오스트리아 정부는 이 테러를 배후에서 조종한 것이 세르비아 정부라고 판단합니다. 그래서 7월 23일 독일의 지지를 받아 세르비아 정부에 최후통첩을 날렸습니다.

최후통첩은 세르비아 내의 모든 반오스트리아 선전을 중단시키고, 반오스트리아 인사들의 처벌에 오스트리아 관료와 경찰이 참여하게 하는 등의 내용이었습니다. 세르비아는 요구 대부분을 수용했으나 오스트리아 공무원이 세르비아 내에서 활동하는 부분은 주권 침해라 여겨 거부했습니다.

이 거부를 이유로 오스트리아는 7월 28일 세르비아에 선전포고를 하고 베오그라드로 진군합니다. 러시아가 세르비아를 지지하고 나서며 전력 총동원을 실시하자, 독일은 오스트리아를 지지하며 러시아에 선전포고(8월 1일)했습니다. 러시아와 동맹을 맺은 프랑스도 독일에 선전포고를 하고 영국도 그에 발맞췄습니다.

삼국동맹과 삼국협상의 대립으로 겨우 유지되고 있던 평화는 일순간에 깨뜨려졌습니다. 이렇게 해서 1914년 8월 4일, 독일군이 중립국 벨기에를 침공함으로써 제1차 세계대전의 막이 열렸습니다. 사라예보 사건은 한 발의 총알이 세계 역사를 바꾸는 단초가 된 사건이었습니다.

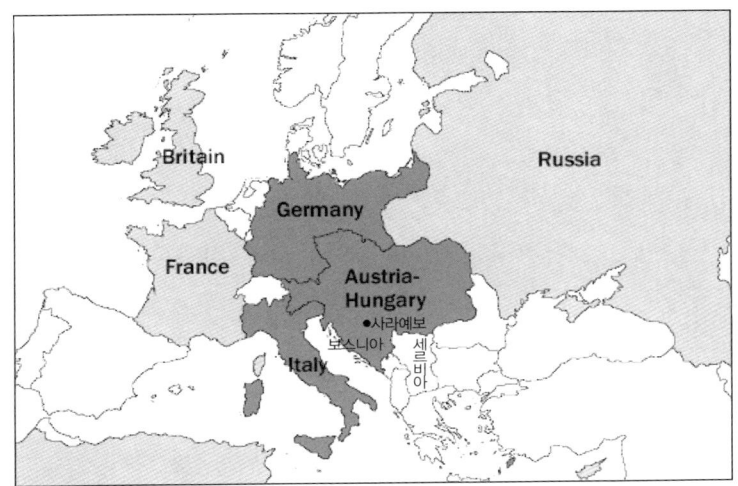

삼국동맹(진회색)과 삼국협상(연회색) ⓒSnl.no

사라예보 사건
프린치프가 체포되는 순간.

제1차 세계대전의 결과

↠ 제1차 세계대전 발발 ↞

제1차 세계대전은 4년 반 동안 이어졌습니다(1914년 8월~1918년 11월). 전장에는 각국의 식민지 군대도 동원됐습니다. 전쟁의 끝 무렵 미국은 삼국협상 편에 가담했고(1917년 4월) 일본 또한 영일동맹을 구실로 같은 편에 붙었습니다. 이로써 제1차 세계대전은 세계 사상 유례없는 대전쟁이 되었습니다.

  독일은 짧은 시간에 결판을 내려 했습니다. 그러나 벨기에의 완강한 저항에 부딪히고 파리 근처 마른강 전투(1914년 9월)에서 패배하면서 전쟁이 장기화 양상을 보이기 시작합니다. 독일군은 동부 전선에서 러시아군과 지구전에 들어갔습니다. 서부 전선에서도 일진일퇴 상태에 놓였습니다. 전략적 요충지로서 프랑스 북부의 베르됭 요새를 차지하고자 일곱 개 사단을 투입한 맹공격(베르됭 전투, 1916년 2월)도 효과가 없었지요. 이리하여 교착 상태에 빠진 전쟁은, 미국이 참전하고 러시아가 혁명으로 인해 전선에서 빠져나감(1918년 3월)으로써 국면에 급전환을 맞습니다.

독일군의 마지막 총공세도 빛을 보지 못하고 동맹국(헝가리·불가리아·오스만 제국)이 잇따라 항복하였습니다. 독일 내에서 혁명이 일어나 무조건 항복으로 대전은 종결되었습니다.

대전의 의의와 영향

제1차 세계대전은 어떤 역사적 의미가 있으며 어떤 영향을 끼쳤을까요? 우선 다음의 세 가지 점을 들고 싶습니다.

첫째, 유럽의 정치 형세가 크게 변했습니다. 유럽에서 오랜 역사를 가진 세 왕가 즉 오스트리아의 합스부르크 가문, 독일의 호엔촐레른 가문, 러시아의 로마노프 가문이 몰락하여 역사에서 모습을 감췄습니다. 오스트리아와 독일은 공화국으로, 러시아는 사회주의 국가로 바뀌었습니다.

오스만 제국은 독일 측에 섰다가 완파되며 연합국과 세브르조약을 맺습니다. 그에 따라 영토 대부분을 상실하고 소아시아 지역에 국한된 나라로 전락해 내정 간섭마저 받게 됩니다. 이러한 상황에 반발한 오스만 제국의 육군 장교 케말 파샤(1881~1938년)는 튀르키예 독립 전쟁을 주도하여 1923년 튀르키예 공화국의 설립을 선포합니다. 오스만 제국의 해체는 서아시아에 큰 파문을 일으켰습니다.

연쇄적인 결과로 중부·동부 유럽의 정치 지도가 새로 칠해집니다. 이러나저러나 힘의 균형을 유지해오던 오른쪽 세 나라 오스트리아, 독일, 러시아의 변화는 당연하게도 정치적 안정보다 불안을 불러왔습니다. 승전국 영국과 프랑스도 4년 반의 전쟁으로 완전히 피폐해져 그동안의 세계 리더격이었던 위치를 잃어버렸습니다.

둘째, 영국과 프랑스 대신 미국이 전후 세계의 리더가 되었습니다. 만약 미국이 참전하지 않았다면 연합국은 최후의 승리를 쥐지 못했을지도 모릅니다. 전쟁 중 미국은 연합국에게 군수품과 식량을 공급하며 막대한 이익을 얻었습니다. 전후에는 세계 최대의 채권국이 되어 경제적으로 완벽하게 유럽 국가들의 우위에 섰습니다. 미국은 이제 유럽의 어느 분점이 아니라 유럽을 능가하는 세력으로 발돋움하고 있었습니다.

한편 러시아 혁명(1917년 11월)으로 인해 러시아에 역사상 최초의 사회주의 국가가 성립한 일은 제국주의 국가들에 충격을 안겼습니다. 혁명 이후 러시아 즉 소비에트의 정치·경제·사회 체제는 유럽의 부르주아 자본주의 체제와는 현저히 성격을 달리하게 됩니다.

이들을 '비유럽 세력'이라 할 수 있습니다. 즉 미국과 소비에트, 두 비유럽 세력의 발흥은 근대가 시작된 이래 세계를 이끌어온 유럽 세력의 후퇴와 맞물려 있습니다. 이러한 의미에서 제1차 세계대전의 종결을 기점으로 유럽 중심주의 시대가 지났다고 봐야 할 것입니다.

↣ 현대의 총력전 ↢

마지막으로 셋째, 세계대전의 현대적 성격과 피해에 주목해주셨으면 합니다.

제1차 세계대전에서는 처음으로 항공기, 잠수함, 전차라는 신형 병기가 등장했습니다. 비인도적인 독가스조차 주저 없이 사용했습니다. 그 참담함은 차마 눈 뜨고 볼 수 없을 정도였습니다.

제1차 세계대전의 성격은 과학 기술 전쟁에 그치지 않습니다. 종전의 전쟁과 또 다른 점이 있는데, 전선의 병사들만 싸우는 게 아니라 국가 총력을 쏟아부은 전쟁이었다는 것입니다. 즉 총력전이었고, 보급과 생산이 전쟁에 투입되어 그 우열이 전쟁의 판국을 결정했습니다. 게다가 4년 반이라는 장기전이었으니 국민 생활에 끼친 영향은 가늠할 수 없습니다. 동원된 병사는 연합국 측이 약 4,100만 명, 동맹국 측이 2,300만 명이었고 전사자 총 850만 명, 부상자 2,100만 명 이상으로 추정됩니다.

처음으로 목격하는 참상이었습니다. 물질적 피해는 수십 년이 지나면 회복될 수도 있지만 정신적 피해는 헤아릴 수 없습니다. 정신의 황폐함과 환멸감은 너무도 긴 여운을 남기기 때문입니다.

실제로 1920년대 문학에는 '잃어버린 세대'라는 말이 생겨났습니다. 젊은 작가들의 상실감, 고통을 나타내는 말입니다.

제1차 세계대전은 승전국과 패전국 모두에게 많은 교훈을 주었을 것입니다. 그럼에도 불구하고 21년 후, 제1차 세계대전을 넘어서는 전쟁이 일어나게 됩니다.

◇ 087 ◇
러시아 혁명 전후

→• 피의 일요일 •←

러시아에서는 크림 전쟁의 패배를 계기로 1861년 알렉산드르 2세가 농노 해방을 시행하였으나 불완전한 시도로 끝났습니다. 법적으로는 자유민이 됐을지 몰라도 토지를 살 때 빌린 돈을 갚기 어려웠을뿐더러 산다고 해도 거칠거나 너무 작은 땅이었습니다. 농민 대다수는 예속 상태를 벗어날 수 없었지요. 반면 지주를 포함한 지배층에서는 이조차 위협으로 여겨 기존 질서를 더 고집하는 움직임이 강하게 일어났습니다. 러시아 정치는 도리어 보수적 반동 정치로 되돌아가버렸습니다.

인텔리겐치아는 농민과 노동자의 계몽을 위해 힘쓰는 '나로드니키(민중 속으로)' 운동을 펼쳤습니다. 민중이 중심되는 혁명을 일으켜 사회를 더 나은 방향으로 바꾸고자 했지요. 하지만 당장의 빈곤에 시달리는 민중의 현실과 그들이 꿈꾼 이상의 격차는 너무나 컸습니다. 이 때문에 절망을 느끼고 무정부주의나 테러리즘에 빠지는 지식인이 적지 않았습니다. 알렉산드르 2세도 그 테러의 희생자가 되었습니다.

국민의 불만에 찬 목소리는 날이 갈수록 높아질 뿐이었습니다. 니콜라이 2세(재위 1894~1917년)는 불만의 배출구를 대외로 돌리기 위해 러일 전쟁을 일으켰지만 패배로 끝났습니다. 러일 전쟁 말기에 '피의 일요일 사건'(1905년 1월)이 일어났습니다. 농민과 노동자들이 페트로그라드(현 상트페테르부르크)의 겨울궁전 앞 광장에 모여 전쟁을 반대하고 노동 조건 개선을 청원하고 있을 때 근위병이 발포하여 많은 사상자를 낸 사건입니다.

2월 혁명과 10월 혁명

총리 스톨리핀(1862~1911년)은 혁명 운동을 진압했고 니콜라이 2세도 국회를 열겠다고 약속해놓고는 스톨리핀 체제를 지지했습니다. 러시아는 제1차 세계대전에 참전했지만 동부 전선에서 독일군에게 참패한 이후로 사기가 오르지 않았습니다. 전쟁이 길어지면서 생활은 더욱 궁핍해지고 전쟁에 대한 국민의 혐오감은 커졌습니다. 많은 농민들이 징병된 터라 식량 생산과 보급이 어려워지는 위기에 처했습니다.

결국 1917년 3월(러시아력 2월), 페트로그라드에서 노동자의 폭동이 일어납니다. 여기에 군대까지도 합류하며 혁명이 되었습니다. 이것이 '2월 혁명'입니다. 각지에 노동자, 농민, 병사로 구성된 소비에트(평의회)가 조직되었습니다. 니콜라이 2세는 퇴위했고, 300년간 이어진 로마노프 왕조가 무너졌습니다. 황제 퇴위 후에는 사회혁명당 우파의 케렌스키(1881~1970년)가 정권을 쥐고 전쟁을 이어갔습니다.

2월 혁명이 발발했다는 사실을 한 달 뒤 알게 된 블라디미르 레닌(1870~1924년)은 망명해 있던 스위스에서 급히 귀국해 '전쟁을 즉시 중단할 것' '모든 권력을 소비에트에 인도할 것'을 슬로건으로 내걸고 볼셰비키(다수파라는 뜻. 러시아사회민주노동당 중 레닌파)를 이끌었습니다. 날마다 세력이 불어난 볼셰비키는 1917년 11월(러시아력 10월)에 쿠데타를 일으켜 케렌스키 정권을 무너뜨렸습니다. 이것이 '10월 혁명'입니다.

소비에트 정권은 교전국 독일과 단독 강화(브레스트리토프스크조약, 1918년 3월)를 맺고 제1차 세계대전 도중 연합국에서 이탈했습니다. 동시에 볼셰비키를 '러시아공산당'으로 개칭하고 수도를 페트로그라드에서 모스크바로 옮겼습니다. 그리고 전국 소비에트 회의를 열어 새 헌법을 제정하였습니다(1918년 7월).

시베리아 출병과 코민테른

그렇더라도 앞길은 여전히 험난했고 몇 번의 난관을 극복해야 했습니다. 자본주의 국가들은 러시아 혁명의 파급을 두려워했습니다. 그래서 영국, 프랑스, 미국, 일본 등은 러시아 각지에서 소비에트 정권을 반대하며 생겨난 반혁명 정부를 음으로 양으로 원조했습니다. 소비에트 정부가 만든 붉은 군대赤軍는 반혁명군과 치열한 전투를 벌였고, 외국의 간섭도 맹렬해집니다. 가장 유명한 사건은 '시베리아 출병'(1918년 8월)입니다. 러시아의 포로였던 체코 병사가 반란을 일으켜 반혁명군을 도왔습니다. 각국은 체코 병사를 구출한다는 구실로 출병했지만 실상은 소비에트 정권에 대놓고 간섭하려는 것이었습니다.

이러한 내란도, 외국 간섭도, 소비에트 정부는 끝내 견뎌냅니다. 1920년 무렵까지 붉은 군대는 국내를 평정하고 외국군도 철수시켰습니다. 더 나아가 소비에트 정부는 세계의 혁명 정당을 지도하는 '코민테른'(또는 '제3인터내셔널', 1919년)을 만들었습니다. 한 국가만 혁명해서는 고립에 처할 것이므로 다른 국가들의 사회주의 혁명과 연대해야 자본주의에서 벗어날 수 있다고 보았습니다. 마르크스가 "만국의 노동자여, 단결하라!"고 외친 이유지요. 하지만 코민테른의 지도는 여러 나라에서 실패하거나 저항에 맞닥뜨렸습니다. 이후에는 소비에트 정부도 세계 혁명보다 자국 내 사회주의를 다지는 데 집중하게 됩니다.

⇥ 네프 실시 ⇤

소비에트 정부는 국내 반혁명 전쟁과 외국 간섭에 대처하기 위해 전시戰時공산주의를 취했습니다(1918~1920년). 붉은 군대를 위해 토지와 공장을 국유화하고 농산물을 강제 징발하여 물자를 공급한 것입니다. 하지만 이러한 비상 조치 때문에 수확물을 징발당하는 농민은 의욕이 저하됐고 생산이 줄었습니다. 1921년 대기근 때는 수백만 명이 굶어죽는 참혹한 상황이 벌어졌습니다.

레닌은 경제를 다시 일으키기 위해 1921년에 '네프^{NEP}(신경제정책)'를 채택합니다. 통제를 완화하여 어느 정도 자본주의를 받아들이는 내용이었지요. 농민이 자기 수확물을 자유로이 판매하고 소기업은 상거래를 할 수 있도록 허용했습니다. 그 결과, 경제는 겨우 위기를 벗어날 수 있었습니다.

네프 시대에 소비에트 정부는 외국과 우호 관계를 맺고자 열심히 노력했습니다. 자본주의 국가도 소비에트와 통상을 희망했습니다. 영국은 한발 빠르게 통상 조약을 맺었고(1921년) 독일도 라팔로조약(1922년)을 맺어 소비에트를 승인했습니다. 다른 국가들도 뒤따르면서 소련은 국제 사회에 복귀할 수 있었습니다. 그 사이 러시아에만 국한되어 있던 소비에트 정부에 다른 세 개의 사회주의 공화국(우크라이나, 카프카스, 벨라루스)이 합체(1922년)해 하나의 연방이 만들어졌습니다. 이것이 바로 소비에트사회주의공화국연방, 약칭 '소련'입니다.

◇ 088 ◇
두 혁명가

⇥ 최강의 마르크스주의 이론가 레닌 ⇤

러시아 혁명이 얼마나 위대한 혁명이었는지, 이 혁명을 달성하기가 얼마나 어려웠는지, 세계에 끼친 영향이 얼마나 거대했는지에 대해서는 여러 말 할 필요가 없을 것입니다.

러시아 혁명의 최대 공로자는 누가 뭐라 해도 레닌(1870~1924년)입니다. 레닌은 마르크스 이후의 가장 위대한 마르크스주의자로, 방대한 저서로도 알 수 있듯 탁월한 이론가입니다. 동시에 강철 같은 의지와 발군의 실행력을 지닌 실천가였습니다.

한번은 제가 스위스 제네바에 갔을 때, 지인이 어떤 카페로 안내를 해주었습니다. 아마 바스티옹 공원 근처였던 것으로 기억합니다. 지인은 '이 자리에서 레닌이 항상 글을 쓰고 있었다'며 한 테이

불을 가리켰습니다. 저도 한참 동안 감회에 젖어 바라보았지요.

⇥ 봉인 열차 ⇤

 이론가 레닌은 잠시 접어두고 실천가 레닌의 일면을 엿볼 수 있는 '레닌의 봉인 열차' 에피소드를 들려드리겠습니다. 공산주의 사회의 이상을 실현하기 위해 지금 무엇을 해야 하는가를 알고 주저 없이 실행하던 레닌의 모습이 엿보입니다.
 2월 혁명이 일어났을 때, 레닌은 스위스 취리히에 망명해 있었습니다. 그는 매일 아침 9시에 도서관에 도착해서 점심을 먹고 난 후 도서관으로 돌아가 오후 6시까지 책을 읽었습니다. 그래서 도서관 직원들은 이 마른 남자의 사정은 몰라도 그의 착실함만큼은 잘 알고 있었습니다. 그런데 1917년 3월 15일 그날, 오후가 되어서도 남자는 모습을 드러내지 않았습니다. 그리고 다시는 나타나지 않았습니다. 실은 도서관에 오는 도중 만난 친구에게서 러시아에 혁명이 일어났다는 소식을 들었기 때문입니다.
 '하루라도 빨리 귀국해야 한다. 그러나 어떻게 취리히에서 탈출할 것인가?'
 공산주의 꼬리표가 달린 볼셰비스트에게는 길이 막혀 있었습니다. 레닌은 러시아인들의 망명자 회의에서 논의한 끝에 '봉인 열차'라는 방법을 쓰기로 합니다.

블라디미르 레닌

"망명자가 타는 열차는 일종의 치외 법권 구역입니다. 허가 없이는 누구도 차내에 들일 수 없게 합시다. 그 대신, 망명자는 단 한 발자국도 차 밖으로 내디뎌서는 안 됩니다. 별게 아닙니다. 열차를 봉인된 상태로 만들자는 겁니다."

적국 러시아의 내부 혼란을 바라던 독일 대사는 이 조건에 협의했습니다. 레닌과 동지들은 독일을 통과해 4월 16일(러시아력 4월 3일) 밤, 무사히 페트로그라드의 핀란드역에 도착했습니다. 역 앞 광장은 이미 노동자와 병사들로 가득 차 있었습니다.

이때부터 레닌은 사회주의 혁명을 향해 한 걸음 한 걸음씩 나아가기 시작합니다.

⇢ 로베스피에르 ⇠

레닌과 봉인 열차의 극적인 장면을 보면, '최고 존재의 제전'에서의 로베스피에르(1758~1794년)를 떠올리지 않을 수 없습니다.

로베스피에르는 고향인 프랑스 북부 아라스에서 일하던 변호사였습니다. 그러던 중 파리로 나와 혁명 운동에 가세하며 자코뱅 클럽에서도 가장 급진적인 산악파에 들어갔습니다. 눈에 띄게 우수하고 치밀한 두뇌, 논리정연한 말솜씨, 청렴한 성품으로 두각을 나타냈지요. 로베스피에르는 왕당파 그리고 클럽 내 우파이자 라이벌인 지롱드파를 쳐내고 산악파 안에서의 격렬한 권력 투쟁에서 싸워 이겨내며 마침내는 독재권을 장악합니다.

그러고 나서 '공포 정치'라는 이름 그대로 마치 핏물을 뒤집어쓴 듯한 테러와 탄압을 벌였습니다. 어느 기록에 따르면 1793년 3월부터 1794년 6월까지 1년 반 동안 파리에서 처형된 자는 1,251명, 1794년 6월부터 7월까지 한 달 동안 1,376명에 달하며, 지방에서는 파리의 다섯 배 되는 인원이 처형을 당했다고 합니다.

최고 존재의 제전

로베스피에르의 혁명 이념을 상징하는 사건이 있으니, 바로 1794년 6월 8일에 열린 '최고 존재의 제전 La fête de l'Être suprême'입니다. 최고 존재란 이성理性신을 의미합니다. 혁명 급진파는 가톨릭의 신을 부정하고 인간의 이성을 숭배 대상으로 여겼습니다. 하지만 대뜸 '이성 숭배'를 해야 한다고 하면 민중들한테는 그게 뭔지 잘 와닿지 않을 겁니다. 이성 숭배를 눈에 보이는 형태로 나타낼 필요가 있었습니다.

로베스피에르는 지금 식으로 말하자면 '축제'라는 퍼포먼스를 연출합니다. 민중이 모여 함께 종교 의식을 치르다 보면 그들의 생각이 계몽될 것이며 자신의 이상인 '정의와 덕의 공화국'을 실현할 수 있다고 믿었습니다. 귀족과 지롱드파를 기요틴에 올린 로베스피에르는 냉혹한 현실주의자였지만 그걸 넘어 열렬한 이상주의자,

아니, 이상에 대한 순교자였습니다.

그날, 민중은 긴 행렬을 만들어 파리의 마르스 광장으로 행진했습니다. 로베스피에르가 선두에 섰습니다. 광장에 도착한 민중은 "공화국 만세!"라고 외쳤습니다. 이 축제야말로 혁명의 클라이맥스였습니다. 주최자인 로베스피에르는 환희의 절정에 서 있었을 것입니다. 불과 50일 후인 1794년 7월 27일('테르미도르 9일' 또는 '테르미도르 반동') 민중은 같은 길을 행진했지만 그들의 외침은 "폭군 로베스피에르를 타도하자!"로 바뀌어 있었습니다.

그는 혁명의 이상에 사로잡혀 혁명의 현실을 인식하지 않았던 겁니다. 프롤레타리아 혁명과 부르주아 혁명의 차이는 있지만, 레닌과 로베스피에르 두 사람을 나란히 놓고 보면 각자의 이상에 따른 결단이 우리를 생각에 잠기게 합니다.

1794년 최고 존재의 제전 풍경

◇ 089 ◇
베르사유 체제의 모순

⟶ 베르사유 회의 ⟵

1919년 1월, 연합국과 독일 간의 강화 회의가 베르사유 궁전에서 열렸습니다. 연합국 32개국의 대표가 모였지만 실질적으로는 미국 대통령 우드로 윌슨(재임 1913~1921년), 영국 총리 로이드조지(재임 1916~1922년), 프랑스 총리 클레망소(재임 1917~1920년)가 주도했습니다.

'승리 없는 평화'*를 제창한 윌슨은 14개조 평화 원칙을 제안합니다. '자국민이 국가 결정의 주체가 된다(자결주의)' '비밀 외교를

✦ 패자를 제압(승리)하여 얻은 평화는 불완전하므로 패자에 대한 과도한 보복보다는 모든 나라가 동등한 권리와 자유를 누릴 수 있는 공정한 조치를 통해 영구적 평화를 추구하자는 주장.

금지한다' '공해公海는 자유로이 항해한다' 등의 내용이었지요. 하지만 독일과 국경을 맞대고 있는 데다 전쟁으로 전 영토가 쑥대밭이 된 프랑스에게는 너무 이상론이었습니다. 프랑스의 강경한 반대에 부딪혀 강화 조건은 대폭 변경되었습니다. 독일은 회의에 출석조차 하지 못했습니다.

연합국은 모든 전쟁의 책임을 독일에게 지우고 혹독한 조건을 밀어붙였습니다. 독일은 해외 식민지를 모조리 잃고 알자스·로렌을 프랑스에 반환했으며 다른 나라에 영토를 떼어주는 등 전쟁 전과 비교해 영토의 약 13퍼센트를 상실하게 되었습니다.

국경 변경, 식민지 몰수, 군비 제한, 천문학적인 배상금. 어느 조치이건 승전국들이 나타낸 독일 증오는 이해됩니다. 하지만 공정하지는 못했기에 독일인이 베르사유조약에 대해 깊은 원한을 품게 되었다는 사실은 부정할 수 없습니다. 나아가 연합국은 오스트리아와 생제르맹조약(1919년), 헝가리와 트리아농조약(1920년), 오스만 제국과 세브르조약(1920년), 불가리아와 뇌이조약(1919년)을 체결하며 패전국들에게 영토를 앗거나 경제·군사적 제한을 가했습니다.

⤙ 민족 자결주의 ⤚

베르사유 외 여러 조약들에 근거해서 민족국가가 속속 탄생했습니다. 동유럽에서는 폴란드, 유고슬라비아, 체코슬로바키아, 발트삼국이 성립했고, 구 오스만 제국령의 홍해 연안과 메소포타미아 지역에서는 헤자즈와 이라크가 각각 독립했습니다.

민족 자결(自決)은 명분으로서는 훌륭합니다. 하지만 신흥 국가들은 기반이 약해 결국 영국이나 프랑스에 의지할 수밖에 없었습니다. 소국들은 마치 영국과 프랑스의 위성국처럼 독일을 포위하게 됩니다. 이 경우, 소국이 자기 이익을 우선시해 결정을 내리기란 어렵습니다. 당연히 대국의 이해관계에 얽매이지요. 베르사유 체제의 겉과 속이 이토록 어긋났기 때문에 진실은 점점 숨기기 어려워졌습니다.

↣ 국제연맹의 설립 ↢

윌슨의 14개조 중에서 어떻게든 실현된 조항은 국제 평화 기구를 만드는 것으로, 이를 위해 국제연맹이 설립되었습니다(1920년 1월). 베르사유 체제를 유지하고 국제 협조를 도모하는 것이 목적이었습니다. 하지만 정작 미국은 상원의 비준을 얻지 못해 참가하지 않았습니다. 또 자본주의 체제를 기본으로 하는 이상, 사회주의 국가인 소련은 제외됩니다. 그러므로 연맹의 모든 일은 영국이나 프랑스의 뜻대로 결정되었습니다.

분쟁의 평화적 해결이라고 말은 해도 침략국에게 무력 제재를 가할 수 없었습니다. 겨우 경제 제재나 평화 권고에 그쳤지요. 게다가 만장일치로 결의되어야 한다는 점도 지나치게 비현실적이었습니다. 유럽의 안전 보장을 위한 로카르노조약(1925년)과 부전조약(1928년)도 대단한 효과는 없었고, 서로 군비를 축소해 긴장을 낮추자며 열린 군축 회의들 즉 워싱턴 회의(1921~1922년), 제네바 회의(1927년), 런던 회의(1930년)는 오히려 상호 불신을 키웠습니다.

근대 최초의 국제 회의인 베스트팔렌 회의(1648년)는 약 170년 동안 유럽의 국제 질서를 규정했습니다. 그다음의 빈 회의(1815년)는 약 100년 동안이었고요. 이에 반해 베르사유 체제는 불과 20년 만에 붕괴합니다. 어째서 그토록 쉽게 허물어진 걸까요?

제1차 세계대전 후 미국과 소련이 약진하면서 유럽의 세계 지도자적 지위가 낮아졌습니다. 그런데도 이 사실을 직시하지 않고 영국과 프랑스는 변함없이 유럽 중심주의를 고집했습니다. 더욱이 20세기는 19세기와 정치·경제·사회의 구조가 달라졌는데도 말이에요.

예를 들어, 19세기의 개인주의적 민주주의는 대중 민주주의로 대체되었습니다. 17~18세기의 절대주의에 맞서 민주주의를 주도한 것은 계몽사상을 접한 부르주아와 지식인이었습니다. 이들은 왕의 일방적인 명령이 더 이상 개인의 자유와 권리를 무시해선 안 된다고 주장하였습니다. 그러나 19세기의 '개인'이라는 개념에 여성과 하층민은 해당되지 않았습니다. 정치 결정은 사실상 경제 수준을 갖춘 남성 위주로 이루어졌지요. 하지만 산업화, 도시화가 진행되며 20세기에는 다양한 계층의 정치적 요구가 거세졌습니다.

교육이 보급되고 정보를 접하기도 쉬워진 상황이었지요. 각국에서 차츰 보통선거권의 범위가 늘어나 이제는 여성을 포함해 선거권을 얻은 '대중'이 정치의 주체로 참여하기 시작했습니다. 그리고 이것은 수많은 변화의 한 예일 뿐이었지요.

↠ 두 세계대전 사이의 세계 ↞

전후 영국은 경제가 부진하고 정세도 불안정했습니다. 보수당과 노동당 대립 시대가 시작되었습니다. 영국 이상으로 불안정했던 것은 프랑스입니다. 자잘한 당들이 저마다 분립하는 상태가 지속되었습니다. 독일에서는 역사상 가장 민주적이라 일컬어지는 바이마르 헌법을 채택하여 사회민주당이 정권을 쥐었지만 가혹한 베르사유조약이 국민의 생계를 압박했습니다.

이에 반해 미국은 세계 경제의 중심이 되어 경제적인 번영을 누리고 있었습니다. 국제연맹에는 가입하지 않았지만 군축 회의 등 중요한 국제회의를 주도하며 국제 정치에서도 높은 지위를 차지했습니다. 한편 소련은 경제 회복을 위해 이오시프 스탈린(1878~1953년)의 지도 아래 5개년 계획을 추진했습니다. 농업 집단화와 산업화로 경제 기반을 변화시켰고 중공업 부문에서 성과를 거두었습니다.

◇ 090 ◇
파시즘의 대두

── 대공황의 충격 ──

베르사유 체제가 모순을 품고 있었음에도 불구하고, 첫 10년 동안은 국제 협조주의와 민주주의가 진전되었습니다. 여러 나라의 국력도 점차 회복될 전망을 보였지요. 미국은 사상 최대의 호경기에 들떠 있었습니다. 그러나 1929년 10월 24일, 뉴욕 증권 거래소의 주가가 대폭락하는 사건이 발생합니다. 전후의 과잉 생산과 농업 불황이 겹치며 경제 공황을 불러일으킨 것입니다.

 미국 경제는 호황이었지만 모든 산업이 그 혜택을 누린 것은 아니었습니다. 농업 부문에서는 전시 수요에 맞춰 늘어난 경작지로 인해 밀 가격이 하락했습니다. 많은 농민들이 어려움을 겪어야 했습니다. 방적업과 피혁 산업 등도 상황이 좋지 않았습니다.

그러니 농민과 노동자들의 소비는 대폭 늘어난 산업 생산물을 소화할 수 없었습니다. 과잉 생산은 기업과 은행이 도산하는 사태로 이어졌습니다. 주식 시장도 거품이 꺼져버렸습니다. 호황을 믿고 몰려들었던 돈들이 빠져나갔지요. 위기감은 연속적인 주가 폭락을 불러 국민의 소득에도 악영향을 미쳤습니다. 거리에 실업자가 넘쳐났습니다. 미국의 공황은 순식간에 세계로 파급됩니다.

1933년 민주당의 프랭클린 루스벨트는 대통령(재임 1933~1945년)에 취임하여 뉴딜New Deal(처음부터 새로 시작한다는 뜻) 정책을 실시했습니다. 도로, 다리, 학교 건설과 같은 공공 사업을 여럿 진행해 사람들에게 일자리를 주었습니다. 은행이 사람들의 돈을 더 안전하게 관리하도록 규제를 늘렸습니다. 실업자와 노인을 위해 사회 복지를 제공했습니다. 즉 기존 자유방임 경제를 억제하고 국가의 통제를 강화하는 방향으로 위기를 극복한 것이지요.

영국도 본국과 식민지 간 블록 경제(폐쇄적인 경제 공동체를 결성)를 실행해 급한 위기를 넘겼습니다. 식민지에서 원자재를 조달하고 본국에서 가공하여 제품을 판매하는 식으로 자급자족의 안정된 구조를 도모했습니다.

하지만 같이 불황의 타격을 받고 있더라도 독일, 이탈리아, 일본 같은 후진 자본주의 국가들은 효과적인 대책을 세우기 어려웠습니다. 이들은 가장 빠른 방법으로 다른 나라를 침략하는 방안을 떠올렸습니다.

↠ 일본과 이탈리아의 침략 ↞

전후에 경제 상태가 악화된 이탈리아에서는 베니토 무솔리니(1883~1945년)가 이끄는 국가파시스트당이 1922년 쿠데타('로마 진군')를 통해 비합법적으로 정권을 장악했습니다. 그다음엔 피우메(지금의 크로아티아 리예카 지역)와 알바니아를 강제 합병하고(1924년, 1926년) 아프리카의 에티오피아를 노골적으로 침략했습니다(1935~1936년).

일본군은 중국에서 만주사변*(1931년)과 상하이사변**(1932년)을 일으켰습니다. 만주 일대를 점령한 뒤 괴뢰(꼭두각시) 정권으로서 만주국을 수립(1932년)하고 본격적인 대륙 침공을 개시합니다. 일련의 사건들을 독단적으로 추진한 군부는 급격히 세를 불려 일본의 실질적인 정치 권력을 장악했습니다. 일본 내에서 5.15 사건***(1932년), 2.26사건****(1936년) 등 군부에 의한 테러가 잇따르며 자유주의가 억압되고 정당 정치가 끝을 맞이합니다.

✦ 일본 관동군이 남만주 철도를 폭파하는 자작극을 벌이고 이를 중국군 소행이라 발표하며 만주를 침략한 사건. 만주에 주둔하는 자국민 보호를 명분으로 내세워 국제사회가 즉각 비난하지 못하도록 했다.
✦✦ 만주 침략을 규탄하는 항일 운동이 일어나자 일본군이 상해(상하이)를 공격한 사건. 일본 승려가 중국인에게 폭행을 당한 것처럼 꾸미고, 일본인과 중국 경찰의 충돌 상황에서 일본인 사상자가 발생한 것을 빌미로 군사 공격을 시작했다.
✦✦✦ 일본의 해군 장교들이 정권 전복을 목표로 일본 총리를 암살한 사건.
✦✦✦✦ 일본의 육군 장교들이 반란을 일으켜 주요 정치가들을 살해한 사건. 일본 내에 군부 독재 체제가 확립된 분수령으로 여겨진다.

이러한 정치 풍조를 '파시즘Fascism'이라 합니다. 국가를 최고로 여기고, 개인의 자유를 부정하고, 정치 사회 운동을 금지·억압하며, 외부에 대해 공격을 가하는 점이 각국 파시즘에 공통됩니다.

↣ 나치 독일 ↢

전후 독일은 초대 대통령 에베르트(재임 1919~1925년) 통치하에 공화정을 실시합니다. 역사상 가장 민주적이라 일컬어지는 바이마르 헌법도 제정했습니다.

하지만 세계대전의 참화와 가혹한 베르사유조약으로 독일 경제는 파멸에 직면했습니다. 미국 자본의 지원으로 경제가 조금씩 일어나고 국제연맹에 가입(1926년)도 허가된 찰나에 미국 공황으로 직격탄을 맞았습니다.

이보다 앞서 아돌프 히틀러(1889~1945년)는 국가사회주의독일노동자당, 통칭 '나치'의 당수가 되어 베르사유조약과 바이마르 체제 타도를 외쳤으나 좀처럼 세력이 늘지 않고 있었습니다. 그러나 미국 공황이 독일을 경제 위기로 몰아넣었습니다.

사회가 혼란에 빠진 때야말로 나치에게는 세력을 확대할 절호의 기회였습니다. 총선거 때마다 의석을 늘린 나치는 1932년 즈음 230석의 의석을 얻어 제1당이 되었습니다.

나치의 광신적이고 폭력적인 성향을 싫어하고 강령(정당의 기본 방침)이 위험하다고 느낀 사람도 적지 않았습니다. 그런데도 어떻게 나치는 급속히 당세를 불릴 수 있었을까요?

정치 혼란으로 국민은 의회에 불신을 품었습니다. 게다가 전후 인플레이션으로 중산층과 농민이 몰락하고 말았습니다. 심리적으로 대단히 낙담해 있던 가운데, 베르사유조약 파기를 외치고 게르만 민족의 우수성을 설파하는 나치의 강령에 알게 모르게 끌렸던 것입니다.

공산당의 진출을 경계한 자본가와 국방군의 지지를 얻은 점 또한 나치의 당세 확장에 유리하게 작용했습니다.

나치의 침략 행위

이듬해인 1933년 나치는 합법적으로 정권을 장악한 후 공산당 탄압, 언론 출판 통제, 유대인 박해를 속속 자행했습니다. 대외적으로는 베르사유조약을 일방적으로 파기하고 국제연맹에서 탈퇴(1933년)한 후 라인란트에 군대를 재배치시켰습니다(1936년).

라인란트는 연합국이 강제로 비무장화시킨 라인강 서쪽 땅입니다. 많은 독일 국민은 이를 부당하다 여기고 있었습니다. 라인란트 진주를 감행한 히틀러의 국내 인기는 수직상승했고, 영국과 프랑스 등이 무력 대응을 주저하면서 그의 공격적 정책에 힘이 실리게 되었습니다.

히틀러는 대통령 힌덴부르크(1847~1934년)의 서거를 기점으로 대통령제를 없애고 총통('퓌러')제를 실시하며 최고 권력자에 오릅니다. 그는 경제를 재건하여 실업자를 줄이는 한편 대대적으로 군비를 확충해 침략을 준비했습니다.

스페인은 1931년 이래 공화정을 실시했지만 총선거 결과 좌파 인민전선 내각이 성립(1936년)했습니다. 그러자 우파의 프란시스코 프랑코(1892~1975년) 장군이 반란을 일으켰습니다. 독일과 이탈리아는 프랑코를, 소련은 정부군을 도왔습니다. 결국 프랑코가 승리하며 독재권을 쥐게 됩니다.

내전을 치르던 중 독일과 이탈리아의 추축 관계가 성립했습니다. 일본도 가세해 방공협정(또는 안티코민테른협정, 1937년)을 맺었습니다.

'추축^{Axis}'이란 이탈리아의 무솔리니가 처음으로 공식 언급한 표현으로서 독일과 이탈리아 동맹이 유럽의 가장 중심 축이라는 의미입니다. 훗날 제2차 세계대전에서도 추축국은 하나의 진영을 이룹니다.

1938년, 독일은 오스트리아를 병합하고 더 나아가 체코슬로바키아 내에서 독일인이 가장 많이 살고 있는 수데티 지방도 병합하려 했습니다. 이에 영국, 독일, 프랑스, 이탈리아 수상들의 뮌헨 회담이 열렸는데, 영국의 체임벌린 수상이 유화 정책을 채택하여 결국 독일의 영토 요구를 승인합니다. 전쟁의 여파가 여전한 상황에서 가능하면 충돌을 피하고 싶었고 독일인이 많은 수데티 지방을 넘겨주는 것으로 일이 마무리되리라 믿었기 때문입니다.

  이 뮌헨 회담에서의 유화 정책으로, 히틀러는 체코슬로바키아를 거침없이 해체하고 체코의 병합과 슬로바키아의 보호령화를 강행했습니다.

◇ 091 ◇
히틀러의 뮌헨 봉기

⇥ 독재자 히틀러 ⇤

개인적인 이야기이지만 저는 한때 히틀러에 관한 책을 탐독한 적이 있습니다. 모든 도덕적 평가를 배제하고 말한다면, 히틀러에게는 한번 호기심을 가지면 붙들고 좀처럼 놓아주지 않는 악마적 힘이 있습니다. 예로부터 세계사에는 독재가들이 셀 수 없이 등장했습니다. 그러나 히틀러는 과거 어느 독재자에게서도 찾을 수 없는 특징이 있었습니다.

20세기 문명을 최대한으로 이용하면서 동시에 증오했습니다. 대중을 필요한 대로 동원하면서 동시에 경멸하고 있었습니다. 정치에 있을 수 있는 모든 도의를 말살했습니다. 기독교 전통 따위는 안중에 없었습니다. 의회제 민주주의는 부르주아의 허위 그 이상도 이하도 아니라 여겼습니다.

　이런 남자가 두 번 다시 나타나지 않기를 바랍니다. 하지만 이런 남자를 탄생시킨 정치·사회적 조건은 현대 사회에 남아 있습니다. 히틀러는 없어졌지만, 히틀러 같은 현상이 나타나지 않으리란 보장은 없습니다.

⇥ 히틀러의 경력 ⇤

아돌프 히틀러는 오스트리아 북부의 브라우나우암인에서 태어났습니다. 소년 시절에 부모를 여의었습니다. 집안이 매우 가난했다는 설은 최근 정정되었습니다. 히틀러는 1900년 린츠의 실업학교에 들어갔습니다. 마르고 창백한 소년으로, 딱히 반항적인 면모는 없었다고 합니다. 재능은 있었으나 성실하지 않았기에 학교 교육에 적응하지 못하고 성적도 좋지 않았습니다. 실업학교를 중퇴한 후 화가의 꿈을 품고 빈에 갔지만 입학 시험에서 낙방했습니다.

　독일의 뮌헨으로 거처를 옮기고 나서는 일용직 품삯이나 그림을 판 돈으로 생활했습니다. 이곳에서 히틀러는 정치·사회 개혁에 더 관심을 가졌습니다. 그러면서 의회 제도와 사회주의를 비판하는 견해와 함께 유대인에 대해 이상하기까지 한 깊은 증오심을 품게 되었습니다.

　당시 빈에는 유대인 범죄자가 적지 않았습니다. 또한 빈 시장으로 시민들 사이에 인기가 높고 히틀러도 스승으로 삼았던 인물 루에거(1844~1910년)가 반유대주의자였기 때문에 그로부터도 영향을 받았습니다.

제1차 세계대전이 일어나자 지원병으로 출정한 히틀러는 분대장까지 승진했지만 부상을 입어 후송되었습니다. 그리고 입원해 있을 때 11월 독일 혁명(1918년)을 맞이합니다. 독일에 제정이 무너지고 공화국이 성립된 것입니다.

바이에른은 원래부터 혁명 기운이 왕성한 곳으로, 패전 후 가장 빨리 공산 정권이 세워질 정도였습니다. 이 같은 바이에른의 수도 뮌헨에 온 히틀러는 독일 민족주의, 반의회주의, 반사회주의, 반유대주의의 입장을 점점 선명히 취하게 되었습니다.

그는 독일노동자당에 들어가(1919년) 금세 위원이 되었습니다. 대중선동가, 선전가로서의 뛰어난 재능을 인정받았기 때문입니다. 히틀러는 활발히 당 활동을 하여 당세를 확장시켰습니다. 독일노동자당을 '국가사회주의독일노동자당(나치)'으로 개명하고 그 당수가 되었습니다(1921년 7월, 32세).

⇥ 뮌헨 폭동의 실패 ⇤

1923년 1월, 프랑스와 벨기에는 독일이 배상금 지불을 늦춘 것을 구실로 루르 공업지대를 점령했습니다. 독일 국민은 격분했습니다. 정치가들도 관리와 노동자에게 사보타주(태업)를 지시했습니다. 테러가 일어나고 세상이 소란스러워졌습니다.

이 사건으로 독일의 국수주의(자국 역사와 문화만이 가장 뛰어나다는 믿음) 운동은 단숨에 불이 붙었습니다. 히틀러는 나치당 내에서 군사 훈련을 하던 1,000명 정도의 돌격대를 이끌고 우익 군인단과 함께 뮌헨에서 반란을 일으켰습니다(1923년 11월).

11월 9일 12시 반경 히틀러의 시위대는 본부인 브뤼거브로이켈러 맥주홀을 출발해 도중에 경찰대의 저지를 뚫고 도심의 오데온 광장까지 나아갔습니다. 그때 정부의 무장 경찰대가 발포하여 열세 명의 사망자와 많은 중상자가 나왔습니다.

운명이 엇갈리듯 히틀러와 팔짱을 끼고 있던 사람은 즉사했지만 히틀러는 보도에 쓰러져 어깨가 탈골된 정도에 그쳤습니다. 시위대는 후방으로 퇴각했습니다. 정부를 압박하는 것이 목적이었지 시가전까지 벌일 계획은 없었습니다. 3,000명의 시위대는 경찰대에게 손쉽게 무장 해제되었습니다. 히틀러는 도망쳤지만 후원자가 숨겨준 곳이 발각되어 체포당했습니다(11월 11일).

단 1분간의 총격으로 뮌헨 폭동은 정리되었습니다. 완전한 실패였습니다. 히틀러의 정치 생명도 여기까지인 것 같았습니다.

《나의 투쟁》

2월 26일에 폭동 가담자에 대한 재판이 시작되어 4월 1일, 히틀러에게 6개월 금고형이 선고되었습니다. 히틀러는 1924년 12월 석방되기까지 9개월간 란츠베르크의 옥사에서 저서 《나의 투쟁》을 썼습니다. 출옥하고 난 후에는 비합법 활동에서 합법 활동으로 방침을 바꾸었습니다. 우선 합법적으로 정권을 쥐는 게 중요하다고 판단했기 때문입니다. 1929년 경제 대공황의 절망에 편승해 나치는 비약적으로 성장합니다.

《나의 투쟁》에는 히틀러의 모든 주장이 담겨 있습니다. 독일 사회 내 모든 문제의 원인을 유대인이라 지목하고, 그들에게 오염되어서는 안 되는 순수 독일인(히틀러의 표현으로 "순수 아리아인")이 보존되어야 하며, 독일 민족이 생존하고 번영하려면 식민지 확장이 필수적이라는 등의 내용입니다.

히틀러는 그 주장을 빈말로 그치지 않고 실행에 옮겼습니다. 예를 들어 반유대주의에 따라 600~700만 명에 달하는 유대인을 말살했습니다.

제2차 세계대전의 발발

┅ 독일의 전격 작전 ┅

나치 독일은 오스트리아(1938년), 체코슬로바키아(1939년)를 병합하고 동쪽의 위험 요소를 차단하기 위해 소련과 불가침조약(1939년)을 맺은 후 1939년 9월 폴란드에 침입했습니다. 베르사유 조약 파기라는 그동안의 주장을 실행한 것입니다. 폴란드와의 상호원조조약에 근거해 영국과 프랑스는 독일에 즉각 선전포고했습니다. 제2차 세계대전의 불꽃이 튀었습니다.

독일군은 특기인 전격전('블리츠크리그', 번개 전쟁이라는 뜻)으로 폴란드를 파괴하고 덴마크, 노르웨이, 네덜란드, 벨기에로 쳐들어갔습니다. 그다음 프랑스로 진격해 파리를 함락시키고 프랑스 북부를 점령합니다.

전격전이란 빠른 기동성으로 부대를 이동해 기습하는 전술입니다. 이 전술에서 독일 지상군은 특정 지점에 병력을 집중시켜 방어를 뚫어냈습니다. 공중 지원도 동시에 이루어졌습니다. 이 공격들이 너무나 신속하게 진행돼 상대 진영에 더욱 혼란과 공포를 안겨주었습니다.

독일의 우세한 모습을 본 이탈리아는 영국과 프랑스에 선전포고하고 지중해 전선에 출동했습니다. 그러나 영국이 처칠 총리(재임 1940~1945년)의 지도하에 끈질기게 항전하면서 독일의 단기 결전 계획이 틀어집니다. 전선은 이집트, 알바니아, 그리스로 확대되며 장기화되었습니다. 국면을 타개하기 위해 독일은 불가침조약을 파기하고 소련에 선전포고(1941년 6월)하지만, 완강한 저항에 부딪혔습니다.

─→ 태평양 전쟁의 발발 ←─

독일군이 모스크바 전투에서 패배한 그 달(1941년 2월) 태평양 전쟁이 발발했습니다.

1937년 시작된 중일 전쟁은 이미 진흙탕 싸움이 되어 있었습니다. 북경과 천진 같은 주요 도시를 점령하면서 초기에는 일본이 우세했으나, 수도 남경까지 파죽지세의 진군을 자신했던 일본군은 상해(상하이)上海 전투에서 장제스蔣介石(1887~1975년)의 정예 군대와 예상보다도 치열한 난전을 벌입니다. 무수한 중국 양민들이 희생당했습니다. 중국은 끈질긴 저항을 이어갔고 전쟁은 장기화되었습니다.

중일 전쟁이 교착 상태에 빠지자 일본군은 국면을 전환하기 위해 남진 정책을 취합니다. 소련-일본중립조약(1941년 4월)으로 북쪽에 있을 수 있는 위협을 없애두고 1941년 7월 남부 프랑스령 인도차이나에 진주했습니다.

이에 미국, 영국, 중국, 네덜란드는 경제적 압박을 가해 일본의 남진을 저지하려 했습니다. 일본은 이것을 "ABCD 포위망"(네 나라의 앞글자를 따서 지칭)이라 부르며 비난했습니다. 일본에 대해 석유와 철강 수출이 제한되거나 미국법 적용을 받는 모든 지역의 일본 자산이 동결되는 등 경제 제재가 가해졌습니다.

1941년 12월, 일본은 하와이 진주만을 기습 공격하고 미국과 영국에 선전포고했습니다. 미국도 일본, 독일, 이탈리아에 선전포고하면서 파시즘 진영과 민주주의 진영이 전면적으로 교전 상태에 들어갔습니다. 일본군은 필리핀, 말레이 반도, 버마(지금의 미얀마), 서태평양 제도 등을 점령하고 "대동아공영권"을 외쳤습니다.

⇥ 연합군의 반격 ⇤

초기에는 추축국이 우세했으나 미국이 참전하고 나서는 연합군

1941년 중일 전쟁 상황

의 반격이 효과를 나타내기 시작합니다. 유럽 전선에서는 독일군이 스탈린그라드에서 포위 섬멸당했습니다(1942~1943년). 소련은 반격으로 태세 전환해 폴란드, 체코슬로바키아, 오스트리아를 해방시키고 독일 영토에 침입했습니다. 북아프리카 전선에서도 이탈리아가 영국에 무너졌고 독일군은 어쩔 수 없이 철수했습니다. 1943년 7월, 연합군이 이탈리아 시칠리아섬에 상륙하며 무솔리니가 실각했습니다. 그리고 민중에게 총살당합니다. 이탈리아는 무조건 항복을 선언했습니다. 1944년 6월, 연합군은 프랑스 노르망디에 상륙해 파리를 해방시켰습니다. 동쪽에서는 소련군, 서쪽에서는 연합군에게 포위당한 독일군은 막다른 길에 몰렸습니다. 소련군이 베를린을 포위하던 때, 히틀러는 자살합니다(1945년 4월). 독일은 무조건 항복할 수밖에 없었습니다.

한편 태평양 전쟁 초기 일본의 우세도 오래가지 못했습니다. 사이판과 오키나와를 잃었고 일본 본토의 도시는 미국 공군의 폭격으로 잿더미가 되었습니다. 마지막으로 히로시마와 나가사키에 원자폭탄이 투하(1945년 8월)되었습니다. 소련도 대일 항전에 임했습니다. 결국엔 일본이 연합국에 무조건 항복을 선언하며 태평양 전쟁이 끝났습니다.

노르망디 상륙
1944년 6월. 연합군은 노르망디 상륙 작전에 성공했습니다.

⇾ 전후 처리 방안 ⇽

연합국은 빈번하게 정상회담을 열어 전후 처리, 새로운 국제 조직 결성, 독일과 일본의 처치 방안을 의논했습니다. 독일의 무조건 항복과 점령 관리, 소련의 대일 참전을 정한 것은 얄타회담(1945년 2월), 일본의 무조건 항복을 정한 것은 포츠담회담(1945년 7월)이었습니다.

이렇게 6년에 걸친 제2차 세계대전은 추축국의 완패로 막을 내렸습니다.

제2차 세계대전은 연합국 50개국과 추축국 7개국이 사력을 다해 싸운 전쟁이었고 교전 구역도 전 세계였습니다. 따라서 그 참상은 이루 헤아릴 수 없습니다. 최대 인명 피해를 낳았던 제1차 세계대전에 비해서도 피해 규모가 수 배, 아니 수십 배인 것은 확실합니다.

당연하게도 전후에 세계 평화와 국제 협조, 민주주의를 요구하는 목소리가 세계 곳곳에서 높아졌습니다. 구체적인 방책으로서 미국, 영국, 소련, 중국이 국제연합^{UN} 헌장의 원안을 작성했고 1945년 4~6월 샌프란시스코 회의에서 50개국에 의해 공식적으로 헌장이 채택되었습니다. 국제연맹의 결함을 본보기로 삼아 필요한 경우에는 국제연합군의 파견이라는 군사 조치를 취할 권한도 주어졌습니다. 1948년 제3회 UN 총회에서는 '세계 인권 선언'이 채택되었습니다.

두 번의 전쟁에 대한 반성이 이루어진 것은 사실입니다. 하지만 선언문 한 장으로 세계 평화와 국제 협력이 이뤄질 수 있다고 생각하면 너무 순진합니다. 전후에 발생한 국제적 대립만 봐도 명백하지요.

베를린 함락
1945년 4월, 베를린에 들어와 제국 의사당 지붕에 소련 국기를 걸고 있는 소비에트 병사의 모습.

093
아시아와 아프리카의 독립

⇥ 아시아와 아프리카의 독립 ⇤

제2차 세계대전 후의 세계 정세 변화 가운데 가장 큰 것은, 유럽 열강의 식민지 또는 종속국이 독립과 해방을 쟁취한 일입니다.

일부에서는 아시아와 아프리카의 과열된 민족주의를 분쟁의 불씨로 보는 시각도 있습니다. 하지만 근대 유럽이 아시아와 아프리카에 대한 지배 위에서 번영의 달콤함을 누렸다는 사실은 분명합니다. 이들이 독립과 해방을 외치는 것은 당연한 요구가 아닐까요? 제1차 세계대전 후에 선언된 민족 자결주의는 유럽은 몰라도 아시아와 아프리카에는 조금도 적용되지 않았습니다. 열강의 제국주의와 민족의 독립은 물과 기름처럼 양립할 수 없었기 때문입니다.

제2차 세계대전 후 정세가 바뀐 이유는 첫째, 국제 정치의 중심이 미국과 소련으로 옮겨갔기 때문입니다. 둘째, 유럽 국가가 지배하던 식민지와 종속국이 독립했기 때문입니다. 세계는 다극화(세력이 여러 갈래로 나뉘어진다는 뜻)했고, 그것만으로도 유럽의 지위는 상대적으로 낮아질 수밖에 없었습니다.

물론 독립은 세계 정세가 변하면 저절로 주어지겠지라는 식으로 남에게 맡길 수 있는 것이 아니며, 그렇게 해서도 안 됩니다. 많은 어려움과 좌절을 극복하고 스스로 일어서려는 노력이 있어야만 합니다. 아시아와 아프리카의 독립을 하나하나 자세히 살필 수는 없으므로 중국, 인도, 아프리카에 대해서만 조금씩 언급하겠습니다.

⇥ 인민 중국의 탄생 ⇤

중국에서는 쑨원을 이어 장제스가 1928년 중화민국 국민정부를 세웠습니다. 하지만 마오쩌둥毛澤東(1893~1976년)이 이끄는 중국공산당(1921년 결성)과 내전을 시작하게 됩니다.

패배한 마오쩌둥은 국민당의 공격을 피해 중국 남부 장서성에서 북서쪽 섬서성 연안延安까지 '공산당 대장정'(1934~1935년)을 단행했습니다. 약 1만 2,500킬로미터를 걸으며 치열한 전투와 극한의 환경 속에서 살아남아야 했던 이 행군을 통해 마오쩌둥은 확고한 공산당 지도자로 입지를 다졌습니다.

1937년 일본이 중일 전쟁을 일으키면서 일본과 중국은 전면적

인민 중국의 탄생
1949년 10월 1일, 북경 천안문 단상에서 중화인민공화국의 성립을 선언하는 마오쩌둥

인 교전 상태에 들어갔습니다. 중일 전쟁부터 태평양 전쟁까지 국민당과 공산당은 공동전선을 폈지만, 일본의 항복 후 다시 국공 내전이 개시됩니다. 지난한 싸움 끝에 공산당이 국민당을 이겼습니다. 마오쩌둥은 1949년 중화인민공화국(현 중국)의 성립을 선언했습니다. 장제스는 대만으로 도망쳐 대만 국민정부를 세웠습니다. 두 개의 중국이 존재하게 된 것이지요. 그런데 중화인민공화국에는 문제가 산적해 있었습니다.

1945년에 소련과 우호동맹조약을 맺었으나 1956년 소련 공산당 제20차 당대회에서 제1서기(최고 지도자) 니키타 흐루쇼프(1894~1971년)의 '비밀 연설'이 발표됩니다. 스탈린의 대숙청을 공산주의의 탈을 쓴 개인 숭배라 비판하고 평화로운 체제 공존을 주장한 것입니다. 하지만 마오쩌둥은 이것을 공산주의 이념을 수정하려는 시도로 보고 반발했습니다. 이러한 중·소 논쟁 이후 중국과 소련은 대립 관계로 돌아섭니다.

중국 내에서는 '문화대혁명'(1966~1976년)으로 사회가 크게 요동쳤습니다. 소련의 노선 변경을 경계한 마오쩌둥은 새롭고 순수한 공산국가 건설을 위해 이전의 낡은 풍속과 부르주아적인 모든 요소를 척결해야 한다고 주장했습니다. 여기에 젊은층인 홍위병의 적극적 활동이 더해지면서 기존 지도층과 많은 지식인들이 숙청되고 수천 년의 문화 유산들이 파괴되었습니다.

문화대혁명 시기와 그 이후로도 중국 지도부는 권력 다툼의 온상이었고 정권 교체도 빈번했습니다. 1976년 마오쩌둥 사망 후에는 덩샤오핑鄧小平이 실권을 잡아 개혁·개방을 추진합니다.

만약 대내외적 혼란 속에서도 중국이 목표로 하는 네 가지 근대화(농업, 공업, 국방, 과학기술)가 성공적으로 실행된다면, 중국도 세계 대국이 되리란 점은 자명합니다.

한편 동·남아시아에서는 한반도에서 대한민국(남한)과 조선민주주의인민공화국(북한)이 일본으로부터, 말레이시아가 영국으로부터, 베트남이 프랑스로부터, 캄보디아가 프랑스로부터, 인도네시아공화국이 네덜란드로부터, 필리핀공화국이 미국으로부터 각각 독립했습니다(1945~1949년).

인도의 독립

인도는 인종·종교·정치·사회적으로 구심점이 없었고, 19세기 말부터는 완전히 영국의 식민지가 되었습니다.

반영 독립운동은 제1차 세계대전 이전부터 일어나기 시작했습니다. 마하트마 간디(1869~1948년)가 '비폭력 불복종'을 제창하며 민족 운동을 지도했습니다. 1947년 영국은 인도의 독립을 인정했지만, 종교적인 대립 때문에 힌두교도 중심의 인도 연방과 이슬람교도가 세운 파키스탄공화국 두 나라가 영국 연방의 자치령으로서 출발하게 되었습니다. 하지만 양자 대립은 끊이지 않았고 1948년에는 간디가 힌두교도에게 암살당했습니다.

간디의 죽음 이후, 인도 연방은 자와할랄 네루(1889~1964년)를 지도자로 삼고 1950년 영국 연방의 일원으로 남으면서 독립 공화국이 되었습니다. 1954년에는 네루 총리와 중국의 저우언라이[周恩來](1898~1976년) 총리가 회담을 열어 '평화 5원칙'을 내세우고 동(소련)과 서(미국)의 양 진영에 속하지 않는다는 비동맹 정책을 채택했습니다. 양국이 독자적인 입장에 서서 세계 평화에 공헌하려던 점은 주목할 만합니다.

아프리카의 해

아프리카 대륙은 19세기 말부터 유럽 열강이 선착순으로 분할해 식민지화했습니다. 제2차 세계대전 후 아프리카의 국가들은 잇달아 독립합니다. 특히 1960년은 17개국이 생겨나 '아프리카의 해'라고 불립니다. 1981년까지 51개의 독립국이 존재하게 되었습니다. 아프리카 독립국들은 경제와 정치 발전에 힘썼지만 시에라리온, 라이베리아, 소말리아 등에서 내전이 벌어졌습니다. 부족 간 갈등, 독재 정치, 경제적 불안도 사라지지 않았습니다. 다만 세계에서 인구의 평균 연령이 가장 젊고, 광물과 태양광 등 자원이 풍부하다는 점은 아프리카 국가들이 지닌 큰 잠재력입니다.

◇ 094 ◇
차가운 전쟁

→ 차가운 전쟁 ←

제2차 세계대전 후 유럽 세력이 후퇴하며 미국이 자유주의 국가들의 정치·경제상 주도권을 쥐었습니다. 다른 한편에서는 동유럽 국가들의 사회주의화와 함께 소련의 세력이 확대되었습니다. 이제 미국과 소련은 초강대국이 되었습니다. 이 두 극이 국제 정세를 좌우했습니다. 세계대전 때 미국·영국이 맺었던 소련과의 우호 관계는 끝나고, 미국과 소련의 대립이 곳곳에서 드러났습니다.

서쪽 자본주의 진영 12개국이 북대서양조약기구^{NATO}(1949년)라는 군사 기구를 만들자, 이에 맞서 동쪽 사회주의 진영 8개국이 바르샤바조약기구(1955년)라는 군사 동맹을 결성하는 형국이었습니다. 미국 대통령 트루먼(재임 1945~1953년)의 봉쇄 정책은 소련의 세력을 억제하려는 반공 정책이었습니다. 두 초강대국은 기를 쓰며 각자의 세력 확장에 매달렸습니다. 이를 '냉전Cold War'이라 부릅니다.

냉전은 1950년대 후반까지 이어졌고 미·소 양국의 대리전이 여기저기서 일어났습니다. 냉전의 구체적인 표현물로 가장 유명한 것은 독일의 '베를린 장벽'입니다.

베를린 장벽

베를린 장벽이야말로 냉전의 상징이었습니다.

1948년 소련이 서독에서 베를린으로 가는 교통을 전면 봉쇄하자, 서측은 식료품 등을 항공편을 통해 서베를린으로 운반했습니다. 이듬해 소련은 봉쇄를 해제했으나 1961년 8월 다시 봉쇄하고 서베를린으로 도망치는 것을 막기 위해 동서 베를린을 가르는 '마우어Mauer(벽)'를 하룻밤 사이에 세워버렸습니다.

사담이지만, 저는 서베를린에서 엄중한 검문소를 통과해 동베를린에 들어가 반나절을 보낸 적이 있습니다. 베를린 장벽이 세워진 지 3년째의 여름이었습니다. 도망자는 소련 군인에게 사살되던 시기였지요. 서쪽 장벽에 페인트로 휘갈겨진 '살인자!'란 글씨를 목격했을 때, 무어라 말할 수 없는 감정을 느꼈습니다. 그 기억이 지금도 눈에 선하네요.

⇁ 6.25 전쟁과 베트남 전쟁 ↢

베를린 장벽은 먼 하늘 저편의 일이라 어쩌면 우리에게 강한 인상이 없을 수 있지만, 6.25 전쟁(1950~1953년)과 베트남 전쟁(1965~1973년)은 당사자로서 직접 겪어내거나 함께 긴박감을 느끼며 뉴스에 귀 기울여야 했던 사건입니다.

남한 대한민국과 북한 조선민주주의인민공화국이 군사 충돌했고 북한군은 부산까지 진격했습니다. 하지만 미군이 밀어내며 북위 38도선을 넘어 중국과 맞댄 국경까지 다다랐습니다. 그러나 중국 의용군이 북한 편에 가담했기 때문에 미군은 후퇴할 수밖에 없었습니다. 전쟁은 교착 상태가 되었고 결국 정전 회담을 거쳐 휴전하게 되었습니다. 이 전쟁에 소련은 가담하지 않았지만 이 역시 냉전의 일부라 할 수 있습니다.

베트남에서는 1945년 9월 독립운동가 호치민(1890~1969년)이 베트남민주공화국을 세웠습니다. 베트남을 다시 식민지 삼으려는 프랑스군과 이에 반대하는 베트남의 민족 운동이 무력 충돌하며 약 9년 동안 인도차이나 전쟁이 벌어집니다. 1954년, 베트남의 승리로 전쟁이 종결되어 베트남과 프랑스는 제네바협정을 맺었습니다. 이 협정에 따라 북위 17도선을 경계로 베트남에는 호치민이 이끄는 북쪽 공산 정부(북베트남)와 남쪽 친미 정부(남베트남)가 성립되었습니다.

그런데 프랑스가 물러난 자리를 대신해 미국이 나서서 남베트남을 지원합니다. 한 나라가 공산화되면 주변국들도 도미노처럼 연달아 공산화되리라는 경계 때문이었습니다. 1965년에 들어서면 미군은 명백하게 군사 개입을 하여 북쪽을 폭격하기 시작합니다(베트남 전쟁). 1973년 3월 파리 협정으로 미군은 철수하지만 남쪽 베트남공화국을 계속해서 지원했습니다. 이에 북베트남 측은 맹공을 퍼부었고 1975년 4월 남베트남 수도 사이공(지금의 호치민시)을 함락시켰습니다. 장장 30년에 걸친 인도차이나 전쟁·베트남 전쟁이 겨우 종결된 것입니다. 그리고 1976년 7월 남북 베트남을 통일한 베트남사회주의공화국이 성립되어, 소련과 우호협력조약을 체결했습니다.

ᛤ 격렬한 군비 경쟁 ᛤ

미국과 소련의 대립을 극도로 긴장시킨 중대한 원인은 군비 경쟁입니다. 제2차 세계대전 이후 미국과 소련은 군축은커녕 제멋대로 군비를 증강했습니다. 핵무기라는, 인류를 절멸시킬 위험이 있는 병기도 개발되었습니다. 미국은 원자폭탄 실험에 성공(1945년)하고 나서 잠시 우위에 섰지만 곧 소련도 원폭을 가지게 됩니다(1949년). 미국·소련·영국·프랑스·중국·인도가 너도 나도 앞다투어 핵실험을 진행하고 핵무기를 소유하는 것으로 국력을 자랑했으니 제정신은 아니었습니다. 미국과 소련 모두 개발한 대륙간 탄도 미사일^{ICBM}(1957년)이나 중거리 탄도 미사일^{IRBM} 등이 만약 전쟁에서 사용된다면 어떤 무시무시한 위력을 발휘할지, 생각만 해도 끔찍한 일입니다.

미·소 대립은 6.25 전쟁 그리고 뒤에서 소개할 쿠바 혁명 때가 절정이었습니다. 이후 긴장은 어느 정도 완화되는 모습이었습니다. 스탈린의 죽음이 하나의 전환점이 되었습니다. 후임인 흐루쇼프가 소련의 수장이 되고 나서는 평화 공존으로 방향이 바뀌었습니다. 해빙기라는 말처럼 '차가운 얼음이 녹은' 것이지요.

◇ 095 ◇
얼음이 녹는 계절

⇥ 핵실험 정지 ⇤

6.25 전쟁 정전협정, 인도차이나 휴전협정 후 제네바에서 열린 1955년 미국·영국·프랑스·소련의 4개국 수뇌회담은 실제적인 협정에는 도달하지 못했지만 평화 공존의 가능성을 시사했습니다. 한 걸음 나아간 것입니다. 군비 확장 경쟁에서도 그랬습니다. 핵무기의 위협을 안 미국과 소련은 자발적으로 핵실험을 중단합니다. 1963년 미국·영국·소련은 부분적 핵실험금지조약을 체결했습니다. 그렇다고는 해도, 긴장은 완화되는 방향으로 잠시 고개를 돌렸을 뿐입니다.

일본에서도 시민들 사이에서는 전후 반전·평화 운동이 활발했습니다. 히로시마와 나가사키에 평화 운동가들이 모이는 원폭·

수폭 금지 세계대회 등 소정의 성과를 거두었습니다. 하지만 내부 분열이 일어나는 바람에 통합되지 못했고 세계와의 연대라는 점에서 보면 여전히 부족한 감이 있습니다.

⇥ 제3세력의 움직임 ⇤

제3세력은 평화를 촉진하는 데 주목할 만한 역할을 맡았습니다.

1954년 실론(지금의 스리랑카)의 콜롬보에서 동남아시아 국가들이 반식민지주의와 중립주의를 결의했습니다. 중국의 저우언라이와 인도의 네루 총리가 평화 5원칙을 발표했습니다. '영토와 주권의 존중' '상호 불가침' '내정 불간섭' '평등 호혜' '평화 공존'입니다. 1955년에는 인도네시아의 반둥에서 아시아·아프리카 회의를 열어 평화 5원칙을 확인하고, 나아가 아시아와 아프리카 국가들의 연대를 약속했습니다. 하지만 현실은 이상대로 움직이지 않지요. 베트남군이 캄보디아에 침공(1978년)하면서 캄보디아의 정세는 혼미해졌습니다.

⇥ 유럽 공동체 ⇤

한때의 번영을 잃었다고는 해도, 유럽은 마셜 플랜(유럽 경제 복구 계획)으로 경제를 부흥시켰습니다. 처음에는 미국에 의존했지만 유럽경제공동체^{EEC}(1958년)를 설립하며 점점 의존에서 벗어났습니다. 여기서 한 단계 더 나아간 유럽공동체^{EC}(1967년)와 확대EC(1973년)가 성립했습니다. EEC가 회원국 간 관세 장벽을 없애고 경제적 협력을 도모했다면 EC는 정치적 협력까지 같이하였고 확대EC는 더 많은 유럽 국가들이 가입해 경제·정치적 통합을 목표로 삼았습니다. 프랑스 제5공화국 대통령 드골(재임 1959~1969년)은 독일과 협조해 EC 강화를 위해 힘썼습니다.✝ 이러한 아시아·아프리카의 연대와 유럽의 재건 모두, 세계가 앞으로 점점 더 다극화될 것임을 시사합니다.

↬ 1970년대의 경제 위기 ↫

얼음이 녹았다고 해서 바로 봄이 온다고는 할 수 없습니다. 때로는 한파가 몰려오거나 대설이 내릴 수도 있는 법이지요. 1970년대에 들어서자 정치적으로는 데탕트^{Détente}(긴장 완화) 기미가 보였습니다. 하지만 위기는 경제에서 왔습니다.

   미국은 베트남 전쟁에 1,400억 달러라는 거액의 전쟁비용을 쓰면서 경제 악화를 맞이했습니다. 그래서 닉슨 대통령(재임 1969~

✦ 1993년 유럽연합(EU)이 창설되면서 EC는 EU에 통합되었다.

1974년)은 서방 동맹국들과 상의하지 않고 새로운 경제 정책을 내놓았습니다(1971년).

우선 수입품에 과징금을 매겨 가격을 올렸습니다. 그러면 상대적으로 저렴해진 국산품의 소비가 늘고 수입량은 줄겠지요. 또한 달러를 금으로 교환할 수 있는 체제('금본위제')를 끝냄으로써 달러 가치를 낮추었습니다. 이렇게 되면 미국산 제품의 가격은 그대로여도 외국 사람들 입장에서는 값이 싸진 것과 같으니 수출이 늘겠지요.

그때까지 달러는 국제적인 안정 통화였는데, 미국은 이 역할을 스스로 포기하면서 경제를 부양시키려 했습니다. 통화의 안정성이 떨어지니 경제의 불안도가 높아졌습니다. 특히 원유는 달러로 거래되기 때문에 달러 가치가 떨어지면 기름을 살 때 더 많은 돈을 내야 했습니다. 원유는 에너지와 운송 등의 기초이므로 원유 가격 상승에 따라 전 세계 물가가 계속해서 오르는 인플레이션이 발생했습니다.

미국으로서는 내 코가 석 자로 당장 큰일이 났으니 다른 희생 같은 데엔 신경 쓸 수 없었던 것이겠죠. 다른 나라들도 미국의 새로운 경제 정책에 대응할 경제 정책을 모색합니다.

당시 이 일을 '닉슨 쇼크'라 불렀습니다. 미국의 경제력에도 한계가 있다는 사실이 폭로된 사건입니다.

석유 쇼크

'닉슨 쇼크'에 잇따른 또 하나의 충격이 일어나는데 바로 '석유 쇼크'입니다. 1973년 10월 제4차 중동 전쟁이 발발했을 때, 아랍 산유국들은 이스라엘과 이스라엘 지지국에게 압박을 가하기 위해 석유 생산과 공급을 중단했습니다. 그리고 이른바 OPEC(석유수출국기구)*을 통해 단체로 석유 가격을 크게 올렸습니다.

말할 것도 없이 석유는 현대 산업의 생명줄입니다. 즉 석유가 세계 전략 중 하나가 된 것입니다. 이런 일은 과거 어느 역사에 빗댈 수 없는 신종 현상이었습니다.

석유 가격이 네 배나 오른 덕에 산유국의 경제적 지위는 높아진 데 반해 석유를 사야 하는 나라들은 경제적으로 큰 부담을 느꼈습니다. 특히 석유를 많이 수입하는 나라들은 국제 수지가 악화되었습니다. 국제 수지는 나라에 외화가 얼마나 들어오고 나갔는지를 보여주는 수치인데, 석유 가격이 급등하면 전반적인 물가가 오르고 수입품 가격도 상승하여 외화가 빠져나가는 양이 많아지기 때문입니다.

산유국이 마치 선진국에 대해 생사여탈권을 쥔 것과 같았습니다. 선진국은 대(對)아랍 정책을 새롭게 구상하지 않으면 안 될 상황에 놓였습니다.

✦ 산유국들이 협력해 석유 가격을 조절할 수 있도록 만들어진 단체.

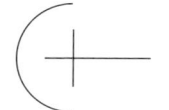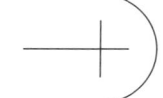

시오니즘의 다툼

⇾ 팔레스타인 문제의 유래 ⇽

시대는 지그재그의 코스를 밟으면서도, 국제 대립이 극도로 심각했던 시대에서 서서히 완화의 시대로 이동했습니다. 하지만 세계에는 아직 평화로운 공존을 가로막는 지역이 남아 있습니다. 그중 하나가 중동이지 않을까요? 구체적으로 말하면, 이스라엘과 팔레스타인의 관계입니다. 어째서 분쟁이 일어난 걸까요?

제1차 세계대전 중인 1917년 11월이었습니다. 영국의 외무장관 아서 밸푸어(1848~1930년)는 예루살렘 지역의 유대계 금융 자본의 협력을 얻기 위해 장래에 유대인이 팔레스타인에 건국하는 것을 인정했습니다. 이를 '밸푸어 선언'이라 합니다.

그런데 다른 한편으로, 영국은 팔레스타인에 살고 있는 아랍인에게도 오스만 제국으로부터의 독립을 돕겠다고 약속했습니다('맥마흔 선언', 1915년). 이 사실을 안 아랍인은 격분했습니다.

유대인은 1세기에 팔레스타인에서 추방당해 망국민이 되었습니다. 7세기부터는 아랍의 이슬람교도가 팔레스타인을 점령해 정착했고 16세기 이후에는 오스만 제국의 영토가 되었습니다. 제1차 세계대전에서 오스만 제국은 영국의 적이었기 때문에, 영국은 적국 영토의 처분을 유대인과 아랍 이슬람교도 양쪽에 약속하는 이른바 이중 외교를 행한 것입니다. 더욱 골치 아픈 것은 팔레스타인이 유대교, 기독교, 이슬람교 세 종교의 성지인 예루살렘을 포함하고 있다는 점입니다.

↣ 시온주의 ↢

《구약성서》에 따르면, 팔레스타인은 유대인이 신에게서 받은 '약속의 땅'입니다. 나라 잃은 백성 유대인은 유대교를 마음의 지지대로 삼아 박해를 견뎌왔습니다. 19세기 후반 유대인 사이에 민족주의가 생겨나면서 그들은 팔레스타인에 유대인의 나라를 건설하고 싶다는 열망을 품게 되었습니다. 이것을 '시온주의'라 합니다. 시온이란 예루살렘의 별칭입니다.

밸푸어 선언에 따라, 제1차 세계대전 종결 후 유럽 각지의 유대인이 팔레스타인으로 모여들기 시작했습니다. 한편 시온주의가 활발해지던 무렵에 팔레스타인 사람들도 아랍 민족주의를 품고 오스만 제국으로부터 독립을 시도했습니다. 그들의 입장에서는 오랜 시간 살아온 땅이니 소유권은 자신들에게 있었습니다. 그래서 팔레스타인 지역을 둘러싸고 시온주의와 아랍 민족주의가 첨예하게 대립했습니다. 단순한 민족이나 정치의 문제가 아니라 종교 문제가 얽혀 있기 때문에 참 까다로운 것이지요.

1948년 5월, 영국의 팔레스타인 위임 통치(제1차 세계대전 후 오스만 제국이었던 이곳을 영국이 위임 통치령으로 삼았습니다)가 종료되자 유대인은 이스라엘 건국을 선언했습니다. 아랍 측(이집트, 트란스요르단, 이라크, 레바논, 시리아)은 이스라엘과의 전쟁을 선포했습니다. 이것이 '제1차 중동 전쟁'입니다.

이스라엘은 동유럽과 이후 미국에게서 무기 원조를 받아 승리를 거두고, 아랍인 마을 388개 곳을 병합해 영토를 넓혔습니다. 대체로 유대인은 전쟁 때마다 주변 아랍 국가의 영토를 빼앗아서 이스라엘 영토로 편입했습니다. 이런 강제적인 방식이 아랍인을 반발하게 만들었습니다.

⤙ 끝없는 중동 전쟁 ⤚

팔레스타인 사람들은 1300년이나 살아온 정든 땅에서 쫓겨나 난민이 되어 주변 아랍 국가로 이주합니다. 난민은 계속 늘어만 갔습니다. 팔레스타인 국가 건설을 목표로 하는 팔레스타인해방기구 PLO(1964년)도 그런 난민들이 조직한 기구로서, 이스라엘에 대항해 빈번하게 게릴라전을 일으켰습니다.

1956년 제2차 중동 전쟁이 일어났습니다. 이집트가 수에즈 운하의 국유화를 선언했을 때 갑자기 이스라엘이 이집트를 침략했습니다. 영국과 프랑스 군대도 여기에 가담했습니다. 이 수에즈 전쟁에서는 이집트가 침략군들을 물리치며 아랍 민족주의의 승리라 일컬어졌습니다.

이스라엘은 1967년 제3차 중동 전쟁을 일으켰습니다. 단 6일 만에 아랍군에게 압승을 거두고 수에즈 운하 지대와 시나이 반도를 점령했습니다. 하지만 1973년 제4차 중동 전쟁에서는 수에즈 운하 지대를 탈환당합니다. 이때는 패했습니다. 왜냐하면 아랍 측이 석유 전략, 즉 '아랍 산유국은 친이스라엘 국가들에게 석유를 팔지 않는다'는 새로운 전술을 펼쳤기 때문입니다.

석유 쇼크(1973년)는 세계 경제에 막대한 영향을 끼쳤습니다. 일본에서도 두루마리 휴지가 동이 나는 큰 소동이 일어날 정도였지요. 물론 중동 평화 회담이 없었던 것은 아닙니다. 미국·이스라엘·이집트 3국 정상회담이 열린 적도 있습니다(1978년). 다만 이렇게 평화를 위해 애쓰던 이집트 대통령 사다트가 암살(1981년 10월)되는 일 등은 중동 평화로 가는 길이 실로 험난하리란 것을 예감케 했습니다.

캠프데이비드협정
손을 겹친 사다트 이집트 대통령, 카터 미국 대통령, 베긴 이스라엘 총리.

◇ 097 ◇
프라하의 봄

⇁ 소국의 운명 ⇀

앞서 북대서양조약기구에 대응하기 위해 소련이 이끄는 동유럽 8개국이 바르샤바조약기구(정확하게는 '동유럽우호협력상호원조조약', 1955년)를 결성한 일을 말씀드렸습니다. 이 동유럽 8개국에는 체코슬로바키아(지금의 체코와 슬로바키아)가 포함돼 있습니다. 체코슬로바키아의 역사는 대국 사이에 끼인 소국이 얼마나 비통한 운명을 겪는지, 얼마나 역사의 큰 파도에 휘둘리는지를 보여주는 예입니다. 이러한 관점에서 그 역사를 잠시 되돌아보려 합니다.

서슬라브인은 현재의 지역에 정착하여 체코와 슬로바키아로 나뉘었습니다. 체코(보헤미아, 모라비아)는 17세기 초부터 300년 넘게 오스트리아 합스부르크 가문의 지배를 받았습니다. 슬로바키아는

10세기 초부터 헝가리의 지배를 받았습니다.

프로이센과의 전쟁(1866년)에 진 오스트리아가 독립적 권한을 원하는 헝가리의 민족적 요구를 받아 '오스트리아-헝가리 제국'이라는 이중 제국이 성립(1867년)했습니다. 그와 동시에 체코와 슬로바키아는 이 이중 제국에 속하게 되었습니다. 하지만 동서로 인접해 있었기 때문에 두 민족은 합체하기를 강하게 바랐습니다.

제1차 세계대전 후의 베르사유 회의에서 마침내 독립을 인정받음으로써 '체코슬로바키아공화국'이 탄생했습니다. 초대 대통령 토마시 가리크 마사리크(재임 1918~1935년)는 유럽 내에서도 인격적으로 존경받는 인물이었습니다. 외무장관(훗날 대통령) 에드바르트 베네시(1884~1948년)도 베르사유 체제를 유지하는 것이 소국의 생존 조건이라 여기며 국제연맹에서 활약했습니다. 그는 동유럽 외교의 중심인물이 되었습니다.

∻ 나치에 의한 병합 ∻

하지만 정세는 20년 만에 일변합니다. 독일에 나치 정권이 수립되었습니다. 히틀러는 체코슬로바키아에 압력을 행사해 수데티 지역(독일과의 국경지대로 독일인이 많이 살던 곳)을 양도하게 했고 영국·프랑스도 뮌헨 회담(1938년)에서 이를 인정합니다. 그러자 히틀러는 이듬해 프라하에 진주해 체코를 보호국으로 삼았습니다. 또

슬로바키아를 분리하여 독립시키고 괴뢰국으로 만들었습니다. 동유럽에서도 손꼽히는 공업 지대가 체코였기 때문에 히틀러는 이곳을 손에 넣고 싶어 안달이 났던 것입니다.

마사리크에 이어 대통령에 취임한 베네시는 망명 정부를 만들어 영국·프랑스·소련의 승인을 얻어냈습니다. 국내에서도 이에 호응해 나치 독일에 대한 저항 운동이 활발해졌습니다.

1945년 나치 독일은 붕괴했습니다. 이보다 앞서 체코슬로바키아는 소련군에 의해 해방되어 베네시의 지휘 아래 새로 출발합니다. 수도는 다시 프라하가 되었습니다. 그러나 이번에는 대국 소련의 압박으로 공산당 일당 지배가 시작되었고, 공화제는 인민민주주의 체제로 바뀌었습니다. 노동자와 농민이 참여하는 민주주의를 표방하지만 실상은 공산당 외의 정치적 견해는 탄압당하는 구조였지요. 체코슬로바키아는 동유럽 공산권에 편입되어 바르샤바조약기구의 일원이 되었습니다.

⇥ 프라하의 봄 ⇤

체코슬로바키아는 스탈린식 사회주의를 충실히 지키며 공업, 상업, 농업 모두 소련의 방식을 채택했습니다. 1953년 스탈린의 사망 이후 다른 동유럽 국가들이 차례로 탈스탈린을 시작했는데도 불구하고 체코슬로바키아에서는 당장 그런 움직임이 보이지 않았습니다.

하지만 공산당 체제의 경직화, 경제 성장 둔화라는 현실은 역시 정책을 전환하라고 재촉하고 있었습니다.

1968년 공산당 제1서기가 된 알렉산데르 둡체크(1921~1992년)는 '인간의 얼굴을 한 사회주의'를 주장하며 정치의 민주화와 자유화를 꾀했습니다. 지식인들은 이에 호응해 '2000어 선언'(1968년)을 발표했습니다. 민주화와 인권, 표현의 자유 등을 촉구하는 약 2,000자 분량의 문서였지요. 이러한 자유화 시대를 '프라하의 봄'이라 부릅니다.

그러나 소련은 개혁의 움직임을 위험하다고 보았습니다. 소련군을 중심으로 바르샤바조약기구의 5개국이 전차 부대를 보내 체코슬로바키아에 침입합니다. 이들은 체코슬라비키아 전역을 제압했습니다(1968년 8월). 둡체크는 소련에 연행되었고, 귀국했을 때는 지지파가 모두 추방당해 세력 기반을 잃은 상황이었습니다. 프라하의 봄은 무참히 짓밟혔습니다. 모든 개혁안이 무산되었습니다.

이전에 헝가리의 부다페스트에서 반소련·반정부 시위가 일어났을 때(1956년 10월) 소련이 군사 개입하여 수천 명의 사망자와 20만 명의 망명자를 낳은 적이 있었습니다. 미국과 소련의 냉전이 한창일 때였습니다.

이번에도 체코슬로바키아가 내걸고 싶었던 자유의 등불은 꺼지고 말았습니다.

프라하의 봄
침입한 소련군 전차와 저항하는 프라하 시민.

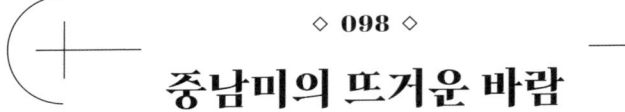

098
중남미의 뜨거운 바람

↣ 라틴 아메리카 국가들의 독립 ↢

중남미란 라틴 아메리카(남아메리카) 국가들을 뜻합니다. 스페인과 포르투갈의 아메리카 식민지는 나폴레옹 전쟁 중의 혼란을 틈타 본국에서 이탈했습니다. 전후 처리를 위한 빈 회의가 있고 나서 스페인과 포르투갈 왕조는 식민지에 대한 권한 복구를 요청했지만 식민지들은 독립을 선언했습니다.

베네수엘라, 파라과이, 아르헨티나, 칠레, 콜롬비아, 멕시코, 과테말라, 엘살바도르, 온두라스, 니카라과, 코스타리카, 페루, 브라질, 에콰도르, 볼리비아, 우루과이가 차례로 독립했습니다 (1811~1928년). 브라질이 입헌군주제를 실시(1889년부터는 공화제)한 것 외에는, 모두 공화정으로 출발했습니다. 라틴 아메리카 국가

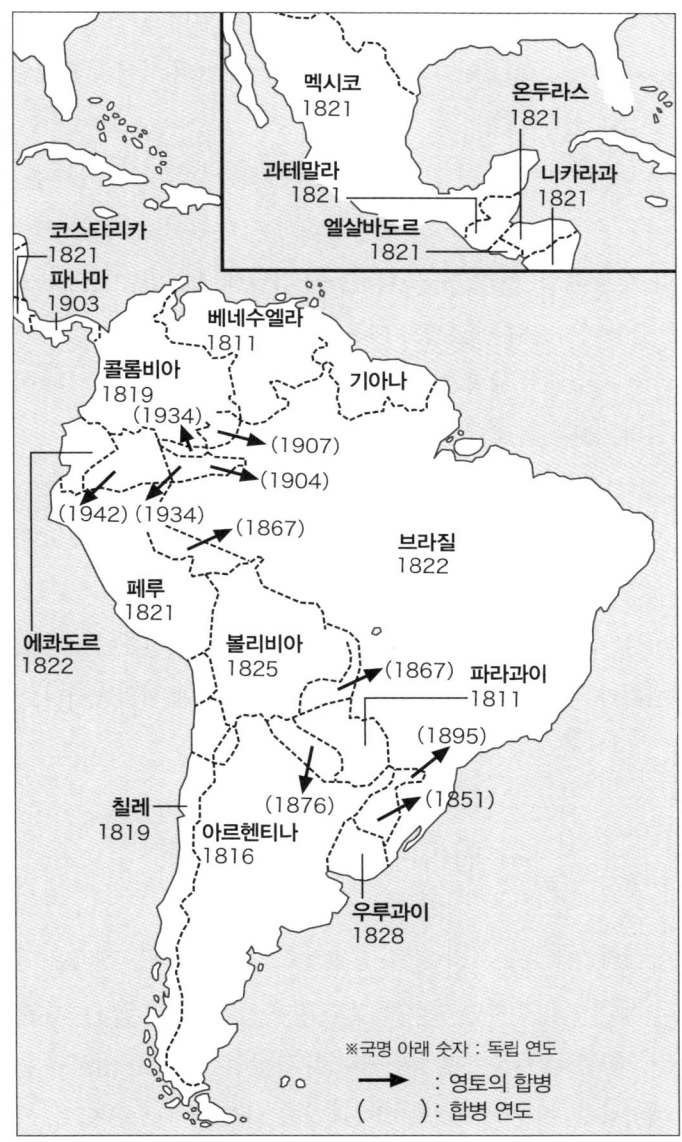

중남미 국가들의 독립 지도

들의 주민은 과반수가 인디헤나(중남미 토착민)입니다. 그 외에 인디헤나와 스페인 또는 인디헤나와 포르투갈계 백인 사이의 혼혈인으로 구성돼 있습니다.

라틴 아메리카 국가의 건국과 발전에서 두 사람의 이름을 떠올리지 않을 수 없습니다. 우선, 시몬 볼리바르(1783~1830년)는 베네수엘라 출신 혁명가입니다. 독립운동에 가담해 스페인군을 무찌르고 대★콜롬비아공화국을 세워 대통령이 되었습니다(1821년). 그는 페루와 볼리비아도 해방시켰습니다. 볼리비아라는 국호는 다름 아닌 볼리바르의 이름에서 따온 것입니다.

또 한 사람은 '먼로 선언'을 발표한 미국 대통령 제임스 먼로입니다. 먼로 선언은 유럽과 아메리카 대륙은 서로 간섭하지 말 것과 유럽 국가는 아메리카 대륙에 식민지를 건설하지 말 것을 골자로 합니다. 이 먼로 선언 이래 정치적으로나 경제적으로나 미국이 라틴 아메리카 국가들에 대한 주도권을 자연스레 쥐게 되었습니다.

⇝ 범아메리카주의 ⇜

라틴 아메리카 국가들끼리 정치·경제적으로 결속하자는 생각은 일찍부터 싹텄지만, 뚜렷한 형태를 갖춘 것은 1889년 미국의 초대로 미국을 포함한 18개국이 워싱턴에 모여 통상협정과 공동정책을 논의한 때입니다. 이것이 '제1차 범아메리카 회의(범미 회의)'이며, 이후 수년마다 정기적으로 열렸습니다.

범아메리카 회의나 범아메리카주의는 유럽의 범게르만주의, 범슬라브주의를 상대하려는 움직임이 아니겠습니까. 참가국 자격이 동등하다고 명시되어 있지만 미국이 주도한다는 사실은 분명했습니다.

이렇게 아메리카 대륙의 정치적 결속과 협력을 강조하는 배경 속에서 1951년에는 '아메리카국가기구(미주 기구)'가 설립되었습니다. 아메리카국가기구의 목적은 아메리카 대륙의 평화와 안전을 강화하는 것, 가입국 사이의 분쟁을 평화적으로 해결하는 것, 침략에는 공동 행동하는 것, 문화나 사회경제 면에서 협력하는 것이었습니다.

또한 이 기구와는 별개로 남북 아메리카의 공동 방위 체제를 강화하는 '미주상호원조조약(리우조약)'이 1947년에 체결되었습니다. 한 가입국에 대한 공격은 미주 국가 전체에 대한 공격으로 간주한다는 내용입니다. 이러한 기구와 조약은 라틴 아메리카 국가들에 대한 미국의 기본 정책이면서, 동시에 라틴 아메리카 국가들의 기본 정책이기도 합니다.

⤙ 열기의 나라 ⤚

그럼 라틴 아메리카 국가들은 순조로운 발전을 이루고 있을까요?

브라질 연방 공화국은 남아메리카 최대의 국토와 인구를 보유하며 풍부한 자원의 혜택도 누렸습니다. 하지만 1960년대에 방만한 재정으로 인해 인플레이션이 일어났고 정치적 혼란이 계속되어 군부가 쿠데타를 일으켰습니다. 아르헨티나는 남아메리카에서 두 번째로 큰 면적을 가진 나라지만 여기도 민간 정부와 군사 정권이 교대로 들어서는 등 정치 불안과 경제 불황이 계속됐습니다.

그래서 '라틴 아메리카의 뉴스'라고 하면 아마도 많은 분들이 혁명, 내전, 게릴라전, 계엄령, 민중의 빈곤, 인플레이션, 국가 재정상의 막대한 누적 채무 등을 떠올릴 것입니다. 또는 마약 제조와 밀매 같은 뉴스요. 그러나 한편으로, 라틴 아메리카의 민중에게는 펄펄 끓는듯한 열기와 씩씩함이 있습니다. 브라질에서 열리는 리우 카니발 같은 한바탕의 삼바 축제도 그 표현입니다. 아무래도 라틴 아메리카의 민중은 현대 문명사회의 척도로는 잴 수 없는 무언가 독특한 세계를 품고 있다는 느낌이 듭니다.

라틴 아메리카 국가들의 대미 관계에 대해 말하자면, 많든 적든 간에 또는 좋든 싫든 간에 미국에 의존하고 있습니다. 하지만 그 가운데 쿠바는 예외입니다. 쿠바의 혁명가 피델 카스트로(1926~2016년)는 바티스타 독재 정권을 무너뜨리고 쿠바 공산당 제1서기가 되었습니다. 그는 소련과 밀접한 관계를 맺었으며 소련의 중거리 탄도 미사일 기지를 쿠바에 설치하도록 했습니다. 이 일로 미국과 소련이 전쟁의 기로에 서는 일촉즉발의 상황이 벌어지기도 했습니다(쿠바 미사일 위기, 1962년).

쿠바의 사회주의 혁명을 카스트로와 함께 이끈 또 한 사람은 체 게바라(1928~1967년)입니다. 아르헨티나의 의사였던 그는 중남미의 여러 나라를 여행하다가 극심한 가난과 불평등을 목격한 뒤로 사회주의 혁명을 꿈꾸게 됩니다. 얼마 안 되는 게릴라군을 이끌고 병력이 100배가 넘는 정부군을 이기며, 그 기록을 저서 《게릴라전》(1961년)에 남겼습니다. 게바라는 투쟁의 이유를 "압제에 분노하는 저항의 화신이 되어 모든 형제자매를 모욕적이고 비참한 삶에 가둔 사회를 바꾸기 위해서"라 적었습니다.

쿠바 혁명을 성공시킨 뒤 볼리비아에서 게릴라 활동 중 체포되어 생을 마감했으나 그의 족적은 오늘날에도 불의에 맞서는 저항 정신의 상징으로 남아 있습니다.

체 게바라(좌)와 카스트로(우)

099
격동하는 현대

→ 세계사의 격진 ←

세계사에는 격렬한 지진이 연달아 발생합니다. 사람은 똑바로 서지 못하고 뒤집혀버립니다. 뒤집히지 않으려면 무언가를 붙들어야 하는데 어디에도 붙잡을 곳이 없는 그런 다급한 느낌입니다. '모든 가치의 전도'라는 말이 있습니다. 가치가 뒤바뀐다는 얘기지요. 하지만 바뀌는 수준이 아니라 붕괴해간다는 것을 실감합니다. 그간 일어난 큰 지진 하나를 설명하는 데만 해도 책 한 권이 필요할 정도입니다. 아래에 적은 내용은 저의 산만한 감상에 불과합니다.

중일 국교가 정상화(1972년)되고 나서, 중국과 일본 사이에는 다양한 트러블이 일어났습니다. 중국의 역사도 참 파란만장했습니다. 마오쩌둥 사망(1976년) 이래 중국의 내정과 외교는 유연한 노선을 탈 것처럼 보였습니다. 미국과도 국교를 회복(1979년)했습니다. 소련의 평화 공존 정책을 비판하며 사회주의 노선을 둘러싼 논쟁을 벌이기도 했지만 소련과도 관계가 정상화되었습니다(1985년). 모두가 중국이 평화 공존과 민주화의 방향으로 향해간다고 생각할 때쯤, 천안문 사태'(1989년)가 일어나 학생과 민중의 민주화 요구가 일축당했습니다.

한편 서독과 동독은 베를린 장벽 시대보다는 험악한 분위기가 훨씬 덜했습니다. 느릿하긴 하나 서로 가까워지는 모습도 보였습니다. 하지만 급전직하로 일이 이렇게 된다고는, 꿈에도 생각지 못했습니다. 동독의 국가평의회 의장 호네커의 퇴진(1989년 10월)을 계기로 베를린 장벽이 무너지고(1989년 11월) 동·서독 화폐의 통합(1990년 7월) 그리고 독일 통일(1990년 10월)이라는 사건이 잇따라 일어난 것입니다.

베를린 장벽 붕괴에 가속 페달을 밟은 것은 동유럽 국가들의 민주화였습니다. 헝가리가 국경을 개방한 결과 동독 사람이 오스트리아를 거쳐 서독에 들어갈 수 있게 되었습니다. 폴란드에서는 사회주의 국가로서는 처음으로 자유선거가 실시되었고 1989년 6월, 민주화를 주장해온 헝가리 야당들의 연대파가 여당인 사회주의노동자당을 이겼습니다. 연대파는 다당제, 자유민주주의, 시장경제를

✦ 1989년 6월 4일, 북경의 천안문 광장에서 평화적으로 정치 개혁을 요구하는 시위대를 중국 정부의 인민공화군이 총격으로 진압한 사건.

도입하고 '인민공화국'이라는 명칭을 '공화국'으로 바꿨습니다. 다른 동유럽 국가에서도 이런 경우가 속출했습니다. 체코슬로바키아에서는 야케시 공산당 서기가 물러나고(1989년 11월) 불가리아에서는 지프코프 공산당 서기장이 물러났습니다(1989년 11월). 루마니아에서는 독재자 차우셰스쿠 대통령 부부가 처형되기까지 했습니다(1989년 12월).

⇥ 소련의 소멸 ⇤

예전이라면 소련은 이런 사태를 절대 방관하지 않았을 것입니다. 헝가리(1956년 10월)와 체코슬로바키아(1968년 8월)의 폭동은 그 즉시 진압되었습니다. 아프가니스탄에조차 군사 개입을 했습니다(1979년 12월). 그런데 어떻습니까. 독일의 통일에도 OK하고, 동유럽의 민주화에도 반대하지 않았습니다. 소련의 영향력이 확실히 낮아진 겁니다.

고르바초프(1931~2022년)가 공산당 서기장(1985년)이 된 후에 소련은 '페레스트로이카(재건·개혁)'를 단행할 수밖에 없을 정도로 행정 조직은 동맥경화에, 경제는 사면초가에 빠졌습니다. 나라의 명운을 건 페레스트로이카도 기운이 수상했습니다. 이런 때, 보수파의 쿠데타가 일어났다가 실패합니다(1991년 8월). 쿠데타의 실패는 단숨에 소련을 붕괴 직전의 위기로 몰아넣었습니다.

베를린 장벽의 붕괴
1990년 2월, 동서 베를린 시민의 함성을 받으며 브란덴부르크 문과 라이히스타크(독일 국회의사당) 사이의 베를린 장벽을 해체하는 동독의 작업자.

공산당이 해산을 선언하며 러시아 혁명은 74년 만에 수포로 돌아갔습니다. 러시아, 우크라이나, 벨라루스, 카프카스 네 공화국이 독립을 선언했고 소비에트사회주의공화국연방은 해체되었습니다. 구 소련의 독립 국가들은 새로 '독립국가연합^{CIS}'이라는 국제기구를 결성했습니다(1991년). 발트삼국(에스토니아, 라트비아, 리투아니아)은 51년 만에 독립을 달성했습니다. 미국과 어깨를 나란히 하던 초강대국 소련이 이렇게나 바뀌게 된다니요.

한눈에 보는 '20세기 세계'

'현대'가 언제 시작인지에 대해서는 여러 가지 논의가 있습니다. 여기서는 가장 알기 쉽게 20세기부터라고 하겠습니다. 그러면 20세기 세계의 특징은 무엇일까요? 몇 가지를 들어보겠습니다.

우선 첫째, 20세기는 단순히 19세기의, 더 나아가서는 근대의 시간적 연장이 아니라는 것입니다. 19세기에서 이어받은 면, 즉 19세기부터 발전하거나 연속된 부분이 있기는 하지만 연속되지 않는 단절된 면도 있습니다. 왜 그렇게 되었는가 하면, 20세기의 정치·경제·사회·문화는 19세기와 질과 구조가 다르기 때문입니다. 그런 차이를 불러온 가장 큰 원인으로 두 차례의 세계대전, 자본주의 국가와 사회주의 국가의 대립, 민주주의와 파시즘의 충돌, 유럽 중심주의 청산 등을 들 수 있습니다.

둘째, 교통과 통신 수단이 경이로울 정도로 발달하면서 세계의 거리가 시간적으로 단축되고 공간적으로 좁아졌다는 것입니다. 세계 한구석에서 일어난 사건은 지체 없이 전 세계로 보도되고, 그 사건이 또 다른 세계에 자극을 줍니다. 이런 일은 고대 세계에도 중세 세계에도 없었습니다. 근대 세계에 와서야 비로소 시작되었고, 지금은 가속도가 붙었습니다. 그래서 20세기는 통합된 세계라는 특징을 가집니다.

셋째, 그러나 세계가 통합됐다고 세계의 역사가 같아졌다는 뜻은 아닙니다. 지금 세계에는 많은 민족과 나라가 존재하며 언어, 풍속, 관습, 종교, 문화가 저마다 다릅니다. 국제화 사회이니 더 이상 민족 문제가 일어나지 않으리란 견해는, 최근의 세계 정세가 정면으로 반박하고 있습니다. 민족 문제는 세계사에서 여전히 중요한 문제임이 분명합니다. 즉 세계는 단극에 집중되어 있지 않고 다극적이며, 가치관도 일원적이 아니라 다원적입니다. 인간의 생각과 생활 방식은 매우 다양합니다. 만약 세계가 한 가지 색으로 칠해졌다면 흥미는 반감되었을 것입니다. 다양하기 때문에 더 재미있습니다.

넷째, 앞서간 나라가 있는가 하면 뒤처진 나라도 있다는 엄연한 사실입니다. 선진국에 대비되는 발전도상국과 저개발국, 풍요로운 사회에 대비되는 가난한 사회, 배부른 상태에 대비되는 굶주린 상태가 존재하며 결코 일률적이지 않습니다. 이러한 격차가 존재하는 한 마찰이나 충돌은 끊이지 않을 것입니다.

20세기 세계는 이와 같이 복잡한 양상을 띠고 있습니다. 다만 한 가지 확실히 말할 수 있는 것은, 한 나라가 혼자서 생존하는 일은 불가능하다는 사실입니다. 그런데 한 나라의 이익이 국제적 이익과 반드시 일치하지는 않습니다. 종종 상반되는 이익을 어떻게 조절할 것인가, 국가의 자율성과 국제적 협조를 어떻게 조화시킬 것인가가 미래의 과제입니다.

최근 빈발하는 격진에 어떻게 몸을 지탱하면 좋을까요. 2, 3년 전에는 누구도 예상하지 못했고 예상할 수 없었던 일들이 눈앞에서 현실로 일어나고 있습니다. 앞으로 세계사가 어떻게 변해갈지를 적확하게 예상하기는 극히 어렵습니다.

정보통신 사회는 그런 일을 쉽게 해줄 것처럼 보입니다. 하지만 실제로는 반대입니다. 정보 과잉이 사건의 실체와 허상을 구별하기 어렵게 만들고 있습니다. 전체를 전망하기 위해서는 역시 시간의 경과가 필요합니다.

100
두 번의 세기말

⇢ 세상의 종말 ⇠

1986년 4월, 소련의 키예프 북쪽 체르노빌에서 원자로가 폭발하며 동유럽과 북유럽이 방사능에 오염되었습니다. 세계가 다시금 방사능의 무서움을 알게 되었습니다. 1987년에는 에이즈 위기가 세간을 떠들썩하게 만들었습니다. 당시 감염자 근처에만 가도 옮는 줄 알았던 에이즈가 남성 동성애자들만의 질병이 아니라는 사례들이 나타났기 때문입니다. 1991년에는 필리핀과 남미의 화산이 대폭발했습니다.

✦ 마지막장은 21세기에 들어서기 전 저자의 글로, 세기말에 선 노학자의 통찰을 느낄 수 있다.

'원자로 폭발은 인간의 실수가 원인이었고 화산 폭발은 지하 마그마가 쌓여 분출하는 자연현상이다.' 어떤 사람에겐 단지 그뿐이지만, 잇단 재앙과 이변에 '세상의 종말'을 연상하는 사람도 있습니다. 종교적인 종말관을 품은 사람도 있을 테고요.

세상의 종말에 관한 생각은 지금 시작된 이야기는 아닙니다. 예를 들어 불교에는 말법^{末法} 사상이 있습니다. 석가가 세상을 떠나고 1500년이 지나면 1만 년간 불교는 쇠퇴할 것이라고 하는 관점입니다. 기독교에서도 종말관이 보입니다. 《구약성서》에 나오는 노아의 홍수 이야기를 다들 들어보셨겠지요. 약속을 깬 인간에게 분노한 신이 40일의 낮과 밤 동안 끊임없이 비를 내려 대홍수를 일으켰습니다. 미리 신의 통지를 듣고 배에 탄 노아 일족과 동물만이 살아남았고 그 밖의 존재들은 모두 사멸했습니다. 이것이 기독교 종말론의 기원입니다. 종말론이란 '에스카톤^{Eschaton}(최후의 일)' 즉 세계와 인류의 마지막 운명에 관한 교리입니다. 기독교에서는 세상의 끝에 구세주가 나타나 마지막 심판을 내려주신다고 생각합니다.

⇀ 세기말 사상 ↼

이러한 종교적 의미의 '세상의 종말'은, 신심이 깊은 사람은 몰라도 보통 사람들에게는 딱히 와 닿지 않을 것입니다. 하지만 19세기 말 유럽에서 일어난 '팽 드 씨에클$^{Fin\ de\ siècle}$(세기말)' 사조에는 공감하는 분들이 있을지도 모르겠어요.

'세기말'은 원래 문학사에서 사용되는 말로, 프랑스에서 시작되어 유럽 각국에 퍼졌습니다. 19세기 후반을 풍미한 낭만주의에 실망하는 한편 저속한 부르주아 문화에도 절망한 시인과 작가들이 회의주의Scepticisme, 상징주의Symbolisme, 데카당스Décadence를 주장했습니다. 기존의 진리라고 하는 것들에 회의를 품거나, 현실보다 내면의 상상과 상징을 중요하게 여기거나, 절망 끝에서 몰락과 퇴폐를 탐닉하는 사조입니다.

현대의 풍조와도 어쩌면 통하는 점이 있다고 느끼실 것입니다. 즉 세기말이란 19세기의 말미라는 단순한 시간적 문제가 아니라 그 시대를 바라보는 방식이었습니다. 20세기의 세기말도 단순한 시간상의 문제가 아니고 지금의 시대를 어떻게 파악하느냐에 달려 있습니다. 언뜻 닮아 보여도 두 번의 세기말은 근본부터 다릅니다.

오늘날 첨단 기술은 산업은 물론 개개인의 가정 속에도 파고들어 있습니다. 그게 좋은지 나쁜지를 이야기하려는 게 아닙니다. 과학 기술을 적대시하려는 것도 아닙니다. 다만 과학 기술의 진보는 다양한 참사를 불러왔다는 점도 생각해야 한다는 것입니다. 산업 폐기물의 증대, 환경 오염, 공해 등 문제를 세자면 끝이 없지요. 극단적인 표현일지도 모르지만, 우리는 문명사회의 천국과 지옥에 한 발씩 담근 채 살아가고 있습니다.

전 세계 사람들이 많든 적든 이러한 상황에 놓여 있습니다. 19세기 말에 '세기말'을 감지한 이는 예민한 소수 사상가나 예술가에 불과했습니다. 하지만 지금은 모든 사람이 '세상의 종말'을 어느 정도 느끼고 있는 게 아닐까요? 사람들은 21세기에 관한 전망을 아무렇지도 않게 이야기합니다. 그러나 저는 전망을 하기에 앞서 20세기의 세계를 다시 한 번 깊이 반성해볼 필요가 있다고 생각합니다.

➳ 20세기의 끝에 서서 ➵

다시 말하자면, 20세기는 19세기와는 다른 시대라는 것을 인식합시다. 또 20세기에는 정치·경제·사회·과학 기술이 서로 긴밀하게 엮여 있다는 것을 꼭 알아둡시다. 알고 나서는 모든 일을 단면적이고 미시적으로만 보지 않고 다방면적 그리고 거시적으로 볼 수 있는 눈이 중요합니다. 세계의 문제를 나의 문제로, 나의 문제를 세계의 문제로 보는 넓은 시야를 갖도록 노력합시다.

실은 엉켜 있습니다. 한 가닥 한 가닥 풀어내는 일은 무서우리만치 고될 것입니다. 하지만 견뎌내야 합니다. 현대의 문제는 인간의 역사가 만들어낸 것이기 때문에 인간이 해결해야 합니다.

뻔한 마무리가 되겠지만 태고 시대부터 20세기 말에 걸친 '세계사 이야기'에서 제가 마지막에 독자 여러분께 드리고 싶은 말은 이 한마디였습니다.

옮긴이 **박현지** 한국외국어대학교에서 일본지역학과 경영학을 전공하였으며, 현재 번역 에이전시 엔터스코리아에서 출판 기획 및 일본어 전문 번역가로 활동 중이다. 역서로는 《10시간 만에 배우는 세계사 : 핵심만 쏙쏙 뽑아 마스터하는 세계의 역사》가 있다.

인생 처음으로 세계사가 재밌다
1冊で読む世界の歴史

초판 1쇄 발행 · 2025년 1월 15일
초판 2쇄 발행 · 2025년 2월 14일

지은이 · 니시무라 데이지
옮긴이 · 박현지
발행인 · 이종원
발행처 · (주)도서출판 길벗
브랜드 · 더퀘스트
주소 · 서울시 마포구 월드컵로 10길 56 (서교동)
대표 전화 · 02) 332–0931 | 팩스 · 02) 323–0586
출판사 등록일 · 1990년 12월 24일
홈페이지 · www.gilbut.co.kr | **이메일** · gilbut@gilbut.co.kr

책임 편집 · 송혜선(sand43@gilbut.co.kr) | **제작** · 이준호, 손일순, 이진혁
마케팅 · 정경원, 김선영, 정지연, 이지원, 이지현 | **유통혁신** · 한준희
영업관리 · 김명자, 심선숙 | **독자지원** · 윤정아

디자인 및 전산편집 · [★]규
지도 도움 · Rachynska Kateryna (65, 254, 620p)
CTP 출력, 인쇄 및 제본 · 정민

ISBN 979-11-407-1440-7 (03900)
(길벗 도서번호 040258)

정가 22,000원

- 더퀘스트는 (주)도서출판 길벗의 인문교양, 비즈니스 단행본 브랜드입니다.
- 이 책은 저작권법의 보호를 받는 저작물로 이 책에 실린 모든 내용, 디자인, 이미지, 편집 구성은 허락 없이 복제하거나 다른 매체에 옮겨 실을 수 없습니다.
- 인공지능(AI) 기술 또는 시스템을 훈련하기 위해 이 책의 전체 내용은 물론 일부 문장도 사용하는 것을 금지합니다.
- 잘못 만든 책은 구입한 서점에서 바꿔 드립니다.

인스타그램 www.instagram.com/thequest_book